Werner Kraus (Hrsg.)
Verband der bayerischen Bezirke

Schauplätze der Industriekultur in Bayern

Verband der bayerischen Bezirke

Schauplätze der Industriekultur in Bayern

Herausgegeben von Werner Kraus,
Verband der bayerischen Bezirke

Verband der bayerischen Bezirke

SCHNELL + STEINER

Abbildung vordere Umschlagseite: Montage des Walzenständers im Kaltwalzwerk Maxhütte-Haidhof, 1970er Jahre
Abbildungen rückwärtige Umschlagseite von oben nach unten:
Rangierbahnhof-Siedlung Nürnberg,
Maxhütte Sulzbach-Rosenberg,
Plakat der Löwenbräu aus den Beständen des Bayerischen Wirtschaftsarchivs,
Spinnerei und Weberei Kottern in Kempten,
Rosenthal-Porzellanfigur „Koreanischer Tanz" von Constantin Holzer-Defanti, Deutsches Porzellanmuseum Hohenberg,
Ziegel- und Kalkmuseum Flintsbach,
Kulturspeicher Würzburg

Karten der bayerischen Bezirke: cartomedia, Karlsruhe

Herausgeber und Verlag danken folgenden Sponsoren:
Audi AG
Bayernoil Raffineriegesellschaft mbH
BayWa AG
BMW Group
E.ON Energie AG München
Kulmbacher Brauerei AG
N-ERGIE Aktiengesellschaft
Siemens AG München
Sparkassenverband Bayern
SÜDSALZ GmbH
Wacker-Chemie AG

Die Drucklegung förderten die sieben bayerischen Bezirke. Diese sind die dritte kommunale Ebene in Bayern nach den Gemeinden und Landkreisen. Zu den Hauptaufgaben der Bezirke zählen die überörtliche Sozialhilfe, die psychiatrische Gesundheitsversorgung und die überregionale Kulturarbeit. Bei Letzterer spannt sich der Bogen von der Brauchtumspflege über die Förderung von Musik, Theater, Museen und zeitgenössischer Kunst bis zur Industriekultur. Die Bezirke unterhalten eigene Schulen, Bildungseinrichtungen, Museen, und Fachberatungen. Ihre Dachorganisation ist der Verband der bayerischen Bezirke, der das vorliegende Buch herausgegeben hat.

Bibliografische Informationen der Deutschen Bibliothek
Die Deutsche Bibliothek verzeichnet diese Publikation in der Deutschen Nationalbibliografie; detaillierte bibliografische Daten sind im Internet über http://dnb.ddb.de abrufbar.

1. Auflage 2006

Umschlaggestaltung: grafica, Regensburg
Gesamtherstellung: Erhardi Druck GmbH, Regensburg
ISBN 3-7954-1790-2

Weitere Informationen zum Verlagsprogramm erhalten Sie unter:
www.schnell-und-steiner.de

Inhalt

Industriemetropole Nürnberg

Oberbayern

Niederbayern

Oberpfalz

Schwaben

Mittelfranken

Oberfranken

Unterfranken

Vorwort

Wer sich für die Erhaltung des industriekulturellen Erbes in Bayern einsetzt, stößt vielfach auf Widerstände. Er bekommt zu hören, dass Bayern über Jahrhunderte hin ein Agrarstaat gewesen sei und die Industrialisierung kaum Spuren hinterlassen habe. Die Industriekultur könne hierzulande schon deshalb keine Zukunft haben, weil die Erhaltung ehemaliger Industriebauten mit hohen Investitionen verbunden sei, die in Zeiten leerer öffentlicher Kassen nicht aufgebracht werden könnten. Schlussendlich kämen alle Bemühungen, die Bauten des Industriezeitalters zu erhalten, um Jahre zu spät.

Von den drei Einwänden gibt mir vor allem der Letztgenannte zu denken, denn eine Fülle herausragender Industriebauten ist in den vergangenen Jahren verschwunden, selbst Werke von europäischem Rang, wie die Schüle'sche Kattunmanufaktur in Augsburg aus der Mitte des 18. Jahrhunderts.

Diese Situation ist beklagenswert, doch sie sollte nicht Anlass zur Resignation, sondern zum verstärkten Einsatz für die Industriekultur sein. Dass sich das Engagement für diesen Bereich der Kultur lohnt, macht ein rascher Blick auf die Geschichte Bayerns im 19. und beginnenden 20. Jahrhundert deutlich. Zwar konnte sich Bayern nie mit den hoch industrialisierten Gebieten an der Saar oder Ruhr messen, doch bestimmte auch in jedem der sieben bayerischen Bezirke mindestens ein Industriebereich die Wirtschafts-, Sozial- und Kulturgeschichte – und das oft über Jahrhunderte. Bayern darf also nicht auf Bauernhöfe, Kirchen und Klöster, Schlösser oder Burgen reduziert werden. Auch das Industriezeitalter hat das Land maßgeblich geprägt.

Am augenfälligsten sind die Industriedenkmale. Sobald sie jedoch im Zuge von Betriebsstilllegungen ihre ursprüngliche Funktion verloren haben, wird der Abbruch meist als beste – da angeblich kostengünstigste – Lösung angesehen. Doch es gibt eine Fülle von Beispielen, die zeigen, dass sich die Erhaltung und Umnutzung von Industrie- und Technikdenkmalen lohnen, finanziell und ideell, für Investoren, Bauherren und die Öffentlichkeit. Denn ehemalige Fabriken mit hoher architektonischer Qualität, selbst Wassertürme, Schlachthöfe oder Bahnhöfe, bieten für Unternehmen ein attraktives Umfeld. Sie sind als Wohnraum ebenso gefragt wie als Atelier, Veranstaltungsort oder Museum. Die Öffentlichkeit setzt sich meist auch vehement für die Erhaltung dieser Bauten ein, wie Besichtigungen beim „Tag des offenen Denkmals" eindrucksvoll zeigen.

Selbst große Industriekomplexe können erhalten werden. Sie setzen dann wichtige Impulse für den Tourismus und tragen zum wirtschaftlichen Aufleben strukturschwacher Regionen bei. Jeder aus öffentlichen Mitteln eingesetzte Euro zieht ein Vielfaches an privaten Investitionen nach sich und bringt positive Folgewirkungen, nicht zuletzt für den Arbeitsmarkt; viele Beispiele aus anderen Bundesländern zeigen dies. Deshalb sollte auch in Bayern die Förderung der Industriekultur weiter vorangebracht werden. Die vorliegende Publikation, die die sieben bayerischen Bezirke herausgegeben und zusammen mit zahlreichen Sponsoren finanziert haben, will dazu einen Beitrag leisten.

Manfred Hölzlein
Präsident des Verbandes
der bayerischen Bezirke

Einführung

Der Freistaat Bayern, der sich dem Reisenden oft als Agrarland zeigt, ist auch vom Industriezeitalter geprägt, einer Epoche, die 1835 mit dem Start der ersten Eisenbahn begann, mit dem Wirtschaftswunder um 1950 endete und für die sich der Begriff „Industriekultur" eingebürgert hat. Doch welche herausragenden Unternehmen kann Bayern vorweisen? Welche Erfindungen und Entdeckungen wurden hier gemacht? Wie lebten, wohnten und arbeiteten die Menschen im Industriezeitalter? Wie die Arbeiter, wie die Unternehmer? Wer half bei Arbeitslosigkeit oder im Alter? Wie war es um Hygiene oder Gesundheitsversorgung bestellt?

Diese Fragen will das vorliegende Buch beantworten. Es stellt dazu die bedeutendsten Schauplätze der Industriezeit in Bayern vor. Aber nicht nur Fabriken, Bergwerke oder Eisenhütten, sondern auch die öffentlichen und privaten Einrichtungen der Daseinsvorsorge und des Verkehrs, die aufgrund des Anstiegs der Bevölkerungszahlen und des Wachstums der Städte entstanden sind: Wohnquartiere und Märkte, Gasthäuser, Bahnhöfe, öffentliche Bäder, Schulen, Schlachthöfe, Spitäler oder Kaufhäuser.

Im Hinblick auf den begrenzten Buchumfang und die Fülle von Schauplätzen waren methodische Unschärfen, Vereinfachungen und Lücken nicht zu vermeiden. Alle wichtigen Leitsektoren der industriellen Entwicklung, aber auch kleinere Branchen wie die leonische Industrie werden behandelt, in der Regel in dem Kapitel über den Bezirk, den sie besonders geprägt haben. Es gibt Themenrouten zum Salz und Bier im Oberbayernteil des Buches, zum Glas in Niederbayern, zum Eisen in der Oberpfalz, zum Textil in Schwaben und zum Porzellan in Oberfranken. Porträts von Industriepionieren, Unternehmern oder Forschern erschließen weitere Zusammenhänge. Stichworte in Kästen vermitteln Informationen zur Sozial-, Wirtschafts- und Technikgeschichte.

Der Schwerpunkt der Publikation liegt auf den Jahrzehnten von 1860 bis 1920. Bei traditionsreichen Branchen wie den Hammerwerken der Oberpfalz oder den Salinen Oberbayerns geht der Blick bis ins Mittelalter zurück. Die Brücke zum 21. Jahrhundert stellen Umnutzungen alter Industriebauten dar, die detailliert vorgestellt werden, sowie Firmengeschichten, die sich bis in die Gegenwart erstrecken.

Alle touristischen Informationen wurden sorgfältig recherchiert (Stand Oktober 2005), sie stehen aber nicht im Mittelpunkt. Das Buch ist nicht primär ein Reiseführer, sondern ein kurz gefasstes Handbuch zur Industriekultur Bayerns. Es will zu Entdeckungsreisen einladen und zur Lektüre von Fachliteratur verleiten. Es möchte Interesse wecken für diese oft wenig beachtete, aber äußerst spannende und ereignisreiche Epoche der Landesgeschichte.

Dank gebührt den bayerischen Bezirken und allen am Beginn des Buches genannten Sponsoren für die finanzielle Unterstützung. Weiterhin dem Bayerischen Wirtschaftsarchiv für die Bereitstellung von Abbildungen, den Autoren/-innen und Fotografen/-innen, dem Verlag Schnell & Steiner in Regensburg, vor allem dem Verleger, Dr. Albrecht Weiland, und der Lektorin, Frau Dr. Barbara Polaczek, sowie meiner Mitarbeiterin, Frau Zenzi Götze, für die exzellente Zusammenarbeit und meiner Frau für die Begleitung des Projektes.

Werner Kraus

170 Jahre Industriekultur in Bayern – ein Überblick

Auch in Bayern kann der Prozess der Industrialisierung in fünf Abschnitte unterteilt werden: in die protoindustrielle Zeit (1770–1835), den Beginn der Industrialisierung (1835–1845), die erste und zweite Phase der Industrialisierung (1845–1880 und 1880–1945) sowie die dritte Phase (ab 1945).

Protoindustrielle Zeit

Die Industrialisierung begann in England in den letzten Jahrzehnten des 18. Jahrhunderts. Hier entstanden erste Textilfabriken, die mit automatischen Spinn- und Webstühlen Baumwolle aus den Kolonien verarbeiteten. Gute Transportverbindungen auf Wasserwegen und ab 1825 öffentlichen Eisenbahnstrecken erschlossen den Heimatmarkt und öffneten die Tore zu den großen Absatzgebieten in den europäischen Nachbarstaaten sowie in Übersee. Bayern war zu dieser Zeit noch ein Agrarstaat. 85 Prozent der Menschen lebten auf dem Land. Die Handwerker, die in Zünften organisiert waren, führten alle Arbeitsschritte bei der Herstellung ihrer Waren selbst aus. Daneben gab es das Verlagssystem: Verleger kauften Rohmaterialien, ließen sie von Handwerkern gegen Entgelt verarbeiten und vertrieben die Endprodukte. Erste Manufakturen entstanden im Porzellangewerbe. Produkte wurden mit dem Kapital und unter der Kontrolle eines Unternehmers noch handwerklich, aber bereits arbeitsteilig gefertigt. Eine Vorreiterstellung kam Augsburg und Nürnberg zu. Stadtbäche lieferten hier Wasserkraft, hoch entwickelt war das Handwerk, Arbeitskräfte aus dem ländlichen Umland standen ebenso zur Verfügung wie Banken und Handelsorganisationen. In diesen Städten nahm die Industrialisierung Bayerns ihren Anfang.

Beginn der Industrialisierung

Den wichtigsten Impuls für die Industrialisierung Bayerns brachte der Aufbau des Eisenbahnnetzes ab 1835, der von 1843 an Staatsaufgabe war. Innerhalb weniger Jahrzehnte entstand ein Massenverkehrsmittel, das die schnelle und kostengünstige Einfuhr von Rohstoffen sowie die Versendung von fertigen Produkten ermöglichte. 1850 hatte das Streckennetz bereits eine Länge von 6.000 km. Die Mobilität der Menschen, die bislang auf Postkutschen oder Schusters Rappen angewiesen waren, stieg sprunghaft. Das Eisenbahnwesen schuf außerdem einen großen Markt für den Maschinenbau. Drei überregional bedeutsame Unternehmen wurden allein im Jahr 1837 gegründet: Borsig in Berlin, Maffei in München und Klett in Nürnberg. Meist dauerte es aber über ein Jahrzehnt, bis aus kleinen Werkstätten oder Hammermühlen langsam Fabriken wurden, in denen systematisch Maschinen zum Einsatz kamen, die menschliche oder tierische Muskelkraft durch die von Dampf, später von Gas und Elektrizität ersetzten. Mit den Augsburger Kattunfabriken begann ab 1837 der Aufbau der bayerischen Baumwollindustrie. Der Merkantilismus, die aktive staatliche Wirtschaftspolitik des 18. Jahrhunderts, wurde vom Liberalismus, dem freien Leistungswettbewerb, abgelöst.

Erste Phase der Industrialisierung

Zwischen 1845 und 1880 bildeten sich auch in Bayern die Leitsektoren der Industrialisierung heraus: der Eisenbahn- und Maschinenbau sowie die Textilherstellung, bei der neben Schwaben ab 1853 auch Oberfranken überregionale Bedeutung erlangte. Hier war ab 1814 zudem ein Zentrum der Porzellanindustrie entstanden. Das Gas wurde ab den 1840er Jahren zur wichtigsten Energieform, überall im Land wurden Gasanstalten errichtet. Die künstliche Beleuchtung verlängerte nun den Arbeitstag in die

Blick auf Nürnberg und die Cramer-Klett'sche Maschinenfabrik um 1850

Abend- und Nachtstunden. Kohle trat als Energieträger an die Stelle von Holz. Dampfmaschinen verdrängten mit der Zeit die Wasserenergie. In kleineren Betrieben, die sich die teuren Maschinen nicht leisten konnten, kamen Gasmotoren zum Einsatz. Eisen löste Holz als wichtigsten Rohstoff ab.

Technischen Neuerungen folgten wirtschaftliche und gesellschaftliche Veränderungen. Das einheitliche Zollgebiet im Königreich Bayern seit 1807 und der Beitritt zum Deutschen Zollverein 1834 kamen dem Handel zugute. Exporte nahmen zu. Neben Privatbanken entstanden ab 1834 Großbanken, Sparkassen (erstmals 1821 in Nürnberg) und Versicherungen. 1848 wurde mit der Bauernbefreiung die Abhängigkeit von Grundherren abgeschafft und 1863 die Gewerbefreiheit eingeführt. Die Arbeiterschaft gewann als neue soziale Klasse an Bedeutung. Immer mehr Menschen zogen vom Land, in dem sie kein Auskommen finden konnten, in die Städte. Aus ehemaligen Reichs- und Residenzstädten wurden Industriemetropolen mit einem rasch anwachsenden Industrieproletariat. Die große Zahl Arbeitsuchender führte zu niedrigen Löhnen. Die Verarmung breiter Schichten der Gesellschaft (Pauperismus) begann. Die Fabrikarbeiter hatten sich einer strengen Disziplin und rigiden Kontrolle zu fügen. Stechuhren hielten die Arbeitszeit fest. Fabrikordnungen regelten den Arbeitsalltag bis ins Detail. Seit König Maximilian II., der die industriefeindliche Haltung seines Vorgängers Ludwig I. aufgegeben hatte, zählten Unternehmer zur wirtschaftlichen und kulturellen Oberschicht. Das technische Bildungswesen wurde mit der Gründung von Polytechnischen Schulen ab 1833 aufgebaut.

Gravierende Standortnachteile verlangsamten die industrielle Entwicklung in Bayern freilich von Anfang an. Der Historiker Karl Bosl attestierte dem Land im Katalogband zur Ausstellung „Aufbruch ins Industrie-Zeitalter" zu Recht eine „geminderte" Industrialisierung. Es gab zwar Bodenschätze wie Erze, Kohle oder Kaolin, die Vorkommen waren aber vergleichsweise gering; große Bedeutung hatte nur die Salzgewinnung. Die Binnenlage Bayerns bedingte zudem lange Transportwege, die Kosten nach oben trieben. Die Bereitschaft, in Industriebranchen zu investieren, war kaum vorhanden. Die Führungsschicht im Land

Arbeitsalltag einer Weberfamilie, Inszenierung im Deutschen Museum München

war noch aristokratisch geprägt, das Bürgertum gewann erst langsam politische und wirtschaftliche Bedeutung.

Zweite Phase der Industrialisierung

Der Durchbruch der Elektrotechnik kennzeichnet die zweite Phase der Industrialisierung. Nun setzte die Elektrifizierung des Verkehrs ein. Elektromotoren lösten Dampfmaschinen und Gasmotoren ab. Die Elektrifizierung der bayerischen Eisenbahnen begann 1912. An die Stelle des Gaslichtes trat langsam das hellere und sicherere Glühlicht. Die erste elektrische Überlandzentrale wurde 1894 in Höllriegelskreuth bei München eröffnet. Telegrafen und Fernsprecher waren die neuen Kommunikationsmittel. 1883 gab die Erfindung des Verbrennungsmotors den Startschuss für die Automobilindustrie. Die chemische Industrie entwickelte sich in den Sparten Farben, Pharmazie und Kunstdünger. Einen stürmischen Aufschwung nahm die Konsumgüterindustrie, vor allem das Brauwesen. Die „soziale Frage", die schon während der Regierungszeit König Maximilians II. (1848–1864) als Zukunftsaufgabe der Politik erkannt worden war, wurde zu einer zentralen Herausforderung. Die Bevölkerungszahlen der Städte stiegen explosionsartig. Nürnberg hatte 1875 noch 91.000 Einwohner, 1910 waren es über 333.000; in München lebten 1875 rund 193.000 Menschen, 1910 waren es 596.000. Die Notwendigkeit, die Bevölkerung mit Nahrungsmitteln und Gebrauchsgütern zu versorgen, ließ neue Transportwege, Märkte, Schlachthöfe und Kaufhäuser entstehen. Die Daseinsvorsorge wurde zu einer Hauptaufgabe der Kommunen: Abwässer mussten entsorgt, Abfälle beseitigt, frisches Trinkwasser herangeschafft werden. Die Wohnungsnot und schlechte hygienische Verhältnisse zählten zu den gravierenden Problemen der zweiten Phase der Industrialisierung. Die Schaffung von Wohnraum, aber auch von öffentlichen Bädern, Krankenhäusern oder Einrichtungen der Altenhilfe war unabdingbar geworden. Verschärft wurde die soziale Lage der Arbeiterschaft noch dadurch, dass es die sozialen Bindungen der Agrargesellschaft, insbesondere die Großfamilien, in den Industriestädten kaum mehr gab. Frauen- und Kinderarbeit waren nun an der Tagesordnung. Politische und vor allem gesetzgeberische Maßnahmen waren erforderlich, um der Massenverelendung entgegen zu wirken und den inneren Frieden im Land zu sichern. Richtungsweisend war die Einführung der Sozialversicherung durch Otto von Bismarck. Den Anfang machte 1883 die Krankenversicherung, ein Jahr später kam die Unfallversicherung. 1889 beschloss der Reichstag die Alters- und Invaliditätsversicherung für alle Arbeiter. Mit diesem Gesetzespaket betrat Bismarck in Europa Neuland. Es war der erste Schritt auf dem Weg zum modernen Sozialstaat.

Die Industrialisierung führte auch in Bayern zum Entstehen der Arbeiterbewegung, die jedoch durch das Sozialistengesetz des Reiches von 1878 stark behindert wurde. Sie musste sich im Untergrund organisieren und nahm erst nach der Aufhebung des Gesetzes 1890 einen stetigen Aufschwung. Ab 1894 gelang es den Gewerkschaften, die Lage der Arbeiter zu verbessern. Mit der Sozialdemokratie entstand eine neue politische Kraft im Königreich. 1893 kam die SPD zum ersten Mal in die Kammer der Abgeordneten. Nürnberg wurde unter Karl Grillenberger zu ihrem Zentrum. 1898 entstand eine gesamtbayerische Parteiorganisation, deren führender Politiker Georg von Vollmar in München wurde.

In der Zeit vom Ende des Ersten bis zum Ende des Zweiten Weltkrieges entwickelten sich die genannten Industriebranchen weiter. Eine Zäsur bildete die Kriegswirtschaft mit dem Einsatz von Zwangsarbeitern und einer Schwerpunktverlagerung auf die Rüstungsindustrie.

Dritte Phase der Industrialisierung

Die dritte Phase der Industrialisierung begann mit dem Wiederaufbau nach dem Zweiten Weltkrieg und erreichte ihren ersten Höhepunkt mit dem „Wirtschaftswunder" in den 1950er Jahren. 1953 wurde von IBM der erste Computer für kommerzielle Zwecke hergestellt. Die Mikroelektronik veränderte ab 1970 nahezu alle Industriebranchen grundlegend. Umwälzend war die Einführung der elektronischen Datenverarbeitung. Die Computertechnik wurde zum neuen Industriesektor mit außerordentlichen Entwicklungspotenzialen. Die Industriegesellschaft wandelte sich zur Dienstleistungs- und Informationsgesellschaft.

Der große Konkurrenzdruck in allen Industriebereichen hatte schon im 19. Jahrhundert zu Schließungen und Konzentrationsprozessen geführt. Das aktuelle Firmensterben hat im Hinblick auf die Massenarbeitslosigkeit besonders dramatische Auswirkungen. Das Ende des Wirtschaftswunders ist nicht mehr zu übersehen. Viele Traditionsunternehmen gibt es nicht mehr. Zahlreiche Firmen haben ihre Produktion in Billiglohnländer verlagert. Arbeitsplätze werden von Großunternehmen abgebaut, obwohl ihre Umsätze steigen. Nur wenige Beispiele seien genannt. Nach 150 Jahren Betrieb erlosch 2003 im Stahlwerk Maxhütte in Sulzbach-Rosenberg das letzte Feuer. 1.000 Beschäftigte verloren ihren Arbeitsplatz, nur das angeschlossene Rohrwerk blieb bestehen. Die Porzellan- und Textilindustrie in Oberfranken befinden sich seit langem im Niedergang. Brinkmann aus Herford übernahm 2003 den Maßschneider Eduard Pressler aus Großostheim und verlagerte die Produktion in östliche Länder. In Unterfranken stand die Firma Desch, Deutschlands ältester Herrenausstatter, vor dem Aus. Das Hausgerätewerk der AEG in Nürnberg, das mittlerweile zum schwedischen Konzern Elektrolux gehört, wird nach Polen verlagert. Die 1834 gegründete und 1900 nach Neustadt a. d. Waldnaab verlegte Firma F. X. Nachtmann besteht zwar noch dem Namen nach, ging aber im österreichischen Glashersteller Riedel auf, 400 Arbeitsplätze sollen entfallen. Diese Aufzählung könnte mit vielen Beispielen fortgesetzt werden.

Werner Kraus

Neuer Nutzen in alten Industriebauten

Das Beste für alte Industriebauten ist, wenn sie weiter genutzt werden. Doch was soll mit ihnen geschehen, wenn sie leer stehen? Die Umnutzung alter Gemäuer ist nichts Neues. Viele Klosteranlagen wurden nach der Säkularisation als Schulen, Gefängnisse oder Fabriken verwendet und haben als Bauten so überlebt. Nutzungsänderungen gehören also zu unserer Baukultur. Auch viele historische Industriebauten belegen, dass Umnutzungen möglich sind und man damit gegenüber einem gleichwertigen Neubau sogar Geld sparen kann. Man braucht dafür allerdings Fantasie und vor allem den notwendigen Willen.

Bayern ist nicht nur Agrarland

In den großen Industrieregionen Westdeutschlands werden alte Fabriken und Infrastrukturbauten als wichtige Elemente der Geschichte akzeptiert. In Bayern ist die Vermittelbarkeit des industriellen Erbes aber schwieriger. Vielen Menschen fällt es schwer anzuerkennen, dass Bayern nicht nur von Zeugnissen herrschaftlicher, kirchlicher, bürgerlicher und bäuerlicher Herkunft geprägt ist, sondern ebenso von Zeugnissen der Industriekultur. Obwohl der Freistaat längst kein Agrarland mehr ist, wird dessen Identität oft aus ländlichen Traditionen abgeleitet. Die wirtschaftliche Blüte im Industriezeitalter führte aber auch hier vielerorts zu weitläufigen Fabriken oder Siedlungen und hat das Selbstverständnis von großen Teilen der Bevölkerung geprägt, wie bei den „Porzellinern" im östlichen Oberfranken.

Der wirtschaftliche Wandel der letzten Jahrzehnte hatte die Schließung zahlreicher Betriebe zur Folge, gerade in den Traditionsbranchen der Textil- und Porzellanindustrie oder im Brauwesen. Viele einst außerhalb der Stadt gegründete Industrieanlagen haben heute einen attraktiven citynahen Standort. Diese Gewerbeflächen werden rasch zum Gegenstand von Begehrlichkeiten. Die Abneigung gegen Industriebauten ist geringer, wenn diese eine ansprechende Gestaltung und überschaubare Dimensionen aufweisen. Die Ablehnung nimmt jedoch mit der Größe der Anlagen zu und wird um so schroffer, wenn die Bauten schlicht sind, entstellt und vernachlässigt wurden oder leer stehen. Diese Bauten sind ohne Folgenutzung von Vandalismus, Verfall und Abbruch bedroht. Gegen deren Erhaltung wird vorgebracht, dass sich mit einem leer gefegten Areal die Rendite-Formel „Quadratmeter x Bauordnung = Kohle" besser rechnen würde. Der Baubestand wird daher schnell beseitigt. Doch damit ist das Grundstück erst einmal teurer: Oft wird durch den Abbruch die umweltrechtliche Verpflichtung zu einer Bodensanierung aktualisiert, was zu einer erheblichen Verteuerung führen kann. Die Investoren lassen nun lange auf sich warten.

Umnutzungen „konkurrenzlos günstig"

Viele Industriebauten eignen sich bestens für Umnutzungen. Ein Skelettbau kann Maschinen aufnehmen oder für Lager- und Bürozwecke adaptiert werden. Untersuchungen haben für das Ruhrgebiet, Hamburg und Berlin nachgewiesen, dass umgenutzte Industriebauten, darunter auch Denkmäler, bis zu 30 Prozent günstiger kommen als gleichwertige Neubauten. Eine Untersuchung für das Deutsche Architekturmuseum in Frankfurt bezeichnet Umnutzungen im Durchschnitt als „konkurrenzlos günstig".

Vielfach führt Unkenntnis zur Unterbewertung der Industriebauten. Das Wissen

Vorbildlich restaurierte Kunstmühle in Rosenheim

Preisgekrönte Umnutzung: Historischer Hafenspeicher in Würzburg wird Museum

um die historische Bedeutung von Betrieben erreicht oft nicht die Entscheidungsträger oder wird durch andere Interessen verdrängt. Alte Industriebauten sind inzwischen aber leichter vermittelbar, als meist angenommen wird. Es sind nicht zuletzt Architekten, die sich für deren Erhaltung einsetzen. Ein Großstadt-Trend aus New York und London hat auch die Provinz in Deutschland erreicht: Verlassene Fabriken werden zu Lofts umgebaut, zu Wohnungen, die für einkommensstarke jüngere Menschen, aber auch für Familien attraktiv sind. Sie bieten eine Großzügigkeit und Flexibilität, die traditionelle Wohnbauten oft nicht haben. Außerdem suchen immer mehr junge und innovative Unternehmen ein Ambiente mit unverwechselbarer Identität, das eine Verwurzelung in Traditionen verdeutlicht und dem (manchen Branchen anhaftenden) Eintagsfliegen-Image entgegenwirkt.

Industriebauten: städtebauliches Kapital

Diese Trends zeigen eine Sehnsucht nach Stabilität in einer sich hektisch wandelnden Wirtschaftswelt und Kultur. Möglicherweise ist das der tiefere Grund dafür, dass auch in Bayern das Interesse an Industriedenkmälern gewachsen ist: Diese zeugen von Traditionen und repräsentieren große historische Wertschöpfungen. Hierin liegt eine große Chance für Kommunen, die ihren industriellen Baubestand als Identität bestätigenden Faktor erkennen und ihn als städtebauliches Kapital ansehen.

Ein guter Grund zur Umnutzung kann sogar der Denkmalschutz sein, da in dessen Rahmen Wohnungseigentümer über Jahre die Erhaltungskosten steuerlich geltend machen können. Außerdem ist die Erhaltung wirtschaftlich. Denn nachhaltig oder ökologisch zu bauen bedeutet nicht nur umweltverträglichen Materialeinsatz, sondern auch die Weiterverwendung baulicher Ressourcen.

Industriebauten, für die sich eine intensive Umnutzung nicht sofort abzeichnet, können durch eine günstige Geringnutzung vor dem Verfall bewahrt und so einige Zeit für eine bessere und renditeträchtigere Nutzung vorgehalten werden. Bauherren müssen angesichts der zahlreichen Neubauten in Industriestandorten gefragt werden, ob manche Einrichtung nicht sehr gut in einen sanierten Industriebau gepasst hätte – und das bei geringeren Kosten!

Patentrezepte für die Erhaltung und Umnutzung von Industriebauten gibt es freilich nicht, aber viele Beispiele in diesem Buch zeigen, dass in alten Industriebauten wieder neues Leben einkehren kann.

Rembrant Fiedler

Der Beginn des Eisenbahnzeitalters in Bayern

Der Startschuss: Die Nürnberg-Fürther Ludwigs-Eisenbahn

Mit der Eisenbahn zwischen Nürnberg und Fürth begann 1835 die deutsche Eisenbahngeschichte. Diese Pioniertat war im Wesentlichen einer privaten Initiative zu verdanken. Getrieben von der schweren Wirtschaftskrise, in der sich Bayern nach dem Ende der Napoleonischen Kriege befand, und ermutigt von den technologischen Fortschritten des Eisenbahnwesens in England gründeten einige Großkaufleute und Kommunalpolitiker aus Nürnberg und Fürth eine mit privatem Kapital finanzierte Aktiengesellschaft zum Bau einer Eisenbahn. Ihre Vision war, Nürnberg und seine Region wieder zu der glanzvollen Rolle einer Handelsmetropole von Weltrang zu verhelfen, wie sie im 15. und 16. Jahrhundert bestanden hatte. Dass die Eisenbahn den Prozess der Industrialisierung auslösen könnte, dachten sie nicht; sie sprachen sich vielmehr deutlich gegen eine Entwicklung wie in England aus, die nach ihrer Meinung nur zu Massenarmut und Umsturz führen würde. Öffentliche Unterstützung erhielten die fränkischen Eisenbahnpioniere nicht, denn der bayerische König Ludwig I. hatte sich in der Frage der Verkehrserschließung seines Landes für den Kanalbau und gegen die Eisenbahn entschieden.

Auch ohne obrigkeitliche Hilfe wurde die Nürnberg-Fürther Eisenbahn – die trotz der königlichen Knauserigkeit den Namen „Ludwigs-Eisenbahn" erhielt – zu einem großen Erfolg, der die Erwartungen seiner Gründer weit übertraf. Bereits im ersten Jahr transportierte sie auf der nur 6 km langen Strecke die unglaubliche Zahl von über 475.000 Passagieren, dementsprechend erreichten die Renditen viele Jahre lang Werte um 20 Prozent. Damit hatte die Ludwigsbahn den Beweis erbracht, dass sich der Eisenbahnbau finanziell rentierte. In ganz Deutschland brach nun ein Eisenbahnfieber aus; endlich wagten auch andere Komitees und deren Kapitalgeber die Verwirklichung ihrer Pläne. In wenigen Jahren entstanden überall im Deutschen Bund Bahnstrecken. 1840 war die Länge der Eisenbahnlinien bereits auf 581 km angewachsen.

Fortsetzung mit Hindernissen: Die Ludwigs-Süd-Nord-Bahn

Das Nürnberg-Fürther Großbürgertum hatte den Eisenbahnbau initiiert, vermochte ihn aber nicht fortzusetzen. Zwar gründeten die Direktoriumsmitglieder der Ludwigsbahngesellschaft bereits 1836 eine Aktiengesellschaft für die „Herstellung einer Eisenbahn an die nördliche Reichsgrenze", es gelang ihnen jedoch nicht, die staatlichen Auflagen hinsichtlich der Kapitalmenge und der Baufristen zu erfüllen. Nachdem der für 1839 geplante Baubeginn nicht eingehalten werden konnte, wurde 1840 das bereits erteilte Privileg zum Betrieb der Strecke auf Anordnung König Ludwigs wieder zurückgezogen. Der Weiterbau der Eisenbahn war zunächst gescheitert.

Außer der Nürnberg-Fürther Strecke war in Bayern nur ein zweites Projekt verwirklicht worden: die Linie von München nach Augsburg. Der Bau der 60 km langen Strecke hatte sich jedoch als ungleich aufwendiger und kostspieliger erwiesen als die schnurgerade und steigungslose Nürnberg-Fürther Bahn. Dies hatte potenzielle Anleger wohl abgeschreckt, denn alle weiteren privaten bayerischen Eisenbahninitiativen mussten ihre Konzessionen mangels Kapital zurückgeben.

Während in Bayern der Eisenbahnbau stockte, ging es in den Nachbarstaaten zügig voran. Angesichts der württembergischen Pläne, eine Bahn von Stuttgart

Eisenbahnbrücke über die Iller bei Kempten, Aquarell von Karl Herrle, 1853

zum Bodensee zu bauen, und dem Vorhaben, eine Strecke von Frankfurt nach Berlin einzurichten, bestand die Gefahr, dass Bayern von dem gerade entstehenden europäischen Eisenbahnnetz abgeschnitten wird. In dieser Situation gelang es der bayerischen Regierung um Innenminister Abel, König Ludwig für den Eisenbahnbau zu gewinnen. Gleichzeitig mit der Einziehung der Konzession für die private bayerische Nordbahn entschied der König, den Bau dieser Strecke in staatliche Regie zu übernehmen. Damit besaß Bayern als dritter deutscher Staat nach Braunschweig und Baden eine Staatseisenbahn. König Ludwig sprach sich für den Bau einer Bahn an die sächsisch-bayerische Grenze und nach Süden über Augsburg bis zum Bodensee aus. Damit waren die Voraussetzungen für eine große bayerische Transversale gelegt, die den Namen Ludwigs-Süd-Nord-Bahn erhalten sollte. Mit der Leitung der in Nürnberg angesiedelten Baukommission wurden zwei hervorragende Ingenieure beauftragt: Paul Camille Denis, Kreisbaumeister der Pfalz, der bereits die Nürnberg-Fürther Bahn konzipiert hatte, und Friedrich August Pauli, Kreisbaumeister von Mittelfranken. Diese Doppelspitze hielt jedoch nicht lange. Schon bald kam es zu Rivalitäten. Denis kehrte 1842 in die Pfalz zurück, Pauli übernahm die Gesamtleitung.

Die neue Eisenbahnstrecke war eine anspruchsvolle Bauaufgabe: Beinahe 600 km lang verlief die Strecke durch Mittelgebirge, überquerte neun Flüsse, mehrere Wasserscheiden und berührte in ihrem Südabschnitt die Alpen. Bald nach Baubeginn stellte sich heraus, dass die Kosten viel zu niedrig angesetzt waren. Die Baukommission rechnete für die Strecke Augsburg–Hof statt mit 24 Mio. nun mit über 54 Mio. Gulden. Zum Vergleich: Die Kosten der Ludwigsbahn zwischen Nürnberg und Fürth hatten sich samt rollendem Material auf 170.000 Gulden belaufen. Durch die Vereinfachung der Hochbauten, die Beschränkung auf nur eine Spur und den Verzicht auf aufwendige Tunnelbauten gelang es, die Kosten für die Gesamtstrecke von Lindau bis zur sächsischen Grenze auf 51 Mio. Gulden zu drücken. Finanziert wurde der Bahnbau zu etwa zwei Dritteln aus Haushaltsmitteln und einem Drittel aus Anleihen.

Der knapp bemessene finanzielle Rahmen erlaubte nur eine langsame Realisierung. Auch die Entscheidung der Regierung, den Bahnbau als Arbeitsbeschaffungsmaßnahme zu nutzen und auf den Einsatz von Maschinen zu verzichten, verlangsamte die Baufortschritte. 13 Jahre zogen sich die Arbeiten hin. Das erste Teilstück von Nürnberg nach Bamberg wurde drei Jahre nach Baubeginn zum Namenstag des Königs, am 25. August 1844, eröffnet. Die Nürnberg-Fürther Bahn war nicht in den Streckenverlauf einbezogen worden; sie blieb, entgegen den Absichten ihrer Gründer, bis zu ihrem Ende 1922 eine isolierte Strecke. Fünf Jahre später, 1849, war die Linie zwischen Kaufbeuren und der sächsischen Grenze fertig gestellt und Bayern damit an das Eisenbahnnetz in Sachsen und Preußen angeschlossen. Die Gesamtstrecke war mit der Eröffnung des Bodenseedamms zur Inselstadt Lindau 1854 durchgehend befahrbar.

Nach dem Willen König Ludwigs wurde die Verkehrserschließung Bayerns mit der Eisenbahn im Wesentlichen auf die Süd-Nord-Bahn (ergänzt durch die Strecken Bamberg–Aschaffenburg und Augsburg–Ulm) beschränkt. Der Osten Bayerns, vom Bayerischen Wald bis zu Isar und Inn,

Königlicher Wartesaal des Nürnberger Centralbahnhofs von 1863, heute im DB Museum Nürnberg

sollte durch Schifffahrt und Chausseen erschlossen werden. Dies hatte ein großes Ungleichgewicht in der Landesentwicklung zur Folge: In Mittelfranken konzentrierte sich die neue Verkehrstechnologie; durch die Region Nürnberg-Fürth gingen zwei Bahnlinien und der Ludwigs-Kanal. Folgerichtig setzte in den 1840er Jahren hier die Industrialisierung ein, die Region wurde innerhalb weniger Jahrzehnte in ein neues Zeitalter katapultiert. Protoindustrielle Werkstätten wie die von Wilhelm Spaeth und Friedrich Klett stiegen nun in die Fabrikation von Eisenbahnen ein und legten damit den Grundstein für die Metall- und Maschinenindustrie.

Der ostbayerische Raum blieb noch Jahre von der Eisenbahn abgekoppelt. Erst mit dem Bau des – erneut privat finanzierten – Netzes der bayerischen Ostbahn von 1856 bis 1860 zwischen Nürnberg, der Donau und dem Bayerischen Wald, fand auch diese Region Anschluss an das neue Zeitalter.

Spuren der Süd-Nord-Bahn heute

Während von der Nürnberg-Fürther Ludwigsbahn heute so gut wie nichts übrig geblieben ist, hat die Ludwigs-Süd-Nord-Bahn zahlreiche Spuren hinterlassen. Bis heute folgen die Gleise zum größten Teil der alten Trassenführung. Auf einer Fahrt von Hof nach Lindau gibt es eindrucksvolle Bauwerke aus der Frühzeit der Eisenbahn. Mehrere Brücken sind erhalten, darunter die über das Saaletal bei Hof und den Brombach bei Pleinfeld. Eine besondere Attraktion stellt die hölzerne Illerbrücke bei Kempten dar, die heute als Fußgängerbrücke dient. Noch benutzt wird Bayerns ältester Eisenbahntunnel durch den Erlanger Burgberg, dessen Portale von steinernen Sphingen und Löwen bewacht werden. In unmittelbarer Nähe ragt das von Leo von Klenze geschaffene Denkmal für Kanal und Eisenbahn auf, das 1846 errichtet wurde. Auch die beiden größten Bauwerke der Strecke sind noch erhalten: Die „Schiefe Ebene" beim Aufstieg zum Fichtelgebirge nahe Neuenmarkt-Wirsberg und der im Allgäu gelegene Rentershofener Damm mit einer Länge von 525 m und einer Höhe von 53 m.

Von den zahlreichen Stationsgebäuden – ursprünglich wurden etwa 60 Bahnhöfe an der Strecke errichtet – ist dagegen kaum etwas übrig. Bedeutend ist die teilweise erhaltene Einsteighalle des alten Hofer Bahnhofes von 1852, die heute als Kulturzentrum dient und eine der ältesten Bahnhofshallen Deutschlands ist. Von dem bereits 1902 abgebrochenen neugotischen Nürnberger Centralbahnhof ist der königliche Wartesaal, 1863 von Friedrich Bürklein errichtet, im DB Museum Nürnberg zu sehen. Einige kleine Bahnhöfe im Allgäu (Schlachters, Hergatz, Harbatzhofen, Oberdorf, Wilpoltsried) sowie nördlich von Bamberg (Staffelstein, Lichtenfels, Mainleus, Marktschorgast) stammen im Kern noch aus der Anfangszeit. Fast unverändert präsentiert sich der 1844 errichtete Bahnhof Eltersdorf bei Nürnberg, der damit Bayerns ältestes noch in Betrieb befindliches Stationsgebäude ist.

Literatur

Generaldirektion der Staatlichen Archive Bayerns (Hrsg.), Weichenstellungen, Eisenbahnen in Bayern 1835–1920, München 2001.

Beatrice Sendner-Rieger, Die Bahnhöfe der Ludwig-Süd-Nord-Bahn 1841-1853, Karlsruhe 1989.

Rainer Mertens

Industriemetropole Augsburg

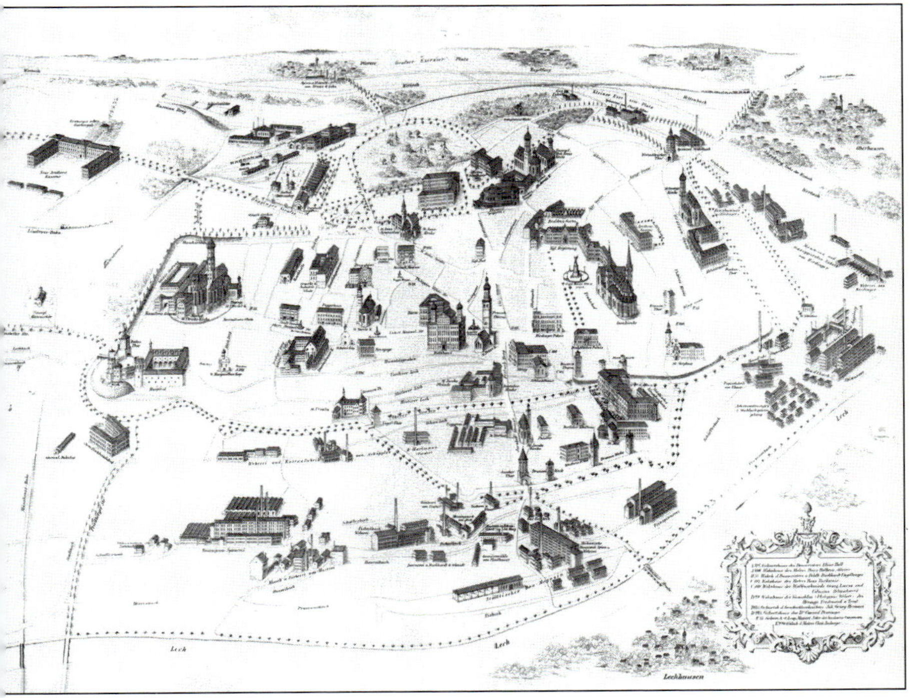

Plan der Stadt Augsburg von 1881 mit den wichtigsten öffentlichen Gebäuden und Industriebetrieben im Ring um die Altstadt

Themenroute: Textilstadt Augsburg

Hintergrund

Zu Beginn des 20. Jahrhunderts muss Augsburg ein faszinierendes Bild geboten haben: eine traditionsreiche europäische Handelsmetropole im Gewand der modernen Industriestadt. Den Zeitgenossen war die davon ausgehende Wirkung durchaus bewusst. In kaum einem Führer der Zeit fehlt das eine wie das andere. Neben dem hohen Lied der alten Zeit, der Fuggerei und Holl-Bauten, steht der nicht mit weniger Stolz angeführte Hinweis auf die modernen Fabrikbauten. 1925 gab der Verkehrsverein Augsburg einen eigenen „Führer durch Augsburgs Industrie und Handel" heraus, in dessen Vorwort Christian Diesel, Vorsitzender der Augsburger Handelskammer, den allerersten Rang des „Wirtschaftsemporiums" Augsburg betonte; eine Begeisterung, die heute in Augsburg nach 30 Jahren Fabriksterben (noch) kaum jemand teilen würde.

Der Besucher erlebte Augsburg um 1900 mindestens dreigeteilt. Die Geschäftsstraßen zeigten sich im noch unzerstörten Dekor der Renaissance bis Rokoko. Aber auch hier kratzte das Industriezeitalter an der altdeutschen Oberfläche. Anstelle des mittelalterlichen Imhof-Patrizierhauses hatte der Industrielle Ludwig A. Riedinger 1863/1865 ein Wohn- und Geschäftshaus im Neurenaissancestil durch den Münchener Architekten Gottfried Neureuther errichten lassen. Das Geld hierfür hatte er an der Augsburger Börse gegenüber dem Rathaus verdient, die in erster Linie dem Handel mit Aktien der Textilfabriken diente, aber darüber hinaus das Kommunikationsforum der schwäbischen Wirtschaft bildete (beide Gebäude im Zweiten Weltkrieg zerstört). Dazwischen und rund herum hatte sich ein Geschäftsviertel entwickelt, das um einiges glanzvoller ausfiel als das heutige: das Palast-Hotel Drei Mohren, von Riedinger zum ersten Haus am Platz ausgebaut, der Beitelrock, Spezialgeschäft für Schirme und Spazierstöcke, der Handschuh-Preu, der Juwelier Carl Rieth, dessen Geschäft auch als Niederlage der Württembergischen Metallwarenfabrik Geislingen diente, die Luitpold-Drogerie, die Rosenthal'sche Porzellanniederlage oder das Spezialhaus für Ausstattungen Kröll & Nill. Das Industriezeitalter wurde eben nicht nur von Ingenieuren, sondern auch von geschickten Verkäufern und Konsumenten geboren.

Nach Westen zu hatte sich die alte Stadt im wahrsten Sinne des Wortes Platz gesprengt, zuerst durch den Abriss des Gögginger Tores 1860, anstelle dessen sich der neue Verkehrsknotenpunkt Königsplatz entwickelte, dann mithilfe des Durchbruches der neuen Bürgermeister-Fischer-Straße 1903/1906, der einige Gebäude weichen mussten. Sie verband das Stadtzentrum mit dem neuen Hauptbahnhof, der 1846 in Betrieb genommen worden war.

Schauplatz 1: Hauptbahnhof/Königsplatz

Der erste Hauptbahnhof war 1839/40 vor dem Roten Tor in Nachbarschaft zur früheren Schüle'schen Kattunmanufaktur errichtet worden. Nachdem beschlossen wurde, die Strecke München–Augsburg mit der Transversale Lindau–Hof zu verbinden, wurde die Verlegung des Hauptbahnhofes unumgänglich. Seit 1846 wurde er mehrmals erweitert, schließlich von dem Münchener Architekten Friedrich Bürklein 1869/1871 im Stil des Spätklassizismus umgebaut. Er gehört heute zu den letzten original erhaltenen Bahnhöfen dieser Zeit in Deutschland. Die lang gestreckte Anlage besteht aus einem dreigeschossigen Mittelbau, dem sich niedrigere Seitentrakte anschließen, die in zweigeschossigen Eckpavillons

enden. Von besonderer Bedeutung ist auch das 1902/1906 errichtete Eisenbahn-Ausbesserungswerk, dessen wichtigste Teile der Bahnpark Augsburg derzeit museal umnutzt.
Was der Hauptbahnhof für den auswärtigen Verkehr war, wurde der Königsplatz seit der Inbetriebnahme der Pferdebahnlinie Perlachturm–Königsplatz–Hauptbahnhof 1881 und nach der Umstellung auf die elektrische Straßenbahn 1898 für den innerstädtischen. Zwischen diesen beiden Verkehrsknotenpunkten entwickelte sich eine moderne Geschäfts- und Wohnstraße. Das Westend mit Bismarck- und Thelottviertel wurde Augsburgs vornehme und teure Wohnadresse. Zusätzlich aufgewertet wurde dieser Bereich durch die Schrannenhalle sowie die städtische Turnhalle in der Halderstraße und vor allem durch den Stadtgarten mit Festplatz und Festhalle (heute Kongresshalle). Hier bot die Schwäbische Kreisausstellung 1886 eine beeindruckende Leistungsschau der Wirtschaft dieser Region.

Info
Viktoriastr., 86150 Augsburg

Exkurs: Wohnquartiere und Fabriken
Augsburg besaß auch Viertel, von denen in den Stadtführern nichts zu lesen stand: die Arbeiterquartiere im Nordosten und Osten der Stadt. Im Lechviertel, deutlich unterhalb der Augsburger Prachtstraße gelegen, hatten sich seit vielen hundert Jahren vor allem die Gewerbe angesiedelt, die Lärm und unangenehme Gerüche verbreiteten. Gleiches galt für die Jakobervorstadt. Hier hatten die weniger finanzkräftigen Bevölkerungsschichten Wohnung bezogen, deren Angehörige im 18. Jahrhundert nicht selten Beschäftigung in den Kattunmanufakturen fanden. Von dort kamen die Einheimischen und hierher zogen die auswärtigen Arbeiter, als seit 1836 die ersten Fabriken in Augsburg den Betrieb aufnahmen.
Das Wohnungsangebot reichte jedoch bei weitem nicht aus. Die Arbeiter wichen aus auf die Wertach-Vorstädte, wo im früheren Überschwemmungsgebiet zunächst kleine Arbeiterhäuser mit Nutzgärten und Ställen für Kleintierhaltung und später zwei bis dreigeschossige Wohnbauten errichtet wurden. Hier war die Belegung des Wohnraumes im gesamtstädtischen Vergleich am höchsten. Die Sterblichkeit war vor allem wegen der Todesfälle bei Säuglingen und Kindern viermal so hoch wie in den bürgerlichen Vierteln. Und die Volksschullehrer betrachteten den Dienst in den Wertachvorstädten als Strafversetzung.
Viele Arbeiter zog es aber noch weiter über den Lech und aus der Stadt hinaus. 1908 wohnten von den 21.000 in Augsburg beschäftigten Fabrikarbeitern fast 5.000 in Lechhausen, dem lange Zeit größten oberbayerischen Dorf. Seit dem letzten Viertel des 19. Jahrhunderts wuchs es zwar immer mehr auf Augsburg zu, wurde aber trotzdem 1900 zur selbstständigen Stadt erhoben und erst 1913 eingemeindet. Mit 18.400 Einwohnern und einer Ausdehnung von 2.794 ha brachte Lechhausen nicht nur eine stattliche Bevölkerungsanzahl mit in die Ehe, sondern verdoppelte beinahe die räumliche Ausdehnung Augsburgs! Flächenmäßig sehr viel weniger, aber bezüglich der Einwohnerzahl deutlich spürbar schlugen die Eingemeindungen von Pfersee und Oberhausen mit fast 11.000 bzw. 9.600 Einwohnern im Jahr 1911 zu Buche. Mit diesen Zugewinnen steuerte Augsburg, das erst 1910 die 100.000 Einwohnermarke durchbrochen hatte, auf die 150.000 zu.
Mit diesen Ortschaften übernahm Augsburg eigenständige „Industriedörfer", deren alter ländlicher Kern noch intakt war und sich noch heute erspüren lässt. Hier hatten sich schon relativ früh Indus-

Fabriken im Agrarstaat: Fabrikschloss in Augsburg mit pflügendem Bauern, um 1910

triebetriebe niedergelassen, in Lechhausen beispielsweise die AG für Bleicherei, Färberei, Appretur Augsburg (vormals Heinrich Prinz) mit etwa 500 Beschäftigten, in Oberhausen die Vereinigten Schuhfabriken Berneis-Wessels, deren schöner Fabrikkomplex noch heute als Ensemble erhalten ist, und in Pfersee die Laubsägenfabrik Eberle & Cie., die beinahe ein Monopol für die Herstellung von Taschenuhrfedern besaß. Diese „Industriedörfer" setzten sich räumlich wie strukturell deutlich von der Stadt Augsburg ab und wären wie Göggingen mit seiner weltberühmten Zwirnerei- und Nähfadenfabrik wohl länger selbstständig geblieben, wenn nicht das explosive Bevölkerungswachstum als Folge der Industrialisierung sie vor Herausforderungen gestellt hätte, die nur zusammen mit der reichen Nachbarstadt und ihrer Verwaltung bewältigt werden konnten.

Diese hatte die entsprechenden Erfahrungen vor allem in der Industriezone Augsburgs schlechthin gemacht, die sich zwischen den erwähnten Arbeitervierteln und den Vorstädten Lechhausen und Oberhausen erstreckte: im Nordend (östlich und nördlich des Oblatterwalls mit Klauckevorstadt, Stadtbachquartier und Am Pfannenstiel) und im Ostend (östlich von Jakober- und Vogeltor mit Kammgarn- und Proviantbachquartier). Beide Bereiche waren längst gewerblich genutzt – von Bleichen und Kattundruckereien, Tabakmühlen und anderem mehr. Vor allem gab es hier aufgrund vieler Bäche Wasserenergie!

Seit den 30er Jahren des 19. Jahrhunderts wurde deshalb vor den Stadtmauern eine Fabrik nach der anderen errichtet. Die ältesten Gründungen, die bezüglich räumlicher Ausdehnung und Größe der Belegschaft kaum mehr übertroffen wurden, stammten aus der Zeit 1836/1840. Der von der Anzahl der Betriebsgründungen her gesehene Boom ereignete sich in den Jahren 1847/1865. Das Ergebnis war eine räumliche Ordnung nach Industriezweigen: Das Nordend wurde hauptsächlich von der Metall- und das Ostend von der Textilindustrie dominiert. Deshalb fir-

Das sanierte Fabrikschloss in Augsburg 2005

miert Letzteres (bzw. sein Zentrum) noch heute trotz des Strukturwandels als Textilviertel. Die wichtigsten Unternehmen, die mehr als 400 Beschäftigte zählten (mit Gründungsjahr und Beschäftigtenzahl 1888), waren:
Augsburger Kammgarnspinnerei (AKS); 1836; 1.000 Beschäftigte;
Neue Augsburger Kattunfabrik (NAK); vorindustriell; 400 Beschäftigte;
Bleicherei, Färberei und Druckerei Martini; 1847; 427 Beschäftigte mit dem zweiten Betrieb in Haunstetten;
Mech. Weberei am Fichtelbach; 1846/1852; 650 Beschäftigte;
Mech. Baumwoll-Spinnerei und Weberei Augsburg (SWA); 1837; 1.400 Beschäftigte;
Baumwoll-Feinspinnerei; 1851/1854; 530 Beschäftigte;
Papierfabrik Haindl; 1847; 650 Beschäftigte;
Baumwollspinnerei am Stadtbach; 1851/1853; 1260 Beschäftigte;
Maschinenfabrik Augsburg; 1840; 1550 Beschäftigte; seit 1898 MAN;
Maschinen- und Bronzewarenfabrik L. A. Riedinger; 1856; 725 Beschäftigte;
Buntweberei Riedinger; 1864/1865; 1200 Beschäftigte.
Das Ergebnis dieser industriellen Gründungswelle war freilich kein Industrie- und Gewerbegebiet moderner Form, in dem sich brav Betrieb an Betrieb reiht. Die Fabrikgründungen des 19. Jahrhunderts hielten insbesondere in Augsburg Respektabstand, man sicherte sich großzügig Erweiterungsflächen, suchte nicht die Synergie durch Nähe, sondern Sicherheit durch Distanz. Am deutlichsten kommt dies auf einem Foto aus dem Archiv der SWA zum Ausdruck. Es zeigt das um 1898 errichtete Werk III Proviantbach (sog. Fabrikschloss) mit dem Pferdegespann eines pflügenden Bauern!

Schauplatz 2: Fabrikschloss (Werk III)

Besonders prägend für dieses Augsburger Industriequartier wurden die vier Werke der SWA. Werk I Altbau, 1837–1840 errichtet zwischen Lechhauser und

Johannes-Haag-Straße, war lange Zeit mit einer Länge von 155, einer Breite von 16 und einer Höhe von 24 m der größte Fabrikbau Bayerns. Im Zweiten Weltkrieg wurde er zerstört und nicht mehr aufgebaut. Ein ähnliches Schicksal traf das 1888 am Oblatterwall errichtete Werk II Rosenau, das nach dem Krieg nur mehr peripher genutzt und bereits 1972 abgerissen wurde. Von den Werken III Proviantbach und IV Aumühle blieben die Spinnerei-Hochbauten erhalten. Ersteres wurde im Stil der Fabrikschlösser erbaut, der sich gerade in Augsburg um 1900 größter Beliebtheit erfreute: Der dreigeschossige Blankziegelbau wurde im historisierenden schlossartigen Stil errichtet. Drei Ecken sind mit Türmen ausgezeichnet, die jeweils um eine Fensterachse vorspringen und das Gebäude um ein Geschoss überragen. Die Fassade ist bestimmt durch die strenge Aneinanderreihung rundbogiger Fenster, von denen immer drei durch pilasterartige Gliederungselemente zusammengefasst werden, sowie durch die verkröpften, die Geschosse trennenden Gesimse. Das Werk Proviantbach wird heute als Büro- und Einkaufszentrum genutzt.

Info

Proviantbachstr. 30 und Reichenbergstr. 57 1/3, 86153 Augsburg

Schauplatz 3: Glaspalast

Ein gänzlich anderes Bild bietet das Werk IV Aumühle („Glaspalast"). 1910 wurde es von dem Stuttgarter Architekten Philipp Jakob Manz als Stahlbetonskelettbau errichtet, ein System, das sich bei Spinnereibauten in England und den USA bereits erfolgreich bewährt hatte und das Manz in ähnlicher Form noch mehrmals in Deutschland umsetzen sollte. Vom bisher in Augsburg bevorzugten Stil der Fabrikschlösser setzte sich das Werk Aumühle radikal ab. Bestimmend wurde

Der „Glaspalast" in Augsburg nach der Sanierung

eine monumentale Sachlichkeit: aneinander gereihte Glasflächen sowie Treppenhaustürme in unterschiedlicher Höhe, die die strenge Symmetrie der Fensterflächen auflockern. Eigentlich blieb der Bau unvollendet, denn der fertig gestellte Teil sollte nach Westen erheblich erweitert werden. Diesem Projekt kam der Erste Weltkrieg dazwischen, von dem sich die SWA im Grunde nicht mehr erholte. 1988 wurden die beiden verbliebenen Werke stillgelegt, die Shedbauten abgerissen, die Spinnereihochbauten aber erhalten und renoviert. Der Glaspalast wird als Bürokomplex sowie als Ausstellungsbereich für moderne Kunst genutzt.

Info

Otto-Lindenmeyer-Str. 30, 86153 Augsburg
www.glaspalast-augsburg.de

Schauplatz 4: Proviantbachquartier

Eine vielfach unterschätzte weitere bauliche Hinterlassenschaft der SWA ist das Proviantbachquartier, eines der wenigen geschlossen erhaltenen Arbeiterquartiere Bayerns. Es besteht aus 20 Wohnbauten in Blankziegel, die von 1895 bis etwa 1911 errichtet wurden, die ältere Reihe auf das Werk III Proviantbach zulaufend, die jüngere auf das Werk IV Aumühle. Diese jüngeren Häuser wurden besonders dafür gerühmt, dass sie mit fließendem Wasser und modernen Spülaborten versehen waren. Eigene Bäder gab es dagegen nicht. Außerdem war das Wäschewaschen in der Küche streng verboten, dafür existierten eigene (noch erhaltene) Waschhäuser, die in drei bis vier Waschräume unterteilt waren, sodass ein Waschraum auf acht bis zehn Wohnungen traf. Zu diesen gehörten selbstverständlich eigene Gärten. Für eine Dreizimmerwohnung mit Küche zahlte man zwischen 104 und 124 Mark pro Jahr. Bei einem durchschnittlichen Jahreslohn in der SWA von etwa 700 Mark (von 600 für den Taglöhner bis 900 für den Webermeister) war das für einen Webermeister mit Familie finanzierbar, für eine Taglöhnerfamilie aber nur dann, wenn die Frau zuverdiente und/oder zusätzlich Schlafgänger aufgenommen wurden. In beiden Fällen war die Miete günstiger als das Angebot des freien Wohnungsmarktes. Heute schreckt ein Mietanteil von 20 Prozent am Gesamteinkommen nicht mehr. In der Zeit um 1900 wurden aber 70 Prozent des durchschnittlichen Einkommens einer Arbeiterfamilie allein für Nahrung aufgewendet!

Waschhäuser und Nutzgärten des Proviantbachquartiers in Augsburg

Stichwort: Frauenarbeit

Die Textilindustrie war seit ihren Anfängen eine Frauenindustrie. Aufgrund der Mechanisierung, vor allem der Spinnereien und Webereien, erforderten die meisten Arbeitsplätze keine intensive fachliche Ausbildung. Deshalb kamen Frauen als billigste Arbeitskräfte vorrangig in Frage. Aufgrund ihrer häuslichen Erfahrung waren sie oft fingerfertiger und geschickter als Männer. Trotzdem waren ihren Aufstiegschancen enge Grenzen gesetzt. Führungspositionen waren wieder Männerdomäne. 1908 waren in Augsburg von den knapp 11.000 Textilarbeitern 6.300 Frauen, also fast 60 Prozent. Bei den Industriearbeitern insgesamt betrug der Frauenanteil nur 38 Prozent.

Zu den Fabriken kamen also die Wohnquartiere der Arbeiter, die die Firmeninseln vergrößerten und (nicht immer sehr planvoll) näher zusammenrücken ließen. Allerdings fand in diesen Quartieren bei weitem nicht die gesamte Belegschaft Unterkunft. Bei SWA und AKS waren es 1911 noch nicht einmal 25 Prozent, bei der Stadtbach-Spinnerei als Rekordhalter über 30 Prozent. Freilich waren damals wie heute Unternehmen keine Wohlfahrtseinrichtungen. Die Werkswohnungen dienten dazu, die tragenden Kräfte an die Fabrik zu binden, also vor allem die Beamten und „Facharbeiter". Besonders Letztere waren gesucht und umworben, aber in der Frühzeit der Industrialisierung auch besonders mobil. Diese Bereitschaft zum Firmenwechsel sollte über die günstigen und komfortablen Werkswohnungen abgestellt werden. Bei den Hilfsarbeitern, von denen sich auf dem Arbeitsmarkt immer genug fanden, war das nicht so wichtig, auch wenn sie gerade in der Textilindustrie zahlenmäßig dominierten. Allein der durchschnittliche Anteil der Frauenarbeit in den Belegschaften lag bei 60 Prozent. Ein Anrecht auf eine Werkswohnung besaß nur derjenige, der in der Fabrik arbeitete. Dies konnte sogar dahingehend ausgeweitet werden, dass auch die Familienmitglieder in der gleichen Fabrik zu arbeiten hatten, wenn sie nicht das Wohnrecht verwirken wollten.

Info

Proviantbachstr. und Otto-Lindenmeyer-Str., 86153 Augsburg

Schauplatz 5: Augsburger Kammgarnspinnerei AKS

Eine Fabrik war ein eigener Organismus, eine Gemeinde in der Kommune. Besonders deutlich zeigt das noch heute die Augsburger Kammgarnspinnerei (AKS). Mit einer Ausdehnung von 50 ha war sie nach der MAN der größte zusammenhängende Fabrikkomplex Augsburgs. Sie entstand aus relativ bescheidenen Anfängen. Der Firmengründer Merz hatte für den Betrieb zunächst eine stillgelegte Tabakfabrik sowie ein Sägewerk adaptiert und später eine Kattundruckerei zugekauft. Zu ihr gehörte der Färberturm in der Schäfflerbachstraße, den die AKS als Denkmal an die frühe Zeit des Kattundrucks bewahrte. Der wesentliche Ausbau der Fabrik erfolgte in mehreren Bauabschnitten in den Jahrzehnten nach 1856. In den 70er Jahren wurde mit Jean Keller ein bedeutender Industriearchitekt engagiert, der der Fabrik ein einheitliches Erscheinungsbild gab.

Im Zentrum der Anlage befanden sich die Produktionshallen, nach außen durch den Fabrikzaun hermetisch abgeschlossen. Der Zugang erfolgte über das Portiershaus und den Pförtner, der die Tore nur zu Arbeitsbeginn, Mittagspause und Arbeitsende öffnete. Jeder, der zu spät oder nicht kam, wurde registriert, es drohte Lohnabzug. In der Fabrik herrschte Disziplin, die die Fabrikordnung mit einfachen Regeln unter Strafandrohung vermittelte. Die Arbeit war entsprechend dem Fertigungsprozess in Einzelschritte rational aufgeteilt: Rohstofflager, Wollsortierung, Wollwäsche, Krempelei, Kämmerei, Vorspinnerei, Feinspinnerei, Zwirnerei, Färberei. Jeder Arbeiter hatte einen bestimmten Arbeitsschritt auszuführen: In der Spinnerei gab es beispielsweise Aufstecker (der Vorgarnspulen auf die Selfaktor-Spindeln), Spinner, Meister, Obermeister, Saalmeister, zugleich ein hierarchisches System mit Aufstiegschancen, die zusätzlich motivierten. Der Aufstieg in die Führungspositionen, die allein den Überblick über alle Produktionsschritte besaßen, blieb den Arbeitern jedoch in der Regel verwehrt.

Die einzelnen Fertigungsschritte wurden bestimmten Gebäudeteilen zugewiesen, wobei man bemüht war, sie entsprechend dem Herstellungsgang anzuord-

Stichwort: Jean Keller

Jean Keller (1844–1921) war der führende Architekt Augsburgs in der Gründerzeit. Ein Schwerpunkt seiner Tätigkeit lag in der Industriearchitektur. Er wurde „Hausarchitekt" der Augsburger Kammgarnspinnerei (AKS) und der Zwirnerei und Nähfadenfabrik Göggingen (ZNFG). Ferner erstellte er Bauten für die Bleicherei, Druckerei und Färberei Martini oder die Laubsägenfabrik Eberle & Cie. in Pfersee. Seine Erfahrungen im Industriebau setzte er bei der Errichtung des Hauptgebäudes der großen Schwäbischen Kreisausstellung von 1886 um. Ein Hauptwerk Kellers ist das Gögginger Kurhaustheater.

Spinnmaschinen in der Augsburger Kammgarnspinnerei, um 1910

nen, um weite Wege und damit verlorene Arbeitszeit zu vermeiden. Dagegen sperrte sich freilich die gewachsene Fabrikanlage. Sie spiegelte in ihren Teilen unterschiedliche Bauabschnitte und damit verschiedene Vorstellungen von Arbeitsorganisation und Rationalisierung. In der Frühzeit der Textilindustrie schwor man beispielsweise auf mehrgeschossige Fabrikbauten, in denen die verschiedenen Arbeitsschritte bestimmten Geschossen zugewiesen wurden. Je weiter das Produkt nach oben rückte, umso näher kam es seiner Fertigstellung. Die Spinnereien behielten dieses Prinzip häufig bei, während die Webereien aufgrund der größer und schwerer werdenden Maschinen meist auf eingeschossige Sheds übergingen. Sheds sind großräumige Hallen mit aneinander gereihten Satteldächern, deren steilere und nach Norden ausgerichtete Flächen verglast waren. Sie boten bestes Tageslicht ohne direkte Sonneneinstrahlung und unterstützten durch ihre bauliche Anlage das Bemühen, für die Textilherstellung ideale Klimawerte zu erreichen. In der AKS bewährten sie sich so gut, dass man ab etwa 1870 selbst für die Spinnerei nur mehr Sheds errichtete.

Aus dem Meer großflächiger, vom Glas der Fenster blau schimmernder Hallen ragten diejenigen Gebäude empor, die eine besondere Bedeutung besaßen. Das waren zunächst alle, die mit Energiegewinnung zu tun hatten. Mitten durch die Anlage verlief der Schäfflerbach, dem die Turbinen ursprünglich das Gros der benötigten Energie abgewannen. Freilich war Wasser problematisch. Es gab Zeiten mit Hoch- oder Niedrigwasser. Dann versagten die Turbinen, die von ihnen über Transmissionen betriebenen Maschinen wären still gestanden. In solchen Notsituationen sprang die Dampfmaschine ein, die man 1893 parallel zur zentralen Fabrikstraße stellte und in einem prächtigen Blankziegelbau mit sakralem Gepräge inszenierte.

Neben dem Dampfmaschinenhaus stand das 1889 ebenfalls von Jean Keller erbaute Sortierungsgebäude, das mit seinen drei Schiffen wie eine Basilika ausgeführt worden war. Daran anschließend befand sich die Verwaltung, die im Zweiten Weltkrieg zerstört wurde. Gegenüber wurden die Nordwest-Sheds der AKS 1910 durch einen zweigeschossigen Kopfbau abgeschlossen, errichtet im Stil der Fabrikschlösser mit 22 Fensterachsen, gegliedert durch Mauerstreifen und bekrönt von geschweiften Dreiecksgiebeln mit Firmenaufschrift. Zukünftig wird das letzte in Augsburg errichtete Fabrikschloss Standort des neuen Textil- und IndustrieMuseums (tim).

Fabrikschloss wie Firmenzentrale richteten sich zur Provinostraße hin aus und bildeten eine Einheit mit den gegenüberliegenden Villen der Vorstände, die die Fabrikanlage mit ihren schön angelegten parkähnlichen Gärten im wahrsten Sinne des Wortes bekrönten. Zeitzeugen erinnerten sich in Interviews, dass die Arbeiter die Stimme senkten, wenn sie an den Villen vorübergingen. Die qualitätsvolle und repräsentative Ausführung aller Bauten erweist den nördlichen Fabrikteil als den „Kopf" der AKS. Hier zelebrierte man das Ansehen der Fabrik, den Rang der Technik und – wer das Sagen hatte.

Der Süden der Anlage bildete dagegen das Fundament. Hier befand sich das in der Formensprache schon reduzierte, aber aufgrund seiner Dimensionen und dem weit aufragenden Kamin monumental wirkende Kesselhaus, das in mehreren Bauabschnitten bis zum 100-jährigen Firmenjubiläum 1936 fertig gestellt wurde. Es entstammt schon der Zeit, in der man sich den Luxus gönnte, Energie vorrangig aus der Verbrennung von Kohle zu gewinnen, weil sie extrem kostengünstig war. (Siehe auch Beitrag Augsburg, Textil- und IndustrieMuseum)

Info

Schäfflerbachstr. 26, 86153 Augsburg
www.tim-bayern.de

Schauplatz 6: Kammgarnquartier

Schräg gegenüber dem Kesselhaus der AKS befanden sich die Arbeiterwohnungen, das Kammgarnquartier. Von 1873 bis 1911 wurden hier 20 Wohnhäuser für 138 Familien errichtet. Großzügig bemessen waren die Gartenabteile. Zu den Verkehrsstraßen hin wurden Kastanienbäume gepflanzt, im Kern der Anlage dagegen Apfelbäume, deren Früchte für die Kinderbibliothek bestimmt waren. Sie war direkt im Anschluss an das Quartier in der Dreiflügelanlage der früheren Kattundruckerei Fröhlich untergebracht, zusammen mit der Erwachsenenbibliothek, einem Raum für Kindergottesdienste, dem Mädchenheim für die unverheirateten Fabrikarbeiterinnen und der Abteilung für Krankenpflege.

Daran anschließend hatte man ein Wasch- und Badehaus errichtet, vor allem zum Waschen der Wäsche, aber auch zur Körperpflege von Familienangehörigen der Fabrikarbeiter. Letztere hatten in unmittelbarer Nachbarschaft ein eigenes Fabrikbad mit elf nach Geschlechtern getrennten Kabinen und zwei für Kranke reservierten Badezellen. Außerdem gab es eine große Kabine mit einer 4420 l fassenden Wanne zum gemeinschaftlichen Bad von maximal fünf jungen Fabrikarbeitern. Schließlich existierte seit 1878 ein eigenes Speisehaus als „gesunder und behaglicher Aufenthaltsort", in dem die Arbeiter ihre mitgebrachten Speisen aufwärmen lassen konnten, eine eigene Milchwirtschaft für die Bewohner der Kolonie, seit 1936 auch ein eigenes Altersheim.

Info

Reichenbergstr., Lotzbeckstr., Badehaus a. d. Schäfflerbachstr. 26, 86153 Augsburg

Exkurs: Fabrikarbeit

Die AKS hatte damit eine beachtliche Fülle von sozialen Einrichtungen zu bieten, mehr als der Durchschnitt, aber auch nicht soviel mehr, dass sie sich wesentlich von anderen Augsburger Fabriken abgehoben hätte. Öffentlicher Druck, das Engagement von Kirche, Politik und Gewerkschaften, der scharfe Wettbewerb um Fachkräfte sowie sozial verantwortungsbewusste Unternehmer wie Riedinger etablierten in Augsburg im Vergleich hohe soziale Standards. Krankenversicherung, Pensionsfonds und Arbeitersparkassen waren hier schon vor der

Bismarck'schen Sozialgesetzgebung die Regel.
Waren die Fabriken also doch Wohlfahrtseinrichtungen? Sicher nicht; sie waren aber auch keine Maschinerien zur rücksichtslosen Ausbeutung der Arbeiter. Die Wahrheit liegt in der Mitte. Aus der Perspektive der Arbeiter gesehen, war Fabrikarbeit nie ein Zuckerschlecken, besonders nicht während der Frühindustrialisierung. Die ungewohnte Disziplinierung und Rationalisierung zwang die Menschen in ein Räderwerk, das für sie aus der Arbeitspraxis in Handwerk und Landwirtschaft völlig ungewohnt war. Sie verursachten erhebliche Belastungen vor allem in Verbindung mit Arbeitszeiten von 13 Stunden am Tag und sechs Tagen die Woche (abzüglich einer Stunde am Arbeitstag vor Sonn- und Feiertagen) in der Zeit vor 1869. 1889 verringerten die Fabrikherren die Arbeitszeiten dann auf elf, 1906 auf zehn Stunden pro Tag. Wir reden also von einer Wochenarbeitszeit im schlimmsten Fall von 77 und im besten von 59 Stunden. In Zeiten der Hochkonjunktur konnte sie durch Nachtarbeit noch ausgeweitet werden. Hinzu kam der Weg zur und von der Arbeitsstätte, der nur für die privilegierten Mieter von Werkswohnungen ein Katzensprung war. Für die meisten Arbeiter stellten Wegstrecken von einfach einer bis zwei Stunden keine Seltenheit dar.
Mörderisch wurde der Zeitaufwand für Mütter, die neben ihrem Beruf noch Haushalt und Familie zu organisieren hatten, ohne die heute gewohnten technischen Hilfen, die sich erst langsam nach dem Ersten Weltkrieg durchsetzten. Das wirkte sich erheblich auf Gesundheit und Lebenserwartung aus. Zu diesem Problem wurde in Augsburg während der 1870er Jahre eine Untersuchung durchgeführt, die ergab, dass nur 18 Prozent der Arbeiterfrauen älter als 50 Jahre wurden. In den bürgerlichen Schichten waren es mehr als doppelt so viele. Dabei spielten natürlich auch die Arbeitsbedingungen eine Rolle. Entscheidend waren aber die Löhne, die im Maschinenbau vergleichsmäßig hoch, in der Textilindustrie niedrig lagen. Letztere war weitestgehend internationalisiert und gekennzeichnet durch hohen Konkurrenz- und Preisdruck, der auf die Löhne durchschlug. In allgemeinen oder persönlichen Krisenzeiten war das, was für die Arbeiter übrig blieb, zum Leben zu wenig.

Industriestadt Augsburg heute

In der Metallverarbeitung und Technologie ist Augsburg vor allem dank MAN, Kuka, Renk und nicht zuletzt EADS noch immer eine Macht. Sogar die traditionsreiche Papierherstellung ist durch die Papierfabrik Haindl, heute zugehörig zu UPM-Kymmene, wieder auf dem Vormarsch. Neue Bereiche in der Mechatronik, Elektro- und Computertechnik sind hinzugekommen. Eine wesentliche Rolle für die Zukunft wird die Umwelttechnologie spielen. Dadurch ist Augsburg eine Industriestadt geblieben, auch wenn sich die Dienstleistung nicht zuletzt dank Tourismus und Universität stark positioniert hat. Verabschiedet hat sich in ihrer alten Form nur die Leitindustrie und auch sie keineswegs ohne starke Traditionskerne zu hinterlassen, die von Nähgarn aus Göggingen bis zu VILEDA reichen. In der Verbundfaserindustrie befinden sie sich mit modernsten Hightechprodukten sogar wieder auf Expansionskurs.

Literatur

Ilse Fischer, Industrialisierung, sozialer Konflikt und politische Willensbildung in der Stadtgemeinde: ein Beitrag zur Sozialgeschichte Augsburgs 1840–1914 (Abhandlungen zur Geschichte der Stadt Augsburg 24), Augsburg 1977.
Elisabeth Plössl, Augsburg auf dem Weg ins Industriezeitalter (Hefte zur Bayerischen Geschichte und Kultur Band 1), München 1985.

Richard Loibl

Porträt: Rudolf Diesel (1858–1913)

Biografie

Rudolf Diesel wurde als Sohn deutscher Eltern am 18. März 1858 in Paris geboren. Seine Ausbildung erhielt er in seiner Geburtsstadt sowie in Augsburg und München. Während seines Studiums an der Technischen Hochschule München (1875–1879) hörte er in einer Vorlesung über Thermodynamik von Professor Carl von Linde vom schlechten Wirkungsgrad der Dampfmaschinen und von den Forschungen des französischen Physikers Sadi Carnot, dessen „Kreisprozess" eine wesentlich höhere Energieausbeute versprach. 1878 notierte er: „Studieren, ob es nicht möglich ist, die Isotherme (Carnot-Prozess) praktisch zu verwirklichen".

1880 wurde Diesel Leiter der französischen Niederlassung des Kühlmaschinenunternehmens von Linde. Nebenbei baute er in eigener Initiative einen Ammoniakmotor, der zwar zum Laufen kam, aber seine Erwartungen nicht erfüllte. Ab 1890 leitete er das Technische Büro des Unternehmens Linde in Berlin. Weitere Forschungen hatten das Ziel, „die Wärme unserer Brennstoffe rationeller auszunutzen." 1893 erhielt er die Patenturkunde. Mit seinem im selben Jahr erschienenen Buch „Theorie und Konstruktion eines rationellen Wärmemotors zum Ersatz der Dampfmaschinen und der heute bekannten Verbrennungsmotoren" versuchte er, Interesse – insbesondere wissenschaftliche Resonanz – an seiner Erfindung zu wecken.

Diesel schloss 1893 mit der Maschinenfabrik Augsburg und der Firma Friedrich Krupp in Essen Verträge zum Bau einer Versuchsmaschine. Das Labor wurde in Augsburg eingerichtet. Die Vertragsbedingungen sicherten Diesel ein Jahreseinkommen von 30.000 Mark. Mit dem

Rudolf Diesel

Versuchsmotor, der heute im Augsburger MAN-Museum zu sehen ist, gelang 1895 der Nachweis der effektiven Leistung mit einem Wirkungsgrad von über 16 Prozent. Mit Unterstützung durch Diesels Vertragspartner, insbesondere durch den Generaldirektor der MAN, Heinrich von Buz, entstand 1896/1897 der erste betriebsfähige und stabil laufende Dieselmotor der Welt mit einem „Selbstzünder"; heute ist er im Deutschen Museum in München ausgestellt. 1897 testete ihn Moritz Schröter von der Technischen Hochschule München; der höchste Wirkungsgrad betrug über 26 Prozent bei einer Normalleistung von 18 PS. Der neuartige „Wärmemotor Patent Diesel" hatte im praktischen Einsatz ab 1898 noch einige Hürden zu nehmen, ehe er den Erwartungen seiner Betreiber gerecht wurde. Etwa ab der Jahrhundertwende verbreitete sich der Dieselmotor weltweit. Er wurde in stationären Anlagen und ab 1903 auch als Schiffsantrieb eingesetzt und ist nach wie vor die wirtschaftlichste Wärmekraftmaschine.

Rudolf Diesel, der seit 1893 selbstständig war, konnte die Tragweite seiner Pioniertat nur in ersten Ansätzen verfolgen: 1913 kam er unter bis heute ungeklärten Umständen während einer Geschäftsreise auf einer Schiffspassage auf dem Ärmelkanal ums Leben.

Literatur

Eugen Diesel, Diesel – der Mensch, das Werk, das Schicksal, Hamburg 1937.

Gerlinde Simon

Porträt: Georg Haindl (1816–1878)

Bedeutung

Georg Haindl, der Stammvater einer bis in die Gegenwart bedeutenden und erfolgreichen Unternehmerfamilie, begründete in Augsburg in der Mitte des 19. Jahrhunderts einen bis dahin neuen Industriezweig, die Papierindustrie. Von eher kleinen handwerklichen Anfängen führte die Familie das Unternehmen zu einem europaweit bedeutenden Wirtschaftsunternehmen, das 2001 für 7,3 Mrd. Mark an das finnische Unternehmen UPM-Kymmene verkauft wurde. Die Geschichte der Familie ist eng mit der Stadt Augsburg verbunden und steht für eine soziale Unternehmenskultur, Mäzenatentum und schließlich für die Verbindung zu Bert Brecht, dessen Vater und Bruder mit der Firma verbunden waren.

Georg Haindl, Ölgemälde von Ludwig Staigl, um 1870

Biografie

Georg Haindl wurde am 15. November 1816 als erstes Kind des bayerischen Zollbeamten Josef Haindl geboren. Nach Volksschule und Lateinschule absolvierte er ab 1833 eine 3-jährige Lehre bei dem Buchhändler Friedrich Pustet, bei dem er anschließend als Kommis und von 1838 bis 1849 als Leiter der Papiermühle Alling weiterbeschäftigt war.

1849 erwarb Haindl mit finanzieller Unterstützung von Pustet die 1848 in Konkurs gegangene Sieber'sche Papiermühle am Malvasierbach in Augsburg für 41.178 Gulden. Der teilweise noch handwerklich arbeitende Betrieb wurde nach und nach in eine moderne Fabrik umgewandelt und durch weitere Ankäufe von Grundstücken, Wasserrechten und einer Sägemühle in den folgenden Jahren erweitert. Die Produktion konnte binnen kurzer Zeit gesteigert werden. 1849/1850 betrug sie 2.192 Ztr., 1859/1860 bereits 9.178 Ztr. und 1877/1878 fast 25.700 Ztr.

Als erster Papierproduzent in Süddeutschland begann Haindl in den 1870er Jahren mit der Herstellung von endlosem Papier.

Ein wesentlicher Standortvorteil war das Vorhandensein großer Zeitungs- und Buchverlage in Augsburg, welches Haindl die Spezialisierung auf Zeitungspapier ermöglichte.

1846 heiratete er die Försterstochter Elisabeth Ehrnthaler; von den vier Kindern führten Friedrich (1849–1929) und Clemens (1854–1930) den Betrieb fort.

Haindl wird als liebenswürdiger, herzensguter und offener, humaner und wohltätiger Mann geschildert, der, wie seine Wahl zum Gemeindebevollmächtigten (1860–1875) zeigt, auch das Vertrauen seiner Mitbürger besaß. 1853 errichtete er für seine Arbeiter eine Unterstützungskasse, in der Anfangszeit kochte seine Frau für die Belegschaft. Elise Haindl engagierte sich darüber hinaus für die katholische Dienstbotenanstalt und den Krippenverein in der Wertachvorstadt. Den Aufstieg der Familie vervollständigten die Heiraten der Kinder (Sedlmayr, Martini, von Ziegler).
Als Georg Haindl am 11. Mai 1878 starb, bezeichnete ihn die Augsburger Abendzeitung als „self made man in der besten Bedeutung des Wortes" (Nr. 130 vom 12.5.1878), der seine Unternehmen von kleinsten Anfängen zu einem der „Angesehensten in der Papierfabrikation Deutschlands" (Augsburger Anzeigeblatt, Nr. 113 vom 12.5.1878) mit einem Wert von 400.000 Gulden emporgebracht hatte. Seine Witwe Elise Haindl errichtete für bedürftige Mitmenschen die „Georg und Elise Haindl'sche Stiftung", die nahe dem Oblatterwall vier Wohnhäuser mit 24 Wohnungen erstellte.
Als das Familienunternehmen 2001 an einen Konzern überging, stellte die Familie ein Prozent des Verkaufserlöses den Mitarbeitern zur Verfügung, ein außergewöhnliches Zeichen einer sozial engagierten Augsburger Familie.
Freundlich und entschlossen, offen und energiegeladen blickt der Papierfabrikant Georg Haindl auf dem Gemälde im Halbprofil am Betrachter vorbei. Etwas steif ist seine Haltung, nicht so locker wie bei dem erfolgreichen und renommierten Industriellen Riedinger. Man denkt eher an ein Mitglied einer mittelständischen Familie, die sich ihren Wohlstand durch harte Arbeit erkämpft hat und das sich mehr aus Konvention, denn aus Neigung porträtieren lässt.

Literatur

Hundert Jahre G. Haindl'sche Papierfabriken. Eine Gedenkschrift, Augsburg 1949.
Jürgen Schmid, Berthold Friedrich Brechts „Chronik der Georg Haindl'schen Papierfabrik Augsburg" 1899, Kommentierte Edition mit Beiträgen von Helmut Gier u. a., Augsburg 1999.

Peter Fassl

Porträt: Ludwig August Riedinger (1809–1879)

Biografie

Ludwig August Rüdinger – er selbst schrieb sich später Riedinger – wurde am 18. November 1809 in Schwaigern, Oberamt Brackenheim (Württemberg), als jüngster von vier Brüdern geboren. Sein Vater war Schneider und hatte eine kleine Landwirtschaft. In der Schule erkannte man bald sein zeichnerisches und technisches Talent und wollte ihn zu einem Baumeister in die Ausbildung geben. Doch fehlte nach dem frühen Tod des Vaters (1823) und der Mutter (1824) das Geld, und so begann er mit 14 Jahren eine Schreinerlehre.
Nach der Lehrzeit verbrachte er sein Gesellenjahr (1827/1828) in Ludwigsburg und wurde 1829 in der Baumwollspinnerei der Gebrüder Hartmann in Heidenheim als Modellschreiner eingestellt. Riedinger war geschickt und erhielt nach drei Jahren die Stelle eines Werkmeisters in der neu erbauten Spinnerei im nahe gelegenen Herbrechtingen. 1837 verlieh ihm die Zentralstelle des landwirtschaftlichen Vereins in Stuttgart einen Preis in Höhe von 20 Dukaten für Verbesserungen an einer Vorspinnmaschine.
Die Mechanische Baumwollspinnerei und Weberei in Augsburg (1837 als Aktiengesellschaft gegründet), damals größter Textilbetrieb in Bayern, bot Riedinger 1838 die Stelle eines ersten Karderie-

meisters an und ernannte ihn bereits Ende 1842 zum technischen Direktor. Riedinger bekam binnen kurzer Zeit die technischen Schwierigkeiten mit den Maschinen aus dem Elsass in den Griff und leitete den dauerhaften Aufschwung des Unternehmens ein.

Mit seinen Arbeitern stand er in einem vertrauten Verhältnis. Er besorgte auf Fabrikkosten die Verteilung von verbilligtem Brot und Holz, errichtete 1849 einen Kranken- und Pensionsverein und eine Sparkasse.

König Max II. empfing ihn 1850 bei seinem Aufenthalt in Augsburg zu einer Audienz, ließ sich die sozialen Einrichtungen erläutern und machte deren Einrichtung zur Voraussetzung für die Erteilung von Fabrikkonzessionen in Bayern.

Nachdem Riedinger in Augsburg weitere industrielle Aktivitäten von den eingesessenen Wirtschaftskreisen blockiert wurden, trat er 1852 aus der SWA aus. Nach einem Vertrag mit dem Chemiker Pettenkofer widmete er sich ab 1852 der Errichtung von Gasanstalten und er wurde erfolgreicher Planer von Spinnwebereien in ganz Deutschland.

Bis zu seinem Tod erstellte Riedinger die Gasbeleuchtung von 25 Städten in Bayern und weiteren 42 in Deutschland und Europa. In Augsburg errichtete Riedinger 1857 eine Maschinenfabrik und 1865 eine Weberei. 1878 erwarb er das Hotel „Drei Mohren", das erste Haus am Platz. Riedinger gehörte damals mit einem Vermögen von 4,2 Mio. Mark zu den reichsten Unternehmern in Bayern.

Trotz dieses Aufstiegs zum Großindustriellen blieb Riedinger als „der Mann aus dem Volke" (Schreiben vom 30. November 1850) in engem und unmittelbarem Kontakt zu seinen Arbeitern, bei denen er höchstes Ansehen besaß. Stolz auf seinen Werdegang aus eigener Kraft waren ihm „Treu und Glauben [...] die Grundpfeiler der menschlichen Gesellschaft", wie er in seiner Autobiografie schrieb.

Ludwig August Riedinger, Ölgemälde von unbekanntem Maler, um 1875

Über die inneren Gründe seiner rastlosen Arbeit gibt er in dem 1875 von Ferdinand Wagner gemalten Porträt (heute im Hotel „Drei Mohren") und in seiner Autobiografie Auskunft. Riedinger steht vor einem Kartentisch mit den Plänen der Gaswerke von Coburg und Mantua (beide Städte verliehen ihm das Ehrenbürgerrecht), im Hintergrund sieht man zwei Bücher mit den Titeln „Die Schule des Lebens" und „Ueber Wissenschaft und Arbeit als Quelle des Wohlstands für Alle". Riedinger hatte die Nöte und Mühen des kleinen Mannes am eigenen Leib verspürt, er sah seine Arbeit als eine Pflicht, seinen Aufstieg als Ansporn und Aufgabe, sein Schaffen letztlich als Dienst am Fortschritt und damit am Menschen.

Der vitale und bis zuletzt energiesprühende Mann wurde am 20. April 1879 nach einem Schlaganfall mitten aus seiner Arbeit gerissen. 10.000 Menschen begleiteten den Toten zum protestantischen Friedhof.

Kein anderer Augsburger Wirtschaftsführer genoss im 19. Jahrhundert beim einfachen Arbeiter ein vergleichbares Ansehen. Sein wirtschaftliches Werk mutet eher „amerikanisch" an und blieb in dieser Spannweite in Bayern einmalig. Auf dem abgebildeten Gemälde schaut Riedinger bärbeißig und mit einer Andeutung von Schmunzeln in die Ferne. Er hat gerade einen Brief gelesen, gelassen überlegt er die weiteren Schritte. Reiche Erfahrung, Selbstsicherheit und Tatkraft strahlt das markante Gesicht aus, ein Unternehmer, der mit Stolz auf seine Leistung schauen kann.

Literatur

Wolfgang Zorn, Ludwig August und August Riedinger, in: Lebensbilder aus dem Bayerischen Schwaben, Bd. 4, München 1955.
Peter Fassl, Ludwig August Riedinger – Techniker, Industriegründer und sozialer Unternehmer, in: Pankraz Fried (Hrsg.), Miscellanea Suevica Augustana, Sigmaringen 1985.

Peter Fassl

Augsburg, MAN-Museum

Hintergrund

Die Ursprünge der MAN Gruppe gehen auf zwei Unternehmen zurück: die Eisenhütte St. Antony in Oberhausen, die 1758 gegründet wurde, und die Sander'sche Maschinen-Fabrik in Augsburg von 1840. Aus St. Antony entwickelte sich 1873 nach Zusammenschlüssen mit anderen Stahl- und Maschinenbauunternehmen die Gutehoffnungshütte in Oberhausen (GHH). Im Süden entstand aus dem Sander'schen Unternehmen nach mehreren Fusionen die MAN Maschinenfabrik Augsburg-Nürnberg.

Die Wege der beiden Firmen kreuzten sich 1920, als die GHH eine Mehrheitsbeteiligung an der MAN erwarb. 1986 wurde das Unternehmen völlig umgestaltet, dessen Schwerpunkte sich nach dem Zweiten Weltkrieg zum Maschinen- und Nutzfahrzeugbau verlagert hatten. Die verschiedenen Geschäftsbereiche wurden zu eigenständigen Tochtergesellschaften der MAN Aktiengesellschaft umgewandelt, die heute die Bereiche Nutzfahrzeuge, Industriedienstleistungen, Drucksysteme, Dieselmotoren und Turbomaschinen repräsentieren. MAN ist heute einer der führenden Engineering-Konzerne in Europa. Über 61.000 Beschäftigte erwirtschafteten 2004 einen Umsatz von 15 Mrd. Euro.

Geschichte

Die Keimzelle des Augsburger Unternehmens war die 1840 von Ludwig Sander gegründete Maschinenfabrik, die unter anderem Dampfkessel, Gussstücke und Textilmaschinen mit anfänglich 44 Beschäftigten fertigte. 1844 übernahm Carl August Reichenbach zusammen mit seinem Schwager Carl Buz die Fabrik und schuf die Grundlagen für hochwertigen Maschinenbau. Das Fabrikationsprogramm umfasste vor allem Schnellpressen, Dampfmaschinen, Dampfkessel und Wasserturbinen. Das Unternehmen firmierte ab diesem Zeitpunkt als „C. Reichenbach'sche Maschinenfabrik" und nach der Umwandlung in eine Aktiengesellschaft 1857 als „Maschinenfabrik Augsburg". Neuer Direktor war Heinrich von Buz. Die Mitarbeiterzahl war bereits auf 257 angestiegen. Neue Erzeugnisse wie die Rotationsmaschine für Zeitungsdruck sowie Kühlmaschinen nach dem Patent von Carl Linde kamen ab 1873 hinzu. Ab 1893 begann Rudolf Diesel hier mit der Entwicklung seines Motors. Die Nutzung dieser Innovation brachte dem Unternehmen in den Folgejahren einen kräftigen Aufschwung.

Der Nürnberger Zweig war 1841 von Johann Friedrich Klett als „Maschinenfabrik und Eisengießerei Klett & Comp." gegründet worden. Gefertigt wurden Gusserzeugnisse, Krane, Dampfmaschinen, Eisenbahnwagen, Werkstoff-, Prüfmaschinen und Brücken. Technische Meilensteine waren 1852–1853 die Erstellung der Münchner Schrannenhalle, 1853–1857 der Bau der Großhesseloher Brücke bei München sowie 1854 die Errichtung des Glaspalastes in München, die nur 100 Tage dauerte. 1893–1897 entstand die erste deutsche Stahlbrücke im Freivorbau mit einer Stützweite von 170 m und einer Höhe von 108 m. Ab 1902 erweiterte sich die Produktpalette um Großgasmaschinen, ab 1904 um Dampfturbinen, ab 1915 wurden Nutzfahrzeuge gebaut.

Aus einer Brückenbaustelle am Rhein bei Mainz war 1860 das Zweigwerk Gustavsburg hervorgegangen. Ab 1865 hieß die Nürnberger Fabrik „Maschinenbau-Gesellschaft Nürnberg Klett & Comp." und ab 1873 „Maschinenbau-Actien-Gesellschaft Nürnberg". 1898 erfolgte der Zusammenschluss der Nürnberger und Augsburger Fabrik zur „Vereinigten Maschinenfabrik Augsburg und Maschinenbaugesellschaft Nürnberg A.-G.". Zur Jahrhundertwende beschäftigte die MAN insgesamt knapp 9.000 Menschen. 1900 entstand die erste deutsche Sechsfarben-Rotationsdruckmaschine, 1901 das erste Walzenwehr der Welt und

Heinrich von Buz, Ölgemälde von Wilhelm Räuber, Ausschnitt

1904 das erste Großdieselmotoren-Kraftwerk der Welt für die Straßenbahnzentrale in Kiew.

Soziale Leistungen waren seit jeher ein wesentlicher Pfeiler des Unternehmens: Schon 1844 begann man im Augsburger Unternehmen mit der Einstellung von Lehrlingen und der Errichtung einer Kantine. 1846 entstand der Krankenverein und 1875 wurden die ersten Arbeiterwohnhäuser gebaut. 1897 war die Werkfeuerwehr entstanden, 1911 folgte die Einrichtung einer Lehrlingsschule.

Im Jahr 1920 übernahm der GHH-Konzern MAN, die zwischenzeitlich 18.000 Beschäftigte zählte. Besonders ab den 1950er Jahren expandierte das Unternehmen durch Werkgründungen und Beteiligungen: Zu den ursprünglichen Produktionsstätten in Augsburg, Nürnberg und Gustavsburg kamen 1955 Werke für Nutzfahrzeuge in München und für Dieselmotoren in Hamburg sowie 1967 das Nutzfahrzeug-Zweigwerk in Penzberg. Weitere Beteiligungen waren die BÜSSING Automobilwerke, die Offset-

Stichwort: Heinrich von Buz

Heinrich Buz, 1833 in Eichstätt geboren, studierte an der Polytechnischen Schule Augsburg. Nach Auslandsaufenthalten trat er 1857 in die Maschinenfabrik Augsburg ein. Von 1864 bis 1913 führte er diese als Direktor. 1898 vereinigte er sie mit der Maschinenbau-Actien-Gesellschaft Nürnberg. Der „Bismarck der deutschen Maschinenbauindustrie", unter dessen Ägide 1873 die erste deutsche Rotationsdruckmaschine und die erste Lindesche Kältemaschine entstanden waren, förderte ab 1893 den Bau des Dieselmotors bei MAN. 1907 wurde er geadelt und starb 1918 als einer der reichsten Unternehmer Bayerns.

maschinenfabrik Faber & Schleicher und B&W Diesel A/S.
Die Verschmelzung der früheren MAN mit dem Gutehoffnungshütte Aktienverein 1986 zog eine Verlegung des Konzernsitzes nach München und die Namensänderung in „MAN Aktiengesellschaft" nach sich. Bereits ab 1979 waren die MAN-Unternehmensbereiche Druckmaschinen, Nutzfahrzeuge, Dieselmotoren, Neue Technologie sowie Maschinen und Anlagen sukzessive selbstständige Tochterfirmen geworden. Die Konzerngesellschaften der GHH wurden ebenfalls unter das Dach der Holding eingegliedert.

Beschreibung

Auf 1.800 m² Ausstellungsfläche zeigt der größte Arbeitgeber der Stadt seit 1953 und nach Erweiterungen 2002 und 2005 in der ehemaligen „MAN-Forschungsanstalt für Mechanik und Gestaltung" das Produktspektrum des Unternehmens. Aus der Firmengeschichte sind historische Nutzfahrzeuge von 1921 bis 1967, der erste Dieselmotor der Welt (1893–1895), eine Schnellpresse von 1846 oder Komponenten aus der Antriebstechnik von RENK vertreten. Die Foto-Galerie bietet eine Zeitreise von 1758 bis heute.

Das neu gestaltete MAN-Museum in Augsburg

Info

Heinrich-von-Buz-Str. 28, 86153 Augsburg
Tel. 0821/322-3791
Geöffnet: Mo.–Fr. 9.00–16.00, n. tel. Anmeldung

Gerlinde Simon

Augsburg, Schlacht- und Viehhof

Geschichte

Erstmals wurden im Augsburger „Stadtbuch" von 1276 ausführliche Vorschriften über den Fleischverkauf erlassen. Die Stadt errichtete 1355 neben dem Kloster Maria Stern ein eigenes Schlachthaus, das 1431 erweitert wurde. Das „Metzgerhaus" und die Fleischbänke, in denen das Fleisch unter Aufsicht von „Fleischbeschauern" verkauft wurde, standen am Perlach. Die Stadt nahm damit auf die Versorgung, die Preise und die Qualität des Fleisches Einfluss und kontrollierte die Steuerabgaben.
1606/1609 erbaute Elias Holl (1573–1646), einer der bedeutendsten Renaissance-Architekten Deutschlands, die „Stadtmetzg". Der dreigeschossige Bau war einer der modernsten der Zeit: Der Vordere Lech floss als Kühl- und Abwasserbach offen unter ihm hindurch, im Erdgeschoss waren die Verkaufsstände, oben die Zunft- und Amtsstuben untergebracht.
Unmittelbar in der Nähe gab es ein Schlachthaus, das 1850 durch einen Neubau von Franz Joseph Kollmann ersetzt wurde. 1889, Augsburg hatte über 100.000 Einwohner, beschloss die Stadtverwaltung „aus Gründen räumlicher und hygienischer Natur und zwecks Durch-

Kälberhalle des Augsburger Schlacht- und Viehhofs

führung einer allgemeinen polizeilichen Überwachung einen neuen Schlacht- und Viehhof zu erbauen". Die Planungen zogen sich fast zehn Jahre hin, dann entstand unter der Leitung von Stadtbaurat Fritz Steinhäußer und Baumeister Gotthelf Stein aus Hannover auf einem 6 ha großen Areal für insgesamt 3 Mio. Mark die damals modernste Anlage im Deutschen Reich.

Beschreibung

Der Komplex mit Eisenbahnanschluss umfasste 22 Gebäude in drei Gruppen: die gemeinsamen Bauten im Eingangsbereich (Verwaltungsgebäude mit den Hauptkassen, Büros und Wohnungen, Dienstgebäude für den Direktor und Amtstierarzt; Labore und Direktoren-Wohnung, Restaurationsgebäude mit Saalbau), den Viehhof (Stallungen, Waage und Kläranlage), den Schlachthof (Kessel- und Maschinenhaus, Kühlhaus, Schlachthallen, Seuchenstallung und Freibank). Zwei Flammrohrkessel erzeugten Dampf, zwei Dampfmaschinen leisteten je 100 PS für die Kälteerzeugung und die Haupttransmission.

Die Anlage wurde 1900 eröffnet. Die ständig steigenden Forderungen zur Hygiene und die Verbesserungen in der Schlachttechnologie veränderten die Anlage während der nächsten 100 Jahre; Zweckbauten entstanden, nicht immer von überzeugender Qualität. Weitgehend original erhalten sind der Eingangsbereich sowie die ehemalige Großviehhalle im Viehhofbereich (Kälberhalle).

Der Schlachtbetrieb wurde 2004 eingestellt. Auf dem südlichen Teil der Anlage, dem ehemaligen Gelände des Seuchenschlachthofes, wurde von der Augsburger Schlachthof GmbH 2004 ein neuer Kompaktschlachthof, der dem europäischen Standard entspricht, in Betrieb genommen. Die Zukunft der restlichen Gebäude ist noch ungewiss. Sie werden vom Liegenschaftsamt verwaltet. In der denkmalgeschützten Kälberhalle finden immer wieder Veranstaltungen statt.

Literatur

Wilhelm Ruckdeschel, Industriekultur in Augsburg, Augsburg 2004.

Info

Proviantbachstr. 1, Augsburg
Nicht öffentlich zugänglich

Wilhelm Ruckdeschel

Augsburg, Schuhfabrik Wessels

Umnutzung für Gewerbe, Büros und Schule

Die wirtschaftliche Blütezeit der Schuhfabrik August-Wessels GmbH (seit 1911 Vereinigte Schuhfabrik Berneis-Wessels AG) machte 1904 einen Neubau notwendig. Nach Plänen des Architekten Jean Keller entstand ein winkelförmiger Ziegelbau im Anschluss an das Gebäude von 1898. Mit dem Anbau eines Maschinenhauses wurde die Anlage zum Geviert geschlossen. 1910/1911 wurden die Fabrikgebäude durch Philipp Jakob Manz in Betonskelett-Bauweise verlängert und aufgestockt. Im Dachbereich versuchte man die Bauten zu einer Einheit zusammenzuführen und schuf eine städtebaulich sehr wirkungsvolle Silhouette. 1919 leitete Eduard Rottmann den Ausbau der Nordseite und die Erneuerung der Fassaden.

1970 musste die Schuhfabrik ihre Produktion einstellen. Die Fabrikgebäude wurden von der Maschinenfabrik Jaudt erworben, die in Teilen der Räume selbst produzierte und andere Teile an verschiedene Gewerbetreibende vermietete.

1986 kaufte eine Immobilienfirma sämtliche Liegenschaften und ließ die stattlichen und das Ortsbild prägenden Gebäude innerhalb von zwei Jahren umfassend sanieren. Die leer stehenden Fabrikhallen wurden auf Wunsch der künftigen Mieter in funktionsgerechte Büros, Schul- und Laborräume umgebaut. Die Installationen, die Fenster und das Dach wurden erneuert, die Fassaden renoviert.

1992/1993 wurde auf der Nordseite eine Baulücke durch einen an das Gebäude angepassten Neubau geschlossen.

Seit dem Umbau ist das ehemalige Fabrikgebäude vollständig vermietet. Hauptmieter ist zur Zeit eines der größten Institute Europas für medizinische Labordiagnostik. Weiter befinden sich hier eine medizinisch-technische Schule, eine Designfirma und ein Künstleratelier. Die Erhaltung des Gebäudes hat sich trotz eines hohen finanziellen Aufwandes gelohnt.

Ehemalige Schuhfabrik Wessels: Blickfang an der Eisenbahnlinie München – Augsburg

Info

August-Wessels-Str. 5, 86154 Augsburg
Eigentümer: Immobilien Schmitt GbR, Augsburg

Wolfgang Pledl, Rembrant Fiedler

Augsburg, Textil- und IndustrieMuseum (tim)

Hintergrund

Augsburg zählt zu den traditionsreichsten Textilstädten Europas. Daher ist es fast selbstverständlich, dass in der Fuggerstadt seit vielen Jahrzehnten immer wieder die Idee erwogen wurde, ein Textilmuseum zu gründen. Zunächst ging dieser Gedanke vor allem von der Industrie selbst aus. Jedoch war und ist die Textilherstellung ein krisenanfälliges Gewerbe und immer dann, als aus der Idee ein Projekt werden sollte, kamen Kriege und Wirtschaftskrisen dazwischen. Als absehbar wurde, dass die Textilindustrie das Zeitalter der Globalisierung nicht überstehen würde, nahmen sich staatliche Institutionen der Idee an, ein Textilmuseum zu errichten.

Stadt Augsburg, Freistaat Bayern und Bezirk Schwaben schlossen 2001 eine Zweckvereinbarung zur Museumsgründung und bestellten ein kleines Gründungsteam. Seither hat das Textilmuseum ähnliche Krisen durchlaufen wie die Industrie, deren Geschichte es erzählen soll. Heftig diskutiert waren Standortfrage und Finanzierung, bis 2003 ein tragfähiges Konzept gefunden war: Die Stadt Augsburg erwarb mit finanzieller Unterstützung des Bezirkes Schwaben das zukünftige Museumsgebäude auf dem Areal der früheren Augsburger Kammgarnspinnerei (AKS). Sie wird es mit Unterstützung des Freistaates Bayern instand setzen und ausbauen, der das tim nach fachgerechter Fertigstellung in seine Trägerschaft übernehmen wird. Schwaben erhält damit sein erstes staatliches Museum.

Beschreibung

Weniger umstritten als Standort und Finanzierung war die Vision, wie das Textilmuseum aussehen sollte. Die Geschichte der bayerischen Textilindustrie sollte wissenschaftlich und museal dokumentiert, aber auch attraktiv und lebendig für breite Besucherschichten dargestellt werden. Grundlage dafür werden drei Themenschwerpunkte sein: der Mensch, die Maschine und die Mode. Zusammen soll daraus eine kulturhistorische Schau entstehen, die den Bezug zu aktuellen Fragen in der Tradition fortschrittlicher bayerischer Museumsarbeit und der internationalen Cultural Studies sucht und beispielhaft die Geschichte der Industrialisierung für Bayern erzählt. Dementsprechend wird das neue Museum nicht mehr Textilmuseum heißen, sondern Textil - und IndustrieMuseum (tim).

Und noch ein weiterer Punkt wurde bei der Museumsplanung wichtig: Der Nukleus und Grundstock des tim ist die Musterbuchsammlung der Neuen Augsburger Kattunfabrik (NAK), die seit 1792 bis zur Insolvenz 1995 mehrere Millionen Stoffmuster aus ganz Europa sammelte. Als nationales Kulturgut ist dieser Bestand zwar museal, aber auch hochaktuell. Die Muster sind ein wahres Kreativ-

Grafik der Augsburger Kammgarnspinnerei von 1913

Die Augsburger Kammgarnspinnerei 2005

archiv, das Designern und Modemachern wieder nutzbar gemacht werden soll.
Ähnliches gilt für die Textilmaschinen. Das tim verfügt nicht nur über altehrwürdige Maschinen, die für das Auge bestimmt sind, sondern auch über relativ moderne, die derzeit instand gesetzt und später vorgeführt werden. Der Besucher kann also erleben, wie industrielle Produktion vor sich geht. Zudem können diese Maschinen in Zusammenarbeit mit Designern genutzt werden, um kleine Produktreihen aufzulegen und im Museumsshop zu vertreiben.

Geschichte

Standort des tim wird die 2002/2004 stillgelegte Augsburger Kammgarnspinnerei (AKS) sein, eine der letzten authentisch erhaltenen Produktionsstätten Augsburgs. Trotz Zerstörungen während des Zweiten Weltkrieges und mancher Versuche, sich den Anstrich einer modernen Fabrik zu geben, wird die Anlage von den Bauwerken längst vergangener Zeiten bestimmt: vom Färberturm an der Schäfflerbachstraße, einem Denkmal aus vorindustrieller Zeit (Ende 18. Jahrhundert), über das alte Dampfmaschinenhaus und die Sortierungsbasilika, die Jean Keller am Ende des 19. Jahrhunderts errichtet hatte, bis zum neuen Kesselhaus, das unter Einbeziehung mehrerer Vorgängerbauten rechtzeitig zum 100-jährigen Firmenjubiläum 1936 fertig gestellt wurde.
1836 hatte alles begonnen: Der Kaufmann Johann A. F. Merz transferierte – angelockt von den Wasserkräften des Schäfflerbachs – seine Kammgarnspinnerei von Nürnberg nach Augsburg. Zunächst zog er in eine verlassene Tabakmühle, später kamen ein Sägewerk und die Gebäude der früheren Kattundruckerei Wohnlich & Fröhlich hinzu. Um 1850 begann der großzügige Ausbau mit modernen Gebäuden. Damals firmierte die AKS als größte Kammgarnspinnerei des deutschen Zollvereins. In einem weiteren Bauabschnitt formte der bereits erwähnte Jean Keller aus dem nördlichen Teil der Fabrik an der Provinostraße mit Vorstandsvillen und Verwaltung, Dampfmaschinenhaus und Sortierungsgebäude den Repräsentationsbereich der AKS. Den Abschluss bildete der Kopfbau der Nordwest-Sheds, 1910 im Stil der Augsburger Fabrikschlösser erbaut. Hier wird das neue tim einziehen.
Dem Besitzer, der Schäfflerbach GbR und der Daun AG, aber auch der Stadt Augsburg stellte sich die Aufgabe der Umnutzung einer immer noch gut 10 ha großen Industriebrache nahe am Zentrum der Schwabenmetropole. Bald war der historische Wert der Anlage erkannt, die fast vollständig unter Denkmalschutz gestellt wurde. Auch die Städteplaner begannen, sich mit der alten Fabrik zu beschäftigen. Immer häufiger hörte man jetzt, dass die AKS eine große Chance für die Stadt Augsburg darstelle, ihr geschwundenes textiles Erbe zu bewahren und das geschundene Textilviertel städtebaulich aufzuwerten.
Der Gedanke von der AKS als **A**ugsburger **K**ultur **S**peicher wurde geboren. Als Flaggschiff sollte das tim den nordöstli-

chen Fabrikteil besetzen, im Anschluss Stadtarchiv und weitere kulturelle Nutzungen folgen. Aus museumsfachlicher Sicht erwies sich der für das tim ins Auge gefasste Bereich als ideal. Räumlich gesehen besteht er aus zwei Teilen: dem zweigeschossigen Kopfbau und anschließend den Dywidag-Schalen-Sheds. Im Erdgeschoss ergab sich ein großzügiger Ausstellungsbereich: lichtdurchflutet in den Sheds, der für die Maschinen vorgesehen wurde, und eher dunkel im Kopfbau für die lichtempfindlichen Textilien. Als auch die Baufachleute konstatierten, dass das Gebäude geeignet sei, erwarben es Stadt Augsburg und Bezirk Schwaben Anfang 2004. Seither sind auch die städtebaulichen Planungen für das Gesamtgelände angelaufen.

Literatur

Richard Loibl (Hrsg.), tim – Das Bayerische Textil- und Industriemuseum in Augsburg, Augsburg 2005.
Barbara Wolf u. a., Industriekultur mit Zukunft? Augsburg und das Erbe des Industriezeitalters (Heft 21 des Architekturmuseums Schwaben), Augsburg 2003.

Info

Die Eröffnung des tim ist für Ende 2007 geplant. Bis dahin befindet sich das Übergangsquartier in der Kukahalle, Ulmer Str. 72, 86156 Augsburg, Tel. 0821/3244684.
www.tim-bayern.de

Richard Loibl

Augsburg, Wasserwerk am Hochablass

Hintergrund

Als eine der ersten Städte der Welt richtete Augsburg im frühen 15. Jahrhundert eine Wasserversorgung ein, die Wasser zu Hausanschlüssen und öffentlichen Brunnen pumpte. Die Anlagen wurden 450 Jahre lang gepflegt und kontinuierlich erweitert. Mit dem raschen Wachstum der Stadt ab etwa 1850 konnte dieses System nicht mithalten.
1876 beschloss der Magistrat, die Wasserversorgung auf eine neue Basis zu stellen. Im stadtnahen Siebentischwald wurde ein Wasserwerk errichtet, das mit neuartiger Maschinentechnik das ganze Stadtgebiet mit Trinkwasser versorgen konnte. Dieses Trinkwasser lieferte der reiche Grundwasserstrom, die Antriebskraft für die Maschinen ein neu gegrabener Lechkanal.
Das historische Wasserwerk am Hochablass beherbergt bis heute neben der historischen Pumpentechnik auch aktive Pumpanlagen der Stadtwerke. Die Wasserkraft des Lechkanals dient jetzt der Stromerzeugung.

Geschichte

Das Wasserwerk am Hochablass ging 1879 in Betrieb und versorgte mehr als 30 Jahre lang als einziges Wasserwerk das ganze Stadtgebiet von Augsburg. Zeitgleich mit der Errichtung des Werkes war in der Stadt ein eisernes Rohrleitungsnetz verlegt worden. 1942 erhielten die historischen Kolbenpumpen des Werkes Verstärkung durch elektrisch angetriebene Kreiselpumpen. Bis 1973 blieben

Wasserwerk am Hochablass in Augsburg von 1879

die beiden Pumpentypen nebeneinander in Betrieb, dann wurden die nahezu 100-jährigen Kolbenpumpen und die zugehörigen Wasserturbinen stillgelegt.
In den 1980er Jahren wurde die Anlage behutsam restauriert. Dabei konnte nicht nur die historische Maschinenausstattung bewahrt, sondern auch die bauzeitliche Schablonenmalerei im Innenraum wieder hergestellt werden. Außerdem gelang es, mit geringen Eingriffen in die historische Substanz die Wasserkraftanlage für die Erzeugung von elektrischem Strom wieder in Betrieb zu nehmen. Seit 1993 ist das Wasserwerk am Hochablass als technisches Denkmal zu besichtigen.

Beschreibung

Das repräsentative Gebäude demonstriert die Wertschätzung, die diesem Zweckbau im 19. Jahrhundert entgegengebracht wurde. Der Maschinensaal ist mit Terrazzoboden und Schablonenmalerei ausgestattet. Die technische Einrichtung wurde 1879 von der Maschinenfabrik Augsburg (spätere MAN) geliefert. Sie besteht aus drei Pumpensätzen, die jeweils von einer Wasserturbine angetrieben wurden. Für gleich bleibenden Druck in den Wasserleitungen der Stadt sorgten – anstelle eines Hochreservoirs oder Wasserturmes – turmhohe Druckwindkessel im Wasserwerksgebäude. Bei den Pumpen handelt es sich um liegende, doppelt wirkende Kolbenpumpen (Plungerpumpen). Sie sind über Zahnräder mit den Turbinen verbunden. Die 1879 eingesetzten Jonvalturbinen waren zweimal durch jeweils moderne Francisturbinen ersetzt worden. Seit 2005 sind Kaplanturbinen eingebaut.
Die Anlage von 1879 speiste mit drei Turbinen von je 70 PS (52 kW) Leistung 240 l Wasser pro Sekunde in das Rohrnetz der Stadt ein. Die drei Kaplanturbinen von 2005 liefern jeweils 100 kW für die Stromerzeugung. Das Wasserwerk am Hochablass stellt mit der Überlieferung von Gebäude, Pumpen und Druckwindkesseln im bauzeitlichen Zustand von 1879 ein europaweit einmaliges Denkmal der Industriekultur dar.

Weitere Schauplätze

Von der Vorläuferanlage haben sich in der Stadt mehrere Wassertürme erhalten. Am eindrucksvollsten ist die Anlage mit drei Türmen am Roten Tor, am schönsten der Jakober-Turm von Elias Holl am Oblatter Wall.

Literatur

Wilhelm Ruckdeschel, Industriekultur in Augsburg, Augsburg 2004.
Fritz Häußler, Wasserwerk am Hochablaß. Technikmuseum und lebendiges Wasserwerk, Eigenverlag Stadtwerke Augsburg 1999.

Info

Am Eiskanal 48, 86161 Augsburg
Tel. 0821/3248602
Besichtigung von Gruppen n. Vereinbarung

Anita Kuisle

Augsburg-Oberhausen, Gaswerk

Hintergrund

Erst Licht, dann Kochen, schließlich Wärme – die Einsatzschwerpunkte der Energie Gas haben sich im Laufe der letzten 150 Jahre zwar verschoben, die Bedeutung ist aber kontinuierlich bis heute gewachsen. Zeugnisse für diesen Siegeszug des Gases und den Wandel in der Herstellung finden sich nicht nur in den industriellen Hochburgen im Rhein-Ruhr-Gebiet, sondern auch in Süddeutschland. Augsburg spielt hier eine herausragende Rolle. Ein eindrucksvolles Beispiel ist das mittlerweile stillgelegte Gaswerk im Augsburger Stadtteil Oberhausen aus der zweiten Dekade des letzten Jahrhunderts.

Luftbild des Augsburger Gaswerkes aus den 1930er Jahren

Dieses in Europa einmalige Ensemble ist für einen Teil der Bevölkerung ein lieb gewonnenes Wahrzeichen, für andere aber ein Schandfleck und Beleg für den schonungslosen Umgang mit der Umwelt. Selbst ein industrielles Kulturdenkmal von diesem Kaliber hat es hierzulande hinsichtlich breiter öffentlicher Akzeptanz und Wertschätzung ungleich schwerer als in Westdeutschland. Die Frage ist, inwieweit dies Einfluss hat auf die derzeit noch ungeklärte künftige Nutzung der mit so viel Liebe zum Detail gestalteten Anlage. Klar ist nur eines: Wie auch immer eine weitere Verwendung aussehen mag, sie muss der historischen Bedeutung, derer sich die Stadtwerke Augsburg als Eigner bewusst sind, gerecht werden – sie muss aber auch wirtschaftlich vertretbar sein.

Geschichte

Es begann mit dem Beschluss des Augsburger Magistrats 1845, die Gasbeleuchtung in der Stadt einzuführen. Bereits Ende 1848 ging nach rund 1-jähriger Bauzeit die erste Gasfabrik in Betrieb. Sie erzeugte mit ihren 12 Rostöfen und 72 Retorten pro Tag 11.200 m^3 Leuchtgas. Eigentümerin der Anlage war eine private Aktiengesellschaft. Der wachsende Bedarf veranlasste sie, 1863 eine zweite Fabrik mit gleicher Leistung zu bauen.
Die Erfindung des Gasglühlichtes durch K. Auer von Welsbach sowie die Verwendung des Gases für weitere Zwecke zog ein erneutes Anwachsen des Absatzes nach sich. Zur Jahrhundertwende betrug er in der von 80.000 Menschen bewohnten Stadt 4 Mio. m^3, das Rohrnetz war 90 km lang.
1907 erwarb die Stadt für knapp 2,4 Mio. Mark die gesamte Gasversorgung von der privaten Aktiengesellschaft, die zu dieser Zeit von Augsburg aus 19 Gasfabriken im In- und Ausland betrieb. Der weiter ansteigende Gasverbrauch, sowie die sich zunehmend zeigende Unwirtschaftlichkeit der zwei Fabriken waren die Geburtsstunde der Gasanlage in Augsburg-Oberhausen, die 1913–1915 unter der Federführung von Ingenieur Dr. E. Schilling und der Leitung des Münchner Bauunternehmens Gebrüder Rank mit rund 5 Mio. Reichsmark gebaut wurde.
Als Folge des ersten Weltkriegs ging die neue Gasfabrik mit einem Jahr Verspätung zu Silvester 1915 in Betrieb.
Sie ist noch heute eine überaus großzügige, von einem Park umgebene schlossähnliche Anlage in neoklassischen und neobarocken Formen mit verzierten Fassaden und einer Vielzahl von Details. Das Gaswerk aus Stahlbeton und Backstein ist ein Industriedenkmal von europäischem Rang, das die beiden Weltkriege fast unbeschadet überstanden hat. Es ist ein selbstbewusstes und stolzes Symbol für die Leistungsfähigkeit der Industriestadt Augsburg.
Die Kapazität der Anlage unterstreicht

diesen Anspruch: 10.000 m^3 Wassergas und 40.000 m^3 Stadtgas aus Steinkohle konnten täglich erzeugt werden, die beiden alten Fabriken waren überflüssig geworden. Zwei moderne Gasbehälter mit 50.000 und 25.000 m^3 Speichervermögen komplettierten die Anlage und zeigten den Beginn der Ära einer modernen Gastechnik. Dazu kam schließlich noch ein kleiner Scheibengasbehälter mit 1.600 m^3 Volumen – es ist der erste von MAN konstruierte; seine Kuppel ist ein baulicher Akzent in der Nordfront der Anlage an den Bahngleisen. Die Südfront wird gebildet vom Ofenhaus, dem hohen Behälterturm (für Brauchwasser, Teer und Ammoniakwasser) und dem Apparatehaus. An der Straße befindet sich das Haupttor, das von einem Büro- und Wohngebäude flankiert wird. Etwas abgesetzt steht das „Beamtenwohnhaus". Vorausschauend wurden schon zu diesem Zeitpunkt die Voraussetzungen für Erweiterungen geschaffen. Anfang der 50er Jahre war es so weit: Ein weiterer Scheibengasbehälter mit 100.000 m^3 kam hinzu – jeder, der mit dem Zug oder über die Autobahn nach Augsburg kommt, kennt den 85 m hohen Zylinder. Nun fand die klassische Gaserzeugung mit der Kohleentgasungsanlage der Firma Still ihren Höhepunkt. Sie ging 1957 mit drei Ofenbatterien in Betrieb und konnte 280.000 m^3 Kokereigas produzieren.

Anfang der 60er Jahre neigte sich das Kokereigas-Zeitalter seinem Ende zu. Dessen erste Konturen wurden mit der Gründung der Bayerngas durch die Städte München und Augsburg deutlich – das Ferngas-Zeitalter begann. Nicht mehr Kokerei- oder Stadtgas war die Energie zum Kochen und zunehmend zum Heizen, sondern qualitativ höherwertiges und vor allem kostengünstigeres Erd- oder Naturgas. 1962 floss das erste Erdgas nach Augsburg. Es musste noch in Spaltanlagen „verdünnt" werden, damit die Geräte beim Kunden und die Leitungen keinen Schaden nahmen. Ende der 60er Jahre wurde die altehrwürdige, aber eben teure und auch die Umwelt erheblich belastende Stadtgasproduktion mit dem Abbruch der Ofenanlage und weiterer Komponenten eingestellt.

Bis 2001 nutzten die Stadtwerke die drei Gasbehälter noch zur Speicherung von Erdgas. Doch auch dies wurde zunehmend unwirtschaftlich. Heute wird der Erdgasbedarf Augsburgs und einiger Randgemeinden (der 2004 auf 4.500 Mio. kWh mit noch steigender Tendenz angewachsen ist) ausschließlich mit Erdgas aus Russland gedeckt. Auch dieses Gas kommt auf dem Gasgelände unter. Nicht viel größer als eine Doppelgarage im westlichen Grundstücksabschnitt steht heute – und wohl auch in Zukunft – die vor zwei Jahren in Betrieb genommene, hochmoderne Übergabestation, der Anschluss ans Erdgastransportnetz.

Die Stadtwerke wollen alles daran setzen, alle Immobilien auf dem Gelände einer wirtschaftlich sinnvollen und der historischen Bedeutung angemessenen Weiternutzung zuzuführen. Dabei müsse man, so Geschäftsführer Dr. Claus Gebhardt, sicherlich aufs Geld achten, den Euro auch zweimal umdrehen, bevor man ihn ausgibt, und prüfen, was die Stadtwerke aus eigener Kraft aufbringen können und was gegebenenfalls aus anderen Quellen kommen müsse. Derzeit wird das Gelände teilweise als Lager von verschiedenen Firmen sowie dem Theater genutzt. Aber auch Events, wie das über die Grenzen Augsburgs hinaus bekannte Jugend-Festival popcity, finden hier ihren Platz – vorübergehend.

Info

August-Wessels-Str. 30, 86154 Augsburg
Nur Besichtigung von außen möglich

Jürgen Dillmann

Gaswerk Augsburg in Jahr 2005

www.dpd.net DPD

Industriemetropole München

Arbeiterwohnen in München, In der Grube, um 1900

Themenroute: München, Herbergen – Mietshäuser – Siedlungen

Hintergrund

Zwischen 1825 und 1849 stieg die Bevölkerungszahl in München von 62.000 auf 89.000. Über 1.300 neue Häuser wurden in diesem Zeitraum gebaut. Für die mittleren und unteren Bevölkerungsschichten bot die ab 1840 errichtete Feldmüller-Siedlung in Giesing erschwinglichen Wohnraum (Schauplatz 1). Die meisten Gebäude in der Stadt waren aus Renditegründen aber groß und aufwendig errichtet worden. Wer sich hier keine Wohnung leisten konnte, zog in die Herbergsviertel außerhalb der Stadtmauern (Schauplatz 2).

Immer mehr Menschen kamen ab der Jahrhundertmitte in die Residenzstadt, um sich eine Existenz aufzubauen. Die Einwohnerzahl erhöhte sich von 1854 bis 1900 um rund 400.000. München war am Beginn des 20. Jahrhunderts nach Berlin und Hamburg mit fast 500.000 Menschen die drittgrößte Stadt im Deutschen Reich. Beim Wohnungsbau ging es aber fast ausschließlich um die wirtschaftlichen Interessen der Bauherren, nicht um die Not der Zuwanderer. Grundstücke waren Spekulationsobjekte. Sozial- oder wohnungspolitische Aspekte spielten bis zum Ende des Jahrhunderts beim Bau neuer Häuser keine Rolle. Dies zeigte sich auch bei der Anlage ganzer Stadtquartiere wie dem Gärtnerplatz- und Ostbahnhofviertel (Schauplatz 3).

Um die Mietkosten zu senken, teilten sich mehrere Familien eine Wohnung, räumten Zimmer zur Untermiete oder stellten ihre Betten für Schlafgänger zur Verfügung. In durchschnittlich 25 Prozent aller Wohnungen war dies der Fall, im Münchner Osten sogar in fast 80 Prozent. Enge, Überfüllung und zum Teil katastrophale hygienische Verhältnisse waren an der Tagesordnung. 1906 besaß nur die Hälfte aller Wohnungen ein eigenes WC, kaum eine ein Bad.

Die Stadt reagierte auf die Wohnungsnot mit Bauordnungen, Inspektionen und Steuerbefreiungen für den Bau von Kleinwohnungen. Die Probleme löste sie damit jedoch nicht. Öffentliche Bauvorhaben gab es nur für Beamte und Staatsbedienstete. Viele Arbeiter versuchten, Verbesserungen durch die Gründung von Genossenschaften herbeizuführen. 1871 entstand die „Baugenossenschaft München", 1873 der erste Genossenschaftsbau. 1898 wurden vier Eisenbahnerbaugenossenschaften gegründet, die mehrere Wohnblöcke errichteten (Schauplatz 4). Zwischen 1908 und 1910 kamen 20 weitere Genossenschaften hinzu, die 55 Prozent aller Kleinwohnungen in der Stadt bauten. Da die Genossenschaften Eigentümer von Grund und Boden waren, konnten sie die Mieten stabil halten und Sicherheit vor Kündigungen bieten.

In München gab es seit 1898/1899 eine eigene Wohnungskommission und einen „Verein zur Verbesserung der Wohnungsverhältnisse". Seit Ende der 1880er Jahre engagierten sich auch katholische Arbeitervereine beim Bau von Kleinwohnungen. Pläne von Richard Riemerschmid, eine Gartenstadt in München-Perlach zu errichten, die auch für Arbeiter eine Alternative zu den Mietskasernen geboten hätte, scheiterten aus finanziellen Gründen. Reihenhaus-Siedlungen, die sich Arbeiterfamilien in der Regel aber nicht leisten konnten, entstanden in den Stadtrandgebieten (Gern ab 1892). Villenviertel wurden nahe der Innenstadt (Wiesenviertel ab 1882) und Villenkolonien in den Vororten (Pasing ab 1883) angelegt. Finanziert wurden sie von privaten „Terraingesellschaften", beispielsweise von Heilmann und Littmann.

Nach dem Ersten Weltkrieg stellte die Stadt mehrere Bauprogramme auf, mit denen die Wohnungsnot gelindert wer-

Stichwort: Heilmann und Littmann

Neben „Gebrüder Rank" war „Heilmann und Littmann" der bedeutendste Großbetrieb der Baubranche in München um 1900. Das 1871 von Jakob Heilmann gegründete und von seinem Schwiegersohn Max Littmann fortgeführte Unternehmen hatte Aufträge in ganz Deutschland. In München baute es unter anderem das Hofbräuhaus, das Prinzregententheater und die Kaufhäuser Oberpollinger und Tietz. Die 1897 gegründete Heilmann'sche Immobilien Aktiengesellschaft war die erfolgreichste Terraingesellschaft der Stadt. Sie plante unter anderem die Villenkolonien Menterschwaige und Nymphenburg.

den sollte. Vor allem gemeinnützige Gesellschaften errichteten nun Siedlungen in Zeilenbauweise, dem Markenzeichen des sozialen Wohnungsbaus. 1918 wurde, unter wesentlicher Beteiligung der Stadt, die „GWG" (Gemeinnützige Wohnstätten- und Siedlungsgesellschaft) gegründet. Bereits im Folgejahr betreute sie den Bau von sechs Häusern mit über 500 Wohnungen. Einer der maßgeblichen Stadtplaner dieser Zeit war Theodor Fischer (1862–1938). Ab 1882 leitete er das Stadterweiterungsbüro und entwarf 1904 den Staffelplan, der bis 1980 Gültigkeit besaß und Gewerbe- und Industrieviertel auswies. Eine der wichtigsten Baufirmen war das Unternehmen „Gebrüder Rank".

Gebaut wurden in den 20er Jahren neben Arbeitersiedlungen (Schauplatz 5) auch Wohnanlagen für die gehobene Mittelschicht (Schauplatz 6) oder für bestimmte Berufsgruppen; ein Beispiel ist die Postversuchssiedlung Arnulfstraße von Robert Vorhoelzer. Die staatliche Wohnungsbauförderung wandelte sich langsam zum sozialen Wohnungsbau.

Kleinsiedlungen waren während der 30er Jahre eine bevorzugte Wohnform. Die großstadtfeindliche und antimoderne Haltung der NS-Zeit fand hier ihren Niederschlag.

Nach den Zerstörungen im Zweiten Weltkrieg – weit mehr als die Hälfte aller Wohnungen waren von Bomben getroffen worden – herrschte in München wieder ein gravierender Wohnungsmangel. Für die Bundesrepublik Deutschland war die Schaffung neuen Wohnraumes deshalb eine zentrale Aufgabe. 1950 wurde das erste Wohnungsbaugesetz verabschiedet, das die Finanzierung von Sozialwohnungen und Eigenheimen regelte. Der öffentlich geförderte Mietwohnungsbau kam zügig voran. Mit dem Beginn des „Wirtschaftswunders" wurden die Wohnungen größer. Es entstanden aufgelockerte „Parkstädte" (Schauplatz 7). Pläne, neue Trabantenstädte als wirtschaftliche und kulturelle Nebenzentren zu bauen, wurden nur ansatzweise verwirklicht (Neuperlach). An die Stelle der großflächigen Stadterweiterung im Umland trat ab 1970 die Sanierung und Modernisierung bislang vernachlässigter Stadtbereiche.

Schauplatz 1: Feldmüller-Siedlung in Giesing

Die Feldmüller-Siedlung, die nach der ehemaligen Eigentümerin des Geländes benannt ist, umfasst das Gebiet zwischen

Stichwort: Gebrüder Rank

Die 1862 von Zimmerermeister Joseph Rank (1832–1909) gegründete Firma „Gebrüder Rank" war einer der bedeutendsten Großbetriebe der Baubranche in Bayern und spezialisierte sich ab 1902 auf Eisen-Beton-Bauten, vor allem auf Gaswerke. Am bekanntesten sind der von ihm 1910/1912 gebaute Sammlungstrakt und Turm des Deutschen Museums in München sowie das Gaswerk in Augsburg.

Feldmüller-Siedlung in München, 1840/45, Obere Grasstraße

Icho-, Gietl- und Tegernseer Landstraße und wurde zwischen 1840 und 1845 planmäßig angelegt. Ehemalige Bewohner der Herbergsviertel sollten hier die Möglichkeit erhalten, ein kleines Reihenhaus mit Gartenparzelle zu erwerben. Die Siedlung stellt eines der frühesten Beispiele einer Stadtsanierung dar und dokumentiert, dass unter König Ludwig I. nicht nur der bürgerliche Wohnungsbau vorangebracht wurde.

Info

Untere und Obere Grasstr., 81541 München

Schauplatz 2: Herbergen

Vom 12. Jahrhundert bis zur Einführung des Bürgerlichen Gesetzbuches 1900 war es in zahlreichen Städten Süddeutschlands möglich, Wohnungseigentum an einem Zimmer oder dem Stockwerk eines Anwesens zu erwerben (Herbergsrecht). Herbergsquartiere gab es in München in der Au, in Giesing, Haidhausen und im Lehel. Ein Dach über dem Kopf fanden hier Tagelöhner und Holzknechte, Ziegeleiarbeiter und Maurer, im 19. Jahrhundert dann die Arbeiter aus den mittelständischen Betrieben und viele Handwerker. Die Herbergen wurden in einfachster Weise in der Bautradition der ländlichen Umgebung Münchens errichtet, anfangs nur aus Holz, später auch aus Ziegeln; sie waren nicht unterkellert und bestanden oftmals aus über zehn „Eigentumswohnungen".
Eine Erhebung von 1904 sah in ihnen „für Menschen unwürdige Wohnstätten" und beklagte mangelhafte Licht- und Luftzufuhr, schwache Grundmauern, große Feuchtigkeit und das Fehlen von Abortanlagen, Trinkwasserzufuhr, Abwasserbeseitigung und Müllabfuhr. Karg war meist die Einrichtung; mehr als einen Kleiderkasten, zwei Betten und Stühle, mitunter eine Nähmaschine für die Heimarbeit konnten sich die Bewohner nicht leisten. Sie waren anfällig für Cholera, Typhus oder Tuberkulose. Ein Drittel bis die Hälfte aller Neugeborenen starb hier bereits im ersten Lebensjahr.
Nach den Cholera-Epidemien von 1854 und 1873 war die Verbesserung der Lebens- und Wohnbedingungen die vordringlichste Aufgabe des Magistrats.

Ehemalige Herberge Kriechbaumhof in München, 17. Jahrhundert

Bauordnungen von 1879 und 1895 verboten Kellerwohnungen, begrenzten die Gebäudehöhe auf fünf Stockwerke und forderten eine Wohnraumhöhe von 2,75 m. Da die Herbergen diesen Anforderungen nicht genügten, sollte das Mietshaus das bevorzugte Arbeiterwohnquartier werden. Die Stadt begann zahlreiche Herbergen aufzukaufen und abzureißen. Bereits 1912 beantragten Gemeindebevollmächtigte, einzelne dieser für München charakteristischen Bauten zu erhalten. Kriegszerstörungen und Stadtteilsanierungen machten jedoch alle denkmalpflegerischen Bemühungen zunichte. Erhalten sind nur einzelne Herbergen in den ehemaligen Vororten Münchens, wie der weitgehend erneuerte Kriechbaumhof aus der Mitte des 17. Jahrhunderts (Preysingstraße 71) oder das gegenüberliegende Üblackerhäusl.

Info

Preysingstr. 56–71, An der Kreppe 1–2, Wiener Platz 4–6, 81667 München; Lilienstr. 9–13, 81669 München

Schauplatz 3: Gärtnerplatz- und Ostbahnhofviertel

Das Gärtnerplatzviertel war nach der Maxvorstadt die zweite große Stadterweiterung in München. Seine Errichtung ging nicht auf die Initiative der Stadt zurück, sondern auf die des Hofbankiers und Großgrundbesitzers Carl von Eichthal (1813–1880). Er baute auf seinem Immobilienbesitz zwischen 1860 und 1870 das erste reine Wohnquartier Münchens mit Mietshäusern für die unteren Bevölkerungsschichten. Dem Viertel, das vom runden Gärtnerplatz aus sternförmig erschlossen wird, liegt ein streng geometrisches Konzept zugrunde. Alle Häuser sind viergeschossig und stehen mit ihren spätklassizistischen Fassaden unmittelbar an einheitlich breiten und geradlinigen Straßen. Ein besonderer Akzent ist das 1865 (wohl aus Gründen der Bodenspekulation) erbaute Theater. Zwischen 1870 und 1900 ließ Carl von Eichthal das Ostbahnhofviertel anlegen. Eichthal hatte als Mitbegründer der Ostbahnhofgesellschaft an der Erschließung Haidhausens großes wirtschaftliches Interesse. Die kommunale Planung lag bei Oberbaurat Arnold Zenetti. Vom halbrunden Orleansplatz aus wird das Viertel nach den Prinzipien des geometrischen Städtebaus mit einem Straßen-Dreistrahl gegliedert. Es folgen der quadratische Pariser Platz und der runde Weißenburger Platz; urbanes Zentrum ist die boulevardartige Wörthstraße. Im Unterschied zum Gärtnerplatzviertel sind hier die Straßen unterschiedlich breit. Auch die Gebäudehöhe ist nicht mehr einheitlich, denn an den Hauptstraßen und Plätzen wurde fünfgeschossig, in den Nebenstraßen viergeschossig gebaut. Bis 1890 dominierte der Neorenaissance-Stil, dann der Neobarock, vereinzelt wurden auch Formen des Jugendstils verwendet.

Gärtnerplatz mit Denkmal des Namenspatrons Friedrich von Gärtner in München

Info

Gärtnerplatz, 80469 München
Wörthstr., 81667 München

Schauplatz 4:
Genossenschaftswohnungen

1898/1899 wurden vier Eisenbahnerbaugenossenschaften gegründet. Sie bauten in Laim, in unmittelbarer Nähe zum 1889 errichteten Güterbahnhof, große Wohnblöcke im Stil der „Deutschen Renaissance". Nach Plänen von August Brüchle entstanden in 51 Häusern insgesamt 442 Wohnungen für über 1.700 Menschen. Darlehen, die die Bahnverwaltung gewährte, versetzten die Genossenschaften in die Lage, auch Läden, Gaststätten, Gärten und ein Dampfbad zu errichten.

Info

Camerloher Str. 71, 80689 München

Schauplatz 5:
Alte Heide

1900 gab es in München ein Überangebot an Villen und großen Mietwohnungen, ein eklatanter Mangel bestand an Kleinwohnungen. Der Erste Weltkrieg verschärfte diese Situation. 1918 gründeten mehrere Industriebetriebe und der „Verein zur Verbesserung der Wohnungsverhältnisse" die „Gemeinnützige Baugesellschaft Alte Heide", um eine Arbeitersiedlung zu errichten. Die Pläne lieferte Theodor Fischer. Die Baubetreuung lag bei der GWG. Trotz der Inflationszeit wurden zwischen 1919 und 1923 rund 600 Kleinwohnungen, ein Konsum-Laden sowie ein Bade- und Verwaltungsbau realisiert, 1926/1927 weitere 100 Wohnungen. Die Anlage war mit insgesamt 27 Häuserblöcken nun vollendet. Zwischen diesen Zeilenbauten – den ersten in Deutschland – liegen Nutzgärten. Alle dreigeschossigen Satteldachhäuser sind schlicht und ohne Bauschmuck gestaltet. Fast alle Wohnungen der ersten Bauphase haben bei einer Fläche von 48 bis 60 m^2 zwei Zimmer, Wohnküche, WC, Vorplatz und Loggia. Die Gemeinschaftseinrichtungen (Verwaltungsbau, Badeanstalt, Lebensmittelladen) sind durch historisierende Bauformen hervorgehoben. Im Gegensatz zur verdichteten Mietshausbebauung bot die Alte Heide Sonne, Luft, Lärmschutz und im Zentrum einen Kinderspielplatz. Die Zeilenbauweise verwendete in München erst wieder Hans Döllgast 1928/1930 bei der Siedlung Neuhausen (Arnulf-, Nibelungenstraße).

Info

Echinger, Fröttmaninger, Garchinger Str., 80805 München

Schauplatz 6:
Borstei

Die Borstei entstand zwischen 1924 und 1929 als private Initiative des Architekten Bernhard Borst (1883–1963). Die Stadt unterstützte das Projekt. Die Siedlung für den gehobenen Mittelstand umfasst über 770 Wohneinheiten, 14 Geschäfte, eine Apotheke, ein Postamt, zwei Kindergärten, ein Café und eine gemeinschaftliche Fernheizversorgung. Die traditionsgebundene Architektur der weitläufigen Anlage mit drei- bis fünfgeschossigen Satteldachblöcken, großen Gärten sowie Höfen mit Brunnen und Skulpturen war eine Alternative zu den Villenkolonien in den Vororten. Sie steht in bewusstem Gegensatz zum gleichzeitigen sozialen Wohnungsbau in der Stadt. Die gehobene Wohnkultur der Anlage mit 280 Garagen, eigenem Reinigungspersonal und Dienstboten war für Arbeiterfamilien in der Regel nicht erschwinglich.

Info

Franz-Marc-Str., 80637 München

Schauplatz 7:
Parkstadt Bogenhausen

Die Parkstadt Bogenhausen wurde 1955/1956 nach Plänen von Franz Ruf errichtet. An die Stelle der architektonischen Strenge der Zeilenbauten traten asymmetrisch platzierte Einzelbauten, geschwungene Wege und weitflächige

Innenhof der Borstei in München, 1924/29

Grünanlagen. Integriert wurden Reiheneigenheime und öffentliche Einrichtungen wie ein Fernheizwerk und eine Zentralwäscherei.

Weiterer Schauplatz

Siemens-Siedlung, Boschetsriederstr. 118, Halske-, Steinmetzstr. (1952–1954 nach Plänen von Emil Freymuth errichtet, eine der besten Leistungen der Architektur der 1950er Jahre in Bayern).

Info

Stuntz-, Busching-, Beblostr., 81667 München

Literatur

Heinz Selig, Stadtgestalt und Stadtbaukunst in München 1860 bis 1910, München 1983.
Richard Bauer, Eva Graf, Nachbarschaften, München 1984.
München wie geplant, Die Entwicklung der Stadt von 1158 bis 2008, Katalog, Stadtmuseum München 2005.

Werner Kraus

Themenroute: München, Brauereien und Bierpaläste

Geschichte

Bier wurde in München seit dem 13. Jahrhundert gebraut, es konkurrierte aber bis ins 16. Jahrhundert mit dem Wein. Das Recht, gewerblich Bier zu brauen, wurde von 1372 bis zur Einführung der Gewerbefreiheit 1868 als „Braulehen" vom Landesherren vergeben. Es war immer an ein bestimmtes Grundstück in der Stadt gebunden. Die Ältesten der heute noch existierenden Brauereien in München sind der 1328 entstandene Augustiner Bräu und der seit 1397 in der Neuhauser Straße nachweisbare Spatenbräu (Schauplatz 1).

Um die Bürger mit gesundem Bier zu versorgen und um hohe Einnahmen über die Biersteuer zu erzielen, erließen die Wittelsbacher Herzöge mehrere Verordnungen, die die Herstellung, den Verkauf sowie die Preise von Bier regelten und deren strikte Einhaltung mit der „Bierbeschau" überwacht wurde. 1487 legte das Reinheitsgebot, das ab 1516 für das gesamte Herzogtum galt, fest, dass zum Brauen nur Gerste, Hopfen und Wasser verwendet werden dürfen; später kam noch Hefe hinzu. Weil Bier im Sommer wegen mangelnder Kühlmöglichkeiten rasch verdarb, begrenzte eine Verordnung von 1533 das Brauen von untergärigem Bier auf Ende September bis Ende April; das obergärige Weizenbier durfte das ganze Jahr über erzeugt werden. Das Braurecht erhielt nur, wer eine zünftische Ausbildung absolviert hatte. Diese Verordnungen führten zu einer Professionalisierung des Brauhandwerks, die Qualität der Biere nahm zu, die Nachfrage stieg. Am Ende des 16. Jahrhunderts gab es in München circa 80 Brauereien, eine pro 250 Einwohner. Getrunken wurde fast ausschließlich dunkles Bier. Erst ab 1895 setzte sich langsam das nach Pilsener-Art gebraute helle Bier durch.

Eine grundlegende Reform des Brauwesens begann am Ende des 18. Jahrhunderts. Staatsminister Graf von Montgelas

Pferdefuhrwerke beim Flaschenbiertransport im Innenhof der Unionsbrauerei in München, 1922

hob 1799 den „Bierzwang" auf. Die Wirte konnten nun frei ihre Brauerei wählen; im Gegenzug erhielten die Brauer das Recht, bei ihren Lagerkellern, die sie seit 1730 am westlichen Stadtrand gebaut hatten, eigene Schankstätten zu eröffnen. Da dort kein Essen ausgegeben werden durfte, brachten die Münchner ihre Brotzeit selbst mit, eine Tradition, die noch heute besteht. Diese „Biergärten" zogen alle Bevölkerungsschichten an; das Bier wurde zum „Nationalgetränk". An Bierexport dachte noch kein Brauer, fast die gesamte Produktion wurde in der Stadt verbraucht.

Die enorme Ausweitung des Lokalmarktes – die Einwohnerzahl Münchens war von 40.000 im Jahr 1800 auf 230.000 im Jahr 1880 gestiegen – machte Betriebsvergrößerungen notwendig. Als erste Brauerei zog Löwenbräu 1826 von der Löwengrube in der Innenstadt in die Nymphenburger Straße am westlichen Stadtrand. Ab 1854 baute die Spaten-Brauerei, deren Stammhaus in der Neuhauser Straße stand, eine neue Anlage in der Marsstraße (Schauplatz 2). Die Augustiner Brauerei verlegte ihre Braustätte 1884 von der Neuhauser Straße in die Landsberger Straße (Schauplatz 3).

Das Kapital für Betriebserweiterungen konnten nur wenige Münchner Brauer aufbringen. Schon der Kauf und der Unterhalt von Sommerkellern hatte viele finanziell überfordert. Opfer des harten Wettbewerbes waren vor allem die kleinen Brauereien. 1810 gab es in der Stadt noch 52 Brauereien, 1871 waren es 15, von denen aber nur acht einen nennenswerten Bierausstoß hatten. Durch die Gründung von Aktiengesellschaften (erstmals 1872 bei Löwenbräu) entstanden Großbrauereien, die ihre Braumethoden fortwährend rationalisierten und verbesserten. Das Bierbrauen, das bis zum Beginn des 19. Jahrhunderts noch auf traditionellen Handwerksmethoden beruhte, öffnete sich in der Mitte des 19. Jahrhunderts der Wissenschaft. 1848 wurde die Braukunde als Unterrichtsfach an der landwirtschaftlichen Zentralschule in Schleißheim und 1865 als eigenständige Disziplin in Weihenstephan eingeführt. Gabriel Sedlmayr jun. (Spaten), Georg Brey (Löwenbräu), Matthias Pschorr (Hacker) und Franz Xaver Zacherl (Paulaner, Schauplatz 4) waren die bedeutendsten Vertreter einer neuen Brauergeneration, die kaufmännisches Geschick, Wagemut und Aufgeschlossenheit gegenüber technischen Neuerungen auszeichnete.

1830 wurden in München 1,3 Mio. hl Bier hergestellt. 1900 waren es 3 Mio. hl. Ab 1890 wurde der Bierexport, der bislang allein von Brauereien in Nürnberg, Kulmbach oder Kitzingen ausgegangen war, zur Domäne der Münchner Großunternehmen; bis zu 50 Prozent des Bierausstoßes verließen nun die Stadt. Drei Neuerungen begünstigten diese Entwicklung: Der französische Chemiker Louis Pasteur beseitigte 1873 Bakterien als Verursacher von „Bierkrankheiten" durch Erhitzen; Carl von Linde erfand im selben Jahr die künstliche Kühlung, die ein ganzjähriges Brauen ermöglichte; die

Stichwort: Bierbrauen
Gleich geblieben ist über die Jahrhunderte der Produktionsablauf bei der Bierherstellung: Er besteht aus dem Mälzen, Brauen und Gären. Zuerst wird Getreide zum Keimen gebracht und anschließend in der Darre getrocknet; dieses Malz wird mit Wasser und Hopfen, der Aroma- und Bitterstoffe freisetzt, erhitzt. Die Würze, die nun entstanden ist, wird abgekühlt und mit Hefe zum Gären gebracht, es bilden sich Kohlensäure und Alkohol. Bei der Gärung und der anschließenden mehrwöchigen Lagerung des untergärigen Bieres darf die Raumtemperatur 10° C nicht übersteigen.

Eisenbahn baute ihr Schienennetz zügig aus: von 6.000 km 1850 auf 51.000 km 1900. An die Stelle von Pferdefuhrwerken traten Kühlwaggons. Münchner Biere wurden bis nach Asien und Amerika exportiert. Der sprunghafte Anstieg des Versandgeschäfts sicherte dem Münchner Braugewerbe die Vormachtstellung in Deutschland.

Zwischen 1880 und der Wirtschaftskrise 1900/1902 errichteten die Münchner Brauereien an ihren ehemaligen Standorten in der Innenstadt sowie bei ihren Lagerkellern am Stadtrand Großgaststätten (Schauplatz 5). Eine opulente Architektur, meist im Stil der deutschen Renaissance, und eine aufwendige Ausstattung sollten die Bedeutung der Brauereien für das Wirtschaftsleben der Stadt demonstrieren. Diese „Bierpaläste" mit Schwemme, Festhalle, „Kneiphof" und verschiedenen Braustuben prägten das Klischee Münchens als „Bierstadt", das seit der Gründung des Fremdenverkehrsvereins 1890 erfolgreich vermarktet wurde. Unterhaltungsangebote wie Militärkapellen oder Volkssänger machten die Gaststätten zu Zentren des gesellschaftlichen Lebens. Aufgrund von Kriegszerstörungen und Modernisierungen haben nur wenige ihr gründerzeitliches Erscheinungsbild bewahrt.

Schauplatz 1: Sandtner'sches Stadtmodell, Bayerisches Nationalmuseum, München; Brauereimodell, Deutsches Museum München

In der Neuhauser Straße 4, gegenüber der Augustiner Kirche, befand sich seit 1397 das Stammhaus der Spaten-Brauerei. Von 1522 bis 1622 gehörte es der Familie Starnberger, dann ging es auf die Brauerdynastie Späth über. 1807 erwarb der königliche Hofbraumeister Gabriel Sedlmayr sen. (1772–1839) diese kleinste Brauerei der Stadt. Obwohl er sich mit dem Kauf hoch verschuldet hatte, begann er sofort mit der Modernisierung. Die Raumnot auf dem engen Grundstück war das Hauptproblem. Doch Sedlmayr schaffte es, seinen Betrieb in das vordere Drittel des Münchner Braugewerbes zu bringen.

Das Stammhaus existiert heute nicht mehr. Zu sehen ist es aber in einem Stadtmodell, das Jakob Sandtner 1572 im Auftrag Herzog Albrechts V. herstellte und das im Bayerischen Nationalmuseum ausgestellt ist. Außerdem zeigt ein Querschnittsmodell in der Bierabteilung des Deutschen Museums, wie in der Neuhauser Straße am Beginn des 19. Jahrhunderts gebraut wurde.

Das Sandtner'sche Stadtmodell dokumentiert auch das Stammhaus der Löwenbrauerei in der Löwengrube 17; der Name geht auf ein Löwenfresko zurück. Die städtischen Steuerbücher erwähnen einen Bierbrauer hier erstmals 1524. 1818 erwarb Georg Brey das Anwesen. 1826 verlagerte er seinen Betrieb an die Nymphenburger Straße und baute ihn im Laufe der nächsten 25 Jahre zur größten Brauerei Münchens aus, eine Position, die die Spaten-Brauerei 1867 übernahm. 1997 fusionierten die ehemaligen Konkurrenten. 2004 kamen sie zur international tätigen Interbrew Gruppe (heute InBev).

Schauplatz 2: Historisches Archiv der Spaten-Brauerei

Zwischen 1851 und 1854 verlagerte Gabriel Sedlmayr jun. den Spatenbräu von der Neuhauser Straße zur Marsstraße. Der Ausbau des Unternehmens zur führenden Bierfabrik in Deutschland begann. Die Zahl der Beschäftigten stieg bis 1867 auf rund 160. In diesem Jahr wurde das Spaten-Bier auf der Pariser Weltausstellung mit einer Goldmedaille ausgezeichnet. Bis auf Reste eines Malzkellers von 1851 hat von der Anlage des 19. Jahrhunderts nichts die Zeiten

Gesamtansicht der Spaten-Brauerei in München, 1911

überdauert. Einzigartig in seiner Fülle ist jedoch das 1991 gegründete Firmenarchiv, das die Geschichte der Brauerei vom 19. Jahrhundert bis zur Gegenwart dokumentiert (im Münchner Stadtarchiv befinden sich Materialien zu den früheren Jahrhunderten). Besonders bemerkenswert sind die Werbematerialien der Brauerei. Mit der Einführung der Flaschenproduktion um 1850 war der Entwurf von Etiketten notwendig geworden. Seit 1884 wird unverändert das Spaten-Signet, das älteste deutsche Markenzeichen, verwendet.

Info

Marsstr. 46–48, 80335 München
Tel. 089/51220
www.spatenbraeu.de
Geöffnet: Mo.–Fr. 9.30–16.00 n. Terminabsprache

Schauplatz 3: Augustiner Brauerei

Das 1328 erstmals erwähnte Brauhaus der Augustinermönche auf dem Klosterareal in der Neuhauser Straße wurde nach der Säkularisation 1803 privatisiert und 1817 in ein Anwesen in der Neuhauser Straße verlegt (heute Augustinerbräu-Gaststätte). 1829 übernahm Anton Wagner diese Brauerei, erweiterte sie und erwarb 1857 einen Bierkeller an der Landsberger Straße. Zwischen 1884 und 1890 zog das Unternehmen auf dieses Grundstück um.

Die Brauerei zeigt heute als einzige in München weitgehend das Erscheinungsbild der Erbauungszeit. Auf einer Länge von 270 m stehen drei Baublöcke aus roten Ziegeln mit weißen Putzgliederungen (im Westen das Sudhaus, in der Mitte die Alte und im Osten die Neue Mälzerei) sowie zwei hohe Schlote. Im Inneren der Gebäude befinden sich teilweise noch alte Deckenkonstruktionen mit Trägern und Säulen aus Eisen. In der Mitte des Werksgeländes stehen der Kantinenbau und an der Westendstraße Hallen für die Flaschenfüllerei. Unter dem Brauereigelände gibt es weitläufige Keller. An der Ecke zur Schrenkstraße wird der Komplex mit dem Verwaltungsgebäude im Stil der deutschen Neorenaissance von 1882 abgeschlossen. Im Gegensatz zum damals üblichen Stil des Historismus wurde die 1990/1991 umfassend renovierte Augus-

„Bierfestung" Augustiner Brauerei in München, 1884/1890

tiner Brauerei in strengen und nahezu schmucklosen Bauformen errichtet. Die Münchner bezeichneten sie deshalb respektvoll als „Bierfestung".

Info

Landsberger Str. 31–35, 80339 München
Tel. 089/519940
www.augustiner-braeu.de
Keine Brauereiführungen

Schauplatz 4: Paulaner Brauerei

1627 hatten Paulaner Mönche das Kloster Neudeck ob der Au (heute Landratsamt München) übernommen. Um ihre karge Nahrung während der Fastenzeit aufzubessern, brauten sie ab 1634 Bier. Ein kurfürstliches Mandat von 1780 gestattete dessen Ausschank. Der berühmteste Braumeister des Klosters war Barnabas Still (1750–1795), auf den das Rezept für das Salvatorbier zurückgeht. 1799 löste sich das Kloster auf. Eine neue Epoche brach an, als Franz Xaver Zacherl, ein Münchner Braumeister (1773–1849), das Bräuhaus 1806 pachtete und 1813 käuflich erwarb. Sein Salvatorbier wurde weit über die Grenzen Münchens hinaus berühmt. Ausgeschenkt wurde es ab 1861 im „Zacherlkeller" auf dem Nockherberg, dem heutigen Salvatorkeller. Zacherl hatte seine Brauerei ständig modernisiert und als erster Brauer in München 1842 die Dampfmaschine zum Heizen der Braupfannen und zum Bewegen der Maischmaschine eingeführt. Auch seine Nachfolger (ab 1899 Aktiengesellschaft) standen der Technik aufgeschlossen gegenüber: Auf dem Brauereigelände kann im Rahmen von Führungen eine Eismaschine Lindes von 1881 besichtigt werden. Zur Kälteerzeugung wurde die Wasserkraft des Auermühlbaches eingesetzt; die Maschine, die bis 1971 in Betrieb war, produzierte pro Tag rund 80 t Blockeis.

1928 fusionierte die Paulaner Brauerei mit der Thomas Brauerei; 1985 kam die Hacker-Pschorr-Brau GmbH hinzu. Paulaner befindet sich als einzige Großbrauerei in München noch am Ort ihrer Gründung. Von der ehemaligen Klosterbrauerei ist freilich nichts mehr erhalten. Die Zacherl'sche Brauerei (1822) ist im Stadtmodell von Johann B. Seitz (1841–1863, Bayerisches Nationalmuseum) zu sehen. An der Ohlmüllerstraße 42 stehen noch der Ost- und Nordflügel in klassizistischen Bauformen.

Info
Falkenstr. 11, 81541 München
Tel. 089/480050
www.paulaner.de
Brauereiführungen n. tel. Anmeldung

Schauplatz 5: Hofbräuhaus

Bis zur Gründung des Hofbräu durch Herzog Wilhelm V. im Jahr 1589 hatten die Wittelsbacher Landesherren das sehr teure „Bockbier" aus dem niedersächsischen Einbeck importiert. Ihr Bräuhaus war bis 1800 die einzige Großbrauerei in München. Von 1602 bis 1872 hatte sie das Monopol für die Herstellung von Weißbier. 1828 gestattete König Ludwig I. den öffentlichen Ausschank.

1896 zog die Brauerei von der Innenstadt an die Innere Wiener Straße in Haidhausen. Von der Braustätte ist heute nur noch die Gaststätte erhalten. Am ersten Standort (heute Platzl) errichtete der Münchner Bauunternehmer Max Littmann 1897 eine moderne Großgaststätte, das Hofbräuhaus. Der Zweiflügelbau um einen Innenhof mit Biergarten zählt zu den größten „Bierpalästen" Münchens. Ebenso aufwendig wie die Schaufassade waren die Innenräume dekoriert, die Originalausstattung ging im Zweiten Weltkrieg jedoch verloren; eine

Paulaner Brauerei in München, im Vordergrund Teile der Zacherl'schen Brauerei von 1822

vereinfachte Wiederherstellung erfolgte 1950 und 1971. Die Brauhausatmosphäre aus der Zeit vor dem Ersten Weltkrieg vermittelt exemplarisch der Augustiner Bräu in der Neuhauser Straße 27 (1897/1898, von Emanuel von Seidl) mit seiner zum Großteil erhaltenen Innenausstattung.

Info
Platzl 9, 80331 München

Literatur
Wolfgang Behringer, Die Spatenbrauerei, München 1997.
Evelin Heckhorn, Hartmut Wiehr, München und sein Bier, München 1989.
Wirtshäuser in München um 1900, Ausstellungskatalog, Pasinger Fabrik, München 1997.

Werner Kraus

Porträt: Justus von Liebig (1803–1873)

Liebig-Denkmal in München

Biografie

Justus Liebig wurde am 12. März 1803 in Darmstadt geboren. Nach dem Abbruch des Gymnasiums und einer Apothekerlehre studierte er Chemie. Schon ein Jahr nach dem Abschluss seines Studiums erhielt er eine Professur in Gießen. Aufgrund seiner Schriften, die die Chemie in den Rang einer exakten Naturwissenschaft hoben, sowie seiner Lehrtätigkeit, die Studenten aus aller Welt anzog, darunter auch Max von Pettenkofer, zählt er zu den bedeutendsten Chemikern des 19. Jahrhunderts.

1840 veröffentlichte Liebig sein in 34 Sprachen übersetztes Buch „Agrikulturchemie", in dem er die negativen Folgen des „Raubbaus" an Böden beschrieb und den Einsatz seines Mineraldüngers forderte. „Es wird eine Zeit kommen, wo man die Felder und Pflanzen mit Stoffen düngen wird, die man in chemischen Fabriken erstellen wird", prophezeite er 1849. Die praktische Umsetzung zog sich aber noch fast drei Jahrzehnte hin. Hergestellt wurde das von ihm entwickelte Superphosphat, ein noch heute verwendeter Kunstdünger, erstmals in einer von Liebig in Heufeld begründeten Fabrik, der heutigen „Südchemie". Dass weltweite Hungerkatastrophen ausgeblieben sind, obwohl sich die Weltbevölkerung zwischen 1835 und 1955 verdreifachte, ist auch Liebig zu verdanken.

1842 erschien sein Werk „Tierchemie". Dessen These, dass „auch in dem lebendigen Leibe chemische Kräfte wirken", stand in krassem Widerspruch zur Lehrmeinung der Zeit, legte aber die Grundlagen der modernen organischen Chemie und Ernährungswissenschaft. 1852 wechselte Liebig an die Universität München, nachdem ihm König Maximilian II. ein neues chemisches Institut in der Arcisstraße versprochen hatte. Mit öffentlichen Abendvorlesungen und „Chemischen Briefen" begeisterte Liebig ein breites Publikum für die Chemie. Zu seinen bahnbrechenden Erfindungen zählen ein Fleischextrakt, eine Suppe für Säuglinge, ein Backpulver, das August Oetker ab 1892 zum Kuchenbacken einsetzte, und ein Silberspiegel, bei dessen Herstellung kein gesundheitsgefährdendes Quecksilber verwendet werden musste. 1859 wurde Liebig zum Präsidenten der Bayerischen Akademie der Wissenschaften ernannt. Er starb am 18. April 1873 in München.

Schauplätze

Liebig-Denkmal von Michael Wagmüller, 1883, Maximiliansplatz, 80333 München
Liebigsaal im Deutschen Museum, Museumsinsel 1, 80538 München
Grab, Alter Südfriedhof, Thalkirchner Str. 17, 81377 München, Gräberfeld 40

Literatur

Carl Wurster, Justus von Liebig, in: Genius der Deutschen, Die großen Forscher, Erfinder, Ärzte, Berlin 1966.

Werner Kraus

Porträt: Carl von Linde (1842–1934)

Biografie

Der am 11. Juni 1842 in Berndorf geborene Carl Linde studierte ab 1861 Maschinenbau. 1866 wurde er Leiter des technischen Büros der Lokomotivenfabrik von Georg Krauss und erhielt zwei Jahre später eine Professur an der Technischen Hochschule in München, an der er bis 1879 und erneut von 1892 bis 1910 lehrte.

Seine „Eis- und Kühlmaschine" revolutionierte das Bierbrauen. Da zur Herstellung von untergärigem Bier Temperaturen von 4 bis maximal 10° C erforderlich sind, war das Brauen nur in den Wintermonaten möglich. Auch die Bierlagerung erforderte kühle Temperaturen; selbst in tiefen Kellern verdarb Bier, wenn zur Kühlung kein Natureis vorhanden war. 1871 stellte Linde in der Münchner Spaten-Brauerei eine erste Versuchsmaschine auf. Zwischen 1873 und 1876 entwickelte er daraus die Ammoniak-Kältekompressionsmaschine, die zunächst von der Maschinenfabrik Augsburg hergestellt wurde.

1878 gab Linde seine Beamtenposition als Hochschullehrer auf. Mit der Gründung der „Gesellschaft für Lindes Eismaschinen AG" konzentrierte er sich ganz auf die Vermarktung seiner Erfindung. Partner waren der Brauer Gabriel Sedlmayr jun., der Fabrikant Georg Krauss und der Direktor der Maschinenfabrik Augsburg, Heinrich von Buz. Aus einem kleinen Ingenieurbüro entstand ein weltweit agierendes Unternehmen für Kältetechnik; bis 1890 wurden 1.000 Kältemaschinen hergestellt und weltweit verkauft, vor allem an die neu gegründeten kommunalen Schlachthöfe.

1892 nahm Linde seine Lehrtätigkeit in München wieder auf und beschäftigte sich intensiv mit der Verflüssigung von Luft (Linde-Verfahren). 1903 beteiligte er sich an der Gründung des Deutschen Museums und gehörte dessen Vorstand bis 1922 an. Im Alter von 92 Jahren starb er am 16. November 1934 in München; zwei seiner sechs Kinder und sein Schwiegersohn Rudolf Wucherer führten den Konzern fort.

Stichwort: Linde-Verfahren

Linde verwendete als Kältemedium Luft. Wenn diese komprimiert wird und sich anschließend wieder entspannen kann, entsteht Kälte; diese wird so lange zur weiteren Kühlung benutzt, bis die Luft flüssig geworden ist. Linde entwickelte dazu einen Gegenstromapparat, der 1900 bei der Weltausstellung ausgezeichnet wurde. Die Luftbestandteile Stickstoff und Sauerstoff konnten nun aufgrund ihrer unterschiedlichen Siedepunkte getrennt werden; Sauerstoff wurde vor allem bei der Metallverarbeitung benötigt. Die erste Produktionsanlage ging 1903 in Höllriegelskreuth bei München in Betrieb.

Carl von Linde

Schauplätze

Werk, 82049 Höllriegelskreuth
Grab, Waldfriedhof München, Alter Teil, Fürstenrieder Str. 288, 80331 München, 139-W-9

Literatur

Hans Liudger Dienel, Die Linde AG – Geschichte eines Technologiekonzerns, München 2004.

Werner Kraus

Porträt: Joseph Anton von Maffei (1790–1870) und Georg von Krauss (1826–1906)

Hintergrund

Die Eröffnung der ersten deutschen Eisenbahnstrecke Nürnberg-Fürth 1835 war der Startschuss für die industrielle Entwicklung Bayerns. Die ersten Lokomotiven für das stetig wachsende Schienennetz in Bayern mussten noch aus England importiert werden, aber schon 1841 baute Joseph Anton von Maffei in München die erste bayerische Lok. Aus einem kleinen Hammerwerk im Englischen Garten schuf er die viertgrößte der 18 deutschen Lokomotivfabriken. Maffei stieg zu einem der bedeutendsten Industriellen Bayerns auf und erlangte höchstes gesellschaftliches Ansehen.

1866 gründete Georg von Krauss die zweite große Münchner Maschinenfabrik, die sich auf den Eisenbahnbau spezialisierte. 1931 übernahm sie die Firma Maffei und errichtete in München-Allach ein neues Werk, in dem noch heute produziert wird.

Joseph Anton von Maffei

Biografien

Joseph Anton Maffei, am 4. September 1790 als Sohn eines oberitalienischen Kaufmanns, der 1770 nach Bayern gezogen war, in München geboren, begann seine Karriere 1816 als Tabakfabrikant. Er besaß ein Bankhaus, Anteile an einer Papiermühle und Brauerei sowie an der Bayerischen Hypotheken- und Wechselbank, die er 1835 zusammen mit sechs Münchner Unternehmern gegründet hatte. Ab 1837, als er in den Vorstand einer Gesellschaft gewählt worden war, die die Bahnstrecke zwischen München und Augsburg baute, stand das Eisenbahnwesen ganz im Mittelpunkt seiner Aktivitäten.

1838 erwarb er in der Hirschau bei München ein Hammerwerk, „um alles Eisenbahnmaterial selbst herzustellen und unabhängig vom Ausland zu werden". Da es in München zwar viele ungelernte Arbeitskräfte, aber keine Fachleute gab, engagierte Maffei als technischen Direktor den englischen Ingenieur Joseph Hall, der beim Eisenbahnpionier Robert Stephenson tätig gewesen war.

Die erste Lokomotive, die nach diesem Know-how-Transfer in der Hirschau konstruiert wurde und die König Ludwig I. auf den Namen „Münchner" taufte, war zunächst ein wirtschaftlicher Flop. Der königlichen Kommission, die 1844 die privaten Bahnen in Bayern übernommen hatte und über den Ankauf von Zügen entscheiden musste, war sie „selbst geschenkt zu teuer". Maffei intervenierte

Lokomotivfabrik Krauss & Comp. am Marsfeld, Ölgemälde von Friedrich Perlberg, 1882

wiederholt beim König, bis 1845 endlich der Kaufvertrag zustande kam.

Maffeis Fabrik, die sich während dieser Durststrecke beim Eisenbahnbau mit Textilmaschinen einen Namen gemacht hatte, gelang der endgültige Durchbruch 1851 mit der Lokomotive „Bavaria", die sensationelle Leistungen auf Gebirgsstrecken erbrachte. Im selben Jahr lief auch „Maximilian" vom Stapel, der erste Ausflugsdampfer des Starnberger Sees; 24 weitere Schiffe folgten. Das Hirschauer Werk mit über 500 Beschäftigten war auf Erfolgskurs. 1864 wurde die 500. Lokomotive ausgeliefert, Bestellungen kamen aus aller Welt.

Maffeis Aktivitäten beschränkten sich nicht allein auf den Maschinenbau. 1841 hatte er den „Bayerischen Hof" gegründet, das erste Luxushotel in München. Zehn Jahre später erwarb er ein Torfgut bei Iffeldorf; er hielt Aktienbeteiligungen an der Bayerischen Ostbahn AG, an der Eisenwerksgesellschaft Maxhütte in der Oberpfalz und fand noch Zeit für eine Vielzahl von politischen Ämtern, vom Gemeindekollegium in München über die Handelskammer Oberbayern bis zur Kammer der bayerischen Abgeordneten.

Als Joseph Anton Maffei am 1. September 1870 in München starb, übernahm sein Neffe Hugo von Maffei (1836–1921) die Fabrik, die mittlerweile die größte in München geworden war, erweiterte sie kontinuierlich und errichtete 1901 das heute noch bestehende Elektrizitätswerk am Eisbach im Englischen Garten. Die Zahl der Beschäftigten stieg bis 1913 auf 2100. Im Jahr 1908 gab es ein weiteres Highlight in der Firmengeschichte: Die erste Dampflokomotive der Reihe S3-6 verließ das Werk. Bis 1930 wurden 141 Exemplare dieser schönen Lok gebaut. Eine ist im Deutschen Museum ausgestellt, eine weitere befindet sich im Bayerischen Eisenbahnmuseum Nördlingen. Der Industriemagnat Hugo von Maffei war der reichste Bürger Bayerns, sein Unternehmen hatte Weltruf erlangt. 1927 wurde es in eine Aktiengesellschaft umgewandelt.

Ab 1866 erhielt die Maffei'sche Fabrik mit der „Maschinenbau-Anstalt" von Georg von Krauss einen Konkurrenten.

Krauss, am 25. Dezember 1826 in Augsburg geboren, begann seine Karriere nach dem Besuch der polytechnischen Schule als Schlosser bei Maffei. Nach leitenden Positionen bei der Bayerischen und Schweizer Bahn machte er sich 1866 mit der Werksgründung auf dem Marsfeld in München selbstständig und verpflichtete als ersten Konstruktionschef Carl von Linde. 1887 erhielt das Unternehmen die Rechtsform der Aktiengesellschaft.
Krauss war ein wagemutiger Unternehmer und kreativer Ingenieur. Er spezialisierte sich auf den Bau von Kompaktloks für Kleinbahnen und kompletter Nebenstrecken. 1882 wurde in seinem Werk die 1.000. Lok fertig gestellt, 1894 überflügelte er das Unternehmen Maffei mit der 3.000. und 1906 wurde die 5.000. gefeiert. Nach seinem Tod am 5. November 1906 stürzte die Firma in eine tiefe Krise; die Zahl der Beschäftigten fiel von über 2.000 auf 1.000. Erst der Bau von preisgünstigen Elektroloks führte in den 1920er Jahren zu einem erneuten wirtschaftlichen Aufschwung. 1931 fusionierten die ehemaligen Konkurrenzunternehmen zur Krauss-Maffei AG mit Stammsitz in München-Allach. Der Zenit war 1942 mit fast 9.000 Beschäftigten erreicht. Das Werk blieb im Krieg nahezu unbeschädigt und produzierte anschließend Omnibusse, ab 1956 Diesel- und Elektrolokomotiven. Seit 1957 werden Spritzgussmaschinen gebaut. 1965 wurde der erste Kampfpanzer Leopard an die Bundeswehr geliefert und 1973 die Magnetschwebebahn Transrapid entwickelt. Die Kunststoffmaschinenfertigung ist seit 1998 der Mannesmann Plastics Machinery AG zugeordnet. Das Unternehmen Krauss-Maffei beschäftigte 2003 weltweit 2.200 Mitarbeiter.

Schauplätze
Fabrik München-Allach, Krauss-Maffei-Str. 2, 80992 München

Georg von Krauss

Elektrische Zentrale des Hirschauer Werks, Englischer Garten, München
Wohnhäuser der Fabrikarbeiter in der Ursula-, Occam-, Haimhauser-, Marschallstr. in 80802 München
Neobarockes Verwaltungsgebäude der Krauss-Fabrik, von 1922/23, Helmholtzstr. 2, 80636 München
Grab von Maffei, Alter Südfriedhof, Thalkirchner Str. 17, 81377 München, Alte Arkaden 36
Grab von Krauss, Alter Nordfriedhof, Arcisstr. 45, 80799 München, M-li-44-45

Literatur
Alois Auer, Krauss-Maffei, Lebenslauf einer Münchner Fabrik und ihrer Belegschaft, Kösching 1988.

Werner Kraus

Porträt: Oskar von Miller (1855–1934)

Biografie
Oskar Miller, als Sohn des Leiters der Königlichen Erzgießerei, Ferdinand von Miller, am 7. Mai 1855 in München geboren, studierte am dortigen Polytechnikum Bauwesen. 1882 organisierte er

nach dem Besuch der „Elektrotechnischen Ausstellung" in Paris deren Pendant in München. Hauptattraktion war die erste elektrische Straßenbeleuchtung in München, die durch die Übertragung von Gleichstrom über die Rekorddistanz von 57 km aus einem Kraftwerk in Miesbach möglich wurde.
Nach einer beruflichen Zwischenstation in Berlin von 1883 bis 1889, bei der er in der „Deutschen Edisongesellschaft" (ab 1887 AEG) und den Berliner Elektrizitätswerken als Direktor tätig war, gründete er in München ein freies Ingenieurbüro und baute Kraftwerke von Riga bis Bozen, von Straßburg bis Siebenbürgen. Die Stadt Frankfurt bestellte ihn 1891 zum Leiter ihrer „Internationalen Elektrizitätsausstellung". Mit Oskar von Miller, dem es hier gelang, Wechselstrom über eine Entfernung von 175 km zu übertragen, begann die großflächige Stromversorgung in Deutschland.
In Bayern galt Millers Hauptinteresse der Erschließung der Wasserkräfte zur Stromversorgung. Sein Generalplan von 1903 wurde jedoch erst nach dem Ersten

Oskar von Miller, Gemälde von Friedrich August von Kaulbach, 1912

Stichwort: Königliche Erzgießerei
Beispielhaft für den Aufstieg des Münchner Kunstgewerbes im 19. Jahrhundert zu einer bedeutenden Industriebranche ist die Königliche Erzgießerei, die seit 1822 von Johann Stiglmair geleitet wurde. Nach dessen Tod 1844 übernahm Ferdinand von Miller (1813–1887) das Unternehmen. Zu den 175 Denkmälern, die in der Gießerei hergestellt wurden, zählen die Bavaria, die Quadriga des Siegestores oder der Friedensengel in München. Der Großbetrieb lieferte seine Arbeiten bis nach Amerika.

Weltkrieg mit dem einheitlichen Stromnetz des „Bayernwerkes" realisiert. Dessen Kernstück war das Walchensee-Kraftwerk bei Kochel, das von 1918 bis 1924 unter der Leitung Millers errichtet wurde. Mit 300 Mio. kWh pro Jahr ist es noch heute eines der größten Speicherkraftwerke in Deutschland für den Spitzenlastbereich. In den 1920er Jahren versorgte es vor allem die Eisenbahn in Bayern mit Strom, die innerhalb weniger Jahre ihre Strecken elektrifizierte.
Das zweite Hauptwerk Millers ist das Deutsche Museum in München. Bis zur Machtübernahme durch die Nationalsozialisten 1933 betreute Miller als ehrenamtlicher Vorsitzender „sein" Museum. Ein Jahr später starb er am 9. April in München.

Schauplätze

Grab, Friedhof Neuhausen, Winthirstr. 15, 80639 München
Villa Starnberg-Niederpöcking, Ferdinand-von-Miller-Str. 11, 82343 Pöcking (von Arnold Zenetti 1855 für Ferdinand von Miller gebaut; weitgehend original erhaltene Unternehmervilla. Nicht zugänglich)

Literatur

Wilhelm Füssl, Oskar von Miller, München 2005.

Werner Kraus

Porträt: Max von Pettenkofer (1818–1901)

Max von Pettenkofer

Biografie

Max Pettenkofer, am 3. Dezember 1818 in Lichtenheim/Donaumoos geboren, studierte in München Pharmazie und Medizin und arbeitete ab 1845 als Assistent des Chemikers Justus von Liebig in Gießen. Nach einer weiteren beruflichen Station in der königlichen Münze erhielt er 1847 die Professur für medizinische Chemie an der Universität in München. Hier entwickelte er neue Verfahren zur Zementherstellung, zur Gewinnung von Holzgas, mit dem zwischen 1851 und 1859 unter anderem der Münchner Hauptbahnhof beleuchtet wurde, und zur Gemälderestaurierung.
Bahnbrechend waren seine Forschungen zur Hygiene, die er 1882 im „Handbuch

Stichwort: Kanalisation

Bis zum Beginn des 19. Jahrhunderts wurden in München Abwässer über offene Rinnsale an den Straßen sowie über Stadtbäche entsorgt und in Versitzgruben gesammelt. Krankheitserreger, die dabei in den Boden und in das Grundwasser gelangten, verursachten Cholera und Typhus. Ein erstes Konzept für unterirdische Kanäle legte der Ingenieur Karl Probst 1818 vor, finanzieren sollten es die Hausbesitzer. Da sich viele weigerten, konnte das Kanalsystem nur teilweise realisiert werden. 1836 und 1854 gab es in München zwei große Choleraepidemien. Da Letztere kurz nach der Eröffnung der Industrieausstellung im Glaspalast einsetzte, stand der Ruf Münchens als Fremdenverkehrsstadt auf dem Spiel. Max von Pettenkofer, der die Ausbreitung der Erkrankung in ganz Bayern untersucht hatte, war der Auffassung, dass sie auf ein Gas zurückgehe, das durch die Zersetzung von Exkrementen in der feuchten Erde entsteht, und durch eine systematische Kanalisation verhindert werden könnte. Erste Verbesserungen brachten wasserdurchspülte Siele, die Stadtbaurat Arnold Zenetti zwischen 1857 und 1875 anlegen ließ. Als 1873 eine neue Choleraepidemie ausgebrochen war, setzte Pettenkofer eine Schwemmkanalisation nach dem Vorbild von Hamburg (1854) durch. 1881 begann der englische Ingenieur Joseph Gordon mit deren Bau; er ließ alle Kanäle mit Wasser durchspülen und leitete die Abwässer mit Genehmigung der Regierung in die Isar. Das Kanalnetz Münchens umfasste 1885 rund 50 km und wuchs bis 1915 auf 345 km an. Fast 90 Prozent aller Gebäude waren angeschlossen. Die meisten Stadtbäche hatten nun ihre Funktion verloren und wurden aufgelassen.

der Hygiene des Menschen" zusammenfasste. Er war einer der ersten, die den Einfluss der Umwelt auf die Gesundheit der Menschen systematisch untersuchten und daraus gesundheitspolitische Forderungen entwickelten.
Pettenkofer initiierte die zentrale Wasserversorgung in München (1867 und 1883 mit Quellwasser aus Thalkirchen bzw. dem Mangfalltal), die erste Schwemm-Kanalisation (1881), den zentralen Schlachthof (1878) und das weltweit erste Hygieneinstitut (1879). München, in der Mitte des 19. Jahrhunderts noch ein „Typhusnest", wurde durch ihn eine der saubersten und gesündesten Großstädte Europas. Am Ende seines Lebens gehörten Epidemien der Vergangenheit an. Die von Pettenkofer vorgeschlagenen hygienischen Maßnahmen wurden in vielen Städten Europas eingeführt, die Seuchengefahr verringerte sich drastisch.
Pettenkofer war königlicher Hofapotheker und Rektor der Universität. Der Begründer der wissenschaftlichen Hygiene wurde für seine Verdienste um die Volksgesundheit 1883 in den erblichen Adelsstand erhoben. Am 10. Februar 1901 erschoss er sich aus Angst vor einer unheilbaren Krankheit in seiner Wohnung in der Münchner Residenz.

Schauplätze

Geburtshaus in Lichtenheim, Donaumoos
Wohnung im Apothekenstock der Residenz München, Residenzstr. 1, 80333 München
Denkmal Maximiliansplatz, 80333 München (1919 von Wilhelm von Rümann)
Grab, Alter Südfriedhof, Thalkirchner Str. 17, 81377 München, Gräberfeld 31-1-33/34

Literatur

Christine Rädlinger, Geschichte der Münchner Stadtbäche, München 2004.
Karl Wieninger, Max von Pettenkofer, München 1987.

Werner Kraus

Porträt: Gabriel Sedlmayr jun. (1811–1891)

Biografie

Gabriel Sedlmayr jun. wurde am 26. Februar 1811 in München geboren. Er war der Sohn des Braumeisters Gabriel Sedlmayr sen., der 1807 den Spatenbräu erworben und zielstrebig nach neuesten wissenschaftlichen Erkenntnissen ausgebaut hatte. Als einer der ersten Brauer in München setzte Sedlmayr sen. das Thermometer ein, installierte 1821 eine Dampfmaschine und war Mitglied im Polytechnischen Verein. Seinem Sohn ermöglichte er eine neunmonatige Studienreise nach England, wo das Brauen bereits industriell betrieben wurde.
Sedlmayr jun. lernte hier unter anderem den Gebrauch des Saccharometers zur Bestimmung des Würzegehalts kennen. Soweit ihm Informationen nicht gegeben wurden, schreckte er auch vor Industriespionage nicht zurück.
Den Aufschwung der Spaten-Brauerei, die er 1839 übernommen hatte, leitete

Stichwort: Polytechnischer Verein

Der Polytechnische Verein in München wurde 1815 gegründet und bestand bis 1932. Seine Aufgaben waren die „Hebung des vaterländischen Kunst- und Gewerbefleißes" sowie die Verbreitung technischer Neuerungen. Er erstellte Gutachten, war wesentlich an der ersten deutschen Industrieausstellung 1854 und der internationalen Elektrizitätsausstellung 1882 beteiligt und errichtete 1870 den bayerischen Dampfkessel-Revisionsverein, den Vorläufer des TÜV. Von 1825 bis 1877 war er bayerische Patentbehörde. Zu seinen prominentesten Mitgliedern zählten Klenze, Reichenbach und Maffei.

Gemälde von Gabriel Sedlmayr jun., um 1841

1851 die Betriebsverlegung an die Marsstraße ein. Kontakte zu Wissenschaftlern sowie zu Brauern aus anderen Ländern führten zu einer wesentlichen Verbesserung der Bierqualität. Spatenbräu war ab 1865 die führende Biermarke in Deutschland und eine moderne Bierfabrik mit internationalem Renommee, die durch den Einsatz der Linde'schen Kältemaschine unabhängig von den Witterungsverhältnissen produzieren konnte.

Sedlmayr jun., der zu den großen Unternehmerpersönlichkeiten Bayerns im 19. Jahrhundert zählt, hatte zahlreiche öffentliche Ämter inne; 20 Jahre war er Abgeordneter im Bayerischen Landtag. Er starb am 1. Oktober 1891 in München.

Schauplatz

Familiengrab der Sedlmayr, Alter Südfriedhof, Thalkirchner Str. 17, 81377 München, 5-17-27/28

Literatur

Wolfgang Behringer, Die Spaten-Brauerei 1397–1997, Die Geschichte eines Münchner Unternehmens vom Mittelalter bis zur Gegenwart, München 1997.

Werner Kraus

Porträt: Georg von Vollmar (1850–1922)

Biografie

Georg Karl Josef Heinrich Ritter von Vollmar wurde am 7. März 1850 in München geboren. Nach alter Familientradition – er entstammte einer kleinadeligen Beamten- und Offiziersfamilie – trat er in die bayerische Armee ein und wurde mit 16 Jahren Unterleutnant im kgl. Bayerischen Infanterieregiment. 1867 ging er zur päpstlichen Garde nach Rom. 1871 nahm er als Eisenbahntelegrafist am Krieg gegen Frankreich teil. Dort wurde er so schwer verwundet, dass er sein ganzes Leben stark gehbehindert war. Als Kriegsinvalide mit bescheidener Rente nutzte Vollmar die nächsten Jahre zu intensiven autodidaktischen Studien. Nach der Lektüre philosophischer, historischer und antikirchlicher Schriften, aber auch sozialistischer Klassiker stieß er 1873 zur sozialistischen Arbeiterbewegung.

1877 wurde er bei der sozialdemokratischen Dresdner Volkszeitung als „Alleinredakteur" angestellt. Wegen „Majestätsbeleidigung" wurde er 1878 zu elf Monaten Gefängnis verurteilt. Von 1881 bis 1885 gehörte er dem Reichstag und von 1883 bis 1889 auch dem sächsischen Landtag an. 1884 kehrte Vollmar nach München zurück. 1890 wurde er erneut in den Reichstag und 1893 in den bayerischen Landtag gewählt. Beiden Parlamenten gehörte er ununterbrochen als Vertreter Münchner Stimmkreise bis 1918 an. Von 1892 bis 1918 war er zudem der erste Landesvorsitzende der bayerischen Sozialdemokratie.

Nach 1908 machte sich seine Kriegsverletzung zusehends bemerkbar. Soiensaß, sein idyllisch gelegener Landsitz in Urfeld am Walchensee, wurde ihm zum Refugium und zum Treffpunkt von politischen Persönlichkeiten über Parteigrenzen hinweg. 1914 sprach er zum letzten Mal im

Georg von Vollmar

bayerischen Landtag. Im August 1918 legte Vollmar, der nun völlig an das Bett gefesselt war, alle Ämter nieder. Er starb am 30. Juni 1922. Viele Tausend Münchner sowie Sozialdemokraten aus ganz Bayern kamen zum Abschied in den Münchner Waldfriedhof.

Bis zum Jahr 1891, in dem er zwei Reden im Münchner „Eldorado" hielt, vertrat Vollmar die marxistische Parteidoktrin. In diesen Reden nach dem Fall des Sozialistengesetzes forderte er, den gesetzlichen Rahmen der Verfassungen des Reichs und Bayerns zur Verwirklichung sozialdemokratischer Ziele auszuschöpfen: Er trat für eine allmähliche Umwandlung von Staat und Gesellschaft durch sukzessive Reformen ein. An seine Parteigenossen appellierte er, Bismarcks Nachfolgern an der Reichsspitze sowie den liberalen und gemäßigt konservativen Parteien ein gewisses Maß an Vertrauen entgegenzubringen, um mit diesen zusammen die notwendigen Reformen zur Anpassung des politischen Systems an die sozialen Entwicklungen durchzusetzen.

Vollmar wurde zum Begründer sozialdemokratischer Reformpolitik. Er konzentrierte seine politische Arbeit auf die Parlamentstätigkeit, speziell im bayerischen Landtag. Er gehörte zu den ersten sozialdemokratischen Politikern, die sich als Parlamentarier verstanden. Sein Kurs des „parlamentarischen Aktivismus" stand aber oft in scharfem Gegensatz zur Linie der Berliner Parteiführung.

Literatur

Florian Beck, Georg von Vollmar, „König in Bayern" – Wegbereiter für die deutsche Sozialdemokratie, in: Hartmut Mehringer (Hrsg.), Von der Klassenbewegung zur Volkspartei. Wegmarken der bayerischen Sozialdemokratie 1892–1992, München u.a. 1992.

Michael Kühn

München, Bayerisches Wirtschaftsarchiv

Geschichte

Das überwiegend agrarisch geprägte Bayern wuchs vergleichsweise spät in das Industriezeitalter hinein. Ungünstige Voraussetzungen wie Revierferne und Rohstoffarmut verzögerten das wirtschaftliche Wachstum. Die Industrialisierung erfolgte zunächst „inselhaft" in Zentren wie Nürnberg oder Augsburg, die über ausreichend Wasserkraft, Kapital und hochentwickelte Handwerkstraditionen verfügten. Nach dem Zweiten Weltkrieg nahm die industrielle Entwicklung in Bayern einen rasanten Verlauf. Schon 1970 waren nur mehr rund 13 Prozent der Bevölkerung in der Landwirtschaft tätig. In harter Aufbauarbeit entstand eine der führenden und zukunftsweisenden Wirtschaftsregionen Deutschlands.

Um die historischen Quellenzeugnisse für diesen Strukturwandel ist es nicht zum Besten bestellt. Nur wenige Unternehmen und Verbände leisten sich ein eigenes Archiv als „Gedächtnis" ihrer Geschichte. Oft fristen historische Unterlagen in Kellern und Dachböden ein verstaubtes Dasein. Bei Standortverlagerungen, Betriebsstilllegungen und Konkursen enden unersetzliche Dokumente häufig im Reißwolf.

1986 entschloss sich daher die Industrie- und Handelskammer für München und Oberbayern (IHK), für ihren Bezirk eine Einrichtung für die Bewahrung der historischen Überlieferungen aus dem Wirtschaftsleben zu schaffen. Wichtiger Materialgrundstock waren die rund 10.000 Aktenbände der IHK selbst, die bis in die frühen 1850er Jahre zurückreichen. Sie geben nicht nur Einblick in die Arbeit der IHK, sondern dokumentieren die Entwicklung des oberbayerischen Wirtschaftsraums von der Frühindustrialisierung bis in die Zeit des Wiederaufbaus nach dem Zweiten Weltkrieg. Das neue Serviceangebot fand von Anfang an große Akzeptanz in der Wirtschaft. Zugleich übernahm das oberbayerische Wirtschaftsarchiv Pilotfunktion für ganz Bayern. Mit Unterstützung aller bayerischen Industrie- und Handelskammern wurde es 1994 zum „Bayerischen Wirtschaftsarchiv" (BWA) erweitert.

Beschreibung

Das BWA ist heute die zentrale Institution für die Sicherung und Pflege historisch bedeutsamer Materialien aus den Bereichen Industrie, Handel und Dienstleistungen. Dabei liegt das Augenmerk auf vier Zielgruppen: traditionsreiche und für ihre Region oder Branche typische Unternehmen; Vereine und Verbände der Wirtschaft; öffentlich-rechtliche Industrie- und Handelskammern; Persönlichkeiten der Wirtschaft und ihre Privatarchive bzw. Nachlässe. Der umfangreiche Quellenfundus bietet der Wissenschaft reichhaltige Forschungsgrundlagen.

In den Magazinen lagert nicht nur Schriftgut, sondern auch historisches Fotomaterial aus der Arbeitswelt von einst oder das Plakat der ersten Kraft- und Arbeitsmaschinenausstellung 1888, für die der Prinzregent als „Protector" wirkte. Bierkrüge der längst vergessenen Münchner-Kindl-Brauerei und verzierte, „wohl assortierte" Speisekarten zeugen von der Lebenslust vergangener Tage.

Zu den Raritäten zählt etwa der Vertrag, mit dem die Baumwollspinnerei Kolbermoor 1873 die „Todtenfrau" Cäcilie Bertl für den werkseigenen Friedhof verpflichtete. Alte Dokumente spiegeln die Probleme der Inflationszeit und der Wirtschaftskrise der 1930er Jahre wider.

Neben den Archivbeständen verfügt das BWA über umfangreiche Sondersammlungen, allen voran die nach IHK, Unternehmen und Verbänden gegliederte wertvolle Sammlung von Jubiläumsschriften. Stark nachgefragt ist auch die Sammlung von Geschäftsberichten bayerischer Unternehmen, die bis 1869 zurückreicht. Einen weiteren Sammlungsschwerpunkt bilden historische Reklamemarken, die sich bis in die 1920er Jahre als Medium der Werbung bei Industrieunternehmen, Dienstleistungsbetrieben und Handelsgeschäften größter Beliebtheit erfreuten. Darüber hinaus betreut das BWA eine Sammlung historischer Firmenbriefbögen.

Literatur

Eva Moser, „Eine Zukunft für die Vergangenheit". 10 Jahre Bayerisches Wirtschaftsarchiv, in: Schönere Heimat 93, 2004.

Richard Winkler, Das Bayerische Wirtschaftsarchiv und seine Bestände, in: Museum heute 20, 2001.

Info

Orleansstr. 10–12, 81669 München
Tel. 089/5116354
www.bwa.findbuch.net
Geöffnet: Mo.–Fr. und n. tel. Anmeldung,
Führungen möglich

Eva Moser

Aus den Beständen des Bayerischen Wirtschaftsarchives: Plakat der Löwenbräu München, um 1900

Löwenbräu
MÜNCHEN

München, BMW

Hintergrund

Mit der Entwicklung des Verbrennungsmotors durch Nikolaus Otto 1867 begann ein neuer Abschnitt der Technikgeschichte. 1885 baute Carl Benz den ersten Kraftwagen mit einem benzingetriebenen Motor. 1903 konstruierten die Brüder Orville und Wilbur Wright das erste motorbetriebene Flugzeug. Die Bedeutung des Motorenbaus für die Kraftwagen- und Flugzeugtechnik wurde nun weltweit erkannt, unzählige Techniker und Ingenieure gründeten eigene Firmen.

Geschichte

Auch die Bayerischen Motorenwerke verdanken ihre Gründung zwei engagierten Ingenieuren. Carl Rapp und Gustav Otto, der Sohn von Nikolaus Otto, hatten ihre Firmen am Münchner Oberwiesenfeld angesiedelt. Beiden war zunächst kein Erfolg beschieden. Aus den Rapp-Motorenwerken entstand 1917 die Bayerischen Motorenwerke GmbH (BMW). Die Flugmaschinenfabrik Gustav Otto wurde 1916 in die Bayerische Flugzeugwerke AG (BFW) umgewandelt. 1922 kaufte die BFW die BMW mit dem Markennamen und gliedert sie in ihren Werksbetrieb ein. Das Gründungsdatum der Bayerischen Flugzeugwerke (BFW), der 7. März 1916, ist damit auch das Gründungsdatum der heutigen BMW Werke.

Am Anfang standen die Flugzeugmotoren. 1919 entwickelte Max Friz einen „Höhenvergaser", durch den Motoren auch in der dünnen Atmosphäre größerer Höhen volle Leistung bringen konnten. Im selben Jahr stellte der Testpilot Frank Zeno Diemer einen Weltrekord im Höhenflug auf: Er stieg vom damaligen Flugplatz Oberwiesenfeld auf 9760 m und erreichte damit die Flughöhe der heutigen Linien-Jets.

Der Versailler Vertrag am Ende des Ersten Weltkriegs führte zu einer tiefen Krise,

BMW „Vierzylinder" mit dem BMW Museum im Vordergrund

denn er untersagte Deutschland die Herstellung von Flugmotoren, den damals einzigen Produkten der jungen Firma. Der Wiederaufstieg des Werkes gelang trotzdem: BMW wurde ein Pionier der Motorradentwicklung. In nur fünf Wochen entwarf Max Friz das erste BMW-Motorrad, die R32. Das Konstruktionsprinzip aller BMW-Motorräder (quer eingebauter Boxermotor und Kardanantrieb) blieb bis heute gleich. Die Weltrekorde von Ernst Henne in den 1930er Jahren sicherten dem Werk von nun an eine internationale Spitzenstellung.

Zum Automobilhersteller wurde BMW ab 1928: Die schon im ausgehenden 19. Jahrhundert gegründete Fahrzeugfabrik Eisenach des Unternehmers Heinrich Erhard, die den „Dixie" herstellte, brach unter den Folgen der Weltwirtschaftskrise 1928 zusammen. BMW erwarb das Werk samt Lizenz. Im Jahr 1933 kam der BMW 303 heraus, das erste Automobil mit der charakteristischen BMW „Niere" als Kühlergrill.

In den 30er Jahren konzentriert sich das Werk auf Wagen der höheren Klassen;

gebaut wurden exklusive Modelle wie das 327er Cabriolet 1937. Im Vordergrund standen die sportlichen Erfolge. Mit dem Zweiten Weltkrieg und der großen Nachfrage der Luftwaffe nach Flugmotoren wandelt sich BMW ab 1940 zum reinen Rüstungsbetrieb; Autos und Motorräder dienen der Kriegswirtschaft. Noch 1945 wurden Zehntausende von Flugmotoren gebaut, darunter eines der ersten serienmäßig hergestellten Strahltriebwerke der Welt, der Jet-Antrieb 003.
Kriegszerstörungen und Demontage ließen nach 1945 die gesamte Fabrikation von Motoren, Autos und Motorrädern zusammenbrechen. BMW hatte praktisch aufgehört zu existieren. Trotz seinen Erfolgen beim Motorradbau kam BMW in den 50er Jahren in eine Krise. Auch mit der Isetta gelang es nicht, die wirtschaftlichen Verluste auszugleichen. BMW wurde zum Sanierungsfall. Doch neues Kapital öffnete den Weg in die Zukunft: Der Mittelklassewagen BMW 1500 kam auf den Markt. Nun erzielte BMW enorme Produktionszuwächse, die das Fortbestehen des Werkes sicherten. 1972 war der Wiederaufbau abgeschlossen. Heute ist BMW eine der führenden deutschen Automobilfabriken. Das Unternehmen, das sich seit 2000 wieder an der Formel 1 beteiligt, nimmt auch im Motorsport eine Spitzenposition ein.

Beschreibung

Das 1970–1972 von Karl Schwanzer errichtete Bürohochhaus bildet mit dem Betriebsgebäude und dem BMW-Museum eines der bedeutendsten Architekturensembles des 20. Jahrhunderts in Deutschland. Das Verwaltungshochhaus besteht aus vier Dreiviertelkreisen, die auf einem Betonkern aufgehängt sind. Der 100 m hohe, mit Aluminium verkleidete „Vierzylinder" ist ein zentraler städtebaulicher Akzent mit hoher Werbekraft. Gezeigt wird die Bedeutung des Unternehmens auch im neuen BMW-Museum, der „BMW Welt", die als bauliches Glanzlicht westlich der Lerchenauer Straße, am Rande des Olympiazentrums, entsteht (Architekturbüro Coop Himmelb(l)au, Wien). Bis zur Eröffnung 2007 gibt es als Interimslösung eine Ausstellung in einer Halle im Olympiapark (geöffnet im Sommer 10.00–22.00, im Winter 10.00–20.00).

Literatur

Horst Mönnich, BMW – Eine deutsche Geschichte, München 2004.

Info

Petuelring 130, 80809 München
Tel. 08731/760
Betriebsführung n. Voranmeldung
www.bmwgroup.com

Jan Murken

München, Deutsches Museum und Verkehrszentrum

Hintergrund

Mit der zunehmenden Industrialisierung im 19. Jahrhundert wuchs das Interesse an der Geschichte von Technik und Industrie. Erstaunlich früh entstanden die ersten technischen Museen: das „Conservatoire des Arts et Métiers" in Paris um 1798 und 1852 das „South Kensington Museum" in London, das heutige „Science Museum".

Geschichte

Gründungsdatum des „Deutschen Museums" in München ist der 5. Mai 1903, an dem Oskar von Miller auf einer Tagung seinen Plan eines Museums für „Meisterwerke der Naturwissenschaft und Technik" vorlegte. Die bayerische Staatsregierung stellte umgehend die Räume des „Alten Nationalmuseums" (heute Völkerkundemuseum) zur Verfügung. Ein Mu-

Sammlungsgebäude und Turm des Deutschen Museums in München

seumsverein wurde gegründet. Prinz Ludwig von Bayern übernahm das Protektorat; zu den Vorstandsmitgliedern gehörte neben Miller auch Carl von Linde. Werner von Siemens übernahm den Vorsitz des Vorstandsrates.
Miller hatte bereits 1878 durch das Londoner und 1881 durch das Pariser Museum Anregungen zum Aufbau eines Technikmuseums erhalten. Von Anfang an hatte er die Absicht, „Originalmaschinen, Apparate und Modelle mit gleichzeitiger Veranschaulichung an Bildern, Tafeln und Schnittzeichnungen aufzustellen" (Museumsführer 1927).
Schnell zeigte sich, dass die Räume des Alten Nationalmuseums völlig unzureichend für diese Pläne waren. 1905 wurde deshalb ein Wettbewerb für den Neubau auf der Kohleninsel ausgeschrieben, den Gabriel von Seidl gewann. 1906 fand die feierliche Grundsteinlegung durch den deutschen Kaiser und Prinzregent Luitpold statt. 1911 wurde das Richtfest gefeiert, die Eröffnung des Museums war für das Jahr 1916 geplant. Der Weltkrieg ließ alles zum Stillstand kommen. Die Fertigstellung des Museums war in der Nachkriegszeit und in den Jahren der Inflation in Frage gestellt, aber „zäheste Ausdauer ließen Oskar von Miller, unterstützt durch Reich, Staat und Gemeinde, Industrie und Öffentlichkeit, die überaus kritische Zeit überwinden, sodass das Museum am 7. Mai 1925, dem 70. Geburtstag seines Begründers, eröffnet werden konnte" (Deutsches Museum, Rundgang durch die Sammlungen, 1927).
Von 1928 bis 1935 wurden der Bibliotheks- und Verwaltungsbau sowie der Kongresssaalbau an der Nordseite des Museumsgeländes errichtet und durch den Trakt mit Brückenturm und astronomischer Uhr verbunden. 1937 entstand an der Südseite die Kraftfahrzeughalle. Nach den schweren Zerstörungen im Zweiten Weltkrieg war der Wiederaufbau 1970 abgeschlossen. 1978–1984 wurde die Halle für Luft- und Raumfahrt nach den Plänen von Sep Ruf angebaut.

Beschreibung

Das Deutsche Museum ist ein mehrteiliger Komplex aus dem Sammlungs-, Bibliotheks- und Kongressbau. Über den Museumshof gelangt der Besucher durch die Mittelachse des vierflügeligen, fast 100 m langen Gebäudes in die Eingangshalle, über der sich im ersten Stock der Ehrensaal befindet. Blickfang ist der 68 m hohe Turm mit Thermometer und Barometer.
Das Deutsche Museum ist heute weltweit die bedeutendste Einrichtung seiner Art. Ausgestellt sind etwa 18.000 Objekte in 46 Abteilungen. Die Führungslinie ist rund 15 km lang. Allgemein verständliche Darstellungen und zahllose Modelle sowie Versuchsanordnungen, die vom Besucher in Gang gesetzt werden können, machen den Reiz und didaktischen Wert des Museums aus.
Den Bibliotheksbau entwarf Emanuel von Seidl 1918. Die Grundsteinlegung er-

folgte 1928 durch Reichspräsident von Hindenburg. Ausgeführt wurde er von German Bestelmeier, der auch die sich anschließende Kongresshalle errichtete. Im Bibliotheksbau befindet sich die größte Spezialbibliothek zur Geschichte der Naturwissenschaften und Technik in Deutschland mit mehr als 850.000 Bänden und 3.800 Zeitschriften sowie einem Bildarchiv.

Der Kongressbau erhielt 1991 zunächst ein Forum der Technik. Das derzeitige Nutzungskonzept umfasst das Planetarium und einige Kinos, geplant ist eine multimediale Ergänzung zum Deutschen Museum.

1999 übernahm das Deutsche Museum von der Stadt München drei ehemalige Ausstellungshallen auf der Theresienhöhe. 2003, zum 100-jährigen Gründungsjubiläum des Deutschen Museums, konnte in der Halle III der erste Abschnitt des Verkehrszentrums eröffnet werden, der endgültige Aufbau in den Hallen I und II wird voraussichtlich 2006 abgeschlossen sein. Die Ausstellung steht unter dem Motto „Mobilität und Technik".

Weiterer Schauplatz

Die Flugwerft Schleißheim als „Nationales Zentrum für Geschichte der Luft- und Raumfahrt" war das erste Zweigmuseum des Deutschen Museums. Es entstand auf dem Gelände des 1. Militärflugplatzes der „Königlich-bayerischen Fliegertruppe von 1912", des ältesten aus den Jahren 1912 bis 1919 stammenden, original erhaltenen Flughafengebäudes in Deutschland. Aus der Kommandantur, der Wache mit Flugwarte und der Werft, wurde von 1988 bis zur Eröffnung 1992 die Ausstellungshalle sowie eine Halle für Restaurierungsarbeiten geschaffen.

Als weiteres Zweigmuseum des Deutschen Museums ist ein Depot historischer Lokomotiven auf dem Gelände des Lokomotivschuppens in Freilassing in Planung.

Blick in Halle III des Verkehrszentrums in München

Literatur

Museumsführer Deutsches Museum, Flugwerft Schleißheim, Verkehrszentrum.

Info

Deutsches Museum, Museumsinsel 1, 80538 München
Tel. 089/21791
www.deutsches-museum.de
Flugwerft Schleißheim, Fernstr. 18, 85764 Oberschleißheim
Tel. 089/3157140
Deutsches Museum Verkehrszentrum, Theresienhöhe 14a, 80339 München
Tel. 089/2179529
Alle Museen sind geöffnet tgl. 9.00–17.00, das Verkehrszentrum auch Do. bis 20.00

Jan Murken

München, Gaswerk Moosach

Hintergrund

Die für die Gaserzeugung notwendige Steinkohle war in Bayern nicht in ausreichendem Maß vorhanden. Erst die Eisenbahnlinien zu den Kohlerevieren im Ruhrgebiet und in Sachsen schufen

Stichwort: Gaslaternen

Um 1700 wurden nur an besonderen Feiertagen einige wenige Straßen in München nachts erhellt. Registriert waren rund 50 Pechpfannen. 1729 genehmigte Kurfürst Karl Albrecht weitere Laternen; schon ein Jahr später waren über 700 im Einsatz. Ein eigenes städtisches Beleuchtungsamt wurde 1818 eingerichtet. Eine wesentliche Verbesserung brachte die Einführung der Gasbeleuchtung. In London brannten die ersten Gaslaternen bereits 1802, das erste Gaswerk war 1810 gebaut worden. In Deutschland gab es die ersten Gasanstalten in den 1820er Jahren in Berlin und Hannover. Gaslicht erstrahlte in Bayern erstmals 1847 in Nürnberg und Augsburg, 1850 in München. Hier startete die Gasbeleuchtung mit 1.100 Laternen. Ein großer Fortschritt war der von Carl Auer von Welsbach 1885 erfundene Glühstrumpf (ein mit Metallsalzen getränktes Baumwollnetz), der ein wesentlich helleres Licht ermöglichte. Nachteile des Gaslichtes waren die hohe Luftverschmutzung und Erwärmung sowie die Explosions- und Feuergefahr. Besonders problematisch war die Verwendung des Gaslichts deshalb in Theatern oder Opernhäusern. In München erstrahlten mit elektrischem Strom betriebene 278 Bogenlampen erstmals 1893. Diese setzten sich aber nur langsam durch. Um die Jahrhundertwende gab es in der Stadt 1.000 elektrische Lampen und rund 6.000 Gaslaternen, zehn Jahre später war die Zahl der Lampen nahezu gleich geblieben, die der Gaslaternen hatte sich auf 11.000 erhöht. 1920 überwog zum ersten Mal der Anteil der elektrischen Beleuchtung, aber erst 1966 erlosch die letzte Münchner Gaslaterne vor Schloss Nymphenburg. Seitdem erstrahlen in München alle Leuchten durch elektrische Energie.

die Voraussetzung für die eigene Gasproduktion in München. Bei der kommunalen Energieversorgung waren Gas und Strom in der zweiten Hälfte des 19. Jahrhunderts Konkurrenten. Während private Verbraucher ab 1900 bei der Beleuchtung immer mehr den Strom bevorzugten, da er weniger Gefahren barg, wurden für die öffentliche Straßenbeleuchtung bis in die 1920er Jahre vor allem Gaslaternen verwendet. Ab 1900 wurde Gas zunehmend auch zum Heizen und Kochen genutzt. Der Verbrauch betrug 1910 in München über 36 Millionen Kubikmeter.

Geschichte

1848 hatte der Magistrat das Gasmonopol im Wege einer öffentlichen Ausschreibung an eine private Gesellschaft aus Genf vergeben. Der Vertrag wurde bis 1899 verlängert. Das erste Gaswerk entstand in der Thalkirchner Straße und war bis 1909 in Betrieb. Ein Zweites wurde 1883 in der Nähe des Ostbahnhofs errichtet. Da die beiden Werke wegen ihrer Innenstadtlage nicht vergrößert werden konnten, der Gasverbrauch aber immer mehr stieg, übernahm die Stadt 1899 die Gaserzeugung in ihre Verantwortung. Sie plante eine eigene Anlage auf einem knapp 14 ha großen landwirtschaftlich genutzten Gelände in Moosach.

Das Werk mit Kohlemagazinen, Öfen, Kraftzentrale, Reinigerhaus, Verwaltungsgebäude und Dienstwohnungen wurde zwischen 1906 und 1909 von Robert Rehlen erbaut und ab 1911 kontinuierlich erweitert. 1909 wurde ein 75.000 m^3 fassender Teleskopgasbehälter errichtet, 1930 und 1958 jeweils ein fast 100 m hoher Scheibengasbehälter mit 200.000 m^3 Volumen.

Ehemaliger Wasserturm des Gaswerkes Moosach in München

Bis 1967 deckte das Stadtgas aus dem Moosacher Werk den gesamten Gasverbrauch Münchens ab, dann wurde es durch Erdgas aus der Sowjetunion verdrängt. Nachdem die Gasproduktion 1975 eingestellt worden war, wurden die meisten Bauwerke der Anlage abgerissen, 1992 auch der letzte Gaskessel.

Beschreibung

Die Stadt legte beim Bau des Gaswerkes größten Wert auf eine „malerische Gruppierung" der Gebäude sowie die Verwendung regionaltypischer Techniken und Bauformen, zum Beispiel beim Fassadenputz und den Dachformen. Der Industriebau sollte sich an die „bodenständige Bauweise" in München anpassen. Die historisierenden Formen des denkmalgeschützten Wasserturms, einige Werkhallen mit Walmdächern und Wohnhäuser mit neobarocken Zitaten zeigen diese für München typische Bauweise.

Von 1998 bis 2001 errichteten die Stadtwerke auf dem 23 ha großen Areal ein neues Verwaltungsgebäude. Im Zentrum der vom Münchner Büro Koch geplanten Architektur steht ein sechsgeschossiger Glasturm, der an die Gasbehälter erinnert, die fast 80 Jahre den Stadtteil prägten.

Literatur

Volker D. Laturell, Moosach, München 2004.

Info

Emmy-Noether-Str. 2, 80287 München.
Nur Außenbesichtigung möglich

Werner Kraus

München, Großmarkthalle

Geschichte

München hatte 1900 rund 500.000 Einwohner. Deren Versorgung mit Lebensmitteln war eine wichtige kommunale Aufgabe. Der Münchner Magistrat wollte die historisch gewachsene, dezentrale Marktorganisation zwar nicht aufgeben, plante aber 1890 nach dem Vorbild der vier zentral gelegenen Berliner Markthallen den Bau einer Halle in der Innenstadt. Er hatte bereits Grundstücke in der Frauenstraße gekauft und den Abriss der Schrannenhalle erwogen. Die große Entfernung zum Bahnhof verhinderte jedoch das Projekt.

Blick in die Großmarkthalle München

1903 stimmte der Magistrat dem Bau einer Großmarkthalle in der Nähe des Südbahnhofs zu. Da sich München seit 1870 zum Eisenbahn-Umschlagplatz für Südfrüchte aus Tirol und Italien entwickelt hatte, entstand 1908/1909 an der Lagerhausstraße als erstes eine Obstzollhalle. Das Areal zwischen Thalkirchner- und Tumblinger Straße wurde zwischen 1909 und 1912 bebaut. Stadtbaurat Richard Schachner (1873–1936) errichtete 1910/1911 vier hohe Markthallen, die zu den bedeutendsten Industriebauten Deutschlands zählten. Die Firma Linde installierte eine der modernsten Kühlanlagen der Zeit. Da sich der Warenumschlag seit der Eröffnung verfünffacht hatte, errichtete Karl Meitinger 1926/1928 für die Verwaltung ein Kontorhaus (Thalkirchner Straße 81). Im Zweiten Weltkrieg blieben nur 20 Prozent des Großmarktes erhalten, darunter eine der Hallen und die Gaststätte von Richard Schachner von 1914.

Beschreibung

Die 95 m lange, 17 m breite und 20 m hohe Markthalle ist fast vollständig in Eisenbeton gebaut und großflächig verglast. Die Mauerflächen konnten aufgrund der Tragfähigkeit des Betonskeletts auf ein Minimum reduziert werden, die Halle wirkt deshalb leicht und transparent. Der Verzicht auf Dekor und Ornamentik sowie die Verwendung rein konstruktiver Bauelemente standen in krassem Gegensatz zu den historisierenden Architekturformen, die in München um 1910 auch bei Zweck- und Industriebauten üblich waren.

Info

Thalkirchner Str. 81, 81371 München
www.grossmarkthalle-muenchen.de
Führungen möglich

Werner Kraus

München, Hauptzollamt

Hintergrund

Mit der Gründung des Deutschen Reichs war 1871 ein einheitliches Zoll- und Handelsgebiet entstanden, das eine Neuorganisation der Verwaltung nötig machte. Im ganzen Land wurden Hauptzollämter errichtet, in München eines in der Bayerstraße. Die rapide wachsende Wirtschaftstätigkeit und neue Aufgaben im Zuge des Zolltarifgesetzes von 1906 überforderten diese Einrichtung und führten zur Planung eines modernen Hauptzollamtes an den Gleisen zum Hauptbahnhof.

Geschichte

Zwischen 1909 und 1912 bauten Hugo Kaiser und Eugen Freiherr von Schacky zwischen der Landsberger und Donnersberger Straße das Hauptzollamt. Mit 14.000 m² – im Hinblick auf die erwartete Steigerung des Warenverkehrs war die Zollhalle um ein Drittel größer gebaut worden, als es dem aktuellen Bedürfnis entsprach – ist sie einer der größten Gebäudekomplexe Münchens. Von 1945 bis 1960 wurde die Anlage als Lagerhaus benutzt und verkam immer mehr. 1969 ging sie in das Eigentum der Bundesvermögensverwaltung über und beherbergt seit 1979 wieder die Zollverwaltung.

Beschreibung

Der monumentale Baukomplex bildet einen städtebaulichen Schwerpunkt im Münchner Westen und zeigt den Übergang von historisierenden Architekturformen zu einer neuen Sachlichkeit. Durch das Haupttor an der Landsberger Straße, an der sich auch die 50 gut ausgestatteten Dienstwohnungen des Hauptzollamtes mit Nutzgärten und

Blick auf die Lagerhalle des Hauptzollamtes in München

einem Kinderspielplatz befinden, führt der Weg in einen Innenhof, um den sich Bürogebäude und Hallen gruppieren. Dieser Teil des Hauptzollamtes entspricht dem Stil der bürgerlichen Wohngebäude der Prinzregentenzeit. Beachtenswert sind das Vestibül des Hauptgebäudes, die 35 m lange Schalterhalle und das weitgehend original erhaltene Büro des Amtsvorstehers von 1912. Die mächtige sechsstöckige Lagerhalle mit 34 Fensterachsen neben den Bahngleisen ist einer der ersten rein funktionalen Eisen-Beton-Bauten Münchens. Einen dominierenden Akzent bildet die ovale Beleuchtungskuppel, die auch als Aufzugsraum diente.

Das Hauptzollamt verfügte 1912 mit Rohrpost, Förderbändern, Haustelefon und einer Entstaubungs-, Heizungs- und Lüftungsanlage über die modernste Technik der Zeit. Die künstlerische Gestaltung erfolgte unter anderem durch die Bildhauer Wilhelm Riedisser und Julius Seidler. Alle Fassaden wurden einheitlich verputzt, durch Sockel, Reliefs und Portale aus Muschelkalk abwechslungsreich gestaltet und teilweise mit neobarocken Zitaten und Jugendstilelementen versehen. Die technische Prüf- und Lehranstalt, in der Warenproben untersucht und Zollbedienstete ausgebildet wurden, steht an der Donnersberger Straße.

Skulpturenschmuck von Georg Albertshofer im Treppenhaus des Hauptzollamtes München

Literatur

Wolfgang Läpke, Das Hauptzollamt, in: Monika Müller-Rieger, Westend, München 2000.

Info

Landsberger Str. 122–132, 80339 München

Werner Kraus

München, Hofbrunnwerk

Hintergrund

Der Grundwasserspiegel liegt in der Münchner Schotterebene sehr hoch. Die Wasserversorgung mit Brunnen war deshalb immer unproblematisch, Verunreinigungen minderten aber oft die Wasserqualität. Ab 1422 wurde sauberes Quellwasser von den Isarhängen, ab 1467 auch aus Thalkirchen in die Stadt geleitet. Der Aufbau eines Leitungsnetzes war aber erst möglich, als Pump- und Hebewerke in Brunnhäusern den Wasserdruck erhöhten und damit längere Strecken überbrückt werden konnten.

1511 wurde das erste städtische Pumphaus errichtet, 1561 das erste des Herzoghofes. 1876 gab es sieben Stadt- und sechs Hofbrunnhäuser, das Leitungssystem war 120 km lang. Die Brunnhäuser versorgten rund 40 Prozent der Häuser in München. Wen die Wasserleitungen nicht erreichten, wie zum Beispiel die Bewohner der Ludwigsvorstadt, oder wer sich den Anschluss nicht leisten konnte, war weiterhin auf Grundwasser aus Pumpbrunnen angewiesen.

Als 1883 die Hochdruckleitungen aus dem Mangfallgebiet ihren Betrieb aufnahmen, wurden fast alle Brunnhäuser

Technische Anlage des Hofbrunnwerkes München von 1885

abgerissen. Zu sehen sind heute nur noch Reste des Muffatbrunnhauses und die Maschinen des Hofbrunnwerkes.

Beschreibung

Das 1565 unter Herzog Albrecht V. errichtete und unter König Ludwig II. ab 1880 erweiterte Brunnhaus diente bis 1704 zur Trinkwasserförderung und versorgte bis zum Zweiten Weltkrieg alle Brunnen des Hofgartens. Nach Kriegszerstörungen wurde es abgebrochen. Erhalten blieben aber die technischen Anlagen, vor allem zwei Girard-Turbinen von 1885, die zwei Wasserräder ersetzten und mit je 5,5 PS zwischen 400 und 600 l Grundwasser pro Minute förderten. 1968 wurde der gesamte Betrieb eingestellt. Nach der Wiederbelebung der Stadtbäche erfolgte 1991–1996 die Restaurierung der Maschinen. Die Pumpen liefern nun wieder Wasser für die Brunnen des Hofgartens.

Literatur

Christiane Rädlinger, Geschichte der Münchner Stadtbäche, München 2004.

Stichwort: Wasserversorgung

Am Ende des 18. Jahrhunderts unterhielt die Stadt München fünf Brunnhäuser. Um auch das 1813 errichtete Allgemeine Krankenhaus und neu entstandene Stadtviertel versorgen zu können, wurden 1836 mit dem Muffatbrunnhaus und 1856 mit dem Pfisterbrunnhaus neue Quellen erschlossen. Qualität und Quantität des Wassers waren aber noch nicht ausreichend. Den Anstoß für eine weitere Verbesserung der Versorgung brachten die Cholera-Epidemien von 1854 und 1873. Ab 1864 wurde auf Initiative Max von Pettenkofers Quellwasser aus Thalkirchen nach München geleitet. Pettenkofer ging es dabei allerdings weniger um sauberes Trinkwasser als um das Durchspülen der neu angelegten Kanalisation. Nach der Cholera-Epidemie von 1873 regte eine Expertenkommission die Erschließung des Quellwasserreservoirs im Mangfalltal an. Ein Wasserbedarf von 150 l pro Kopf und Tag sollte damit abgedeckt werden. 1880 wurde das Projekt vom Magistrat unter Vorsitz von Stadtbaurat Arnold Zenetti und Max von Pettenkofer beschlossen. Der Fernwasserbezug begann 1883. Wassertürme stellten einen ausreichend hohen Druck sicher. München verfügte damit als erste Stadt in Deutschland über einwandfreies Trinkwasser. Die Leitung, die um 1900 erweitert wurde, ist noch heute Grundlage der Wasserversorgung.

Michael Schattenhofer, Die Münchner Wasserversorgung bis 1883; in: Oberbayerisches Archiv, Bd. 109, 1984.

Info

Münchner Hofgarten, am Ende der Galeriestraße
Geöffnet: Mai–Oktober tgl. 10.00–14.00

Werner Kraus

München, HypoVereinsbank

Hintergrund

Private Kapitalbesitzer investierten im 19. Jahrhundert in Industrieprojekte sehr zögerlich. Für Unternehmer kamen als Geldgeber deshalb nur Privatbankiers in Frage; regionale Banken verfügten zur Finanzierung größerer Vorhaben meist nicht über die notwendige Kapitalausstattung. Erst mit der Gründung der Bayerischen Hypotheken- und Wechsel-Bank 1835 und der Bayerischen Vereinsbank 1869 gab es auch in Bayern leistungsstarke Kreditinstitute auf Aktienbasis.
Für die unteren Bevölkerungsschichten waren nach englischem Vorbild am Ende des 18. Jahrhunderts städtische Sparkassen errichtet worden (in München 1824). Sie sollten den Sparwillen der Kleinverdiener fördern und damit die kommunalen Armenkassen entlasten. Ab 1850 wurden die Sparkassen auch in der Immobilien- und Hypothekenfinanzierung aktiv und entwickelten sich zu Kreditinstituten des Mittelstandes.

Geschichte

1835 gründeten auf Anregung König Ludwigs I. insgesamt 75 Persönlichkeiten die Bayerische Hypotheken- und Wechsel-Bank als private Aktiengesellschaft. Sie war der Aufsicht des Staates unterstellt und hatte das Notendruckprivileg. Ihr erster Direktor war der Großgrundbesitzer und Privatbankier Simon von Eichthal. Nach der Reichsgründung 1871 entwickelte sie sich zu einer der führenden Hypothekenbanken Deutschlands. In Bayern war sie nur im Süden aktiv.
Der Norden des Landes sowie die Pfalz fielen in die Zuständigkeit der „Königlichen Bank" (ab 1818 „Bayerische Staatsbank"), die 1780 aus einer Hofbank des letzten Ansbacher Markgrafen entstanden und 1807 nach Nürnberg verlegt worden war. Sie fungierte als Geldgeberin für große Industrieunternehmen. 1971 fusionierte die Bayerische Staatsbank mit der Bayerischen Vereinsbank.
Die Bayerische Vereinsbank war 1869, ein Jahr nach der Einführung der Gewerbefreiheit, als private Initiative von Adligen, Bankiers und Geschäftsleuten gegründet worden. Ihr Schwerpunkt lag auf dem Hypothekenkredit. Im Gegensatz zur Bayerischen Hypotheken- und Wechsel-

Stichwort: Gewerbefreiheit

Bis zur Einführung der Gewerbefreiheit in Bayern war die Gründung eines Unternehmens schwierig. Voraussetzung war das Bürgerrecht, das an Grundbesitz geknüpft war. Ein selbstständiges Handwerk durfte nur nach Zustimmung der Zünfte und später der Gewerbevereine, des Magistrats und der staatlichen Behörden eröffnet werden. 1868 fielen diese Beschränkungen. Gleichzeitig entstanden neue staatliche Aufsichtsbehörden wie 1869 die Bayerische Gewerbeanstalt in Nürnberg.

Hauptportal der HypoVereinsbank in München von 1895/98

Bank verfügte sie bereits zu Beginn des 20. Jahrhunderts über ein dichtes Filialnetz. Ihre Bedeutung im Wirtschaftsleben Bayerns zeigt der 1908 fertig gestellte Neubau an der Maffeistraße. 1988 fusionierten die beiden bayerischen Großbanken zur HypoVereinsbank.

Beschreibung

Von 1835 bis 1898 befanden sich die Geschäftsräume der Bayerischen Hypotheken- und Wechsel-Bank im Preysing Palais (Residenzstraße 27). 1895/1898 errichtete der Berliner Architekt Emil Schmidt an der Kardinal-Faulhaber-Straße 10 einen neobarocken „Bankpalast". Das gesamte Areal zwischen Theatiner- und Faulhaberstraße wurde nach der Bankenfusion ab 1998 zum Passagensystem der „Fünf Höfe" umgestaltet (Pläne von Herzog & de Meuron).

Info

Kardinal-Faulhaberstr. 10, 80333 München
www.geschichte.hypovereinsbank.de

Werner Kraus

München, Industrie- und Handelskammer für München und Oberbayern

Hintergrund

Nach der Errichtung des Deutschen Zollvereins 1834 wuchs erstmals ein großer deutscher Binnenmarkt zusammen. Handwerker, Kaufleute und Fabrikanten standen den wirtschaftspolitischen Veränderungen des neuen Marktes und den neuen Herstellungsmöglichkeiten der beginnenden Industrialisierung gegenüber. Auch in München benötigten Gewerbe und Handel eine eigenständige Interessenvertretung, um ihre Belange gegenüber der Regierung durchzusetzen. 1843 genehmigte König Ludwig I. die Gründung einer Handelskammer für den Regierungsbezirk Oberbayern. Deren Hauptaufgabe war es, Verwaltung und Politik bei der „Förderung des Gewerbefleißes" zu beraten.

Geschichte

Der ständig wachsende Raumbedarf veranlasste die Handels- und Gewerbekammer, gemeinsam mit dem Münchener Handelsverein, dem Träger der Börse, einen Neubau in Angriff zu nehmen. Den Wettbewerb gewann 1898 Friedrich von Thiersch, der bereits den Münchner Justizpalast errichtet hatte. Nach eineinhalbjähriger Bauzeit konnten die beiden Bauherren das neue „Haus für Handel und Gewerbe" beziehen. Es galt als gelungenes Beispiel „neuer Lebensgestaltung durch neue Farbzusammenstellungen, neue Linien und Formen." Repräsentativer Innenraum war der Börsensaal, der über zwei Stockwerke reichte. Im Erdgeschoss eröffnete das elegante Café-Restaurant Neue Börse.

1911 entstand auf dem Nachbargrundstück an der Max-Joseph-Straße nach den Plänen von Gabriel von Seidl ein Wohn- und Geschäftshaus für den jüdischen Antiquitätenhändler A. S. Drey. Der Neubau zählte zu den prächtigsten Privatbauten der Stadt. Nach der Machtergreifung der Nationalsozialisten verkaufte die Familie Drey 1935 das Haus für 1,3 Mio. Reichsmark an die Kammer. Während des Zweiten Weltkriegs wurde dieses Gebäude zu großen Teilen ausgebombt und die Kammer musste in Notquartiere ausweichen. Erst in den 1950er Jahren kehrte sie in ihr Haus zurück.

Nach dem Umzug der Börse an den Lenbachplatz erfolgte in den 1960er Jahren ein Großumbau in zeitgemäß nüchterner Funktionalität. Im Zuge der Vorbereitungen zum 150-jährigen Jubiläum führte die Kammer ab 1992 eine umfassende Renovierung durch, die an das einstige

IHK-Gebäude in München

Zusammenspiel von Architektur, Malerei und Kunsthandwerk anknüpfte. 2002 konnte sie weitere Umbauarbeiten abschließen. Seitdem verbindet ein Atrium mit freitragendem Glasdach die beiden Häuser.

Beschreibung

Der reich gestaltete, dreiseitig freistehende Jugendstilbau mit symbolhaften Stuckornamenten bildet einen Block mit Max-Joseph-Straße 2, einem Bau im Stil der Neorenaissance mit Terrakotta-Friesen von Franz Naager.

Literatur

Angela Toussaint, Eine Zierde der Stadt. München – Maximiliansplatz. Das Gebäude der Industrie- und Handelskammer im Wandel der Zeit, Dachau 1998.

Harald Winkel, Wirtschaft im Aufbruch. Der Wirtschaftsraum München-Oberbayern und seine Industrie- und Handelskammer im Wandel der Zeit, München 1990.

Info

Max-Joseph-Str. 2, 80333 München
Tel. 089/5116354
Geöffnet: Mo.–Fr. und n. tel. Anmeldung zugänglich, Führungen möglich

Eva Moser

München, Kaufhaus Hertie

Hintergrund

Viele vor 1850 handwerklich hergestellte Produkte wurden aufgrund der industriellen Massenfertigung in der zweiten Jahrhunderthälfte preiswert auf den Markt gebracht. Da sich das Warenangebot ständig vergrößerte, bewältigte der Einzelhandel die Versorgung nicht mehr allein. Neue Vertriebsformen wie Konsum-Genossenschaften, Versandgeschäfte (1908 entstand in Weiden die Textilversandfirma Witt) und Warenhäuser wurden aufgebaut. Die ersten großen Warenhäuser waren nach der Weltausstellung 1851 in London und Paris entstanden, in Bayern wurde das erste 1900/1901 von Oskar Tietz in Fürth eröffnet. Hauptzielgruppe war zunächst das begüterte Bürgertum. Das Angebot war bald auch für breite Bevölkerungsschichten erschwinglich.

Geschichte

1889 gründete Oskar Tietz mit Unterstützung seines Onkels Hermann ein erstes kleines Textilgeschäft am Münchner Stachus; fünf Filialen folgten. 1905 eröffnete er den „Tietz" am Bahnhofsplatz, der von „Heilmann und Littmann" in nur zehnmonatiger Bauzeit errichtet worden war. Das Haus verfügte über modernste Technik mit elektrischer Beleuchtung, Aufzügen, Wasserheizung und einer Kühlanlage, die den Verkauf frischer Lebensmittel ermöglichte. Oskar Tietz leitete das Wirtschaftsimperium bis zu seinem Tod 1923. Antisemitische Anfeindungen und Klagen von Konkurrenten konnten seinen Erfolgskurs nicht behindern.
Im Zuge der Arisierung – die Nationalsozialisten lehnten Warenhäuser ab, weil 80 Prozent des Umsatzes von jüdischen Firmen erzielt wurde – übernahm 1933 der Hamburger Kaufmann Georg Karg

Stichwort: Konsum-Genossenschaften

1864 wurde in München der „Consum Verein" von Angehörigen des Bürgertums gegründet. Waren wurden nur an Mitglieder abgegeben. Im Gegensatz zum Einzelhändler, der „anschreiben" ließ, war Barzahlung notwendig. 1886 hatte der Verein 1.000 Mitglieder und zwölf Läden, 1914 über 10.000 Mitglieder und 25 Läden. 1886 formierte sich der „Konsumverein München Sendling", der vor allem Arbeiter aufnahm. 1914 hatte er 38.000 Mitglieder und 50 Läden. Fast 30 Prozent der Bevölkerung Münchens wurden in den 20er Jahren von Konsum-Genossenschaften versorgt, die gute Qualität zu günstigen Preisen boten, aber schließlich der Konkurrenz der großen Handelsunternehmen erlagen.

(1888–1972) die OHG Tietz und führte sie als „Hertie Waren- und Kaufhaus GmbH" fort. Die neue Bezeichnung leitete sich vom Firmengründer *Her*-mann *Tie*-tz ab. 1994 erwarb Karstadt alle Hertie-Häuser.

Beschreibung

Den Prototyp eines Warenhauses erbaute Alfred Messel 1895/1897 in Berlin für Georg Wertheim als mehrstöckigen Hallenbau aus Eisen, Beton und Glas. An die Stelle tragender Wände setzte er ein Gerüst von Pfeilern, die auch die Fassade kennzeichnen. Einen solchen modernen Skelettbau lehnte der Magistrat in München für das Tietz-Kaufhaus ab. Die von ihm einberufene Künstlerkommission forderte, dass das Gebäude am „Eingangstor" zur Stadt „einen spezifischen Münchner Ton" haben müsse. Im Gegensatz zum historisierenden Äußeren und dem „malerischen" Gesamtbild standen die funktionalen, mit modernster Technik errichteten Verkaufsflächen. Das Eisen-Beton-Stützenraster ermöglichte auch den Bau eines imposanten Lichthofes, der heute nur mehr in der Grundstruktur erhalten ist.

Weiterere Schauplätze

München, Kaufhaus Oberpollinger, Neuhauser Str. 18, 80335 München, von 1904/1905, nach Kriegszerstörungen wurde nur die Fassade rekonstruiert. Einen Besuch lohnen auch das ehemalige Warenhaus H. Tietz in Fürth (Kohlenmarkt 4, von Adam Egerer, 1900), das Warenhaus H. & M. Tietz in Bamberg (Grüner Markt 23, von Johannes Kronfuß, 1910), das Warenhaus H. Tietz & Co in Nürnberg (Ludwigsplatz 24, von Otto Schulz und Paul Bittorf, 1911/12) sowie das ehemalige Warenhaus Brüder Landauer in Augsburg (Bürgermeister-Fischer-Straße 9, von 1913/14).

Literatur

Claus Pese, Das Warenhaus; in: Leben und Arbeiten im Industriezeitalter, Stuttgart 1985.
Helmut Frei, Tempel der Kauflust, Leipzig 1997.

Info

Bahnhofsplatz 7, 80335 München

Werner Kraus

Blick auf das Kaufhaus Hertie in München

München, Knorr-Bremse AG

Hintergrund

München war zur Jahrhundertwende eine Stadt der kleineren und mittleren Betriebe. Bauten aus der Zeit Ludwigs I. hatten die Stadt schon damals zum touristischen Ziel werden lassen. In diesen Zusammenhang fielen „Vorschriften im Interesse der Stadtverschönerung und der Denkmalpflege", die die Lokalbaukommission 1908 erließ. Sie sahen die Wahrung „der baulichen Eigenart" und „Pflege der heimischen, ortsüblichen Bauweise" vor. Industrieanlagen größeren Ausmaßes wurden des Stadtgebietes verwiesen, schon die Münchner Bauordnung von 1895 hatte ihnen kaum innerstädtische Möglichkeiten eingeräumt. 1904 erweiterte die Staffelbauordnung die „fabrikfreien" Zonen noch deutlich, weshalb Produktionsstätten wie die der heutigen Knorr-Bremse AG auf freiem Landgebiet errichtet wurden.

Geschichte

In dem Maße, in dem Eisenbahnen schneller wurden, kam der Entwicklung leistungsfähiger Bremsen große Bedeutung zu. Georg Knorr (1859–1911) setzte Anfang des vergangenen Jahrhunderts mit einer einlösigen, einfach zu bedienenden Einkammer-Schnellbremse weltweit gültige Maßstäbe. Sein Erfolg führte 1905 zur Gründung der Knorr-Bremse GmbH mit Sitz in Berlin. Im Zuge der Fusion mit einem Konkurrenz-Unternehmen entstand 1911 die Knorr-Bremse AG, die sich fortan im Bereich Voll-, Straßen- und Kleinbahnen sowie Kraftfahrzeugbremsen engagierte. Das Bahnwesen war zu dieser Zeit landesrechtlich geregelt. Wichtigstes Standbein der Knorr-Bremse war ein Zehnjahresvertrag mit der Preußischen Staatsbahn. Die Geschäftsbasis erweitern sollte ein Auftrag des bayerischen Freistaates, der wiederum eine

Verwaltungsgebäude der Knorr-Bremse AG

Produktion in Bayern voraussetzte. Knorr-Bremse schloss daher nach dem Ersten Weltkrieg einen Lizenzvertrag mit der Bayerischen Motorenwerke AG (BMW) – deren Produktion lag nach dem Verbot des Flugzeugmotorenbaus brach. 1922 nahm BMW den eigenständigen Motorenbau an anderer Stelle wieder auf, woraufhin Knorr-Bremse an der Moosacher Straße das Tochterunternehmen Süddeutsche Bremsen-AG gründete. Nach dem Zweiten Weltkrieg wurde das Berliner Werk im sowjetischen Sektor enteignet und München Sitz des Gesamtunternehmens. Der Münchner Komplex hatte den Weltkrieg nahezu unbeschadet überstanden. Heute agiert Knorr-Bremse weltweit.

Beschreibung

Die weitläufige Industrieanlage der heutigen Knorr-Bremse AG gestaltet sich mehrteilig. Ein dreigeschossiges Verwaltungsgebäude überragt das Gelände, gen Süden wird es von zwei niedrig gehaltenen Trakten mit Haupttor eingefasst. Das Pförtnergebäude der 1921 fertig gestellten Gesamtanlage befand sich abseits des Verwaltungsgebäudes neben dem Sozialgebäude, um den Arbeitern einen weiten Fußweg zu ersparen. Allerdings, so kommentierte das Fachblatt „Der Industriebau" 1924, war es „in politisch bewegter Zeit unzulässig, das Torgebäude

Stichwort: Industriebau in München
Im Rahmen einer Auseinandersetzung, die der Deutsche Werkbund und der Deutsche Bund Heimatschutz nach ihrer Gründung 1904 und 1907 über zeitgemäßes Bauen und Gestalten führten, positionierte sich München beim Industriebau im Sinn eines süddeutschen Regionalstils, der im Historismus und Neoklassizismus die Aussöhnung von Mensch und Maschine sowie Natur und Industrie gewährleistet sah. Der Widerspruch zwischen funktionstauglichem Inneren und historisierender Außenfassade wurde in der Regel durch einheitliche Fensterformen sowie durchlaufende Pfeiler oder Pilaster gelöst, die in kleineren Jocheinheiten zusammengefasst eine Fassade beliebig erweiterbar und nach innen variabel machten. Neuzeitlichen Materialien sowie einer modernen Baugestaltung stand München skeptisch bis ablehnend gegenüber. Die Stadt blieb der Tradition verpflichtet.

in nächster Verbindung mit dem Direktionsgebäude zu stellen".
Die neoklassizistischen Bauten wurden 1917/1918 nach Plänen des Baubüros Ways & Freytag von den Architekten Eduard Herbert und Otho Orlando Kurz umgesetzt. 1998 erhielt der Verwaltungsbau den Fassadenpreis der Stadt München.

Literatur
Manfred Pohl, Sicherheit auf Schiene und Straße – Die Geschichte der Knorr-Bremse AG, München 2005.

Info
Moosacher Str. 80, 80809 München
Tel. 089/35470
Besichtigung unter Vorbehalt n. tel. Anfrage

Stefan Boes

München, Ledigenheim

Hintergrund
Um 1900 gab es in München 600 Fabriken. Immer mehr Menschen strömten vom Land in die Stadt, um hier Arbeit zu finden, doch Wohnraum war äußerst knapp. Untervermietungen, meist an Schlafgänger, waren an der Tagesordnung. Der Bau von Ledigenwohnheimen nach dem Vorbild von Berlin, Düsseldorf, Mailand oder London war ein zukunftsweisender Weg, um die Wohnungsnot zu lindern.

Geschichte
1913 gründeten Vertreter der Stadt, der Landesversicherungsanstalt Oberbayern, Gewerkschaftler und bekannte Persönlichkeiten wie der Architekt Richard Riemerschmid oder der Verleger Wilhelm Oldenbourg den „Verein Ledigenheim". Dessen Ziel war es, kostengünstigen Wohnraum für wenig verdienende allein stehende Männer zu schaffen, für Studenten ebenso wie für Handwerksgehilfen, Angestellte oder Rentner. Spenden sicherten die Finanzierung des Vorha-

Zimmer im Ledigenheim München

bens. 1914 wurde ein Grundstück im Arbeiterviertel Westend gekauft. Erst 1925, nach der Inflationszeit, begannen die Bauarbeiten. Die Pläne lieferte Theodor Fischer (1862–1938), der auch die Siedlung an der Alten Heide plante.
1927, als es in München 48.000 Arbeitslose und einige Tausend Wohnungssuchende gab, wurde das Heim eröffnet. Die 420 Zimmer, in denen nur Bett, Stuhl und Tisch Platz hatten, waren sofort belegt. Die Kleidung musste in Spinden im Erdgeschoss aufbewahrt werden, Waschbecken und Bäder befanden sich im Keller. Eine liberale Heimordnung und elf Läden im Gebäude steigerten die Attraktivität des Heimes.
Während des Zweiten Weltkrieges wurde das Gebäude kaum beschädigt. 1945 erfolgte die Belegung unter einem neu gegründeten Trägerverein. Das Münchner Ledigenheim ist heute die einzige noch bestehende Einrichtung dieser Art in Europa; 2003 verfügte es über 382 Zimmer. Frauen haben gemäß der Vereinssatzung von 1913 noch immer kein Wohnrecht.

Stichwort: Schlafgänger

Um die hohen Mieten in Großstädten aufbringen zu können, wurden Betten, oft rund um die Uhr, an Schlafgänger vermietet. In München gab es 1910 bei einer Einwohnerzahl von rund 600.000 über 18.500 Schlafgänger; nur ein Zehntel der Bevölkerung hatte ein eigenes Bett. Zwischen 25 und 50 Prozent, in manchen Straßen sogar bis zu 90 Prozent aller Wohnungen waren untervermietet. Als „Krebsschaden am Familienleben" beurteilten Zeitgenossen diese Situation und sahen in ihr eine „Hauptquelle der sittlichen Entartung und der Geschlechtskrankheiten". Doch für junge Fabrikarbeiter, Tagelöhner oder ledige Köchinnen gab es keine andere Möglichkeit, in München ein Dach über dem Kopf zu bekommen. Neben Schlafgängern nahmen viele Familien auch Kostgänger auf, die nur Mahlzeiten bekamen, oder Untermieter, die ein Zimmer in der Wohnung für sich hatten.

Ledigenheim München um 1926/1927

Beschreibung

Das Ledigenheim besteht aus einem sechsstöckigen, flach gedeckten Mittelbau und einer dreistöckigen Flügelanlage. Im Erdgeschoss lagen ein Tages- und Kochraum, Lesezimmer und die Krankenstation, im Obergeschoss die Wohn- und Schlafräume. Das Haus hatte eine moderne Zentralheizung sowie Wannen- und Brausebäder. Das Bauwerk aus Hartbrand-Backsteinen im Stil der Neuen Sachlichkeit zählt zu den besten Architekturleistungen Münchens in den 1920er Jahren. Vorbildliche Restaurierungen haben die Gemeinschaftsräume, die Bibliothek und die Eingangshalle in den Vorkriegszustand zurückgeführt. Die Ziegelreliefs an der Hauptfront schuf Karl Knappe.

Literatur

Günther Gerstenberg, Die rote Burg der Einschichtigen, in: Monika Müller-Rieger, Westend, München 2000.
Ledigenheim München 1987, Festschrift des Vereins, München 1987.

Info

Bergmannstr. 35, 80339 München
Tel. 089/507149
Geöffnet: tgl., n. tel. Anmeldung zugänglich, Führungen möglich

Werner Kraus

Industriedenkmal Muffatkamin München

München, Muffathalle

Geschichte

1836 errichtete die Stadt unterhalb der Gasteigquellen ein Brunnhaus zur Verbesserung der Wasserversorgung, das 1867 nach Baurat Karl Muffat benannt wurde. Durch die Inbetriebnahme der Wasserleitungen aus dem Mangfalltal verlor es 1883 seine Funktion und wurde ab 1893 zum Kraftwerk für die Stromversorgung, vor allem für die elektrische Straßenbeleuchtung, umgebaut. Die Pläne entwarf der Architekt des nebenan gelegenen Volksbades, Carl Hocheder. Mehrmals, zuletzt 1936, wurde die Anlage vergrößert und nach ihrer Stilllegung von 1990 bis 1993 für die Nutzung als Veranstaltungsgebäude (Muffathalle) saniert.

Beschreibung

Vom Brunnhaus ist der schlichte klassizistische Rustika-Bau erhalten. Im Erdgeschoss befand sich die technische Anlage, im Obergeschoss die Wärterwohnung. Das Kesselhaus und die Maschinenhalle im barockisierenden Jugendstil mit Kranbahn und originaler Dachkonstruktion des Kraftwerkes von 1893 werden überragt vom „Muffatkamin", der auf dem Sockel des ehemaligen Brunnhaus-Wasserturmes steht.

Literatur

Martin Strom, Elektrizität, Telefon, Großmarkthalle, in: München – Musenstadt mit Hinterhöfen, München 1988.

Info

Zellstr. 4, 81667 München

Werner Kraus

Stichwort: Elektrische Straßenbeleuchtung

Straßen wurden ab der Mitte des 19. Jahrhunderts mit Gaslaternen beleuchtet. Die erste elektrische Straßenbeleuchtung in Bayern gab es 1882 in Nürnberg. Pläne der Stadt München, die Wasserkraft der Isar für die Elektrizitätsversorgung und die Beleuchtung zu nutzen, vereitelte die „Münchner Gasgesellschaft", die bis 1899 das Monopol für die Straßenbeleuchtung hatte. Schon 1883 ging aber eine private Elektrizitätsanlage in Betrieb, die die Bühne des Residenztheaters beleuchtete. 1891 nahm die Stadt nach der gütlichen Einigung mit der Gasgesellschaft die Beleuchtung in ihre Regie und errichtete Elektrizitätswerke an der Westenriederstraße und beim Muffatbrunnhaus. 1893 brannten in der Münchener Altstadt erstmals elektrische Lampen. Trotz der hohen Strompreise nahm die Zahl der privaten Abnehmer ständig zu, 1899 waren es bereits 2.000. Zu den Hauptkunden zählten Kaufhäuser, Hotels und Restaurants, ab 1895 auch die Straßenbahn, die 1876 als Pferdebahn gegründet worden war und sich durch die Elektrifizierung zum Massenverkehrsmittel entwickelte. Der weitere Ausbau der Stromversorgung erfolgte mit dem Maxwerk an der Isar. 1920 überwog erstmals der Anteil der elektrischen Glühlampen.

München, Müller'sches Volksbad

Hintergrund

Im Mittelalter gab es in München mehr als zehn öffentliche Badehäuser. Diese Badekultur endete im 16. Jahrhundert. Zwischen 1800 und 1840, als sich wieder ein Bewusstsein für Körperhygiene entwickelte, wurden sieben privat betriebene Badeanstalten eröffnet; nur eine hatte „Armenbadezimmer". Für große Teile der Bevölkerung Münchens war ein Reinigungsbad deshalb ein unerschwinglicher Luxus. 1875 hatten nur 40 Prozent der Häuser fließendes Wasser. In den Arbeiterquartieren Haidhausens, der Au oder des Westends verfügte fast keine Wohnung über ein Bad. Der Magistrat beschloss deshalb 1889, in jedem Viertel Münchens ein städtisches Bad zu bauen, dessen Eintrittspreise so niedrig sein sollten, dass sich jeder Arbeiter einmal in der Woche den Besuch leisten konnte.

Bis 1912 wurden zahlreiche Schulbäder, vier Sommerbäder sowie zehn Brause- und Wannenbäder errichtet. Ein Beispiel für diese „Tröpferlbäder" ist das Brausebad am Bavariaring (Hans Grässel, 1894). Vorbild waren Entwürfe des Berliner Hautarztes Carl Lassar, der schlichte und funktionale Anlagen gefordert hatte. Neben diesen städtischen Zweckbauten waren ab 1855 in Wien, Berlin, Hamburg, Magdeburg, Leipzig, Hannover und Dresden großzügig ausgestattete Regenerationsbäder mit Schwimmhallen für Kunden aus der Oberschicht entstanden.

Geschichte

Der Ingenieur Karl Müller vermachte 1899 seinen Immobilienbesitz der Stadt mit der Auflage, damit ein „Volksbad vorzugsweise für Unbemittelte" zu bauen. Aufgrund seiner niedrigen Eintrittspreise sollte das Bad allen Bevölkerungsschichten offen stehen und die Funktion eines

Schauseite des Müller'schen Volksbades an der Isar in München

Reinigungs- und Regenerationsbades übernehmen. Der Magistrat plante einen repräsentativen Monumentalbau und entschied sich 1896 für den Standort an der Isar unterhalb des Gasteigs. Die Nähe zu den Arbeitervierteln der Stadt war ebenso ausschlaggebend wie die unproblematische Wasserzufuhr durch das nebenan gelegene Brunnenhaus und die Energieversorgung durch das Muffatwerk. Der Auftrag ging an den Architekten Carl Hocheder (1854–1917), der in München die Hauptfeuerwache oder das Verkehrsministerium an der Arnulfstraße geplant hatte. 1901 wurde das Bad nach vierjähriger Bauzeit eröffnet. Den Zweiten Weltkrieg überstand es fast unbeschädigt. Restaurierungen erfolgten zwischen 1978 und 1992. Das Hundebad war bis 1978 geöffnet. Die ursprünglich 86 Wannen- und 22 Brausebäder wurden bis auf wenige aufgegeben.

Beschreibung

Hocheder lehnte die um 1900 übliche symmetrische Grundrissgestaltung ab. Die unterschiedlichen Teile des Bauprogramms fügen sich zu einem malerischen Gruppenbau mit der Schauseite am Isarufer zusammen. Besonders hervorgehoben sind die tonnengewölbte Pfeilerhalle des Männerschwimmbades, das überkuppelte Damenschwimmbad, das römisch-irische Dampfbad sowie die von einem fast 50 m hohen (Wasser-) Turm überragte Eingangshalle.
Das Müller'sche Volksbad ist eine Mischung aus römischer Thermenarchitektur und süddeutschem Barock; maurische Zitate verbinden sich mit Jugendstildekor. Es war das erste öffentliche Hallenbad Münchens, lange das modernste in Europa und ist heute eines der wenigen original erhaltenen Beispiele dieses Bautyps aus der Zeit um die Jahrhundertwende.

Weitere Schauplätze

Brausebad von Karl Hocheder, 1894, in Verbindung mit Feuerwehrhaus, Kirchenstr. 9, 81675 München.
Städtisches Brausen- und Wannenbad von Richard Schachner und Adolf Schwiening, 1912/1913, Thalkirchner Str. 104, 80337 München.
Weitere Volksbäder gibt es in Augsburg (Leonhardsberg 15, 86150 Augsburg, von Fritz Steinhäußer, 1903) und Nürnberg (Rothenburger Str. 10, 90443 Nürnberg, von Carl Weber und Friedrich Küfner, 1900/1913).

Literatur

Barbara Hartmann, Das Müller'sche Volksbad in München, München 1987.

Info

Rosenheimer Str. 1, 81667 München

Werner Kraus

München, Postamt Goetheplatz

Geschichte

1808 ging das Postwesen in Bayern von der Familie Thurn und Taxis auf den bayerischen Staat über. Die Zahl der Postämter nahm ab 1850 ständig zu; 1886 waren es bereits 1.500, 20 Jahre später über 5.000. Im Besitz der Post waren 1918 aber nur 181 Gebäude, die anderen gehörten Postagenturen, die mit dem Eisenbahndienst vereinigt waren oder von Privatleuten betrieben wurden. Erst 1920 wurde in München die Postbauverwaltung geschaffen.
Vom Gründungsjahr bis 1930 war der Architekt Robert Vorhoelzer für die zahlreichen Baumaßnahmen zuständig, die nun begannen. Seine Entwürfe orientierten sich auf dem Land an regionalen Bautraditionen. In München bildeten sie durch die Kombination von Schalterhallen, Büros und Wohnungen neue Mittelpunkte in den Stadtteilen und zeigten einen in der Stadt fast singulären

Stichwort: Robert Vorhoelzer

Der 1884 in Memmingen geborene Vorhoelzer arbeitete nach seinem Architekturstudium bei den Eisenbahndirektionen München und Augsburg. Ab 1920 war er Oberpostbaurat in München. Die von ihm gegründete Postbauschule wurde zu einem Zentrum der modernen Architektur in Bayern. 1930 wechselt er als Professor an die Technische Hochschule. Nach seiner Entlassung durch die Nationalsozialisten war er ab 1933 als freier Architekt und von 1939 bis 1941 als Lehrer an der Akademie der Schönen Künste in Istanbul tätig. Von 1946 bis 1952 hatte er wieder eine Professur in München inne. Hier starb er 1954.

Postamt am Goetheplatz in München

funktionalistischen Stil. Beispiele sind das Paketzustellamt (Arnulfstraße 62, Stahlbeton-Rundbau mit Glastambour, 1925/1926), dessen Konstruktion ganz aus den Betriebsabläufen entwickelt wurde, oder das Postamt an der Tegernseer Landstraße 57 (1928/1929). Das Postamt Goetheplatz 1 (1931/1932) zählt zu den bedeutendsten Leistungen der modernen Architektur in Deutschland.

Beschreibung

Das Gebäude ist in ein trapezförmiges Eckgrundstück eingepasst. Den Einfluss des Bauhauses zeigen das Flachdach, die putzbündigen Fenster und der Verzicht auf Bauplastik. Die beiden unteren Geschosse, die die Schalterhalle und Büros beherbergen und ein durchlaufendes Fensterband aufweisen, sind als Stahlskelett, die drei oberen Wohngeschosse mit Loggien als Stahlbetonskelett errichtet.

Literatur

Florian Aicher, Robert Vorhoelzer – Ein Architektenleben, München 1990.

Info

Goetheplatz 1, 80337 München

Werner Kraus

München, Schrannenhalle

Geschichte

Seit dem 13. Jahrhundert wurden auf dem Marienplatz unter freiem Himmel Weizen und Gerste gehandelt. Diese Schranne war der größte Getreidemarkt in Bayern und ein bedeutender Wirtschaftsfaktor der Stadt. Gegen Ende des 18. Jahrhunderts häuften sich Klagen über die Enge und die hygienischen Zustände auf dem Platz; Abhilfe sollte eine überdachte Schrannenhalle schaffen. Die Suche nach einem geeigneten Standort zog sich über Jahrzehnte hin. Erst 1849 entschied sich der Magistrat für ein 31.000 m^2 großes Areal zwischen Viktualienmarkt und Angertor. Mit der Planung wurde Stadtbaurat Karl Muffat (1797–1868) beauftragt. Er entwarf 1851, auf der Grundlage von Vorarbeiten Friedrich von Gärtners, den ersten modernen Eisenbau Münchens mit Säulen aus Gusseisen, einem Dachstuhl aus Schmiedeeisen und einer Dachdeckung aus Eisenblechen.

Unmittelbare Vorbilder für dieses Bauwerk gab es nicht. Muffat holte sich aber Anregungen bei Bahnhofsbauten in England, der Pariser Markthalle Marché de la Madeleine und bei Gewächshäusern im Park von Schloss Nymphenburg, die Friedrich von Sckell zwischen 1807 und 1820 errichtet hatte. Aufträge gingen an die Maschinenfabrik Maffei in München und vor allem an das Unternehmen Cramer-Klett in Nürnberg. Dessen Chefingenieur ließ die Eisenelemente in der Fabrik vorfertigen, mit der Bahn nach München transportieren und auf der Baustelle montieren. Für die westliche Halle benötigten die Arbeiter zwei Monate, die östliche setzten sie in der Rekordzeit von vierzehn Tagen zusammen. Es dauerte nicht einmal zwei Jahre, bis das Meisterwerk der Ingenieurbaukunst 1853 eröffnet werden konnte.

Luftbild der Schrannenhalle in München

Die Schrannenhalle brachte eine neue Größenordnung in das Stadtbild. Sie zeichnete sich durch transparente Leichtigkeit, große Feuersicherheit und feingliedrige Ästhetik aus. München stand mit ihr an der Spitze der internationalen Architektur.

Im selben Jahr errichteten Cramer-Klett und der Architekt August von Voit einen noch kühneren Eisen-Glas-Bau: den Glaspalast. Während dieses Ausstellungsgebäude wesentlich zum Ruhm Münchens als Kunststadt beitrug, verlor die Schrannenhalle im Lauf der Jahre immer mehr an Bedeutung. Vor allem die große Entfernung zum Bahnhof und die hohen Schrannengebühren wurden kritisiert. Der Getreidehandel verlagerte sich ab 1871 an den Thalkirchner- und den Ostbahnhof. Die Schranne diente nur noch für den örtlichen Bedarf, zeitweilig fanden in ihr Märkte und Messen statt, oft stand sie leer. Der Niedergang ließ sich nicht mehr aufhalten. Mit dem Bau der Großmarkthalle am Südbahnhof 1910/1911 verlor sie endgültig ihre Funktion. 1914 begann die Demontage. Ein 110 m langer Teil wurde 1924 von den Moosacher Gaswerken gekauft und auf dem Werksgelände aufgestellt. 1932 zerstörte ein Großbrand die noch verbliebenen Trakte in der Innenstadt. Nur der östliche Kopfbau blieb erhalten; in ihm befand sich bis 1999 die städtische Freibank.

1978 entdeckte der Architekturhistoriker Volker Hütsch durch Zufall in Moosach die Reste der alten Halle, zwei Jahre später beschloss der Stadtrat, diese am historischen Ort wieder aufzubauen. Angestrebt wurde eine Mischung aus Gastronomie, Markt und Kultur. Nach 25-jähriger Planungszeit wurde sie 2005 eröffnet. Da der Wintergarten in der Residenz 1921 zerstört wurde, der Glaspalast 1931 und die Isarbrücke bei Großhesselohe 1984, ist die Schrannenhalle das einzige Beispiel einer Eisenkonstruktion der Zeit um 1850 in München.

Beschreibung

Die historische Schrannenhalle bestand aus fünf Teilen: einem mittigen Hauptgebäude, zwei Kopfbauten, die alle gemauert waren und vor allem zur Lagerung von Getreide dienten, sowie zwei jeweils 164 m langen, 27 m breiten und fast 12 m hohen Eisenhallen, die seitlich offen und nur oben verglast waren. Vier Säulenreihen in 18 Achsen bildeten einen dreischiffigen basilikalen Querschnitt. Die Hallen boten die für die Beurteilung des Getreides notwendige Helligkeit; am Abend brannten 32 Gaslampen. Die wiedereröffnete Schrannenhalle kombiniert den restaurierten östlichen Kopfteil mit dem 1924 demontierten Hallenteil sowie einem modernen westlichen Abschlussbau. Die Stadt realisierte das Projekt mit dem privaten Investor DBVI GmbH & Schrannenhalle KG und dem Wiener Architekt Stefan Schumer.

Literatur

Gabriele Jäcklin-Volkert, Die Münchner Schrannenhalle, München 2003.

Info

Blumenstr. 24, 80331 München
www.schrannenhalle.de

Werner Kraus

München, SiemensForum

Geschichte

Das 1916 gegründete SiemensForum München ist das älteste Firmenmuseum Deutschlands. Seine Anfänge liegen wie die des Unternehmens in Berlin: Zum 100. Geburtstag des Firmengründers Werner von Siemens konzipierte das seit 1907 bestehende Siemens-Archiv eine „Gedächtnisausstellung" im Berliner Verwaltungsgebäude, die kontinuierlich erweitert wurde. Mit der Aufteilung des Firmensitzes auf Berlin und München nach dem Zweiten Weltkrieg fanden das Siemens-Museum und das Siemens-Archiv einen neuen Standort: 1954 konnten die Räumlichkeiten in der Prannerstraße 10 ihrer Bestimmung übergeben werden.

Aufgrund der Zunahme von Veranstaltungen wurde 1993 die modernere Bezeichnung „SiemensForum" gewählt.

Eine große Herausforderung bot sich dem SiemensForum 1999 mit dem Umzug in das moderne Verwaltungsgebäude am Oskar-von-Miller-Ring. Das großzügige Auditorium bildet das Herzstück. Unter dem Titel „Design – the face of innovation" wurde eine Abteilung der Produktgestaltung gewidmet. 2004 wurde „Milestones" eröffnet, 2005 gefolgt von „Siemens-Unternehmer – Kontinuität und Wandel".

Beschreibung

Die Baugeschichte des SiemensForums am Oskar-von-Miller-Ring reicht in das Jahr 1983 zurück: Damals ging das New Yorker Architektenbüro Richard Meier mit seinem Bebauungsvorschlag als Sieger aus einem Wettbewerb hervor. Das Projekt wurde jedoch lange zurückgestellt. Erst 1991 starteten die Planungsarbeiten. Baubeginn war 1997; die ersten Büros konnten bereits 1999 bezogen werden. Im September 1999 fand die Eröffnung des SiemensForums statt. Seine Lage soll einen Dreh- und Angelpunkt zur „Museumsmeile" nach Schwabing sowie zur Akademie der Künste herstellen.

Die äußere Gestaltung wird wesentlich von der diaphanen Struktur der Metall-

SiemensForum München von Richard Meier

Glas-Vorhangfassade bestimmt, die vielfältige Ein- und Ausblicke ermöglicht. Weiße Aluminium-Paneele im Wechsel mit raumhoher Verglasung verleihen dem Bau einen hellen und transparenten Ausdruck.

Die Ausstellung „Milestones" präsentiert die Meilensteine des Unternehmens: Im Erdgeschoss wird anhand von fünf „Innovationslandschaften", die sich auf die Arbeitsgebiete Kommunikation, Energie, Industrie, Verkehr und Medizin beziehen, die Vielseitigkeit von Siemens als Universalist der Elektrotechnik deutlich. Faszinierende Sonderexponate wie ein Modell des ersten Kabellegungsschiffes oder ein Gleichstromgenerator von 1878 sind zu sehen. Dahinter breitet sich das „Siemens-Panorama" über beide Ebenen der Ausstellung aus.

Im Obergeschoss werden Gegenwart und Zukunft thematisiert: Die „Pictures of the Future" greifen das Konzept der Innovationslandschaften auf und wandeln es den heutigen Entwicklungen angepasst um: Wieder stehen die fünf Arbeitsgebiete im Mittelpunkt, nun aber „vernetzt" mit der Querschnittstechnologie Information und Kommunikation. Der Besucher erhält Antworten, wie sich Siemens den Herausforderungen von morgen stellt und schon heute konkrete Lösungsvorschläge bietet.

Die Leistungen der einzelnen Persönlichkeiten stehen im Mittelpunkt der Ausstellung „Siemens-Unternehmer – Kontinuität und Wandel". Seit der Gründung 1847 bis Anfang 2005 wurde Siemens von nur zehn Unternehmern geleitet. Alle Führungspersönlichkeiten von Werner von Siemens bis Heinrich von Pierer haben die Anforderungen an das Unternehmen gemäß der Maxime des Hauses, „den Kern zu bewahren und die Zukunft nachhaltig zu sichern", immer wieder neu interpretiert. In der Ausstellung werden die Schwerpunkte ihrer Geschäftspolitik anhand von zehn Porträts skizziert und die Kernelemente der Unternehmensidentität und -kultur verdeutlicht. Zusätzlich gibt es wechselnde Sonderausstellungen.

Literatur

Wilfried Feldkirchen, Siemens – Von der Werkstatt zum Weltunternehmen, München 1997.

Info

Oskar-von-Miller-Ring 20, 80333 München
Tel. 089/63632660
Geöffnet: So.–Fr. 9.00–17.00; Weihnachten, Silvester/Neujahr, Ostern und Pfingsten geschlossen.

Franz Hebestreit

München, Süd-Chemie AG

Geschichte

Die gekonnte Verbindung von Tradition und Innovation ist das Markenzeichen der in München ansässigen Süd-Chemie AG. Sie kann auf eine nahezu 150-jährige Unternehmensgeschichte und auf prominente Gründungsväter zurückblicken.

Gegründet wurde sie 1857 unter dem Namen „Bayerische Aktien-Gesellschaft für chemische und landwirtschaftlich-chemische Fabrikate" (BAG) in Heufeld/Oberbayern. Justus von Liebig hatte zusammen mit Reichsrat Julius von Niethammer, Hofbankier Joseph von Hirsch, Professor Dr. Carl Fraas und dem Chemiker Dr. Wilhelm Mayer König Maximilian II. um „allergnädigste Genehmigung der zu bildenden Aktiengesellschaft und der anliegenden Statuten" gebeten. Liebig beteiligte sich mit Rat und Tat sowie finanzieller Unterstützung am Aufbau des Unternehmens, das in Heufeld mit der Produktion des „künstlichen" Mineraldüngers Superphosphat, einer der bahnbrechenden Erfindungen Liebigs, startete. Dieser Dünger half, die dramatischen Hungersnöte der Zeit zu lindern.

Die zweite historische Basis der Süd-Chemie befindet sich im Raum Landshut. Hier wurde 1906 die „Erdwerke Kronwinkl Franz Schmid & Co. GmbH" gegründet, die die natürlichen Tonvorkommen der Gegend zur Herstellung von Bleicherde nutzten. 1909 wurde die Produktion nach Moosburg verlegt und die Bleicherde unter dem Markennamen Tonsil® mit großem Erfolg in der Ölindustrie vertrieben. Ab 1911 firmierte das Unternehmen unter „Tonwerk Moosburg A. und M. Ostenrieder".

In den Jahren zwischen den Weltkriegen wuchs die Zahl der im Bleicherde-Sektor tätigen Unternehmen stark an. Im Zuge der Konsolidierung fusionierten 1930 das „Tonwerk Moosburg A. & M. Ostenrieder", die Sirius-Werke AG, Deggendorf und die Tonsil-Werke GmbH, Schönebeck bei Lübeck zur „Vereinigte Bleicherdefabriken AG" (VBF).

In der Zwischenzeit war die BAG in Heufeld in wirtschaftliche Schieflage geraten. 1941 entstand durch die Fusion mit der VBF die Süd-Chemie AG mit Werken in Heufeld, Kelheim, Deggendorf und Moosburg. Der Standort Moosburg entwickelte sich im 20. Jahrhundert kontinuierlich zu einer tragenden Säule des Geschäfts mit Bleicherden und ist heute das Zentrum des Unternehmensbereichs Adsorbentien. Mitte der 70er Jahre wurde der Unternehmensbereich Katalysatoren als zweites Standbein aufgebaut, Ende der 90er Jahre wurden die Katalysatorenaktivitäten in Heufeld zusammengeführt.

Die Süd-Chemie ist heute ein weltweit agierender Spezialchemie-Konzern. Wesentliche Märkte des Unternehmensbereichs Adsorbentien sind die Konsumgüter-, Verpackungs- und Gießereiindustrie sowie die Kunststoffindustrie. Produkte des Unternehmensbereichs Katalysatoren bieten Lösungen für Wasserbehandlung, Petrochemie, Energiespeicherung und Wasserstoffproduktion sowie Abluftreinigung. 2004 wurde ein Umsatz von 862 Mio. Euro erwirtschaftet, davon knapp 80 Prozent im Ausland. Die Süd-Chemie beschäftigt über 5.100 Mitarbeiter an weltweit 62 Vertriebs- und Produktionsstandorten.

Verwaltungsgebäude der Süd-Chemie AG in München

Beschreibung

Das Verwaltungsgebäude am Lenbachplatz wurde 1904/1905 nach Plänen des Architekten Emanuel von Seidl erbaut. Es diente der München-Aachener Feuerversicherung bis zum Verkauf an die VBF als Geschäftshaus. Seit 1935 ist es der Sitz des Unternehmens.

Literatur

Ernst Peter Fischer, Stille Kräfte, große Fülle – Die Geschichte der SÜD-CHEMIE, München 2004.

Info

Lenbachplatz 6, 80333 München
Tel. 089/51100
Das Verwaltungsgebäude kann nicht besichtigt werden.

Hans Baur, Sandra Kühberger

Industriemetropole Nürnberg

Gleisarbeiten für die Straßenbahn am Plärrer in Nürnberg, vor 1900

Themenroute: Nürnberg, Vom Arbeiterquartier zur Gartenstadt

Hintergrund

Die rasante Entwicklung Nürnbergs zur Industriemetropole Bayerns zog gravierende soziale Probleme nach sich. Zu Beginn des 20. Jahrhunderts betrug der Anteil der Industriearbeiter in Nürnberg bereits drei Viertel aller erwerbstätigen Einwohner. Das mit der Industrialisierung verbundene enorme Bevölkerungswachstum Nürnbergs ab der zweiten Hälfte des 19. Jahrhunderts führte zu Wohnungsnot und Überbelegung des häufig überteuerten Wohnraums. Die hygienischen Bedingungen waren katastrophal.

Eine durch den Industriellen Cramer-Klett 1872 veranlasste Untersuchung schildert drastisch die Wohnsituation: „Es ist Tatsache, daß Familien hier in Küchen wohnen, die den schmutzigsten Kellerwohnungen Concurrenz machen. Es gibt Löcher, in denen mehrere Familien zusammenwohnen. Es gibt auch hier Familien, die in Ställen oder Bodenkammern logieren, die nicht einmal eine Türe haben, geschweige denn den Einflüssen der Witterung Trotz bieten."

Der schubweise Neubau-Boom ab 1873 und 1885 sowie kurz vor 1900 konnte das Wohnungsproblem nicht beheben. Die schlechtesten Wohnverhältnisse gab es nach einer um 1900 durchgeführten Erhebung in der Altstadt, in Wöhrd und Glockenhof. Von den untersuchten 666 Wohnungen war die Hälfte in schlechtem, ein Viertel in unzumutbarem Zustand. Als Antwort auf diese Wohnsituation entstanden zu Beginn des 20. Jahrhunderts an der Peripherie Nürnbergs mehrere Gartenstädte: an englischen Vorbildern orientierte, weitgehend autarke Siedlungen mit Gemeinschaftseinrichtungen, Grünanlagen und humanen Wohnverhältnissen.

Arbeiterquartier um 1917: Karlstraße in Nürnberg

Stichwort: Bevölkerungswachstum

1806, als Franken an das Königreich Bayern überging, lebten in dem zur Provinzstadt hinabgesunkenen Nürnberg 25.000 Einwohner. Zu ihren Glanzzeiten im 16. Jahrhundert war die Bevölkerungszahl fast doppelt so hoch. 1881 schnellte die Einwohnerzahl erstmals über die Grenze von 100.000. Im Jahr 1900 stand Nürnberg mit 261.000 Einwohnern an neunter Stelle unter den deutschen Großstädten. 1912 lebten 353.000 Menschen in Nürnberg, 1931 waren es 412.000. Die Ursachen für diese Entwicklung lagen in der Zuwanderung und in den Eingemeindungen, die 1898 mit der Integration von 13 Vororten ihren Höhepunkt erreichte. Das Stadtgebiet umfasste nun 5.444 ha: Damit war Nürnberg innerhalb von 100 Jahren um das 34-fache gewachsen.

Schauplatz 1: Gartenstadt Werderau

Auf eine betriebliche Initiative des Generaldirektors der MAN, Anton von Rieppel, der die „Baugesellschaft m.b.H. Werderau" gegründet hatte, geht die Errichtung der Gartenstadt Werderau im südlichen Nürnberger Stadtviertel Gibitzenhof zurück. Benannt ist die Siedlung nach Johann Ludwig Werder (1808–1885), dem innovativen Teilhaber und späteren Aufsichtsrat der Firma Cramer-Klett.

Die in der Tradition wohltätiger Fabrikherrensiedlungen stehende Werkswohnanlage, die sowohl für Arbeiter als auch für höhere Angestellte der MAN bestimmt war, entstand ab 1910/1911 nach Bebauungsplänen von Ludwig Ruff (1878–1934) und – nach dessen Tod – von seinem Sohn Franz Ruff. Die Anlage wuchs und entwickelte sich über einen langen Zeitraum, deshalb sind hier annähernd 60 Jahre Architekturgeschichte ablesbar (Heisterstraße, An der Werderau, Bunsenstraße, Panzerstraße, Spießstraße und Forsterstraße, Zugang über den Volckamerplatz).

Gartenstadt Werderau in Nürnberg, Volckamerplatz mit Rieppel-Denkmal

Die Bauformen wandelten sich von der barockisierenden Leichtigkeit mit Schweif- und Dreiecksgiebeln in der Zeit vor dem Ersten Weltkrieg zu einer eher strengen Sachlichkeit mit reduziertem Baudekor in den 1920er und 1930er Jahren (Treppengiebel, spitzbogige Türgewände) bis zu Gebäuden im Stil der 1950er und 1960er Jahre. Die Bautätigkeit hielt auch nach dem Zweiten Weltkrieg an, doch wurden mit dem Bau von drei Hochhäusern mit 32 beziehungsweise 40 Wohneinheiten (1963/1966) die Zielsetzungen einer Gartenstadt verlassen (Siedlungserweiterung nach dem Zweiten Weltkrieg: Pettenkofer Straße, Lister Straße, Endres Straße).

Formal orientiert sich die Siedlung Werderau an den für die Gartenstädte entwickelten Prinzipien mit weitläufiger Bebauungsweise und mehr „ländlichem" als urbanem Charakter. Jedem Einfamilienhaus war – zum Nutzen und Vergnügen der Bewohner – ein eigener Hausgarten zugedacht. Der Wohnungsstandard mit obligatorischem Bad, Spülklosett und Waschkeller zeigte sich fortschrittlich. Auch die zum Gartenstadt-Programm zählenden Gemeinschaftsbauten durften nicht fehlen: Gärtnerei, Gasthaus und ab 1913 auch der „Marktplatz", ein Gemeinschaftszentrum mit Torhaus und Uhrtürmchen, sowie die zugehörigen Kaufläden. Vollendet wurde diese zentrale Bebauung erst nach dem Ersten Weltkrieg. Blickfang des als Marktplatz umbauten Volckamerplatzes ist ein 1936 aufgestelltes Denkmal des Siedlungsgründers Anton von Rieppel.

Schauplatz 2: Gartenstadt

Nicht in der Tradition der Fabrikherren-Siedlung steht die schlicht als „Gartenstadt" bezeichnete Wohnsiedlung, die ab 1909 auf dem „Hirschsuhl" im Süden Nürnbergs, zwischen Rangierbahnhof und heutigem Hafengebiet gelegen, er-

Gartenstadt Nürnberg, Am Buchenschlag

richtet wurde. Der unter Einfluss des Gartenstadttheoretikers Hans Kampffmeyer erfolgten Gründung lag der Selbsthilfegedanke zugrunde: 255 wohnungssuchende Bürger folgten 1908 einem Aufruf zur Konstituierung der Gartenstadt-Baugenossenschaft, die bis heute tätig ist.

Die Gartenstadt steht in ihrer Bedeutung in einer Reihe mit der bekannteren Siedlung Hellerau bei Dresden: Hier wie dort hat der Architekt Richard Riemerschmid in der Gründungsphase beim Aufbau mitgewirkt. Bis 1911 waren die Verwaltungsgebäude und die ersten 46 Kleinhäuser bezugsfertig. In den Straßen Am Finkenbrunn und Am Buchenschlag – dem historischen Kernbereich der gesamten Anlage – sind diese ersten Riemerschmidschen Häuser noch zu sehen: lang gezogene Reihenhausgruppen mit mansardartigem, tief heruntergezogenem Dach. Seit 1912 plante und baute der Architekt Hans Lehr, später mit Karl Leubert in einer Bürogemeinschaft vereint. Konzeptionelle Grundlage blieb das Einfamilienhaus mit Garten, entweder zu langen Reihenhausgruppen (Am Buchenschlag) oder in hofartig umbauten Sackgassen (Im Winkel, Hirschensuhl, Raupenschlag, Waldhof, Sonnenplatz) zusammengefasst. Schweifgiebel mit Firstbekrönung, Zahnschnittgesimse und Zwerchgiebel zeigen, dass neubarocke Bauformen auch in Nürnberg einen langen Atem hatten.

Vom gartenstädtischen Grundkonzept wich man auch in der Bauphase nach dem Ersten Weltkrieg nicht ab. Die Fassaden wurden hingegen schlichter, gut zu beobachten am Heckenhof, der ebenfalls noch vom Büro Lehr & Leubert bebaut worden ist. Zum Bauprogramm der Gartenstadt gehörten auch die Gemeinschaftsbauten: Zentralwaschhaus, Werkstattgebäude, Konsumladen, Schule und die erst 1930/1931 von Fritz Kälberer errichtete evangelisch-lutherische Emmauskirche (Pachelbelstraße 15).

Schauplatz 3: Rangierbahnhof-Siedlung

Die dritte überregional bedeutsame Nürnberger Gartenstadt-Siedlung ist eng verknüpft mit der Inbetriebnahme des „Centralrangierbahnhofes" im Süden der Großstadt 1903. Von 1904 bis 1907 wurden erste Bauten errichtet, die für die Bahnbeschäftigten ein betriebsnahes, preiswertes Wohnen unter menschenwürdigen Bedingungen ermöglichten.

Diese erste Bauphase, in der insgesamt 25 Häuser mit 57 Wohnungen in der Pauli-, Bauernfeind- und Schnorrstraße entstanden, basiert auf Plänen des Architekten German Bestelmeyer, der damals am Beginn einer großen Karriere stand. Kern der Rangierbahnhofsiedlung bildete die „Burg" (Paulistraße 2–4), eine auf leicht erhöhtem Gelände burgähnlich angelegte zwei- bis dreigeschossige Häusergruppe mit einem Gasthaus (Paulistraße 1). Mit Erker, Zwerchhaus, Schopf- und Halbwalmdach, „Eulenloch" am First, Wänden aus Sandsteinquader sowie Voluten am Dachfuß verwendet das „Burg"-Ensemble Zitate der Baugeschichte

Nürnbergs. Wie in einer historischen Stadt ist die „Burg" Kristallisations- und Ausgangspunkt der weiteren Siedlungsentwicklung.
Mit der 1907 erfolgten Gründung der „Eisenbahner-Baugenossenschaft Nürnberg-Rangierbahnhof" begann die zweite Bauphase in der Siedlung. Zwischen 1909 und 1913 entstanden in überwiegend barockisierenden Bauformen 39 Häuser mit 205 Wohnungen. Mit den 262 Wohnungen waren erst 20 Prozent aller am Rangierbahnhof arbeitenden Menschen mit Wohnraum versorgt.
Für die insgesamt 1.500 Bewohner der Rangierbahnhofsiedlung standen 1912 lediglich zwei Läden und ein Gasthaus zur Verfügung, wobei durch die Gärten eine weitgehende Selbstversorgung möglich war. 1916 kamen eine Bäckerei, ein Milchladen und eine Poststelle dazu, später noch ein weiterer Laden und 1928 eine zusätzliche Gaststätte sowie ein Saalbau der Genossenschaft. Beide Bauprojekte waren vor dem Ersten Weltkrieg von der Eisenbahndirektion immer abgelehnt worden, da man sozialdemokratische Zusammenkünfte verhindern wollte. Der am Nürnberger Rathaussaal orientierte Genossenschaftssaal bot 500 Personen Platz. Ein 1913 von Georg Kuch erbautes Schulhaus (Bauernfeindstraße 24) sowie die etwa zeitgleich nach Plänen von Hans Weiß bzw. Hans Lehr errichteten Pfarrkirchen St. Willibald (für die Katholiken) und St. Paul (für die Protestanten) komplettierten die Gemeinschaftseinrichtungen.
Den Eindruck einer barocken Kleinstadt vermittelt die Siedlung heute noch besonders in der Paulistraße. Bautypologisch dominierend ist das „Bürgerhaus", ein überwiegend dreigeschossiger Haustyp in Reihenbebauung mit teils geschweiften Zwerchhäusern. Einen wehrhaften Charakter erhielt der Zugang zur Siedlung im Bereich der Bahnstation Zollhaus: Der 1913 errichteten monumentalen Toranlage kommt gleichsam die Funktion eines Stadttores zu.

Rangierbahnhof-Siedlung in Nürnberg mit Kirche St. Willibald im Hintergrund

In weiteren Bauphasen wurde die Siedlung zügig ausgebaut. 1922 entstanden zwölf Häuser mit 66 Wohnungen in der Zengerstraße, die als verbreiterte Marktstraße und somit als das wirtschaftliche Zentrum der Siedlung angelegt wurde. Erweiterungen erfolgten 1924–1928 in der Reis- und Ebermayerstraße sowie in der Bauernfeindstraße. Mitte der 1920er Jahre wohnten 2.000 Menschen in der Siedlung, die seit 1926 auch ein Badehaus mit sechs Wannenbädern und zehn Brausekabinen nutzen konnten. 1930 wurde in das Gebäude ein Kindergarten integriert. Die Bauten der späten 1920er Jahre erscheinen sachlich und schlicht bei sparsamster Verwendung von Bauschmuck: Zeittypisch sind die schmale Putzbänderung an den Gebäudeecken und das vorspringende Flachdach über den Hauseingängen.
Zu Beginn des Zweiten Weltkrieges war die Bevölkerungszahl in der Rangierbahnhofsiedlung nach weiteren Baumaßnahmen in der Ebermayerstraße und am Gleißhammerplatz auf 3.000 ange-

wachsen. Im Vergleich zu den älteren Bauten weisen die Gebäude dieser Bauphase kleinere Nutzgärten auf. In der letzten Bauphase zwischen 1946 und 1954 stand vor allem die Beseitigung der Kriegsschäden im Vordergrund. Mit der Errichtung eines Eckhauses und eines Wohnblocks in der Schnorrstraße (Nr. 3a, 3b, 8, 18) kam der Aufbau der Siedlung 1954 zum Abschluss.

Literatur

Helmut Beer, Aufbruch zur Großstadt und Arbeiterhochburg. Zur Entwicklung Nürnbergs 1850–1900, in: Helmut Beer, Hermann Glaser, Udo Winkel, In die neue Zeit. Nürnberg 1850–1900, Nürnberg 1991.
Wolfram Lübbeke, Gartenstädte und Siedlungen, Hinweis auf Beispiele in Nürnberg und Franken, in: Jahrbuch der Bayerischen Denkmalpflege, Bd. 36, 1982.
Martin Schieber, Bernd Windsheimer, 100 Jahre Rangierbahnhof Nürnberg 1903–2003, Nürnberg 2003.

Herbert May

Rangierbahnhof-Siedlung Nürnberg, Ebermayerstraße mit Kirche St. Paul

Themenroute: Nürnberg, Gostenhof und Steinbühl

Geschichte

Gostenhof, in der ersten Hälfte des 14. Jahrhunderts erstmals erwähnt, war neben St. Johannis und Wöhrd eine der Vorstädte Nürnbergs. Schon in reichsstädtischer Zeit siedelten sich hier Handwerker an. Die Produktion von Bleistiften und Dosen, leonische Drahtherstellung oder Textilverarbeitung machten die Vorstadt zu einem betriebsamen Ort, der im Dreißigjährigen Krieg in die Verstärkungen des Nürnberger Befestigungsrings einbezogen wurde. Der Startschuss für die Industrialisierung fiel 1835 in Gostenhof: Die Fahrt der ersten deutschen Eisenbahn begann am Ludwigsbahnhof. Folgenschwerer für die Stadtentwicklung war die Entscheidung, den Staatsbahnhof für die Süd-Nord-Bahn vor dem Frauentor zu errichten.

Dies begünstigte die wirtschaftliche Entwicklung in Gostenhof und im nahe gelegenen Weiler Steinbühl. Dieses Dorf hatte sich um einen Herrensitz entwickelt und verfügte um 1790 über 35 Anwesen. Obwohl inmitten von Feldern gelegen, war das dörfliche Leben von Handwerk und Protoindustrie geprägt. Schon vor dem Bau der Staatsbahn siedelten sich mit der Zeltner'schen Ultramarinfabrik, der Gold- und Silberschlägerei Lauer und der Zündholzfabrik Hausknecht größere Firmen in Steinbühl an, Vorläufer der späteren Industrie. Vor der Eingemeindung 1865 galt Steinbühl als das bevölkerungs- und gewerbereichste Dorf Bayerns. Eine rasche städtebauliche Entwicklung verschluckte die alte Dorfstruktur vollständig. Die Ansiedlung von Schuckert & Co. (später Siemens-Schuckert) und der MAN in Steinbühl machte den Stadtteil zu einem der Schwerpunkte der Nürnberger Industrie. Schulen, Kirchen, Wohnungen, Straßenbahnlinien, Wasser-, Strom- und Gasleitungen folgten. Dazu entstanden großflächig neue Wohnquartiere, die Tausenden von Neu-Nürnbergern Heimat boten.

Beschreibung

Ein Rundgang zur Industriegeschichte kann in Gostenhof in der Hessestraße beginnen, wo an der Hausnummer 5 über dem Portal noch die Aufschrift „Gg. Kellermann u. Co." zu finden ist, darüber ein Putto in Gestalt des Götterboten Hermes und spielende Kinder. Bis 1979 produzierte hier die Firma Kellermann Blechspielwaren – berühmter noch war die Firma Schuco an der Fürther Straße 28.

Das Gebäude Hessestraße 4 ist ein Zeugnis der industriellen Eisproduktion, befand sich auf dem umliegenden Gelände doch die „Nürnberger Eisfabrik" der Linde AG, von der mit der Hausnummer 4 nur noch das Verwaltungsgebäude steht. Folgt man der Rothenburger Straße Richtung Plärrer, passiert man den Rochusfriedhof, der lange von der Silhouette des ersten Nürnberger Gaswerkes dominiert wurde. Diese erste große Fabrikanlage Gostenhofs aus dem Jahr 1847 wurde 1904 in dem Stadtteil Sandreuth verlegt.

Entlang der Fürther Straße nach Westen reihen sich die Zeugnisse der Industrialisierung: Hingewiesen sei auf das Eisenbahndenkmal in Höhe der Hausnummer 72, auf den Standort der Großbrauerei Lederer in der nach Norden abzweigenden Sielstraße, auf die links und rechts der Fürther Straße liegenden Komplexe des Versandhauses Quelle, der früheren Triumph-Adler-Werke und schließlich der AEG – mit der Schließung des AEG-Hausgerätewerkes zum Jahresende 2007 geht ein Kapitel der Nürnberger Industriegeschichte zu Ende.

Im Stadtteil Steinbühl beginnt man einen Rundgang auf den Spuren der Industrialisierung an der Christuskirche an der verkehrsreichen Landgrabenstraße, der

„Zählerliesel" am Gebäude der Siemens AG Nürnberg von Konrad Roth, 1951

wichtigsten Ost-West-Achse der Nürnberger Südstadt. Der rasante Bevölkerungsanstieg in der zweiten Hälfte des 19. Jahrhunderts hatte die alte Pfarrkirche St. Leonhard, die für die südwestlichen Vorstädte zuständig war, rasch überfordert. In Steinbühl entstand daher zwischen 1891 und 1894 die neugotische evangelische Christuskirche, deren Bau durch den Industriellen Sigmund Schuckert gefördert wurde. Im Zweiten Weltkrieg blieb nur der Kirchturm stehen, der heute noch die Silhouette Steinbühls prägt. Daneben entstand ein schlichter Bau der 50er Jahre als neues Gotteshaus. Gegenüber, an der Südseite der Landgrabenstraße, beginnt der Gebäudekomplex der Siemens AG. Sie geht auf Sigmund Schuckert zurück. Elektrische Straßenbeleuchtung und Messgeräte machten die Firma in wenigen Jahren zu einem Weltunternehmen, das 1879 nach Steinbühl umsiedelte. 1890 wurde der Komplex an der Landgrabenstraße bezogen. An der Ecke Gugel-/Humboldtstraße erinnert die Skulptur der „Zählerliesel" an die Arbeite-

Eisenbahndenkmal in der Fürther Straße in Nürnberg von Heinrich Schwabe, 1890

rinnen, die hier Messgeräte herstellten. Folgt man der Gugelstraße nach Süden, so finden sich rechter Hand die Gebäude der Siemens-Schuckert-Lehrwerkstätten. Nach links zweigt die Schuckertstraße ab, die schließlich zum Schuckertplatz führt. Im Süden der kleinen Grünanlage befindet sich inmitten der „Schuckertshäuser" ein Denkmal des Firmengründers Sigmund Schuckert. Um Gugel-, Volta-, Siemens- und Schuckertstraße entstanden die Wohnhäuser des „Bauvereins Siemens-Schuckertscher Arbeiter", einer Baugenossenschaft, die bis zum Zweiten Weltkrieg 1.655 Wohnungen für Tausende von Nürnbergern schuf.

Literatur

Helmut Beer, Südstadtgeschichte – Aus der Vergangenheit der Nürnberger Südstadt, Nürnberg 2004.
Geschichte Für Alle e.V. (Hrsg.), Gostenhof, Geschichte eines Stadtteils, Nürnberg 2005.

Info

Der Verein Geschichte Für Alle e.V. führt in Gostenhof und Steinbühl Stadtrundgänge durch: Wiesentalstr. 32, 90419 Nürnberg, Tel. 0911/307360

Martin Schieber

Porträt: Theodor von Cramer-Klett (1817–1884)

Biografie

Theodor von Cramer-Klett wurde am 27. September 1817 in Nürnberg geboren. Er absolvierte eine Lehre im väterlichen Kolonial- und Textilwarengeschäft. Nach einer Banklehre in Prag, einem Semester an der Universität München und einem Aufenthalt in Wien lebte er in Genf. In der Schweiz, in der sich während des Vormärz zahlreiche deutsche Oppositionelle aufhielten, kam er in Kontakt mit dem Gedankengut der Frühsozialisten. 1844 kehrte er nach Nürnberg zurück und übernahm die Herausgabe des „Nürnberger Kuriers".

Cramer war um diese Zeit mit Johann Friedrich Klett bekannt, der in Nürnberg-Wöhrd die 1837 gegründete „Maschinenfabrik Klett & Co" betrieb. Diese Fabrik war im Dampfmaschinen- und Kesselbau tätig sowie mit Reparaturarbeiten für die Ludwigsbahn beauftragt und hatte um 1844 135 Beschäftigte. 1847 heiratete Cramer die Tochter Kletts und nannte sich fortan Cramer-Klett. Als kurze Zeit später sein Schwiegervater starb, übernahm er dessen Fabrik und benannte sie in „Maschinenbau-AG Nürnberg" um.

Das sich rasch entwickelnde Eisenbahnwesen führte zum kometengleichen Aufschwung der Firma. Die Nord-Süd-Eisenbahn von Nürnberg nach Bamberg war gerade im Bau. Cramer-Klett hatte sich früh erste Großaufträge gesichert. Bis in die 1860er Jahre avancierte seine Firma zum größten Unternehmen in Bayern. Es war führend in der Eisengießerei, dem Eisenhochbau, bei der Herstellung von Eisenbahnwaggons, Dampfmaschinen oder beim Brückenbau. 1854 zählte es rund 2200 Beschäftigte und baute in nur hundert Tagen den Glaspalast für die Münchner Gewerbeausstellung. 1862 machte es mit dem Bau der Rheinbrücke

bei Gustavsburg nach Mainz, die mit einer Länge von 1000 m eine technische Pionierleistung war, von sich reden.
In erste Schwierigkeiten geriet die Firma durch fehlende Anschlussaufträge nach der weitgehend abgeschlossenen ersten Phase des Eisenbahnbaus in den 1860er Jahren. Dieses Aufgabengebiet hatte über 80 Prozent des Umsatzes gesichert. Cramer-Klett bemühte sich erfolgreich um den Bau neuer Strecken und konnte einen bis circa 1875 andauernden Aufschwung erwirken.
In den 70er Jahren verfestigten sich seine Kontakte zu Regierung und Ministerialbürokratie. Seine einst radikalen Ansichten wichen nationalliberalen. Der Lebensschwerpunkt verlagerte sich nach München. Cramer-Klett arbeitete nun verstärkt im Finanzwesen. 1871 trieb er die Gründung der „Süddeutschen Bodenkreditbank" voran und war maßgeblich an der Errichtung der „Münchner Rückversicherungsanstalt" beteiligt. Sein Unternehmen befand sich auf dem Höhepunkt des Erfolges. 1873 waren am Standort Nürnberg 3.300 Menschen beschäftigt. Der Jahresumsatz betrug allein in der Waggonherstellung 14 Mio. Mark.
1873 wandelte Cramer-Klett die Firma in eine Aktiengesellschaft um, die in den folgenden Jahren jedoch schwere Einbußen hinnehmen musste. Unternehmerische Schwerfälligkeit sowie gestiegene Konkurrenz brachten sie an den Rand des Ruins. Ab 1876 waren keine Investitionen mehr möglich, die Maschinen veralteten. Der Tiefpunkt war 1879/1880 erreicht, als die Firma nur noch 995 Angestellte hatte und große Verluste einfuhr. Eine Entspannung der Lage trat erst wieder nach dem Tode von Cramer-Klett ein.
Privat hingegen galt Cramer-Klett schon seit den 1860er Jahren als reichster Mann Bayerns. 1866 war seine erste Frau gestorben. Kurz danach vermählte er sich mit Elisabeth Curtze, die ihm 1879 einen Sohn zur Welt brachte. 1866 wurde er in

Theodor von Cramer-Klett, 1854

den persönlichen Adelsstand erhoben. 1876 erhielt er die Freiherrenwürde. Sein standesgemäßer Wohnsitz war seit 1875 das Herrschaftsgut Hohenaschau im Chiemgau. Ende der 70er Jahre erlitt Cramer-Klett wiederholt Schlaganfälle, die ihn 1883 zum völligen Rückzug aus dem Geschäftsleben zwangen. Am 5. April 1884 starb er in Hohenaschau im Alter von 66 Jahren. Seine letzte Ruhestätte fand er in einem monumentalen, gusseisernen Familiengrab auf dem Johannisfriedhof in Nürnberg.
Cramer-Klett unterstützte zahlreiche kulturelle Projekte, etwa die Albrecht-Dürer-Haus-Stiftung in Nürnberg oder das Nürnberger Gewerbemuseum. Mit seiner Hilfe konnten die Klöster Plankstetten und Ettal wiedergegründet werden.
Cramer-Klett wird häufig als der Gründer der MAN genannt – er war es aber nicht. Erst sein Nachfolger in der Firmenleitung, Anton von Rieppel, vollzog 15 Jahre nach Cramer-Kletts Tod, 1898, die Fusion der „Maschinenbaugesellschaft Nürnberg" mit der „Augsburger Maschinenbaugesellschaft" und sicherte so Cramer-Kletts Lebenswerk.

Schauplätze

Gelände der ehemaligen Fabrik (Prinzregentenufer, Cramer-Klett-Park), 90489 Nürnberg-Wöhrd.
Frankenstr. (Fabrikgelände ab 1901), Denkmal Cramer-Klett, 1940, 90461 Nürnberg.
Gut Hohenaschau, Cramer-Klett-Str., 83229 Aschau.
Johannisfriedhof, Grablege der Familie Cramer-Klett, 90419 Nürnberg.

Literatur

Johannes Biensfeldt, Freiherr Dr. Th. von Cramer-Klett, erblicher Reichsrat der Krone Bayern. Sein Leben und sein Werk, Leipzig/Erlangen o. J.
Wolfgang Ruppert, Theodor von Cramer-Klett. Industrieherr, in: Industriekultur in Nürnberg, hrsg. v. Hermann Glaser u. a., München 1980.

Julia Hecht

Porträt: Karl Grillenberger (1848–1897)

Biografie

Karl Grillenberger wurde am 22. Februar 1848 in Zirndorf bei Nürnberg geboren. Von 1854 bis 1861 besuchte er dort die Volksschule. Nach einer vierjährigen Lehre in Schweinau wurde er Schlossergeselle. Die damals übliche mehrjährige Wanderschaft führte ihn durch die Rheinpfalz, nach Österreich und in die Schweiz, wo er im deutschen Arbeiterbildungsverein zu Bern die ersten sozialistischen Anregungen erhielt.
1869 kehrte er nach Nürnberg zurück und trat der sozialdemokratischen Bewegung bei. 1874 übernahm er die Redaktion des „Socialdemokratischen Wochenblattes", das 1878 unter dem Druck des Sozialistengesetzes in „Fränkische Tagespost" umbenannt wurde.
Entscheidend für seine politische Bedeutung wurden seine parlamentarischen Erfolge: 1881 eroberte er den Reichstagssitz des Wahlkreises Nürnberg-Altdorf. 1893 wurde er in den Bayerischen Landtag gewählt. Die Nürnberger Sozialdemokraten gewannen bei der Wahl alle vier Mandate der Stadt. Grillenberger nahm parallel beide Abgeordnetenmandate wahr. 1890 war er zudem im Zuge des Neuaufbaus der Parteiorganisation nach dem Sozialistengesetz zum Vertrauensmann der Nürnberger Arbeiter gewählt worden.
In der im reichsweiten Vergleich deutlich am linken Parteiflügel angesiedelten Nürnberger SPD spielte er den pragmatischen Widerpart. Über die Zustimmung zum Landesbudget kam es zum Eklat. Die Ablehnung des Etats war in allen Parlamenten Ausdruck des Protestes gegen die minoritätsbedingte Wirkungslosigkeit, in der sich die sozialdemokratischen Fraktionen befanden.
1894 stimmte die bayerische Landtagsfraktion aber dem Finanzgesetz zu, um einen Ausbruch aus ihrer Isolation zu ermöglichen. In den Augen der Parteilinken war dieses Plazet jedoch Verrat an der gesellschaftlichen Grundopposition. In drei großen Versammlungen musste Grillenberger die Fraktionsentscheidung rechtfertigen und nur mit einer Rücktrittsdrohung für alle seine Ämter konnte Grillenberger den Konflikt entschärfen.

Karl Grillenberger

Am 9. Oktober 1897 erlitt er nach einer großen Rede für das allgemeine und direkte Wahlrecht im Bayerischen Landtag einen Schlaganfall, dem er noch am gleichen Tag erlag. Einen märtyrerhaften Akzent erhielt sein Tod dadurch, dass Grillenberger 1887 beim Besuch des aufgrund des Sozialistengesetzes geheimen Parteikongresses zu St. Gallen von einem deutschen Spitzel niedergeschlagen und schwer am Kopf verletzt worden war. Das dauernde Schmerzgefühl im Hinterkopf wurde wohl zu Recht mit seinem plötzlichen Tod in Zusammenhang gebracht.

Grillenberger war bei den Arbeitern des Nürnberger Raumes außerordentlich beliebt. Für sie war er zu einem Helden geworden. Er hatte die Parteiorganisation in der Stadt wesentlich mit aufgebaut und hatte die Partei zum Sieg in Reichstags- und Landtagswahl geführt.

Grillenberger wurde in München aufgebahrt. Am 22. Oktober wurde er zum Bahnhof geleitet. Seit dem Tod Ludwigs II. hatte München keinen so gewaltigen Trauerzug mehr erlebt. In Gotha, wo Grillenberger eingeäschert wurde, hielt Wilhelm Liebknecht den Nachruf. Sein Grabmal befindet sich im Nürnberger Zentralfriedhof.

Literatur

Ingrid Röschlau, Deshalb, Parteigenossen! Frisch ans Werk! Werbt neue Kämpfer, neue Streiter. 120 Jahre SPD-Nürnberg, Nürnberg 1986.

Dieter Rossmeisl, Nürnberg – die Mehrheit in der Minderheit, in: Hartmut Mehringer (Hrsg.), Von der Klassenbewegung zur Volkspartei, Wegmarken der bayerischen Sozialdemokratie 1892–1992, München u.a. 1992.

Michael Kühn

Stichwort: SPD

Die SPD hat kein exaktes Gründungsdatum. Sie beruft sich auf die Konstituierung des Allgemeinen Deutschen Arbeitervereins durch Ferdinand Lassalle 1863.

Porträt: Theodor Schöller (1917–2004)

Biografie

Theo Schöller gilt als eine der Symbolfiguren des Nürnberger Wirtschaftswunders. Aus seiner kleinen Eiscremefabrik im elterlichen Anwesen entwickelte sich der zweitgrößte Hersteller von Speiseeis in Deutschland. Schöller wurde am 18. Juli 1917 in Nürnberg als zweites Kind eines Büromöbelfabrikanten geboren. Kindheit, Jugend und Handelsschulzeit verbrachte er in Nürnberg.

Während der Inflation erlitt die elterliche Firma schwere finanzielle Einbußen, weshalb Theo, der zusammen mit seinem Bruder Karl (1914–1961) schon früh eine kleine Agentur für Kinowerbung betrieb, beständig eine krisensichere Geschäftsidee suchte. Diese kam dem 18-jährigen 1935 während eines Varietébesuchs in Berlin, wo er neuartiges Speiseeis am Stiel sah. Theo und Karl Schöller erhielten von der Firma „Jopa-Eiskrem" die Lizenz, für das nördliche Bayern „Steckerles-Eis" herzustellen. Die Produktion auf dem Gelände der elterlichen Fabrik begann 1937. Vertrieben wurde das Eis in Thermoboxen per Motorrad. Bald stellte eine auf 25 Mitarbeiter angewachsene Belegschaft täglich bis 12.000 Eis am Stiel zum Stückpreis von 10 Reichspfenningen her. In der Kriegszeit erweiterte die Firma ihr Angebot um tiefgekühltes Fleisch, Obst und Gemüse; Tiefkühlkost wurde ein wichtiges Standbein. Bis in die frühen 50er Jahre durchlief die Firma eine finanzielle Talsohle. Wegen unterschiedlicher Geschäftsauffassungen entzweiten sich die Brüder. Theo zahlte seinen Bruder aus und übernahm 1955 die Fabrik mit hohen Schulden und 103 Mitarbeitern.

Die fortschreitende Entwicklung der Kältetechnik brachte rasante Produktionssteigerungen. Um die Mitarbeiter ganz-

jährig beschäftigen zu können, wurden ab 1957 Lebkuchen hergestellt. 1960 erfolgte die Einführung der Tiefkühlkostmarke „Schöller". Die Produktpalette erweiterte sich, die Firma expandierte im ganzen europäischen Raum. Ab 1974 besetzte sie mit der Marke „Mövenpick" den Markt für teurere Eiswaren.
Nachdem Theo Schöller klar wurde, dass keines seiner vier Kinder die Firma übernehmen würde, verkaufte er sie bis 1995 etappenweise an die Südzucker AG. 1998 trennte er sich von der Lebkuchensparte. 2001 ging die Schöller-Holding an den Schweizer Nestlé-Konzern über.
Der mit Orden und Titeln geehrte und zugleich zurückgezogen lebende Schöller weitete nach dem Rückzug aus der Firma sein Mäzenatentum beträchtlich aus. Er starb am 23. Juli 2004.

Stichwort: Tiefkühlkost

In Amerika gab es „Eis am Stil" seit 1923, Tiefkühlkost seit 1930. Pionier in Deutschland war Josef Pankofer („Jopa-Eiskrem"), der 1933 in München einen Eisladen nach amerikanischem Vorbild eröffnete, und sein „Eis am Steckerl" verkaufte. Auf breiter Linie durchgesetzt haben sich Tiefkühlwaren erst, nachdem ab 1941 Tiefkühltruhen für den Einzelhandel in Serie hergestellt wurden und diese ab Mitte der 50er Jahre auch in Privathaushalten vorhanden waren. Wie in Amerika wurden Gemüse- und Fischzubereitungen angeboten. Diese Entwicklung mündete in einer Vielfalt von Fertiggerichten.

Schauplatz

Fabrikgelände, Bucher Str., 90419 Nürnberg

Literatur

50 Jahre Schöller zu Nürnberg. Firmengeschichte 1937–1987, hrsg. v. Schöller Lebensmittel GmbH & Co KG, Nürnberg 1987.

Julia Hecht

Porträt: Sigmund Schuckert (1846–1895)

Biografie

Sigmund Schuckert wurde am 18. Oktober 1846 in Nürnberg als drittes Kind eines Büttnermeisters geboren und wuchs in bescheidenen Verhältnissen auf. Bereits während seiner Schulzeit erwachte sein Interesse an der Elektrizität. 14-jährig absolvierte er eine Lehre in Feinmechanik und im Telegrafenbau. Während seiner Wanderjahre fand er Arbeit in renommierten Betrieben, unter anderem bei der Telegrafenbauanstalt Siemens & Halske in Berlin.
1866 kehrte er ins wirtschaftlich aufstrebende Nürnberg zurück und wurde Werkführer in einer mechanisch-optischen Werkstatt. 1869 wanderte er nach Amerika aus. In der Neuen Welt war er unter anderem bei Thomas Alva Edison angestellt. 1873 kam Schuckert für einen Besuch nach Deutschland und sah auf der Wiener Weltausstellung erstmals eine Dynamomaschine. Sofort erkannte er die technischen und wirtschaftlichen Möglichkeiten, welche die noch junge Starkstromtechnik bot. Er ließ sich in Nürnberg nieder und eröffnete 1873 eine mechanische Werkstätte mit einem Lehrling. Deren Angebot reichte von der Nähmaschinenreparatur über die Einrichtung von Telegrafen bis hin zur Konstruktion feinmechanischer Präzisionsinstrumente. Die Idee, eine Dynamomaschine zu bauen, ließ ihn nicht mehr los. In einer Versuchswerkstätte baute er 1873 den Prototyp eines kleinen Dynamos mit Handantrieb. Die Maschine wurde in der Fachwelt wegen ihres konkurrenzlos günstigen Preises sehr gelobt. Bald stellte die Werkstatt das Gerät in großen Stückzahlen her; der wirtschaftliche Durchbruch war geschafft.
Mit bahnbrechenden Ergebnissen experimentierte Schuckert auch auf dem Ge-

Schuckert-Denkmal am Schuckertplatz in Nürnberg von Fritz Zadow, 1911

biet der elektrischen Beleuchtung. Er stellte Bogenlampen in Massenproduktion her. In kurzer Zeit avancierte er zum Marktführer für künstliche Beleuchtung. Zusätzlich arbeitete er erfolgreich an der Entwicklung der elektrischen Kraftübertragung. 1879 hatte seine Werkstatt 15 Mitarbeiter, zum Jahresende waren über 30 angestellt. Mittlerweile prominent geworden, erhielt Schuckert erste Auszeichnungen und königliche Aufträge. Zwischen 1880 und 1885 vollzog seine Firma den Schritt vom Klein- zum Fabrikbetrieb. Mit eingeleitet hatte diese Umstrukturierung Alexander Wacker, der ab 1877 für den Vertrieb zuständig war und erste internationale Aufträge besorgte. 1883 bezog Schuckert Fabrikräume in Nürnberg-Steinbühl. In diesem Jahr zählte der Betrieb 31 Fabrikbeamte und 156 Arbeiter. Im Programm waren Dynamos, Bogenlampen, Strom- und Spannungsmesser, Schaltgeräte sowie Zähler für Verbrauchsmessungen.
Schuckert beschränkte sich nun auf Führungs- und Repräsentationsaufgaben. Wacker wurde 1885 Teilhaber. Daher war genügend Geld für den Bau von elektrischen Bahnen vorhanden. Gleichzeitig begann die Produktion von Scheinwerfern, die der Firma eine Monopolstellung auf dem Weltmarkt sicherte. Mit der flächendeckenden Elektrifizierung in Deutschland wurden Kraftwerkszentralen nötig. Auch auf diesem Sektor wurde Schuckert das führende Unternehmen in Deutschland. Zwischen 1890 und 1900 erbaute es 120 Kraftwerke. 1889 wurde die Firma in eine Kommanditgesellschaft mit Wacker und Schuckert als persönlich haftenden Gesellschaftern umgewandelt, ein Jahr später bezog sie das Fabrikgelände an der Nürnberger Landgrabenstraße. 1892 zog sich Schuckert, der seit einem Jahr an einer Nervenkrankheit litt, aus dem Geschäftsleben zurück. Er hoffte, seine Krankheit durch den Umzug in den Kurort Wiesbaden zu lindern, starb aber am 17. September 1895 erst 48-jährig. Bestattet wurde er auf dem Wiesbadener Friedhof. Sein Vermögen ging zu einem großen Teil als Stiftung für soziale Zwecke auf die Stadt Nürnberg über.
1893 war das Unternehmen in eine Aktiengesellschaft umgewandelt worden; es expandierte weiter. 1899 beschäftigte es 8.500 Mitarbeiter und hatte ein Auftragsvolumen von 92 Mio. Mark. Um die Jahrhundertwende geriet die „Schuckert AG" im Zuge der allgemeinen Wirtschaftskrise in finanzielle Schwierigkeiten, der sie durch Zusammenschluss zu begegnen suchte. 1903 fusionierte sie mit der „Siemens und Halske AG" zu den „Siemens-Schuckertwerken GmbH", die vor allem auf dem Gebiet der Starkstromtechnik tätig waren und aus denen die Siemens-AG hervorging.

Schauplätze

Geburtshaus Schuckerts, Johannesgasse 20, 90402 Nürnberg.
Ehem. Schwabenmühle, erste Werkstätte Schuckerts ab 1873, 90403 Nürnberg.
Fabrikgebäude bis 1890, Schloßäckerstr., 90443 Nürnberg-Steinbühl.

Fabrikkomplex an der Landgrabenstr./Gugelstr./Humboldtstr./Tafelfeldstr., seit 1890 (nur noch Nachfolgebauten vorhanden), 90459 Nürnberg.

Literatur

Heinz Keuth, Sigmund Schuckert, ein Pionier der Elektrotechnik, Berlin/München 1988.
Daniela Stadler, J. Sigmund Schuckert, Nürnberg 2000.

Julia Hecht

Nürnberg, Bayerisches Gewerbemuseum

Hintergrund

Am Beginn des 19. Jahrhunderts hatte das Nürnberger Handwerk einen Großteil seines Ansehens verloren und sich durch Reglementierungen und eine sinkende Arbeitsmoral ins Abseits manövriert. Dem Gewerbe in der Stadt fehlte es an Innovationskraft. Zwar bemühte sich die 1792 gegründete „Gesellschaft zur Beförderung der vaterländischen Industrie" (der spätere „Gewerbeverein") um die „Förderung der Gewerbe und um Erziehung und Bildung der unteren Volksclassen" und es wurde 1825 eine Gewerbeordnung erlassen, doch blieben alle Bemühungen, Handwerk und Gewerbe zu reformieren und deren Produkte gegenüber ausländischen Erzeugnissen konkurrenzfähig zu machen, ohne Erfolg.
Um diese Situation zu verbessern, schlug um 1840 Gewerbekommissär Johann Caspar Beeg (1809–1867) die Gründung eines Gewerbemuseums als neuen Aus- und Weiterbildungsort vor.

Geschichte

Dieses Vorhaben drohte nach dem Tod Beegs zu scheitern. Zwei Nürnberger Industrielle, Johann Lothar von Faber (1817–1896) und Theodor von Cramer-Klett (1817–1884), verfolgten die Idee jedoch weiter und gründeten gegen den anfänglichen Widerstand des bayerischen Königs 1869 das Bayerische Gewerbemuseum. Durch die finanzielle Unterstützung vieler Kommunen, die Ausgabe von Anteilsscheinen an die Nürnberger Bevölkerung und vor allem das große persönliche Engagement von Faber und Cramer-Klett konnte diese Institution etabliert werden.
Sie kümmerte sich um die Aus- und Weiterbildung des Nachwuchses, baute eine umfangreiche Mustersammlung mit Rohstoffen, Halbfabrikaten und Erzeugnissen aus dem In- und Ausland auf und entfaltete eine rege Lehrtätigkeit. Vorbild war das South Kensington Museum (später Victoria & Albert Museum) in London, das 1851 von Gottfried Semper errichtet worden war.
Das Nürnberger Gewerbemuseum war zunächst im ehemaligen Fleischhaus und dann in einem Kaffeehaus an der Königstraße untergebracht. Von 1892 bis 1897 wurde am Nonnengarten des ehemaligen Katharinenklosters ein repräsentativer Neubau errichtet, der alle Bereiche des Museums aufnehmen konnte. Architekt war Theodor von Kramer, der auch das Steiner Bleistiftschloss entwarf. Der vierflügelige imposante Neobarockbau mit fünf Geschossen umschließt einen Innenhof. Die Hauptfassade akzentuiert ein Mittelrisalit mit Portikus. Das Mansardwalmdach wurde von einer Kuppel bekrönt (1945 zerstört).
Die Mustersammlung wuchs stetig. Um 1900 umfasste sie circa 8.500 Objekte. Vielfach wurden Gegenstände auf den Weltausstellungen erworben. Hinzu kamen zahlreiche Ankäufe von zeitgenössischen Künstlern und bedeutenden Kunsthändlern des In- und Auslandes. Es entstand eine Sammlung, die im Gegensatz zu der des seit 1852 bestehenden Germanischen Nationalmuseums international angelegt war. Neben Vorträgen fanden im Gewerbemu-

Gewerbemuseum Nürnberg

seum Fachkurse für Handwerker statt. Das Auskunftsbüro, das auch Informationen zum Marken-, Muster- und Patentschutz bot, bekam Anfragen aus dem In- und Ausland. Das chemische Labor beschäftigte sich mit technischen Fragen. Das Bayerische Gewerbemuseum, unter dessen Dach seit 1875 alle bayerischen Gewerbevereine zusammengeschlossen waren, gab seit 1867 die Zeitschrift „Kunst und Gewerbe" heraus.

Nach 1900 verschoben sich die Gewichtungen. 1916 wurde die Institution in eine Körperschaft des öffentlichen Rechts umgewandelt und „Bayerische Landesgewerbeanstalt" genannt. Aus den technischen Einrichtungen entstanden Prüfinstitute mit TÜV-Charakter. Der ausbildungs- und kulturpädagogische Auftrag trat mehr und mehr in den Hintergrund. Dies führte nach 1945 zur vollkommenen Aufgabe des Museumsgedankens.

1987 gelangte die Museumssammlung als Leihgabe an das Germanische Nationalmuseum. 2003 erwarb sie der Freistaat Bayern, um sie am Gründungsort Nürnberg zu erhalten.

Literatur

Landesgewerbeanstalt Bayern (Hrsg.), Das Gewerbemuseum der LGA im Germanischen Nationalmuseum, Nürnberg 1989.

Silvia Glaser, Kunstgewerbe und Industrie – Die Gründung des Bayerischen Gewerbemuseums in Nürnberg, in: Frankenland 4, 2005.

Info

Gewerbemuseumsplatz 2, 90403 Nürnberg

Silvia Glaser

Nürnberg, DB Museum

Geschichte

Die Anfänge des Museums reichen in die Zeit vor 1899 zurück. Bereits 1882 war in der Bahn-Zentralwerkstätte München ein Museum zur Bahntechnik eingerichtet worden. Als die Sammlungsbestände nicht mehr untergebracht werden konn-

Fahrzeughalle des DB Museums in Nürnberg: vom Adler zum ICE

ten, kam Hilfe aus Nürnberg: Bürgermeister Georg von Schuh wollte an der Geburtsstätte der deutschen Eisenbahn das erste Eisenbahnmuseum gründen und bot der bayerischen Bahnverwaltung 1899 die unentgeltliche Überlassung eines Ausstellungsgebäudes am Nürnberger Marientorgraben an. Schon wenige Monate später wurde das Museum im neuen Domizil eröffnet. 1902 kam die Abteilung für Post und Telegrafie hinzu, das heutige „Museum für Kommunikation". Von nun an trug das Haus die Bezeichnung „Verkehrsmuseum". Schon bald reichten die 3.400 m² Ausstellungsfläche nicht mehr aus. Wieder half die Stadt, indem sie der Bahn 1910 unentgeltlich einen Bauplatz an der Lessingstraße überließ. Der Erste Weltkrieg unterbrach die Bauarbeiten, sodass das Museum erst 1925 in dem bis heute bestehenden Bau eröffnet werden konnte.

Das durch seinen historisierenden Stil (Architekt: Hans Weiss) von außen behäbig wirkende Gebäude war im Inneren geräumig und funktional gestaltet. Insgesamt standen 9.700 m² Ausstellungsfläche zur Verfügung, 8.500 für die Bahn und 1.200 für die Post. Erstmals konnten Originalfahrzeuge in einer Halle mit Gleisanschluss ausgestellt werden.

Die Reichsbahn, die als privatwirtschaftlich organisiertes Staatsunternehmen weitgehend unabhängig von politischen Interessen hatte handeln können, musste sich ab 1933 in den Dienst der neuen Machthaber stellen. Das Museum wurde zum Objekt der Propaganda der Nationalsozialisten. Zur Hundertjahrfeier der ersten deutschen Eisenbahn 1935 wurde es im Inneren neu gestaltet und mit NS-Symbolik versehen.

Die Kriegsschäden hielten sich in Grenzen, dennoch war der Neuanfang mühsam. Erst 1953 stand das Haus teilweise wieder den Besuchern offen, das gesamte Museum war zum 125-jährigen Jubiläum der deutschen Eisenbahn im Jahr 1960 wiederhergestellt. 1996 erfolgte die Übernahme als Firmenmuseum der neu geschaffenen Deutschen Bahn AG. Dies gab den Anstoß für eine grundlegende Neubestimmung.

Beschreibung

Als „Schaufenster des Konzerns" präsentiert das DB Museum nach einer Generalsanierung die Geschichte, Gegenwart und Zukunft der Eisenbahn in Deutschland. Wichtigstes Element ist die Dauerausstellung über die Geschichte der Eisenbahn mit ihren Wechselwirkungen zu Politik, Wirtschaft und Gesellschaft. Erstmals ist auch die Geschichte der Reichsbahn im Nationalsozialismus und der DDR-Reichsbahn vertreten.
Höhepunkte sind das „Adlerama", in dem ein Film über die Entstehung der ersten deutschen Eisenbahn zu sehen ist, der original erhaltene Königsaal des alten Nürnberger Centralbahnhofes sowie zahlreiche detailliert gearbeitete Modelle von Eisenbahnen.
Ein besonderer Anziehungspunkt sind die wertvollen Originallokomotiven, darunter ein Wagen der Ludwigsbahn, die bayerische Rekorddampflok S 2/6 sowie der legendäre Dieseltriebzug „Fliegender Hamburger". Auf die jungen Museumsbesucher wartet die 1.000 m^2 große interaktiv gestaltete „Eisenbahn-Erlebniswelt".

Literatur

Rainer Mertens, Ein Haus für die Geschichte der Eisenbahn in Deutschland, in: Museum Aktuell 5, 2005.

Info

Lessingstr. 6, 90443 Nürnberg
Tel. 0911/2192428
www.dbmuseum.de
Geöffnet: Di.–So. 9.00–17.00

Rainer Mertens

Nürnberg, Hammerwerk Laufamholz

Geschichte

Schon im Mittelalter hat es in Nürnberg und Umgebung zahlreiche Wassermühlen gegeben, die neben der Versorgung der Bevölkerung mit Getreide auch zur Produktion von Metall-, Textil- und Lederwaren dienten. Die Geschichte des Hammerwerkes in Laufamholz, einem östlich des Nürnberger Stadtzentrums gelegenen Ortsteil, geht in das Jahr 1372 zurück, als urkundlich erstmalig eine „Mühl zu Laufenholz" erwähnt wird, die ab 1492 zu einem Produktionsort für Messingwaren ausgebaut wurde. Damit gilt Hammer, wie das Gebäudeensemble genannt wird, als einer der ersten nachweisbaren Standorte der Messingproduktion in Deutschland. Bis 1943 wurden hier nahezu ununterbrochen Messingprodukte hergestellt, vom Halbzeug bis zu extrem dünnen Messingfolien, die bis nach Fernost für Dächer indischer Tempel exportiert wurden.
Nach den Zerstörungen im Zweiten Markgrafenkrieg (1552) wurde die Anlage 1554 neu errichtet. Es entstand ein mauerumwehrter, durch zwei Tore zugänglicher Komplex mit dem Wohnhaus des Fabrikbesitzers (Herrenhaus), Mühlen- und Fabrikationsgebäuden, mehreren Arbeiterhäusern und später auch einer Gastwirtschaft. Ab 1650 stand den Arbeiterkindern eine eigene Schule auf dem Werksgelände zur Verfügung. Die für die Arbeiter und ihre Angehörigen mietfreien Wohnungen wiesen einen vergleichsweise hohen Standard auf: Sie umfassten auf 50 bis 60 m^2 eine beheizbare Stube, ein oder zwei Kammern sowie eine im Flurraum untergebrachte Herdstelle. Die Erdgeschosswohnungen waren zur Selbstversorgung mit einem Stück Land sowie einem Kleintierstall ausgestattet.

Das Hammerwerk gehörte verschiedenen Nürnberger Familien, wobei die Volkamer (1690–1795) und Forster (seit 1795) dessen Entwicklung nachhaltig prägten. 1811 war es die größte Fabrik um Nürnberg, die 1826 um ein Walzwerk zur Herstellung von Messingblechen und -folien erweitert wurde. 1894 kam noch die Erzeugung von Strom hinzu. Es folgte der Aufbau eines Überlandstromnetzes zur Versorgung der Dörfer im Bereich des Moritzberges und die Modernisierung durch den Einbau einer Francis-Turbine (1922). Ein Luftangriff beendete 1943 die Industrieproduktion. Vollständig zerstört wurden die Produktionsanlagen, das Herren- und Gasthaus, wobei diese Bauten heute als bautechnisch gesicherte Ruinen erhalten sind.

Die 1958 erfolgte Ausweisung des Pegnitztals zwischen Laufamholz und Erlenstegen zum Wasserschutzgebiet verhinderte die Wiederaufnahme der industriellen Produktion, während das noch mehrfach modernisierte Wasserkraftwerk bis heute seine Dienste tut. Die Anlage ist mittlerweile weitestgehend im Besitz des Energieunternehmens „N-Ergie".

Beschreibung

Das „Industriedorf" in Hammer, das zu den eindruckvollsten Anlagen der Frühindustrialisierung in Deutschland zählt, hat trotz der Zerstörungen im Zweiten Weltkrieg nichts von seinem Ensemblecharakter und seiner baulichen Geschlossenheit eingebüßt.

Die Anlage wird in erster Linie durch die Arbeiterhäuser geprägt: meist schlichte Sandsteinquaderbauten mit Satteldach, die überwiegend 1554 erbaut wurden. Besonders auffällig ist das Uhrenhaus, benannt nach einer am östlichen Dacherker angebrachten Uhr. Der erst 1683 angefügte dekorative Sandsteingiebel verweist auf eine Nutzung als Gerichtsgebäude, denn die Hammerherren besaßen bis 1848 die niedere Gerichtsbarkeit.

In einer Arbeiterwohnung ist eine kleine Dauerausstellung zum Leben und Arbeiten im Hammerwerk untergebracht (geöffnet: April–Okt. So. 14.00–17.00).

Am östlichen Rand der Anlage, aus Brandschutzgründen etwas abgesetzt, befindet sich der Standort der ehemaligen Gießerei, von der nur noch wenige, aus der zweiten Hälfte des 16. Jahrhunderts stammende Gebäudereste existieren. Blickfang der Anlage ist ein Obelisk, die maßstabsgetreue Nachbildung eines in Istanbul aufgestellten und aus Ägypten stammenden Originals, das 1861 aus einem Garten in Gostenhof hierher versetzt wurde.

Weitere Schauplätze

Gerasmühle: Die heutige Bebauung des „Industriedorfes" mit Produktionsstätte, Verwaltungsgebäuden, Arbeiterwohnhäusern und Gasthaus stammt aus dem 18. und 19. Jahrhundert.

Katzwang (Am Hammer): Von der älteren Bausubstanz des Hammerwerkes an der Rednitz sind noch Reste aus dem 18. Jahrhundert erhalten, ansonsten Sandsteingebäude des 19. Jahrhunderts.

Weidenmühlen: Großer, von Albrecht Dürer in zwei Aquarellen festgehaltener Mühlenkomplex an der Pegnitz, westlich vor der Stadt, wo auch ein Messing- und Zainhammer (Zain = Eisenstäbe) betrieben wurde. Heutige Bebauung vorwiegend aus dem 17. bis 19. Jahrhundert.

Literatur

Nikolaus Bencker, Der Messinghammer zu Laufamholz, in: Von der Pegnitz zum Nil. Denkmäler am Wasser, hrsg. vom Hochbauamt Nürnberg/Untere Denkmalschutzbehörde, Nürnberg 2004.

Info

Christoph-Carl-Platz, 90482 Nürnberg-Laufamholz

Herbert May

Uhrenhaus und Volkamer-Obelisk im Hammerwerk Laufamholz in Nürnberg

Nürnberg, Historisches Straßenbahndepot

Geschichte

1881 fiel der Startschuss für den Ausbau des Straßenbahnnetzes in Nürnberg. Ein Bremer Unternehmer erhielt die Konzession zum Betrieb einer Pferdebahn. Die erste Strecke war die Route zwischen Hauptbahnhof und Plärrer. Das Unternehmen war erfolgreich: Schon 1883 wurde es in die Aktiengesellschaft „Nürnberg-Fürther Straßenbahn Gesellschaft" umgewandelt. Bis 1893 war der Betrieb auf sieben Linien ausgedehnt worden und gewährleistete in der weit über ihre mittelalterlichen Stadtmauern hinaus gewachsenen Stadt die Mobilität der Bewohner, die zunehmend zwischen Wohnort und Arbeitsplatz pendeln mussten.

Ab 1897 hielt das elektrische Zeitalter seinen Einzug und die Straßenbahnlinien wurden auf elektrischen Betrieb umgestellt. 1903 wurden das Netz und der Betrieb in kommunale Aufsicht überführt. Die Stadt forcierte den Aufbau eines flächendeckenden Liniennetzes und machte damit den öffentlichen Nahverkehr zu einer seither unbestritten städtischen Aufgabe. Die Ausdehnung des Netzes und damit des Fahrzeugbestandes erforderte die Einrichtung verschiedener Betriebshöfe. 1888 wurde das heutige Historische Straßenbahndepot als Betriebshof für die Pferdebahn eingerichtet, als erstes war 1881 das Straßenbahndepot an der Fürther Straße entstanden.

Mit der Entscheidung des Jahres 1965, eine U-Bahn zu bauen, wurde das Straßenbahnnetz in Nürnberg reduziert, in Fürth verschwand es völlig. Um die Geschichte der Straßenbahn zu bewahren, richtete der 1976 gegründete Verein der Freunde der Nürnberg-Fürther Straßenbahn 1985 im inzwischen stillgelegten Depot in St. Peter ein Straßenbahnmuseum ein.

Beschreibung

Ursprünglich bestand das Depot in St. Peter aus einer Remise für zwölf Wagen und 26 Pferde. 1905 entstand eine Jugendstilhalle für 42 Wagen, die durch den Bombenkrieg vernichtet wurde. Das heutige Depot ist eine funktionale Halle aus der Nachkriegszeit. Sie beherbergt jedoch ein Museum, das anschaulich über die Geschichte der Nürnberg-Fürther Straßenbahn informiert. Zusätzlich werden Fahrten in historischen Straßenbahnen organisiert.

Literatur

Harald Lamprecht, Ein Zeppelin auf zwei Rädern. Das historische Straßenbahndepot St. Peter, in: Nürnberg heute, Heft 41, 1986.

Info

St. Peter, Schlossstr. 1, 90478 Nürnberg
Tel. 0911/2834665
Geöffnet: 1. Wochenende im Monat (außer Jan.) Sa., So. 10.00–18.00, Gruppen bei Voranmeldung auch außerhalb der Öffnungszeiten

Martin Schieber

Nürnberg, Krankenhausmuseum

Geschichte

Bei der Entwicklung des Gesundheitswesens im 19. Jahrhundert musste sich Nürnberg bis 1845 mit mittelalterlichen Provisorien (unter anderem aus Geldmangel) zufrieden geben. Der Neubau, der dann in der Nähe des Bahnhofs entstand, war bald ungenügend. Trotz zahlreicher Anbauten und der Errichtung von Pavillons im Garten war das Haus hoffnungsvoll überfüllt. Man reagierte, aus heutiger Sicht höchst modern, mit der Verkürzung der Liegedauer und ambulanten Sprechstunden. Gründe für die gestiegenen Patientenzahlen waren das Bevölkerungswachstum infolge der

Krankenhausapotheke von 1897

Industrialisierung, aber auch die Einführung der Krankenversicherung. Da eine bauliche Erweiterung des Hauses nicht mehr möglich war, wurde ein Neubau geplant und 1897 in der Flurstraße (heute Prof.-Ernst-Nathan-Straße) eröffnet.
Die neu eingerichtete Apotheke wurde mit den damals modernsten Einrichtungen und Geräten ausgestattet. Bis zur Eröffnung des Südklinikums 1994 war die Apotheke mit der nur wenig veränderten Einrichtung in Betrieb, allerdings mit zusätzlichen Räumlichkeiten in einem anderen Haus des Klinikums. Das Krankenhausmuseum wurde in den Räumen der alten Apotheke des Klinikums Nürnberg Nord errichtet und 1997 zum 100. Geburtstag des Klinikums eröffnet.

Stichwort: Krankenversicherung

Seit dem Mittelalter gab es örtlich begrenzte Hilfen bei Krankheit wie Spitäler mit Stiftungen, Armen- und Witwenkassen, später Firmenkassen oder – wie in Nürnberg – den Kranken-Unterstützungs-Verein. Mit den Sozialgesetzen führte Bismarck 1883 die Krankenkassen mit Versicherungspflicht ein und regelte die Armenfürsorge neu. Die Hospitäler/Spitale, in denen vor allem die Siechen Aufnahme gefunden hatten, wurden zu modernen Krankenhäusern.

Beschreibung

Das Museum befindet sich in den vollständig erhaltenen Räumen der Krankenhausapotheke mit Eichenholzeinrichtung aus dem Jahr 1897. Schautafeln zeigen die Entwicklung des Gesundheitswesens in Nürnberg vom Mittelalter bis zur Neuzeit. Dokumentiert wird auch diejenige des „Krankenhauses an der Flurstraße" von einem Haus für 760 Patienten und Krankensälen mit 30 Betten zum modernen Klinikum mit 2.500 Betten.
In der alten Offizin sind eine Vielzahl von Standgefäßen und Schubladen mit Pulvern und Kräutern zu sehen. In zwei Vitrinen wird der Wandel in der Herstellung eines Arzneimittels vom Beginn des

20. Jahrhunderts bis in die heutige Zeit erklärt. Im Keller der Apotheke befindet sich eine fest installierte Tablettenpresse mit Antriebsmotor von 1930.

Literatur

Bernd Windsheimer, 100 Jahre Klinikum Nürnberg. Die Geschichte des Nürnberger Gesundheitswesens im späten 19. und 20. Jahrhundert, Nürnberg 1997.

Info

Krankenhausmuseum des Klinikums Nürnberg Nord, Prof.-Ernst-Nathan-Str.1, 90340 Nürnberg
Tel. 0911/3982553
Geöffnet: So. 14.00–18.00, für Patienten und Kinder Führungen 1. So. im Monat, Sonderführungen n. Vereinbarung

Günther Scherbel

Nürnberg, Metallkapsel- und Tubenfabrik

Umnutzung für Gewerbe- und Wohnzwecke

Seit 1858 betrieb Louis Vetter auf dem Gelände eines ehemaligen Patrizier-Landsitzes am Ufer der Pegnitz eine Tuben- und Metallkapselfabrik und stellte vor allem Flaschenverschlüsse her. 1903 wurde ein dreigeschossiger Ziegelneubau mit reicher Gliederung und Gusseisenstützen im Innern errichtet. 1954 kam ein Skelettbau aus Beton hinzu. Von der Konkurrenz mit Kunststoffprodukten bedrängt, setzte die „Käpsela-Fabrik" einige Jahre auf die Herstellung von Aluminiumtuben, musste 1996 jedoch schließen.

Der Fabrik blieben größere Schäden durch langen Leerstand erspart, denn 1997 erwarb ein Bauträger die unter Denkmalschutz stehenden Gebäude, um hier unter Nutzung denkmalbezogener Steuervorteile, Gewerberäume und Wohnungen einzubauen. Der Umbau begann 2001. Für die Belichtung des Hofes wurde das Dach eines Flügels abgenommen. Die Hofüberdachung wurde erneuert, ihre Stahlkonstruktion jedoch blieb erhalten. Die alten Treppen wurden ausgebessert, die neuen Holzfenster am Altbestand orientiert und neue Stahlbalkone angefügt. Bereits 2002 konnten die ersten Firmen und Bewohner einziehen.

Besonders attraktiv sind die Lofts. Von Künstlern in den 1960er Jahren in den Metropolen der USA als preisgünstige Atelierwohnungen in leeren Industriebauten eingerichtet, haben sie sich auch in Europa als moderne Wohnform, vor allem für einkommensstarke jüngere Menschen, aber auch für Familien mit Kindern etabliert. Sie bieten eine hohe Flexibilität, wie sie herkömmliche Woh-

Stichwort: Beton

Um 300 v. Chr. entwickelten römische Baumeister das „opus caementitium" (Zement), einen Gussmörtel aus Steinen, Sand, Wasser und Kalk. Im Mittelalter wurde dieser Baustoff vergessen und erst um 1700 wieder erfunden. 1824 gelang es dem Engländer Joseph Aspdin durch Brennen von Kalkstaub und Ton, den ersten Kunstzement zu erzeugen. Dessen Zugfestigkeit betrug aber nur ein Zehntel seiner Druckfestigkeit. Um ihn gegen Belastungen widerstandsfähig zu machen, legte der Pariser Gärtner Joseph Monier Eisenteile in den Gussbeton (Patent 1867). Die Zugkräfte eines Bauwerks konnten nun mit „Moniereisen" abgeleitet werden. Der Stahlbeton wurde zum wichtigsten Baustoff des 20. Jahrhunderts. Eine Weiterentwicklung stellte der Spannbeton dar, bei dem gespannte Stahleinlagen in die Betonmasse gebracht werden (Patent C. Döhring, 1890).

Werner Kraus

Die alte Fabrik als modernes Wohn- und Geschäftshaus

nungen nicht aufweisen. Die 34 Wohneinheiten waren 2004 zu rund 90 Prozent bezogen.
Trotz aufwendiger Altlastensanierung beliefen sich die Nettobaukosten auf 1.087 Euro pro Quadratmeter. Ein Neubau mit vergleichbarer Ausstattung hätte 1.450 Euro pro Quadratmeter gekostet.

Info

Schniedlinger Str. 225, 90427 Nürnberg
Bauherr: Lofts & Factory, Nürnberg
Architekt: Gerhard P. Wirth, Nürnberg

Eva Moser, Rembrant Fiedler

Nürnberg, Museum für Kommunikation

Hintergrund

Das Postwesen in Bayern hatte im 19. Jahrhundert einen stetigen, später sogar rasanten Aufschwung genommen. Am Anfang stand die Übernahme der Thurn- und Taxis'schen Post durch das neu gegründete Königreich im Jahr 1808. Zur Beförderung von Personen, Briefen und Gütern richtete die Postverwaltung eine wachsende Zahl von Postkursen ein und schuf neue Fahrzeugtypen wie Eilpostwagen (ab 1826) und Postomnibusse (ab 1853). Letztere sollten dem wachsenden Mobilitätsbedürfnis breiter Bevölkerungskreise Rechnung tragen und verzeichneten rapide wachsende Fahrgastzahlen, speziell auf Strecken abseits der neu entstehenden Bahnlinien. Eine wesentliche Erleichterung des Briefverkehrs brachten 1845 beziehungsweise 1849 die Einführung von Briefkasten und Briefmarke. Damit betätigte sich die Königlich Bayerische Post als Wegbereiter, denn der am 1. November 1849 herausgegebene „Schwarze Einser" war die erste deutsche Briefmarke.
Ihre innovative Kraft stellte die Post in Bayern auch mit der Einrichtung der ersten deutschen Kraftpostlinie zwischen Bad Tölz und Lenggries im Jahr 1905 und mit der raschen Automatisierung der Telefonvermittlung unter Beweis. Mit diesen neuen Möglichkeiten der Mobilität und Kommunikation leistete das Postwesen zentrale Beiträge zur Umwälzung von Wirtschaft und Gesellschaft im Zuge der industriellen Revolution.
Das Königlich Bayerische Verkehrsmuseum in Nürnberg, aus dem das Museum

für Kommunikation und das DB Museum hervorgegangen sind, verdankt seine Entstehung auch der verfassungsrechtlichen Sonderstellung des Königreichs Bayern im Deutschen Kaiserreich von 1871. Zugeständnisse, die Bayern die Zustimmung zur ungeliebten kleindeutschen Lösung erleichterten, waren die so genannten Reservatrechte, die dem Königreich unter anderem eine weitgehende Selbstständigkeit im Eisenbahn-, Post und Telegrafenwesen einräumten. Bayern hatte deshalb auch nach der Gründung des Deutschen Reiches eine eigene Staatseisenbahn und eine eigene Post- und Telegrafenverwaltung, mit eigenen Uniformen, Postwertzeichen, und einem eigenen Verkehrsmuseum.

Geschichte

An der Gründung des Museums in Nürnberg hatte der damalige Erste Bürgermeister der Stadt, Georg von Schuh, maßgeblichen Anteil. Temporäre Ausstellungen zu Post und Eisenbahn hatte es in den bayerischen Landesausstellungen der 1880er Jahre bereits gegeben. Von Schuh setzte sich erfolgreich dafür ein, dass die Exponate dieser Ausstellungen auf Dauer in Nürnberg gezeigt wurden. Zu diesem Zweck eröffnete die Stadt 1899 am Marientorgraben das Königlich Bayerische Eisenbahnmuseum, das 1902 um eine Abteilung zum Post- und Telegrafenwesen erweitert und in Verkehrsmuseum umbenannt wurde.

Bereits wenige Jahre nach der Museumsgründung hatten sich die ursprünglichen Räume als unzureichend erwiesen, sodass 1910 der Beschluss zum Neubau fiel. Wiederum förderte die Stadt Nürnberg das Vorhaben nachhaltig, indem sie ein Gelände in der Nähe zu Bahnhof, Stadttheater und Germanischem Nationalmuseum sowie einen namhaften Baukostenzuschuss zur Verfügung stellte. Infolge des Ersten Weltkrieges wurde das Museum erst 1925 fertig gestellt.

Museum für Kommunikation Nürnberg

Die politischen Umbrüche des 20. Jahrhunderts spiegelten sich in den unterschiedlichen Trägerschaften des Museums wider. Mit dem Ende des Königreichs gingen die beiden staatlichen Verkehrsbetriebe an Reichsbahn bzw. Reichspost über, die infolge dessen auch die beiden Abteilungen des Verkehrsmuseums in Nürnberg übernahmen. Seither existieren dort zwei unabhängige Museen, die nach 1945 durch Bundesbahn bzw. Bundespost fortgeführt wurden.

Im Zuge der Postreform wurde das Postmuseum als Museum für Kommunikation Nürnberg Teil der Museumsstiftung Post und Telekommunikation, die vier Museen in Berlin, Frankfurt, Hamburg und Nürnberg betreibt und finanziell von Deutscher Post und Deutscher Telekom getragen wird.

Beschreibung

Das Gebäude ist charakterisiert durch den Gegensatz zwischen funktionaler Struktur und äußerer Form: Während die Sandsteinfassaden alle Merkmale der deutschen Neorenaissance tragen, wurde das Gebäude in Stahlbeton errichtet, was die Schaffung großzügiger Sammlungssäle ohne störende Zwischenwände ermöglichte. Rätselhaft ist dagegen der reiche Fassadenschmuck, dessen vielfältige vegetabile Motive in keinem Bezug zum technischen Museum stehen. Zukunftsweisend war die Ausstattung mit Veranstaltungsräumen, einer Bibliothek und einem Filmvorführraum.

Das Verkehrsmuseum brachte einem breiten Publikum die Errungenschaften des staatlichen Verkehrswesens nahe. In der 1902 eröffneten Post- und Telegrafieabteilung konnte man die neuesten Telegrafen- und Telefonapparate, Klappenschränke zur Telefonvermittlung und eine Rohrpostanlage in Funktion erleben. 1925 machte ein Rundfunkraum den Besuchern dieses neue Medium zugänglich und in den 30er beziehungsweise in den 60er Jahren installierte das Museum große Demonstrationsanlagen zur jeweils neuesten Telefonvermittlungstechnik, deren elektromechanisches Funktionsprinzip auch im digitalen Zeitalter den Betrachter fasziniert. Bis heute locken historische Fahrzeuge, Telegrafen, Telefone, philatelistische Schätze, seit kurzem eine Internetstation und eine moderne Rohrpostanlage jährlich circa 100.000 Besucher in das Museum.

Stichwort: Telefon

Die ersten Probevorführungen mit Telefonapparaten von Graham Alexander Bell erfolgten 1877. Doch der Versuch, Teilnehmer für ein Telefonnetz zu finden, verlief mühsam: Das erste bayerische Netz startete 1883 in München mit 145 Teilnehmern. Obwohl das Gesprächsaufkommen in den Jahren vor dem Ersten Weltkrieg rapide wuchs, blieb die Telefonie für Jahrzehnte im Wesentlichen auf Wirtschaft und Verwaltung beschränkt. Noch zu Beginn der 1960er Jahre hatten nur circa 10 Prozent der westdeutschen Haushalte einen eigenen Anschluss; erst danach kam es zur fast flächendeckenden Versorgung. In Bayern war schon zu Beginn des Telefonzeitalters eine eigene fernmeldetechnische Industrie entstanden. Der Nürnberger Mechaniker Friedrich Heller arbeitete seit 1877 an der Verbesserung der Telefontechnik und zählt zusammen mit dem ebenfalls in Nürnberg ansässigen Fritz Neumeyer und dem Münchner Friedrich Reiner zu den Pionieren dieses Mediums.

Literatur

Vera Losse, Beate Spiegel (Hrsg.), Kommunikation und Postgeschichte anschaulich gemacht. 100 Jahre Museum für Kommunikation Nürnberg, Nürnberg 2005.

Info

Lessingstr. 6, 90443 Nürnberg
Tel. 0911/2308880
www.museumsstiftung.de
Geöffnet: Di.–So. 9.00–17.00

Stefan Kley

Nürnberg, Museum Industriekultur

Hintergrund

In den 1970er Jahren wurde Nürnbergs Weg zur Industriestadt zum Gegenstand verstärkter stadtgeschichtlicher Forschung. Die im Rahmen des einsetzenden Strukturwandels nach und nach verschwindenden Industriebauten des 19. Jahrhunderts sollten dokumentiert und die Zeugnisse der Technikgeschichte und Alltagskultur aus der Zeit zwischen 1850 und 1960 bewahrt werden. Industrialisierung wurde als Kulturwandel verstanden und umfasste die Veränderungen in Technik und Produktion ebenso wie die im Zusammenleben der Menschen. Wohnen, Arbeit, Freizeitgestaltung und Schulwesen wurden Themen im Museum.

Stichwort: Zweiradindustrie

1817 erfand der badische Freiherr Carl Friedrich Drais von Sauerbronn (1785–1851) ein lenkbares Laufrad. Der Schweinfurter Philipp Moritz Fischer (1812–1890) entwickelte Mitte der 1850er Jahre den Tretkurbelantrieb an der Vorderachse. Dieses Veloziped führte der Pariser Ernest Michaux (1842–1882) ab 1864 zur Marktreife. 1870 begann die Produktion von Hochrädern, die Luxusartikel mit hohen Unfallrisiken waren. Eine wesentliche Verbesserung brachte 1884 das „Sicherheitsfahrrad" von John K. Starley (1854–1901) mit annähernd gleich großen Rädern und einem Kettenantrieb des Hinterrades. Komfortabel wurde das Fahrradfahren erst mit dem 1888 von John Boyd Dunlop (1850–1921) erfundenen Luftreifen. Den Rahmenbau revolutionierten die Brüder Mannesmann 1890 mit nahtlosen Stahlrohren. Nun konnten Fahrräder kostengünstig gebaut werden. Das Niederrad wurde am Ende des 19. Jahrhunderts von einem unbequemen Sportgerät zum ersten Massenverkehrsmittel und (nach der Nähmaschine) zum wichtigsten technischen Konsumartikel des Industriezeitalters. Eine weitere Verbesserung brachte die Entwicklung der Freilaufnabe mit Rücktrittbremse durch „Fichtel und Sachs" ab 1900. Fahrradfabriken gab es seit 1875 in England, die erste auf dem Kontinent eröffnete Carl Marschütz 1886 in Nürnberg; zehn Jahre später wurde sie in die Hercules-Werke-AG umgewandelt. Nürnberg entwickelte sich zum Zentrum der bayerischen Zweiradindustrie. Die Marken Victoria, Mars, Sirius und Triumph hatten hier ihren Sitz. 1908 wurden in Nürnberg insgesamt 170.000 Fahrräder hergestellt, fast ein Drittel der deutschen Produktion. Zu den Marktführern zählte auch die Triumph AG. 1889 hatte der Nürnberger Kaufmann Siegfried Bettmann im englischen Coventry eine erste Fahrradfabrik gegründet, 1896 dann die Tochtergesellschaft in seiner Heimatstadt, die ab 1903 auch Motorräder herstellte (ehemaliges Fabrikgebäude, 1923/1924, von Jakob Schmeißner, Muggenhoferstraße 28). Kurz nach der Jahrhundertwende begannen Fahrradhersteller, ihre Produkte zu motorisieren. Motorräder waren für breite Bevölkerungsschichten bis in die Mitte der 1920er Jahren aber unerschwinglich.

Werner Kraus

Geschichte

Unter der Bezeichnung „Centrum Industriekultur" entstand 1979 eine Forschungseinrichtung. Sie trug eine Sammlung von Maschinen, Fahrzeugen, Alltagsgegenständen und Dokumenten zusammen und erarbeitete die Konzeption für das 1988 als Provisorium eröffnete Museum Industriekultur. Nach umfangreichen Erweiterungsarbeiten folgte im Jahr 2000 die endgültige Eröffnung mit nunmehr rund 6.000 m² Ausstellungsfläche. Das Museumsgebäude, eine ehemalige Schraubenfabrik aus den 1920er Jahren, gehörte zum vormaligen Eisenwerk Julius Tafel. 1876 gegründet, wurde es 1975 mangels Rentabilität geschlossen und Anfang der 1990er Jahre weitgehend abgerissen.

Beschreibung

Das ehemalige Fabrikgebäude ist selbst ein „Museumsstück". Die dreischiffige Halle im Untergeschoss ermöglicht es, die Themenbereiche parallel anzuordnen: Die Mittelhalle als Erschließungs- und Zeitachse steht für den öffentlichen Raum; Fahrzeuge, Fassaden und Pla-

kate erzeugen den Eindruck einer Straße. Arbeitsleben und Technik haben im linken Hallenteil ihren Platz. Die historische Bleistiftwerkstatt und das Innenleben einer Gipsmühle bilden hier die Startpunkte. Zwei Dampfmaschinen aus den Jahren 1869 und 1907 zeigen die Leistungen des Nürnberger Maschinenbaus. Eine mechanische Werkstatt veranschaulicht das Zusammenspiel von Dampfmaschine, Transmissionen und einzelnen Werkzeugmaschinen. Es folgen die historische Bleisatzdruckerei und die Museumseinheit zur Geschichte der Nürnberger Feuerwehr. Den Abschluss bildet die Technikrevue: Ein Film führt durch 100 Jahre Nachrichtentechnik. Zeitlich abgestimmt treten neben der Leinwand die Originalobjekte ins Bild.
Der Wechsel zur rechten Hallenseite führt zu den Facetten des Alltagslebens. Eine Installation unter dem Titel „Achtung Spannung" informiert über das Thema Elektrizität und bietet Gelegenheit zu Experimenten. Eine Drehbühne mit je einer Küche der Jahre 1900, 1930 und 1960 zeigt, unterstützt von einem Hörspiel, wie der Strom die Hausarbeit veränderte.
Um die Freizeit, den Zwilling zur industriellen Arbeit, geht es in den beiden nächsten Museumseinheiten: Im teilweise nachgebauten Gebäude des ersten Nürnberger Kinos läuft ein Film zur örtlichen Kinogeschichte. Ein Stück weiter gibt es eine Arbeiterkneipe, Treffpunkt für Geselligkeit, politische sowie gewerkschaftliche Organisation und Spiegelbild der Arbeitervereinskultur. Einkaufen um 1910 veranschaulicht der Kolonialwarenladen, einkaufen um 1930 die nachempfundene Fensterfront des legendären „Schocken", des Kaufhauses der Südstadt. Das historische Klassenzimmer lässt Schulatmosphäre um 1910 spürbar werden. Über das „Schultreppenhaus" führt der Weg nach oben ins Schulmuseum und zu seiner kontrapunktischen Ergänzung, dem Lern- und Spaßlabor für Kinder. Im Motorradmuseum künden rund 130 Maschinen aus Nürnberger Produktion von den „Legenden in Chrom und Stahl" und von der Zeit Nürnbergs als Hochburg der Zweiradindustrie.

Motorräder im Museum Industriekultur Nürnberg

Literatur

Hermann Glaser, Industriekultur in Nürnberg. Eine deutsche Stadt im Maschinenzeitalter, München 1983.

Info

Äußere Sulzbacher Str. 62, 90491 Nürnberg
Tel. 0911/2313875
Geöffnet: Di.–Fr. 9.00–17.00, Sa. und So. 10.00–18.00

Roland Warten

Nürnberg, Quelle-Versandhaus

Geschichte

Das Quelle-Versandhaus des Unternehmers Gustav Schickedanz (1895–1977) hat Symbolcharakter für die Wirtschaftswunderjahre nach 1945. Dieser Bau der Moderne, der an die im Dritten Reich unterbrochene Tradition des Neuen Bauens anknüpft, setzt ein architektonisches Zeichen für den Neuanfang in Nürnberg.
Das städtebaulich prominent an der Fürther Straße gelegene ehemalige Versandhaus gehört zu den Meisterwerken des modernen Industriebaus. Es wurde von Ernst Neufert (1900–1986) in mehreren Bauabschnitten von 1954 bis in die Mitte der 60er Jahre errichtet. Neufert zählt zu den Architekten, die das moderne Bauen in Deutschland nach 1945 besonders geprägt haben. Als Chefarchitekt von Walter Gropius und Bauhauslehrer in Dessau wurde er weltweit bekannt, nicht zuletzt durch seine Bauentwurfslehre von 1936 und seine Bauordnungslehre von 1943, die grundlegend für die Normierung und Rationalisierung des Bauens wurden.

Beschreibung

In Neuferts Bauordnungslehre wurde das Oktameter-Modul, ein Achtel-Meter, festgelegt, das auch das Modul beim Bau des Quelle-Versandhauses bildet. Es ist bis in die Palettenmaße eingegangen, die in doppelter Breite Grundflächen und Stützenabstände der Lager- und Versandhallen bestimmen.
Neuferts Leistung erschöpft sich aber nicht in der konsequenten Rationalisie-

Gesamtansicht des Quelle-Versandhauses in Nürnberg von Ernst Neufert

rung, sondern zeigt sich auch in der hohen künstlerischen Qualität der Architektur. In konsequenter Fortsetzung der Tradition des Neuen Bauens erhob er die Funktion des Gebäudes zum Formprinzip. Die streng horizontale, nur durch rhythmisch eingesetzte Treppenhausvorbauten unterbrochene Gliederung des Baukörpers in lange, durchgehende Fenster- und Brüstungsbänder, verdeutlicht das Fließband- und Lagersystem im Inneren. Der Klinkerversatz der Fensterbrüstungen suggeriert das „Fließen" der Warenwelt. Exponiert wurde die Gebäudefunktion auch durch den Kunstgriff, die Transportbänder im Innern direkt an den Fenstern vorbeizuführen, so dass der quasi endlose Warenfluss am Außenbau zum Erlebnis wird. Die gestalterische Leistung Neuferts wird auch in der differenzierten Behandlung der Materialien und Oberflächen deutlich.

Literatur

Jürgen Schneider, Gustav Schickedanz, in: Veröffentlichungen der Gesellschaft für Fränkische Geschichte, Bd. 12, 1986.
Walter Prigge (Hrsg.), Ernst Neufert, Normierte Baukultur im 20. Jahrhundert, Frankfurt a.M./ New York 1999.

Info

Fürther Str. 205, 90429 Nürnberg

Detlef Knipping

Nürnberg, Rosenau

Hintergrund

Der moderne Freizeitbegriff entstand im 19. Jahrhundert aus zwei Entwicklungslinien: der Industrialisierung mit ihrer Umwälzung der Arbeitswelt und dem Freiheitsbegriff der Aufklärung. Zunächst beschränkte sich die Möglichkeit, „Freizeit" bewusst zu gestalten, vor allem auf die bürgerlichen Schichten. Erst allmählich weitete sie sich auf die Arbeiterschaft aus, vor allem nach dem Arbeiterschutzgesetz von 1891 und vollends nach der Einführung des 8-Stunden-Tages 1918.

Geschichte

Die arbeitenden Menschen des vorindustriellen Zeitalters waren stark in die Gepflogenheiten von Zünften und anderen Vereinigungen eingebunden, die kaum einen Freiraum im Sinne des modernen Freizeitbegriffs ließen. Die festen Arbeitszeiten des Industriearbeiters hingegen führten dazu, dass es – bei täglichen Arbeitszeiten von elf oder zwölf Stunden – knapp bemessene Freizeit gab.

Im bürgerlichen Milieu entwickelte sich schon im Vormärz eine Freizeitkultur, die vor allem von Vereinen getragen wurde. Kulturelles und gesellschaftliches Engagement stand hierbei im Vordergrund, bereichert durch die politischen und sportlichen Ziele der Turner-Bewegung. Das bürgerliche Vereinswesen diente allen anderen gesellschaftlichen Schichten als Vorbild. Gesangsvereine, Turn- und Sportvereine, Gesellen- und Arbeitervereine entstanden nach 1848 in einer unüberschaubaren Zahl, was zu dem Klischeebild der deutschen „Vereinsmeierei" führte. Daneben traten eine große Menge an Vereinen, die reine Vergnügungsveranstalter waren, etwa die „Fressvereine".

Die Vereinszugehörigkeit wurde vor allem durch das Milieu bestimmt, dem man angehörte. Die Scheidelinien zwischen bürgerlichen Gesangsvereinen oder Arbeitersängerbünden waren scharf, ebenso bei den konfessionell gebundenen Vereinen. Blickt man in einen hochindustrialisierten Nürnberger Stadtteil wie Gostenhof, so wird am dortigen Vereinswesen diese Milieubindung deutlich: Beide großen Pfarrgemeinden pflegten ein kirchliches Vereinswesen, das in Konkurrenz zu den sozialdemokratisch geprägten Arbeitervereinen stand. Erst

Postkarte der Nürnberger Rosenau von 1902

die Zerschlagung des kirchlichen und des Arbeitervereinswesens durch die Nationalsozialisten zerstörte diese Vielfalt.

Neben den Vereinen spielte die individuelle Freizeitgestaltung in der Familie oder mit Freunden eine wichtige Rolle. Zahlreiche Bahnlinien erschlossen von Nürnberg aus das Umland, in dem sich Ausflugslokale etablierten. Sie wurden zum Ziel der Sonntagsausflüge „ins Grüne". Orte im Nürnberger Umland wie Kalchreuth, Ottensoos oder Rednitzhembach entwickelten sich zu Sommerfrischen. Eine Nürnberger Besonderheit bildete der „Schlagrahmdampfer" auf dem Ludwigskanal, der Ausflügler nach Kronach bei Fürth brachte.

Auch in der engeren Nürnberger Umgebung gab es zahlreiche Möglichkeiten für das Freizeitvergnügen. Mitten im Industrievorort Gostenhof lockte der Vergnügungspark Rosenau. Zu Beginn des 19. Jahrhunderts erwarb der Unternehmer Johann David Wiß das Gelände und baute es zu einem Park mit Bäumen, Blumenrabatten, einem künstlichen See und barocken Figuren aus. Sein strahlender Mittelpunkt war die „Alhambra", ein im indischen Stil errichteter Pavillon. Den größten Teil des Geländes machte Wiß der Öffentlichkeit gegen Eintrittsgeld zugänglich. Später betrieb eine Aktiengesellschaft den Park, bevor die Stadt 1893 dieses Areal erwarb.

Die Rosenau mit ihrem Bierkeller und Weiher zum Eislaufen war ein beliebtes Naherholungsziel. Nach Kriegszerstörungen blieb von den Attraktionen der Rosenau nur wenig übrig. Eine idyllische Grünfläche im Zentrum der Stadt ist sie aber geblieben und der „Rosenau-Kiosk" bietet im Sommer nach wie vor eine gerne genutzte Freiluft-Gastronomie.

Literatur

Rudolf Endres, Nach Feierabend, in: Hermann Glaser (Hrsg.), Industriekultur in Nürnberg, München 1980.

Geschichte Für Alle e.V. (Hrsg.), Gostenhof, Nürnberg 2005.

Info

Rosenaustr., 90429 Nürnberg

Martin Schieber

Nürnberg, Sebastianspital

Hintergrund

Im Zuge der Industrialisierung wuchs die Bevölkerung Nürnbergs zwischen 1855 und 1900 von 56.000 auf 260.000. Dies stellte die bisherigen, noch aus reichsstädtischer Zeit stammenden Fürsorgeeinrichtungen vor neue Herausforderungen. Die Versorgung von alten und kranken Menschen musste der „neuen Zeit" angepasst werden. Eine wichtige Aufgabe war die Errichtung des städtischen Klinikums im Stadtteil St. Johannis, das 1897 seinen Betrieb aufnahm. Das Sebastianspital, im Nürnberger Volksmund liebevoll „Wastl" genannt, ist ein gelungenes Beispiel für die Umwandlung einer alten reichsstädtischen Einrichtung in ein modernes Altersheim.

Geschichte

Durch eine Stiftung der Patrizierfamilie Topler aus dem Jahr 1490 war es dem Rat der Reichsstadt Nürnberg möglich, ein Pestspital zu errichten. Es entstand in der Nähe der Vorstadt St. Johannis an der Pegnitz und erhielt den Pestheiligen Sebastian als Patron. Ab 1528 diente es zur Aufnahme von Pestkranken. Da diese Krankheit nicht heilbar war, versuchte man eine Ausbreitung unter der Bevölkerung durch die Isolierung der Kranken zu verhindern. Nach dem Verschwinden der Pest – Nürnberg verzeichnete 1713 den letzten Ausbruch der Seuche – verfiel das Sebastianspital zunehmend. Dennoch standen die Gebäude nicht leer: Schon zu Beginn des 19. Jahrhunderts nahm man vor allem mittellose Kranke auf.

Mit steigender Bevölkerungszahl wurde das Spital mit allerlei Bedürftigen belegt. Neben die Kranken traten alte Menschen, die nicht von ihren Familien versorgt werden konnten. Chronische Überfüllung und eine hohe Sterblichkeitsrate waren die Folgen. Erst mit der Eröffnung des städtischen Klinikums entspannte sich die Lage, da nun die Kranken dorthin verlagert wurden und das Sebastianspital zu einem reinen Altersheim wurde. Doch auch dafür war das Gebäude aus dem 16. Jahrhundert nicht mehr geeignet und so entschloss man sich 1909 zu einem Neubau, der 1914 im Stadtteil Wöhrd fertig gestellt wurde. Die Bewohner des „Wastl" mussten aber noch fünf Jahre warten, wurde doch der Neubau sofort als Militärlazarett verwendet. Der Umzug in die neuen Räume fand erst 1919 statt.

Beschreibung

Vom alten Sebastianspital steht nach Kriegszerstörungen noch ein Flügel der vormals zweiflügeligen Anlage. Dieser wird heute vom städtischen Obdachlosenasyl genutzt. Das neue Sebastianspital ist eine im Stil der deutschen Renaissance errichtete Vierflügelanlage mit Innenhof.

Literatur

Das Sebastian-Spital, in: Hermann Glaser (Hrsg.), Industriekultur in Nürnberg, München 1980.

Info

Altes Sebastianspital, Großweidenmühlstr. 31–35, 90419 Nürnberg.
Neues Sebastianspital, Veilhofstr. 34–36, 90489 Nürnberg.
Besichtigungen in der Regel nicht möglich.

Martin Schieber

Nürnberg, Spielzeugmuseum

Hintergrund

Nürnberg ist eine Spielzeugstadt von Weltgeltung: Ihre Tradition reicht von den „Dockenmachern" (Puppenmachern) des Mittelalters über herausragende Zinnfigurenhersteller und die zahlreichen

Spielzeugmuseum in Nürnberg mit Brunnen von Michael Mathias Prechtl

Blechspielzeugfabrikanten des Industriezeitalters bis zur Internationalen Spielwarenmesse, der weltweit bedeutendsten Fachmesse ihrer Art. Das im Herzen der Altstadt gelegene, 1971 eröffnete Spielzeugmuseum ist Teil dieses reichen kulturellen Erbes. Es geht zurück auf die Sammeltätigkeit von Lydia und Paul Bayer, die in den 1920er Jahren mit dem Aufbau einer umfangreichen Sammlung historischen Spielzeugs begannen, die bei der Museumsgründung in den Besitz der Stadt Nürnberg überging.

Beschreibung

Hinter der historischen Fassade eröffnet sich auf vier Stockwerken die ganze Vielfalt des Spielzeugs von der Antike bis zur Gegenwart, mit einem deutlichen Schwerpunkt auf dem des 19. und 20. Jahrhunderts. Holzspielzeug aus den klassischen deutschen Spielzeugregionen Franken, Thüringen, dem Erzgebirge und dem Alpenraum empfängt den Besucher im Erdgeschoss. Puppen, exquisite Puppenstuben, Kaufläden und Zinnfiguren geben im ersten Obergeschoss Einblicke in die Lebenswelt vergangener Jahrhunderte. Die weltweit bedeutendste Sammlung des Lehmann-Blechspielzeugs verspricht ebenso viel Vergnügen wie die Sammlung optischer Spielereien.

Eine „Welt aus Blech" präsentiert sich im zweiten Stock. Fahrzeuge, Eisenbahnen, mechanische Figuren und Dampfmaschinen belegen die herausragende Rolle der Nürnberger Spielzeugfabrikation auf technischem Gebiet. Ein Höhepunkt ist die 30 m² große Modellbahnanlage im Maßstab 1:64 (Spurweite S).

Das Dachgeschoss ist den neueren Aspekten der Spielzeugwelt gewidmet. In einer reizvoll gestalteten Ausstellungseinheit spannt sich der Bogen vom Bastelwerk der Nachkriegsjahre zum Hightech-Spielzeug der Gegenwart, Barbie, Lego und Playmobil kommen hier ebenso vor wie Schuco-Autos, Bobby-Car und Fantasy-Figuren.

Bei Kindern besonders beliebt ist ein betreuter Spielraum. Während der wärmeren Jahreszeit können die kleinen Besucher zudem in einem großzügig angelegten Außenspielbereich erfahren, wie frühere Generationen gespielt haben.

Literatur

Helmut Schwarz, Marion Faber, Spielzeugmuseum Nürnberg, Nürnberg 2003.

Info

Karlstr. 13–15, 90403 Nürnberg
Tel. 0911/2313164
www.spielzeugmuseum-nuernberg.de
Geöffnet: Di.–Fr. 10.00–17.00, Sa. und So. 10.00–18.00

Helmut Schwarz

Oberbayern

N
25 km
Hessen
Thüringen
Sachsen
TSCHECHIEN
Baden-Württemberg
BAYERN
München
CH
ÖSTERREICH
Ingolstadt
Wolnzach
Ismaning
MÜNCHEN
Burghausen
OBERBAYERN
Höllriegelskreuth
Chiemsee
Mühltal
Traunstein
Starnberger See
Kolbermoor
Rosenheim
Peißenberg
Grassau/Rottau
Bergen
Bad Reichenhall
Benediktbeuern
Walchenseekraftwerk
Kochelsee
Berchtesgaden
Walchensee

Themenroute: Salz

Hintergrund

Salz, das „weiße Gold", ist als Lebens- und Konservierungsmittel unentbehrlich. 95 Prozent der Produktion – weltweit jährlich über 180 Mio. Tonnen – finden heute aber in der Industrie Verwendung. Salz wird bei der Herstellung von Glas, Farben oder Leder benötigt, in der Fotografie und Medizin, zum Enthärten von Wasser oder als Auftaumittel im Winterdienst. In Bayern gibt es Salzlagerstätten in Unterfranken (zwischen Mellrichstadt und Arnstein), Mittelfranken (zwischen Eltmann und Bad Windsheim) sowie im Alpenraum (zwischen Innsbruck und Wien). Wirtschaftlich sinnvoll ist derzeit nur der Abbau der oberbayerischen Lager, die vor 250 bis 200 Mio. Jahren entstanden sind.

Geschichte

Die Salzquellen Reichenhalls (Schauplatz 1) wurden schon von Kelten und Römern genutzt. Um 700 gestattete der bayerische Herzog dem Salzburger Bischof die Soleförderung. Dieses Recht wurde später auf Klöster und Adlige übertragen. Ab dem 13. Jahrhundert hatten es Bürger Reichenhalls, die Siedeherren. Die Wittelsbacher Herrscher profitierten an der Salzproduktion durch hohe Zolleinnahmen. Seit dem 14. Jahrhundert nahmen sie mit Preis- und Beförderungsreglements immer größeren Einfluss. Als Reichenhall infolge der Eröffnung neuer Salinen in Österreich seine Monopolstellung verloren hatte und sich die wirtschaftliche Lage der Siedeherren drastisch verschlechterte, nahm Herzog Georg der Reiche diese Krise 1494 zum Anlass, 29 der 32 Reichenhaller Siedebetriebe zu erwerben. Die Salzherstellung wurde nun zu einem Monopol der bayerischen Landesherren. Teure Modernisierungs- und Erweiterungsmaßnahmen führten zu einem Wiederaufblühen des Reichenhaller Salzwesens. Das Herzogshaus begründete ab 1586 ein eigenes Liefermonopol durch den Ankauf von Handels- und Niederlagsrechten. Salzämter entstanden landesweit; die Salzproduktion wurde kontinuierlich ausgebaut. Im 17. Jahrhundert wurden in Reichenhall jährlich rund 6.000 t Salz hergestellt, 1800 waren es 12.000 t, 1820 bereits 32.000 t.

In Berchtesgaden (Schauplatz 2) begann die Salzproduktion um 1200, der Salzbergbau 1517. Nach der Säkularisation der reichsunmittelbaren Fürstprobstei fiel deren Territorium 1816 an Bayern. Die Sole wurde nun nach Reichenhall zur Weiterverarbeitung geleitet.

Der enorme Holzbedarf der Sudpfannen hatte in Reichenhall bereits im 16. Jahrhundert zu einem bedrohlichen Holzmangel und zu Engpässen bei der Energieversorgung geführt. Die Situation verschärfte sich, als 1613 eine weitere Solequelle entdeckt wurde. 1616 beauftragte deshalb Herzog Maximilian I. seinen Hofbaumeister Hans Reiffenstuel und dessen Sohn Simon, eine Soleleitung in die waldreichen Gebiete um Traunstein zu bauen. Ein Jahr später wurde dort mit der Errichtung einer neuen Saline begonnen (Schauplatz 3).

Ab 1782 wurden die Reichenhaller und Traunsteiner Saline von Georg Sebastian Clais (1742–1809), einem Uhrmacher, der seine Kenntnisse im Salinenwesen autodidaktisch erworben hatte, modernisiert und zum bedeutendsten Wirtschaftsunternehmen des Landes ausgebaut.

Da immer mehr Sole gefördert wurde, war eine neue Saline notwendig geworden. Um die Torfgebiete im Chiemgau, die Kohlevorkommen bei Peißenberg und die Holzdrift über den Inn und die Mangfall nutzen zu können, erteilte König Ludwig I. 1807 den Auftrag zum Bau einer Saline in Rosenheim. Eine Soleleitung verband sie ab 1809/10 mit Reichenhall. Zu den technischen Meisterleistungen der Zeit

gehört eine Solehebemaschine, die Georg von Reichenbach 1808 entwickelt hatte. Ein Exemplar ist im Brunnhaus Klaushäusl (Schauplatz 4) zu sehen, ein weiteres im Deutschen Museum in München.
Die Salzgewinnung war ein wichtiger Aktivposten im bayerischen Staatshaushalt. Als ersten repräsentativen Verwaltungsbau des Königreiches Bayern errichtete deshalb Friedrich von Gärtner von 1838 bis 1843 in München (Ludwigstraße 27) die „General-Bergwerks- und Salinenadministration". 1927 wurde die staatliche Salinenverwaltung in die „Bayerische Berg-, Hütten- und Salzwerke AG" überführt. Zu ihr gehörten unter anderem das Kohlebergwerk Peißenberg und die Luitpoldhütte Amberg; das Aktienkapital war vollständig in Staatsbesitz. Die Salzerzeugung war mit rund 45.000 t zwischen 1852 und 1931 nahezu gleich geblieben. Nach der Schließung der Salinen in Traunstein (1912), Berchtesgaden (1927) und Rosenheim (1958) konzentrierte sich die bayerische Salzerzeugung in Reichenhall. 1995 wurde die Südsalz GmbH gegründet, die heute auf dem deutschen Markt führend ist.

Stichwort: Georg von Reichenbach
Georg Reichenbach wurde 1771 in Durlach/Karlsruhe geboren. 1791 baute der Autodidakt einen Spiegelsextanten, der die Aufmerksamkeit des kurfürstlichen Hofastronomen erregte. Auf dessen Empfehlung schickte Kurfürst Karl Theodor den 20-jährigen Reichenbach zu einem Studienaufenthalt nach England. Er besuchte die Maschinenfabrik von Watt und erwarb Kenntnisse in der Eisenhüttentechnik. 1796 kam Reichenbach nach München. Hier gründete er mit Joseph Liebherr und Joseph Utzschneider 1804 das „Mathematisch-Mechanische Institut", eine Spezialwerkstatt für Präzisionsinstrumente. Utzschneider, der auch Generaladministrator der staatlichen Salinen war, verschaffte dem Institut 1807 den Auftrag für den Bau einer Solepumpe. 1820 wurde Reichenbach, inzwischen vom König geadelt, Direktor der königlichen Straßen- und Wasserbauverwaltung. Die Errichtung des Augsburger Wasserwerkes zählt zu seinen letzten Projekten. Nach mehreren Schlaganfällen starb er 1826.

Wassersäulenmaschine Pfisterleite zur Solehebung von Georg von Reichenbach, 1817, Deutsches Museum München

Schauplatz 1: Bad Reichenhall, Alte Saline

1834 vernichtete ein Großbrand in Reichenhall alle Salinengebäude. Unbeschädigt blieb nur der unterirdische Brunnenschacht, den der Münchner Architekt und Bildhauer Erasmus Grasser 1507 im Auftrag des bayerischen Herzogs gebaut hatte, um einströmendes Süßwasser von den Solequellen fernzuhalten. Der Neubau der „Alten Saline" war ein Prestigeobjekt von König Ludwig I. 1836 wurde nach Plänen Friedrich von Gärtners der „Beamtenstock" mit Verwaltungsräumen und Dienstwohnungen in der strengen Sachlichkeit des Klassizismus errichtet. 1841 erfolgte die Grundsteinlegung für das gegenüberliegende Hauptbrunnhaus und die Salinenkapelle. 1851 ging das letzte der vier Sudhäuser in Betrieb. Die historisierenden Architekturformen der Backsteinfassaden verschleiern die Tatsache, dass die Produktionsanlagen äußerst modern und hinsichtlich Arbeitssicherheit und Hygiene vorbildlich waren. Wer die Pläne für diese schönste Saline Deutschlands entworfen hat, ist umstritten. Die Gesamtplanung dürfte von Friedrich von Schenk – unter Mitwirkung von Joseph Daniel Ohlmüller – stammen. Schenk konstruierte auch die imposanten Solefördermaschinen, die mit ihren Wasserrädern seit 1850 nahezu ununterbrochen arbeiten. Die lichtdurchflutete Maschinenhalle, in der sie stehen, wurde von Zeitgenossen als „Kathedrale der Technik" interpretiert. Tägliche Messen in der hinter dem Brunnhaus gelegene Salinenkapelle, für die die Münchner Ludwigskirche Vorbild war, sollten die Ergiebigkeit der Solequellen und damit eine der wichtigsten Einnahmen des Königreichs Bayern sichern.

Alte Saline, Haupteingang und Salinenkapelle in Bad Reichenhall

Die Sudhäuser boten am Beginn des 20. Jahrhunderts keinen Raum für neue Siedetechniken. 1926/1927 wurde deshalb die „Neue Saline" eröffnet, in der das Verdampfungsverfahren mit elektrischer Energie möglich war. In den 1970er Jahren wurde auf das Vakuumverfahren umgestellt. Heute erzeugt die Saline jährlich 240.000 t Salz. Die „Alte Saline" wurde 1927 stillgelegt. Drei der vier Gradierwerke, die Clais ab 1790 errichtet hatte, um die Konzentration schwach salzhaltiger Quellen durch Verdunstung zu erhöhen, waren bereits 1868 abgebrochen worden; eines (Neubau 1910) wird noch heute für Kurzwecke benutzt. Kuranlagen gibt es in Reichenhall seit 1846, seit 1900 ist die Stadt bayerisches Staatsbad.

Info

Alte Saline 9, 83435 Bad Reichenhall
Tel. 08651/7002146
www.salzwelt.de
Geöffnet: 1. Mai–30. Okt. tgl. 10.00–11.30, 14.00–16.00; 1. Nov.–30. April Di.–Fr., jeden 1. So. im Monat 14.00–16.00

Schauplatz 2: Berchtesgaden, Salzbergwerk

Sole wurde in Berchtesgaden zunächst obertägig gewonnen. Am Ende des 13. Jahrhunderts war die Sink-Werk-Technik ausgereift, die im Prinzip noch heute angewandt wird: In das „Haselgebirge", das zwischen 35 und 50 Prozent Salz enthält, wurden Stollen geschlagen und diese unter Zuleitung von Süßwasser zu Laugkammern erweitert. Dabei löste sich in 25–30 Tagen das Salz bis zu einer

Foto aus den 1930/40er Jahren des ehemaligen Betriebsgebäudes des Berchtesgadener Salzbergwerkes

maximalen Konzentration von 26,5 Prozent. Diese künstliche Sole wurde zunächst in einen Sudbetrieb am Schellenberg, später nach Frauenreuth geleitet. Salzbergwerk und Saline kamen 1816 endgültig zum Königreich Bayern und stellten für dieses eine wichtige Einnahmequelle dar. Die Saline wurde 1928 aufgelöst, die Sole aber weiterhin nach Reichenhall gepumpt. Seit 1975 wird auf fünf Abbauebenen in einer Tiefe von 180 m jährlich rund 600.000 m^2 Sole mit 20 Bohrspülwerken gefördert.
Das Gebäudeensemble am Fuße des Salzberges entstand ab 1834 in klassizistischen Formen (Vorentwürfe durch Friedrich Ziebland). Das dahinter liegende Schaubergwerk, seit der Nachkriegszeit ein beliebtes Ausflugsziel mit jährlich über 400.000 Besuchern, ist mit seinen Rutschen, Salzseen und Grubenfahrten freilich mehr Freizeitvergnügen als Museum.

Info

Bergwerkstr. 83, 83471 Berchtesgaden
Tel. 08652/600220
www.salzwelt.de
Geöffnet: 1. Mai–15. Okt. tgl. 9.00–17.00; 16. Okt.-30. April tgl. 11.30–15.00

Schauplatz 3: Traunstein

Die Traunsteiner Saline, die von 1618 bis 1621 unterhalb der Stadt, in der Au, errichtet und im 18. Jahrhundert von Clais erweitert worden war, zeigt ein Modell im Heimatmuseum (Stadtplatz 2, Tel. 0861/164786). Von dem ehemaligen Gebäudeensemble sind heute nur noch die Salinenkapelle von 1630, der südliche Teil des Brunnhauses von 1620 sowie die Harthäuser und Wohnstöcke aus dem 17. Jahrhundert erhalten. In den Harthäusern trocknete das feuchte Salz, ehe es für den Ferntransport in Fässer gefüllt wurde. Die Wohnstöcke boten rund 150 Salinenarbeitern Platz. Von 1864 stammt der Rupertusstadel, in dem Holz für die Salinen lagerte. Der oberste Beamte der Saline, der Salzmaier, residierte in einem heute noch bestehenden Amtsgebäude am Marktplatz. 1926 wurden die Sudhäuser der 1912 stillgelegten Saline abgebrochen.

Info

Museum im Heimathaus, Stadtplatz 2, 83278 Traunstein, Tel. 0861/164786
Geöffnet: Mai–Okt. 10.00–15.00 u. n. Vereinbarung

Brunnhaus und Harthäuser aus dem 17. Jahrhundert in Traunstein

Gesamtansicht des Brunnhauses Klaushäusl in Grassau

Schauplatz 4:
Grassau, Brunnhaus Klaushäusl

Die erste Soleleitung von Reichenhall nach Traunstein war 1617/19 gebaut worden. Mit den von Reiffenstuel konstruierten Pumpen konnten 90–130 l Sole pro Minute angehoben werden. Die Pumpen befanden sich in Brunnhäusern, angetrieben wurden sie mit Wasserkraft (der Nachbau eines Wasserrades ist im Holzknechtmuseum Ruhpolding zu sehen). Die 9.000 Rohre dieser 80 km langen Strecke Reichenhall-Traunstein, der ersten „Pipeline der Welt", waren aus Fichten- oder Tannenholz. Die innen aufgebohrten Stämme wurden mit Eisenblechen, die meist aus der Maxhütte Bergen stammten, verbunden.
Reiffenstuels Werk zu modernisieren und die Soleleitung bis Rosenheim zu verlängern, war die Aufgabe von Georg von Reichenbach. Bahnbrechend war die von ihm entwickelte Pumptechnik: Die alten Wasserräder wurden durch Wassersäulenmaschinen ersetzt. Diese arbeiteten nach dem Prinzip von Dampfmaschinen, die Kolben wurden jedoch von Wasser bewegt, das aus einem höher gelegenen Sammelbecken fiel. Sie lieferten die Antriebsenergie für Solepumpen, die die Sole in die oberhalb der Maschine gelegenen Reservebehälter drückten. 230 l pro Minute konnten mit der Reichenbach'schen Maschine gehoben werden. Von den Hochreserven floss die Sole, dem natürlichen Gefälle folgend, zum nächsten Brunnhaus.
Bestens erhalten ist das Brunnhaus Klaushäusl bei Grassau. Zu sehen sind die Niederreserve, in der die von Reichenhall kommende Sole gesammelt wurde, das Maschinenhaus mit der Reichenbach'schen Technik, das darüber liegende Wassersammelbecken und die 42 m höher gelegene Hochreserve. Zuständig für die Anlage war ein Brunnwart, der in einem Gebäude neben dem Maschinenhaus wohnte. Heute ist hier ein Museum über das Voralpenmoor zu sehen.
Ein weiteres Brunnhaus befindet sich in Bergham. Hier beginnt auch der Salinen-Radweg nach Rosenheim. Auf der 20 km langen Strecke sind Reste des alten Leitungssystems erhalten, wie die Soleleitungsbrücke über die Prien bei Prutdorf. In Rosenheim bieten das Holztechnische Museum, das Städtische Museum (Im Mittertor, Ludwigsplatz 26, 83022 Rosenheim, Tel. 08031/798987) sowie das Innmuseum (Innstr. 74, 83022 Rosenheim, Tel. 08031/31511) Informationen zur Salz- und Salinengeschichte.

Info

An der B 305, 83224 Grassau
Tel. 08641/5467
Geöffnet: Mai–Okt. Di.–Sa. 14.00–17.00, So. u. Feiertage 10.00–17.00

Literatur

Salz Macht Geschichte (Ausstellungskatalog), hrsg. von Manfred Treml, Augsburg 1995.
Kurt Enzinger, Bayerisches Salz, Freilassing 1995.

Werner Kraus

Themenroute: Vom Walchenseekraftwerk zu den Anlagen Mittlere Isar

Hintergrund

Großer Wasserreichtum und das Gefälle der alpinen Flüsse ließen die Nutzung von Wasserkraft in Bayern zu einer zentralen Quelle der Energieversorgung werden. Bis in die 1920er Jahre konnte der bayerische Strombedarf fast ausschließlich aus Wasserkraft gedeckt werden. In zwei bahnbrechenden Versuchen war es Oskar von Miller 1882 und 1891 gelungen, Strom über weite Distanzen zu übertragen. Damit war es möglich geworden, Kraftwerke nicht nur am Ort des Verbrauchs, sondern an der Stelle der besten Kraftausnutzung zu errichten. In diesen Jahren begann der Strombedarf besonders in den großen Ballungszentren aufgrund der zunehmenden Elektrifizierung rapide zu steigen.

Die frühesten Kraftwerke an der Isar entstanden nahe bei der Stadt und an kleinen Zweigkanälen. Es waren zunächst kleine Anlagen, vorwiegend für den städtischen Bedarf in München, für die Straßenbeleuchtung oder die elektrisch betriebenen Straßenbahnen. Erst nachdem die Stadt 1899 offiziell die Stromversorgung übernommen hatte und die „Städtischen Elektrizitätswerke München" gegründet worden waren, wurden größere Anlagen geplant, um den steigenden Bedarf zu decken. Das erste Jahrzehnt des 20. Jahrhunderts brachte den entscheidenden Aufschwung für die Nutzung von Wasserkraft in Bayern. Die ersten großen Wasserkraftwerke wurden errichtet (Mühltal in Planung ab 1905, Isarwerk I in München 1906–1908, Vorläuferwerk von Uppenborn I bei Moosburg 1906–1908) oder ältere Anlagen modernisiert (Höllriegelskreuth 1906). In dieselbe Zeit fielen auch die entscheidende Planungsphase für das erste Großkraftwerkssystem am Walchensee sowie die Ausführung des Leitzachwerkes, eines Speicherkraftwerks zwischen Seehamer See und Leitzachtal, das zwischen 1908 und 1910 entstand und dem Walchenseekraftwerk später als Vorbild diente. Nach dieser Pionierzeit brachte der Erste Weltkrieg eine Zäsur und verzögerte die Ausführung einiger Projekte. Das Walchenseekraftwerk wurde erst 1918–1924 errichtet, das Kraftwerk in Mühltal 1921–1924. Weitere Einzelkraftwerke, die Isarwerke II und III in München, folgten in den frühen 1920er Jahren. Eine letzte wichtige Etappe in der Frühzeit der Nutzung der Isarwasserkraft war die Errichtung einer Kraftwerkstreppe an der Mittleren Isar 1919–1924.

Während sich die Anlagen des frühen 20. Jahrhunderts noch ausschließlich auf die Obere und Mittlere Isar beschränkten, konzentriert sich seit dem Zweiten Weltkrieg und bis heute der Bau von Wasser-

Stichwort: Wasserkraftwerke

Drei Typen von Wasserkraftwerken sind zu unterscheiden: 1. Das Laufwasserkraftwerk liegt an Flüssen und nutzt deren natürliches oder künstlich angestautes Gefälle. Die jeweilige Leistung ist abhängig von der Fallhöhe und der Durchflussmenge des Wassers. 2. Speicherkraftwerke nutzen hochgelegene Seen oder Wasserspeicher, von wo aus das Wasser durch Druckrohrleitungen in ein im Tal gelegenes Kraftwerk fließt. Sie arbeiten als Hochdruck-Wasserkraftwerke, die bei großer Fallhöhe keine sehr großen Wassermengen benötigen. 3. Pumpspeicherkraftwerke funktionieren entsprechend, doch wird hier zu Zeiten niedrigen Strombedarfs Wasser an einen hochgelegenen Ort gepumpt, um es bei Spitzenlastzeiten zur Stromerzeugung nutzen zu können.

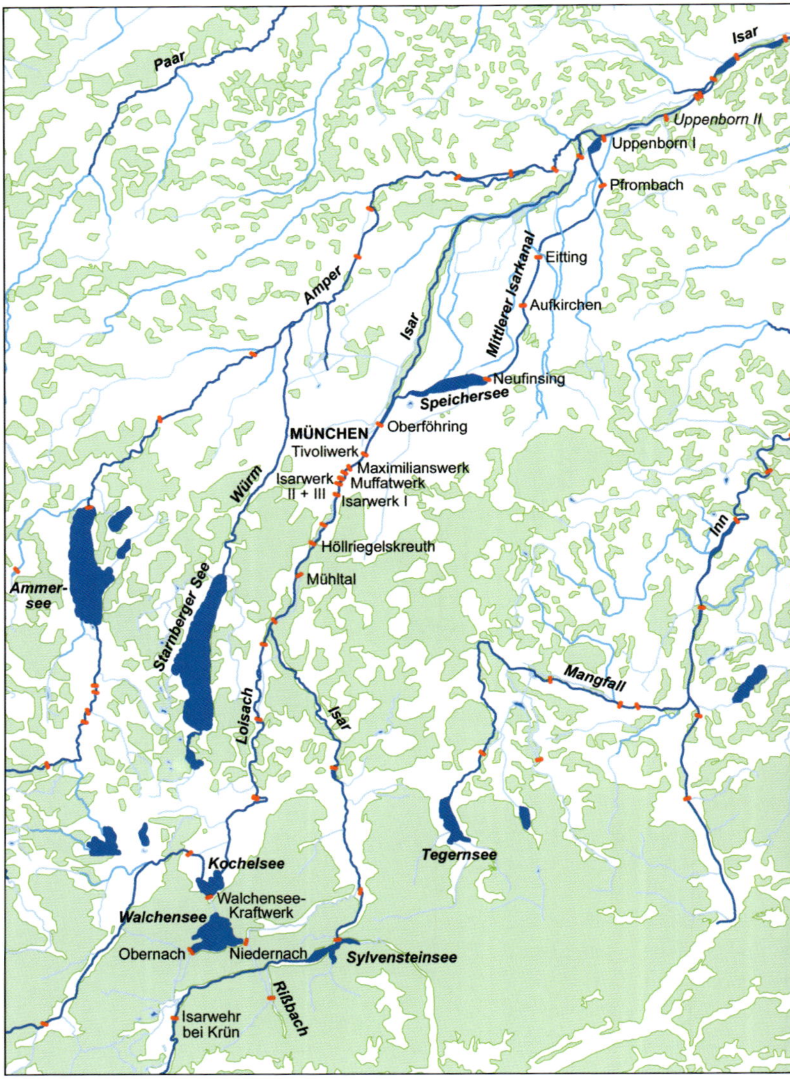

Übersichtskarte zu den Isarkraftwerken

kraftwerken überwiegend auf den Verlauf der Unteren Isar.

Besonders die frühen Wasserkraftwerke zeigen eine qualitätvolle Baugestaltung, deren Formengut der gleichzeitigen Architektur entlehnt ist. Ein eigener Bautypus scheint sich erst zu Beginn des 20. Jahrhunderts zunehmend herausgebildet zu haben. Frühe Bauten wie besonders das Maxwerk in München von 1895 zeigen in ihrer vielgestaltigen barockisierenden Bauweise eine enge Anlehnung an den Schlossbau mit apsidenartigen Vorsprüngen, Balustraden und Türmchen. Selbst noch das Isarwerk I von 1907/1908 ähnelt in der Geschossgliederung und den Dachgauben eher einer Villa als einem Industriebau.

Schauplatz 1: Walchenseekraftwerk

Erste Pläne für ein Kraftwerk zur Ausnutzung des etwa 200 m hohen Gefälles zwischen Walchen- und Kochelsee erstellte Oskar von Miller 1897. Nach einer bewegten Planungsphase lobte die Bayerische Staatsregierung 1908 einen Wettbewerb aus, zu dem 31 Entwürfe eingereicht wurden. Erster Preisträger wurde die Arbeitsgemeinschaft Dyckerhof & Widmann, Oberbaurat Kinzer, Maschinenfabrik Augsburg-Nürnberg und Siemens-Schuckert-Werke. Durch Verzögerung, nicht zuletzt aufgrund des Ersten Weltkrieges, kam das Projekt erst 1918–1924 zur Ausführung. Oskar von Miller wurde mit der Betreuung des Vorhabens beauftragt.

Beim Walchenseekraftwerk handelt es sich um ein Speicherkraftwerk, für das der Walchensee als Wasserspeicher dient. Durch ein Einlaufbauwerk bei Urfeld wird das Wasser über einen 1.200 m langen Stollen in ein Wasserschloss oberhalb des Kochelsees geleitet, in dem Druckschwankungen, die durch wechselnden Wasserstand bedingt sind, ausgeglichen werden. Von dort fließt es durch sechs circa 400 m lange, sich nach unten leicht verjüngende Rohrbahnen in das Kraftwerk, das sich auf Höhe des Kochelsees befindet. Nach Durchlaufen der Turbinen wird das Wasser über den Unterwasserkanal in den Kochelsee abgeführt.

Die technische Ausstattung des Kraftwerks besteht noch aus den bauzeitlichen vier Francis- und vier Peltonturbinen. Vier der Rohrbahnen münden in je eine Francis-, die übrigen beiden teilen sich auf die Peltonturbinen auf. Die Francisturbinen sind mit vier Drehstromgeneratoren einer Leistung von je 18 MW gekoppelt, die Peltonturbinen mit vier Einphasenstromgeneratoren von je 13 MW. Insgesamt ergibt sich eine Ausbauleistung von 124 MW und eine Jahreserzeugung von circa 300 Mio. kWh. Im Schalt- und Transformatorenhaus wird der Drehstrom von der Maschinenspannung (6,6 kV) auf die Netzspannung von 110 kV angehoben und in das Netz eingespeist. Der Einphasenstrom hingegen, etwa ein Viertel des Gesamtertrages, wird seit Beginn des Kraftwerksbetriebs der Deutschen Bahn zugeführt; er war entscheidend für den weiteren Ausbau des Bahnsystems in Bayern.

Die architektonische Gestaltung des Walchenseekraftwerks ist von Funktionalität geprägt, ohne auf monumentale Akzente zu verzichten. Das Krafthaus ist durch lange Fensterbahnen, Halbrundfenster und vorspringende Wandpfeiler rhythmisiert. Der Weg des Wassers ist mit den offen liegenden Rohrbahnen und den sichtbar aufgestellten Maschinensätzen anschaulich nachvollziehbar. Insgesamt stellt die Anlage ein herausragendes Beispiel eines Industriedenkmals der Zeit um 1920 dar.

Um stets einen ausreichenden Wasserstand im Walchensee zu gewährleisten, sah bereits der ursprüngliche Entwurf ein Aufstauen der nahe gelegenen Isar und deren Überleitung in den Walchensee vor. Vom Isarwehr bei Krün aus wird ein

Turbinenhalle des Walchenseekraftwerks

Teil der Isar durch ein Druckstollensystem in den Walchensee geleitet, wo das Gefälle von 70 m bereits durch das Obernachkraftwerk zur Energiegewinnung genutzt wird (Ausführung erst 1955). Darüber hinaus wurde auch der Rißbach durch eine Überleitung zum Walchensee, wo 1951 das Niedernachkraftwerk entstand, in das System einbezogen. Insgesamt ergibt sich ein Netzwerk, das die topografischen Gegebenheiten in idealer Weise zur Stromgewinnung nutzt.

Info

Beim Walchenseekraftwerk vermittelt ein Informationszentrum von E.ON anschaulich Details zum Walchenseesystem und zur Wasserkraft.
Altjoch 21–23, 82431 Kochel a. See
Tel. 08851/77-211225
Geöffnet: tgl. 9.00–17.00

Schauplätze 2: Isarkraftwerke Mühltal und Höllriegelskreuth

Von besonderer Qualität unter den frühen Wasserkraftwerken ist dasjenige in Mühltal im Süden von München. Es liegt an einem 7,3 km langen Isarkanal. 1905 erstmals projektiert, wurde es 1913 genehmigt, aufgrund der nachfolgenden Kriegswirren aber erst 1921–1924 durch Franz Langlotz errichtet (Ausstattung: 3 Francisturbinen, Fallhöhe maximal 17,4 m, durchschnittliche Jahresleistung circa 70 Mio. kWh). Kein anderes Kraftwerk ist ihm in der architektonischen und baukünstlerischen Ausgestaltung vergleichbar. Wehr- und Krafthaus liegen zu Seiten des steil abfallenden Betriebskanals, dahinter steht – parallel zum Unterwasserkanal – das Transformatoren- und Schalthaus. Nicht nur der nahezu quadratische Bau des Krafthauses, sondern alle zugehörigen Baukörper werden in architektonisch anspruchsvoller Weise durch klare Gliederung und gute Proportionierung geprägt. Umlaufende Gesimse, eine sich wiederholende Gruppie-

Zugang zum Isarkraftwerk Mühltal

rung der Fenster in Größe und Position, gleiche Fenstervergitterungen und die Form der Walmdächer binden die Gebäude bei jeweils eigener Gewichtung zusammen.

Der Zugang führt über eine Brücke zwischen Kraft- und Transformatorenhaus und wird durch Pfeiler, Bögen und sternförmige Laternen hervorgehoben. Den Türsturz des Eingangs zum Krafthaus ziert der Meeresgott Poseidon mit Seewesen. Im Inneren befindet sich ein Deckengemälde von G. G. Klemm, einem Schüler Franz von Stucks, das ebenfalls durch Bilder aus der griechischen Mythologie auf die Funktion des Gebäudes verweist. Um eine Windrose gruppieren sich der blitzschleudernde Zeus, Poseidon mit dem Dreizack, der Sonnengott Helios sowie der Windgott Aiolos. Kein zweites Mal findet sich eine ähnlich sprechende Symbolik mit Hinweis auf die aus Wasserkraft zu gewinnende Energie.

Vergleichbar in der Anspielung auf die Funktion des Kraftwerks mittels der Baudekoration ist das nur wenig isarabwärts gelegene Werk bei Höllriegelskreuth. Nach Vorläufern von 1894, 1899/1900 und 1906 wurde es 1937–1939 vollständig neu errichtet und mit zwei Kaplanturbinen ausgestattet (durchschnittliche Jahresleistung circa 22,6 Mio. kWh). Die seitlich anschließenden Bauteile stammen aus den Jahren 1950–1954. Die Unterstromfassade spannt sich quer über den Isarkanal und ist durch Dreierfenstergruppen gegliedert, über denen jeweils mittig Konsolen angeordnet sind. Diese zeigen der antiken Mythenwelt entlehnte plastische Darstellungen von Poseidon, Seewesen und Blitze sprühenden Pferden.

Info

E.ON Wasserkraft GmbH
Kraftwerk Mühltal, 82064 Straßlach-Dingharting, Tel. 08178/3660
Kraftwerk Höllriegelskreuth, Beim Kraftwerk 1, 82049 Pullach, Tel. 089/744720

Schauplätze 3: Wasserkraftwerke in München

Die frühesten Wasserkraftwerke befinden sich noch in und nahe dem Münchner Stadtgebiet an Zweigarmen der Isar. Als erstes wurde 1891 ein heute nicht mehr erhaltenes Kraftwerk an der Westenrieder Straße errichtet (52 kW), das ausschließlich zu Beleuchtungszwecken diente. 1893/1894 folgte das Muffatwerk, ein kombiniertes Dampf- und Wasserkraftwerk (Dampfanlage 184 kW, Wasserturbine 140 kW), das bereits 1895–1898 erweitert und damit zum leistungsfähigsten Kraftwerk der Stadt wurde. Ebenfalls 1895 wurde das Maximilianswerk am Auer Mühlbach, kurz vor dessen Einmündung in die Isar, zur Nutzung für Straßenbeleuchtung und Straßenbahn in Betrieb genommen (Leistung

Maximilianswerk in den Isarauen in München von 1895

400 kW, jährlich circa 2,7 Mio. kWh) sowie im Norden der Stadt das Tivoliwerk am Eisbach, ein kombiniertes Wasser- und Dampfkraftwerk der Maffei-Werke (ursprünglich 244 kW, aber bereits um 1900 erweitert). Der Beschluss der städtischen Elektrizitätswerke 1906, die Wasserkraft der Isar stärker auszunutzen, führte zum Bau des ersten großen Wasserkraftwerks München-Süd (heute Isarwerk I), das 1906–1908 nach einem Entwurf von August Blößner errichtet wurde (Zentralländstraße; durchschnittliche Jahresleistung ca. 15 Mio. kWh). Ähnlich ausgestattet sind die Isarwerke II und III, die allerdings erst 1920/1921 folgten.

Info

Muffatwerk: Zellstr. 4, 81667 München.
Maximilianswerk: Max-Planck-Str. 2, 81675 München.
Tivoliwerk: Gyßlingstr. 12, 80805 München.
Isarwerk 1: Zentralländstr. 41, 81379 München.
Isarwerk 2: Isarauen 4, 81379 München.
Isarwerk 3: Wittelsbacher Str. 24, 80469 München.
Auskunft: Stadtwerke München GmbH, Tel. 089/23616403

Schauplatz 4: Großwasserkraftanlage Mittlere Isar

Gleichzeitig mit dem Bau des Walchenseekraftwerks begann die Planung zu einer zweiten landschaftsübergreifenden Kraftwerkskette, die das Gefälle der Isar zwischen München und Landshut nutzen sollte. Die Realisierung des Projekts erfolgte zwischen 1919 und 1924 und lag in Händen der 1921 gegründeten Mittlere Isar AG. Es umfasste zunächst das Isarwehr in Oberföhring am Kanalbeginn sowie die vier Kraftwerke in Neufinsing, Aufkirchen, Eitting und Pfrombach. Nach 54,1 km Länge und über ein Gefälle von insgesamt 84 m mündet der Kanal nahe Landshut wieder in die Isar. Im Anschluss an die Werkgruppe der Mittleren Isar entstanden ab 1928 statt eines älteren Landshuter Werkes (1906–1908) die Kraftwerke Uppenborn I und II (Ausführung von Uppenborn II erst nach dem Zweiten Weltkrieg). Die Kraftwerke sind als Laufwasserkraftwerke ausgebildet und zeichnen sich durch ein in der Regel sehr hohes Gefälle aus. Die projektierte Gesamtjahresleistung der Anlagen Mittlere Isar betrug 480.000 Mio. kWh.
Das am stärksten architektonisch durchgestaltete Werk dieser Gruppe ist das Kraftwerk in Neufinsing, das nach Entwurf von Otto Orlando Kurz errichtet wurde. In dem Turm seitlich des Kraftwerks befinden sich Verwaltung und Schaltzentrale aller Anlagen der Mittleren Isar. Die Ausstattung des Werks bestand ursprünglich allein aus Francisturbinen, die ab 1958 überwiegend durch Kaplanturbinen ersetzt wurden. In für die Zeit modernen Bauformen wird die Architektur von Krafthausbau und Turm funktional klar voneinander getrennt. Zugleich werden die Baukörper durch die Anordnung und Gruppierung von Fenstern und Gliederungselementen klar strukturiert und miteinander in Beziehung gesetzt.

Info

Oberföhring: Max-Halbe-Weg 10, 81925 München. Neufinsing: Seestr. 3, 85464 Finsing, Besichtigung n. Vereinbarung. Aufkirchen: Bayernwerkstr. 1, 85445 Oberding, E.ON Informationszentrum: Mo.–Do. 7.00–16.00, Fr. 7.00–13.30. Pfrombach: Am Kraftwerk 1–12, 85368 Moosburg. Uppenborn 1: Werkstr. 25, 85368 Moosburg-Wang. Uppenborn 2: Tiefenbach (an der B 11), 84184 Schlossberg.
Auskunft zu den Anlagen Mittlere Isar: E.ON Wasserkraft GmbH, Tel. 08121/709211, bzw. zu den Uppenbornwerken: Stadtwerke München GmbH, Tel. 08709/1718

Literatur

Rainer Slotta, Technische Denkmäler in der Bundesrepublik Deutschland II, Bochum 1977.
Gottfried Kerscher, „100.000 weißschäumende Isarhengste" – die Frühgeschichte der Gewinnung von Energie aus Wasserkraft am Beispiel der Werke an der Isar, in: Jahrbuch der Bayerischen Denkmalpflege Bd. 43, 1989 (1994).

Dorothee Heinzelmann

Porträt: Alexander Wacker (1846–1922)

Biografie

Dass aus Alexander Wacker ein Pionier der deutschen Elektro- und Chemieindustrie werden würde, der in einer Reihe mit Siemens, Maffei oder Schuckert steht, war ihm nicht in die Wiege gelegt worden.
Geboren wurde er am 29. Mai 1846 in Heidelberg und wuchs als Halbwaise auf. Obwohl er ein guter Schüler war, brach er aufgrund der schwierigen finanziellen Verhältnisse die Schulausbildung ab, begann 1862 eine Lehre als Tuchhändler und wurde Handelsgehilfe. Gefallen hat ihm diese Branche aber nie. Deshalb übernahm er 1875 den Betrieb eines Kleinunternehmers in Leipzig, der mit Werkzeugen und Motoren handelte.
1877 traf Wacker auf der Leipziger Messe den Nürnberger Sigmund Schuckert und kam mit ihm überein, dessen Dynamos, Bogenlampen und Elektromotoren in Norddeutschland zu verkaufen. Die Elektrizität befand sich in einer ungeheuren Aufschwungphase. Im Wettbewerb mit Siemens-Halske und der AEG trieben die Schuckert-Werke die „Elektrifizierung Deutschlands", vor allem die elektrische Straßenbeleuchtung in den Städten, voran. Die Geschäfte entwickelten sich prächtig. Hatte Schuckert 1878 noch 14 Mitarbeiter, waren es 1886, als Wacker von Schuckert offiziell zum Teilhaber des Unternehmens berufen wurde, bereits 274; der Jahresumsatz betrug rund 1,53 Mio. Mark.
1879 hatte Wacker Elisabeth Wagner geheiratet, mit der er sechs Kinder hatte. 1893 wurde die Firma Schuckert & Co. in die Elektrizitäts-Aktiengesellschaft EAG umgewandelt, deren Generaldirektor Wacker wurde. Schuckert starb 1895. 1902 gab Wacker seinen Posten als Generaldirektor auf und wechselte in den Aufsichtsrat. Ein Jahr später fusionierte die EAG mit Siemens zu den Siemens-Schuckert-Werken. Wacker wurde wiederum Aufsichtsratsmitglied und blieb es auf Lebenszeit.
Seine Interessen hatten sich aber zur elektrochemischen Industrie verlagert. Die Erzeugung von Strom aus Wasserkraft und dessen Speicherung faszinierten ihn. Moderner Energieträger war damals die Verbindung Calciumcarbid, die mit hohem Energieaufwand aus Kalk und Kohle hergestellt wurde. Diese Energie war nutzbar gespeichert in dem Gas Acetylen, das bei der Umsetzung von Carbid mit Wasser freigesetzt werden konnte. Zusammen mit dem Industriellen Hugo von Maffei hatte Wacker der EAG drei Carbidwerke in Bosnien, Norwegen und der Schweiz abgekauft, wo es gewaltige Wasserkraftwerke gab, die die notwendige elektrische Energie erzeugten.
Der Plan Wackers war, diesen Stoff in der Beleuchtungsindustrie einzusetzen. Die Carbidlampen setzten sich jedoch nicht durch, aber die Chemiker des Consortiums für elektrochemische Industrie fanden zahlreiche andere Verwendungen für das Acetylen aus Calciumcarbid. Dabei handelte es sich um ein Laboratorium, das 1903 von Wacker in Nürnberg gegründet wurde und das heute in München die zentrale Forschungseinrichtung der Wacker-Chemie ist.
Nun erfüllte er sich seinen letzten großen Lebenstraum: Er baute ein elektrochemisches Werk zur Erzeugung und Veredelung von Carbid auf der Basis von Wasserkraft in Bayern. Nach zähem Ringen mit den Behörden um eine Nutzung der Alz erhielt Alexander Wacker 1913 die Genehmigung zum Ausbau der Alzstufe bei Burghausen. 1916 begann die Produktion des kriegswichtigen Stoffes Aceton, einer Folgeverbindung von Calciumcarbid.
1918 besuchte König Ludwig III. das Werk, um Wacker zu adeln; dies war der

Alexander Wacker

Höhepunkt von zahlreichen Ehrungen. Am 6. April 1922 starb Ritter Alexander von Wacker im Alter von 76 Jahren in Bad Schachen an den Folgen eines Schlaganfalls.

Info

Wacker Chemie AG, Johannes-Hess-Str. 24, 84489 Burghausen
Tel. 08677/833661
Das Werksgelände ist nicht zugänglich.

Literatur

Wolfgang J. Smolka, Alexander von Wacker. Das Leben eines Industriepioniers, München 1990.

Christian Finger

Benediktbeuern, Fraunhofer-Glashütte

Geschichte

Josef von Utzschneider (1763–1840) quittierte 1801 den Staatsdienst, gründete eine Lederwarenfabrik, war Tuchfabrikant und Bierbrauer. Zusammen mit Georg von Reichenbach und Josef Liebherr baute er 1804 das Mathematisch-mechanische Institut in München auf und spezialisierte sich auf die Herstellung von Präzisionsgeräten, die seit Ende des 18. Jahrhunderts im Vermessungswesen und in der Forschung benötigt wurden. 1805 erwarb er das 1803 vom bayerischen Staat säkularisierte Kloster Benediktbeuern, um hier hochwertiges Glas zu produzieren.

Glas ohne Schlieren und Blasen wurde bisher nur in England hergestellt; dessen Einfuhr nach Deutschland war aber aufgrund der 1806 von Napoleon verhängten Kontinentalsperre nicht mehr möglich. Diese Marktnische besetzte Utzschneider. Aufgrund der praktischen Erfahrungen von Pierre L. Guinand, den Utzschneider aus der Schweiz geholt hatte, sowie den Forschungsleistungen Joseph von Fraunhofers erlangte die

Stichwort: Joseph von Fraunhofer
Der am 6. März 1787 in Straubing geborene Fraunhofer absolvierte eine Lehre als Glasschleifer. Auf Wunsch von Kurfürst Max IV. Joseph nahm ihn der Münchner Unternehmer Josef von Utzschneider 1806 als Optiker in seine Glashütte auf. Fraunhofer, der nie eine öffentliche Schule besucht hatte, revolutionierte hier die Glasschmelze und den Glasschliff. 1811 wurde er Teilhaber und 1813 Leiter der Hütte. Seine Forschungen über die Lichtbeugung und seine Entdeckung der dunklen Linien im Sonnenspektrum, die später nach ihm benannt wurden, verschafften ihm internationales Renommee. 1823 bestellte ihn die Bayerische Akademie der Wissenschaften zu ihrem Mitglied. König Ludwig I. erhob ihn in den Adelsstand. Am 7. Juni 1826 starb er im Alter von 39 Jahren.

Schmelzöfen der Fraunhofer-Glashütte in Benediktbeuern

Glashütte rasch internationalen Ruf. Sternwarten aus ganz Europa bezogen von ihr Linsen.

Trotz des guten Geschäftsverlaufs verschuldete sich Utzschneider immer mehr. Als Reichenbach und Liebherr das Unternehmen verließen, verkaufte er 1818 die Klostergebäude an König Max I.; die Hütte blieb bis 1839 in seinem Besitz und war bis 1883 in Betrieb. Utzschneider hatte München mit dem Mathematisch-mechanischen Institut zu einem Zentrum der optisch-feinmechanischen Industrie in Deutschland gemacht. In der zweiten Hälfte des 19. Jahrhunderts konnte die Stadt diese Stellung mit den Firmen von Carl August Steinheil (gegründet 1855) und Josef Rodenstock (seit 1883 in München) behaupten.

Beschreibung

Die Glashütte mit den beiden Schmelzöfen, Rührwerken und Arbeitsgeräten aus der ersten Hälfte des 19. Jahrhunderts wurde 1990 vom Haus der Bayerischen Geschichte und der Fraunhofer-Gesellschaft als Museum neu gestaltet. Zu sehen sind auch Instrumente, die in der Werkstatt von Utzschneider und Fraunhofer entstanden sind.

Literatur

Josef Kirmeier, Die historische Fraunhofer-Glashütte in Benediktbeuern, München 1990.

Info

Don-Bosco-Str. 1, 83671 Benediktbeuern
Tel. 08857/88100
www.fraunhofer.de
Geöffnet: März–Okt. tgl. 9.00–17.00

Werner Kraus

Bergen, Maxhütten-Museum

Geschichte

Eisenvorkommen sind in Bayern selten. Eines der größten liegt im Chiemgau um den Teisen- und Kressenberg. Diese Region entwickelte sich ab dem 16. Jahrhundert zum bedeutendsten Montanzentrum Bayerns nach der Oberpfalz. Das erste Eisenwerk im Chiemgau wurde 1562 in Bergen errichtet. 1608 erwarb der bayerische Herzog Maximilian die Hälfte des Werks, das sich rasch zu einem der führenden Unternehmen im Land entwickelte. 1808 ging es ganz in das Ei-

Stichwort: Gusseisen

Gusseisen ist eine Eisen-Kohlenstoff-Legierung, bei der der Kohlenstoffanteil (Grafit) mehr als zwei Prozent beträgt und die bereits bei 1.100° C schmilzt. Gusseisen gibt es seit dem 14. Jahrhundert. Mit einem 1707 in England patentierten Verfahren wird flüssiges Eisen in eine Form aus Sand gegossen. Gegenstände wie Brunnen, Säulen, Balkone oder Ortstafeln können auf diese Weise kostengünstig hergestellt werden.

Blick auf das ehemalige Eisenhüttenwerk in Bergen

gentum des Staates über. 1824 wurde es nach König Max I. Joseph „Maximilianshütte" benannt. Ludwig I. veranlasste 1834/1836 den Umbau und die Erweiterung des Werks.

Ein Hauptproblem der Maxhütte war die Versorgung der Hochöfen und Schmiedefeuer mit Holzkohle. Da die Chiemgauer Wälder bereits intensiv für die Salinen in Reichenhall und Traunstein genutzt wurden, verwendete die Hütte seit dem späten 18. Jahrhundert Torf aus den nördlich gelegenen Mooren.

Bis 1860 lieferte die Maxhütte Roheisen für die zahlreichen Hammerschmieden der Region, versorgte die Salinen mit Eisenprodukten und die bayerische Armee mit Kugeln. Der Abbau der Zollschranken 1807 und 1834 sowie die neuen Transportwege der Eisenbahn hatten zu großräumigen Märkten geführt. Die Maxhütte konnte sich gegenüber den Hütten im Ruhrgebiet oder Saarland, die nahe großer Kohlereviere lagen und kostengünstig Eisen- und Stahlwaren herstellten, nicht behaupten. Sie verlor viele Kunden. Ab 1880 konzentrierte sie sich ganz auf Gusswaren aus Roh- und Alteisen und war an einigen großen Bauprojekten in München wie der Schrannenhalle oder dem Glaspalast beteiligt. Am Ende des Jahrhunderts erweiterten Holzbearbeitungsmaschinen und Straßenwalzen, die bis nach China exportiert wurden, die Produktpalette.

1908 umfasste die Belegschaft 130 Arbeiter. Ein Großteil von ihnen lebte in Werkswohnungen aus dem 18. Jahrhundert. Ab 1920 wurden neue und komfortablere Wohnhäuser gebaut, von denen noch einige im Tal der Weißache stehen.

Die Weltwirtschaftskrise beendete die letzte Blütezeit der Maxhütte. 1932 gab der Staat das Werk auf. Gewinn bringende Produktionsbereiche wurden in die staatliche Hütte Sonthofen verlagert. Die Gebäude gingen in Gemeindebesitz über. 2002 wurde in dem wichtigsten Zeugnis der Industriegeschichte des südlichen Chiemgaus das Museum Maxhütte eröffnet.

Beschreibung

Auf Wunsch von König Ludwig I. wurde 1834 an der Stelle einer alten Hammerhütte eine neue Puddlings-Frischhütte mit einer Länge von 41 m und einer Breite von 22 m errichtet. Da es für Fabrikbauten in Bayern damals keine Vorbilder gab, orientierten sich die Architekten an Wehr- und Festungsbauten: Der massige Quaderbau der Hammerhütte bekam ein trutzig düsteres Aussehen. Die großen Fenster waren ein Zugeständnis an die Arbeitsbedingungen. Wesentlich zierlicher gestaltet ist die 1850 errichtete Halle mit basilikalem Querschnitt, Stahlbindern und Gusseisenstützen. In ihr befindet sich heute das Museum, das die wechselvolle Geschichte der Maxhütte beschreibt und zeigt, wie aus Eisen Werkzeuge, Maschinen und Alltagsgegenstände hergestellt wurden. Die Hüttengebäude bilden zusammen mit der Pestkapelle, dem Kassier-, Hammer- und Schlackenhaus sowie dem Amtsgebäude und der Hüttenschenke ein bedeutendes Industrieensemble aus der ersten Hälfte des 19. Jahrhunderts.

Literatur

Claus-Dieter Hotz, Alte Industrie – neu entdeckt, Grassau 1997.

Info

Maxhüttenstrasse 10, 83346 Bergen
Tel. 08662/8321
www.bergen-chiemgau.de
Geöffnet: 1. Mai–31. Okt. Di.–So. 10.00–16.00

Werner Kraus

Burghausen, Wacker-Chemie

Hintergrund

Die chemische Industrie hatte in Bayern am Beginn des 20. Jahrhunderts einige Standortnachteile: Es gab kaum Rohstoffe, nur wenige große Städte und kaum schiffbare Flüsse. Dennoch hatten sich einige chemische Fabriken angesiedelt, die teilweise noch heute von Bedeutung sind. Unter ihnen sind hervorzuheben die Filialfabrik von Hoechst in Gersthofen bei Augsburg (heute Clariant), die Bayerischen Stickstoffwerke in Trostberg, die elektrochemischen Werke München in Höllriegelskreuth (beide heute Degussa), die bayerische Aktiengesellschaft für chemische und landwirtschaftlich-chemische Fabrikate in Heufeld (heute Südchemie) und seit 1914 die Wacker-Chemie in Burghausen.

Geschichte

Alexander Wacker war von der Idee fasziniert, in Bayern ein elektrochemisches Werk zu errichten. Dort sollte mit aus Wasserkraft gewonnenem elektrischen Strom Calciumcarbid hergestellt werden – zur damaligen Zeit ein viel versprechender Energieträger. Da sich Carbidlampen in der Beleuchtungstechnik aber nicht durchsetzten, rückte die Entwicklung neuer Produkte auf der Basis von Calciumcarbid in den Mittelpunkt der Forschungsarbeiten des „Consortiums für elektrochemische Industrie", einem Chemielaboratorium, das Wacker 1903 in Nürnberg gegründet hatte. Es handelte sich unter anderem um chlorierte Kohlenwasserstoffe, die in chemischen Reinigungsanlagen oder bei der Metallentfettung zum Einsatz kamen. Außerdem gelang es den Forschern, aus Carbid leicht darzustellendes Acetylengas direkt mit Sauerstoff zu Acetaldehyd zu oxidieren. Diese Direkt-Oxidation, die in aller Welt lizenziert werden sollte, ebnete den Weg in die moderne Welt der Kunststoffe, da aus Acetaldehyd und Acetylen Vinylacetat hergestellt werden kann, noch heute ein sehr wichtiges Kunststoff-Monomer.

Das geplante Werk war auf eine Stromerzeugung von 25.000 PS ausgelegt. Für eine derartige Strommenge kamen in Bayern nur zwei Flüsse in Frage: der Lech und die Alz. 1913 erhielt Wacker die Genehmigung zum Ausbau der Alzstufe Margaretenberg-Holzfeld bei Burghausen. Der Ausbruch des Ersten Weltkrieges 1914 verhinderte zunächst den Bau des Burghauser Werkes. Dass die Produktion

Wackerwerk Burghausen mit Alzkanal, 1925

dennoch innerhalb kürzester Zeit aufgenommen wurde, ist dem Aceton zu verdanken. Diese Verbindung war ein wichtiger Rohstoff, um Kunstgummi für die Abdichtung von U-Boot-Batterien herzustellen. Alle bürokratischen Hindernisse wurden schnell aus dem Weg geräumt, sodass im Dezember 1916 in Burghausen die weltweit erste Acetonfabrik nach dem Acetaldehyd-Verfahren eröffnet werden konnte.

Die Zahl der Beschäftigten stieg bis 1919 auf über 1.000. Der Großteil von ihnen stammte aus der eher sozialdemokratisch eingestellten Arbeiterschaft. Es kam mit den meist konservativ eingestellten 3.500 Burghauser Bürgern anfangs zu erheblichen Konflikten.

Da nach dem Krieg Aceton nicht mehr benötigt wurde, musste das Werk auf andere Produkte wie Essigsäure umgestellt werden. Hergestellt wurden auch Kunstschellack für Schallplatten und eine ganze Palette an chlorierten Kohlenwasserstoffen für die Reinigungsindustrie.

Alexander Wacker war es nicht vergönnt, die Fertigstellung des 16 km langen Alzkanals 1922 mitzuerleben. Mit der Wacker-Chemie ging es unter den Erben Wackers und dem Geschäftsführer Johannes Hess weiter steil bergauf: Zum Produktportfolio kam die erste vollsynthetische Kunstfaser aus Celluloseacetat hinzu. Weitere neue Produkte waren Polyvinylacetat, das auch heute große Bedeutung als Bindemittel in der Bauindustrie oder in der Kaugummi-Rohmasse hat, und ab den 30er Jahren auch PVC.

Ganz im Sinne des Firmengründers schuf die Geschäftsführung ein gutes soziales Umfeld für die Belegschaft. 1920 gründete sie einen Unterstützungs- und Pensionsfond, aus dem 1928 die heutige Pensionskasse der Wacker-Chemie hervorging. Vor dem Zweiten Weltkrieg entstanden der Wacker-Kindergarten, die Werkbücherei oder die Werkschule mit Lehrwerkstatt als Ausbildungszentrum, die sich später zum Berufsbildungswerk Burghausen entwickelte. Auch der Sportverein SV Wacker Burghausen hat seine Wurzeln in dieser Zeit.

Der Zweite Weltkrieg bedeutete für Wacker eine scharfe Zäsur: Bedeutende Werke des mittlerweile europaweit agierenden Unternehmens in Mittel- und Ostdeutschland gingen verloren und die Verbliebenen, auch das in Burghausen, wurden unter alliierte Kontrolle gestellt. Die Beschlagnahmung endete 1953. Nun

wurden die Weichen für die Zukunft gestellt: Es begannen die Arbeiten auf den Gebieten Reinstsilicium und Silicone, zwei aktuellen Hauptgeschäftsfeldern.
Heute präsentiert sich Wacker als Technologieführer der chemischen und elektrochemischen Industrie. Das Leistungsportfolio konzentriert sich auf Halbleitertechnologie, Siliconchemie, Polymer- und Feinchemie sowie auf die Polysilicium-Herstellung. Der Konzern erwirtschaftete 2004 mit 20 Produktionsstätten und 14.700 Mitarbeitern einen Umsatz von 2,5 Mrd. Euro. Konzernsitz ist München, das Werk Burghausen, das im bayerischen Chemiedreieck liegt, ist mit knapp 10.000 Mitarbeitern der größte Chemiestandort in Bayern.

Stichwort: Bayerisches Chemiedreieck

Die Standorte des bayerischen Chemiedreiecks befinden sich im südostbayerischen Raum zwischen Pocking, Trostberg und Aschau. Dort wird seit nahezu 100 Jahren Chemie-Geschichte geschrieben. Die ältesten Werke waren die bayerischen Stickstoffwerke in Trostberg (heute Degussa) mit dem Hauptprodukt Kalkstickstoff-Dünger, die Wacker-Chemie in Burghausen, die Nitrochemie in Aschau für Nitrocellulose, die Inn-Werk Bayerische Aluminium AG in Töging und das Werk Gendorf als Filialwerk von Hoechst für Ethylenoxid-Folgeprodukte. Heute ist das bayerische Chemiedreieck ein moderner High-Tech-Standort mit circa 20 Firmen und 25.000 Mitarbeitern.

Info

Wacker-Chemie AG, Johannes-Hess-Str. 24, 84489 Burghausen
Tel. 08677/833661
Werksgelände nicht zugänglich, Werksführungen möglich.

Christian Finger

Grassau/Rottau, Bayerisches Moor- und Torfmuseum

Geschichte

Im südlichen Oberbayern herrschte ab dem 18. Jahrhundert aufgrund des großen Energiebedarfs der Salinen und der Hüttenwerke erheblicher Holzmangel. Torf war als zusätzlicher Brennstoff deshalb sehr gefragt. Er war außerdem ein billiges Heizmaterial für Dampflokomotiven und konnte in der Medizin (Moorbäder) genutzt werden.
Hauptregionen der bayerischen Torfwirtschaft waren um 1860 das Haspelmoor zwischen München und Augsburg sowie Gebiete um Aibling, Seeshaupt und Weißenstadt. Ab 1876 wurden die Moore im Inntal erschlossen. Ein erstes Torfversuchsgut wurde 1895 in den „Kendlmühlfilzen" zwischen Grassau und Rottau eröffnet. Aus Kostengründen setzte das Bayerische Innenministerium zur Torfgewinnung Strafgefangene aus dem Gefängnis in Laufen ein. Deren Zahl stieg bis 1920 auf 500; aus dem Versuchsfeld wurde ein Großbetrieb mit rund 500 ha. Auch während der NS-Zeit und von 1945 bis 1976 arbeiteten Gefangene im Torfabbau, der erst 1988 eingestellt wurde.

Beschreibung

Der Torfbahnhof, der 1920 als Verladestation entstanden war, liegt an der Bahnstrecke München–Salzburg. Auf einer Länge von 44 m überdacht er zwei Gleisstrecken. Im ersten Stock des 17 m hohen Bauwerks befand sich eine inzwischen abgebaute Torfmühle zur Zerkleinerung des Rohmaterials, das anschließend in die noch erhaltene Torfballenpresse gebracht wurde. Das Erdgeschoss des Bahnhofs besteht aus Beton und Ziegeln. Die Holzkonstruktion darüber ist ein Meisterwerk der Zimmermannskunst. Das Museum ist in einem

Torfbahnhof in Grassau von 1920

ehemaligen Werkstattgebäude untergebracht. Es dokumentiert die Erschließung der Moore in Bayern und zeigt Arbeitsgeräte sowie Maschinen zum Torfabbau. Als zusätzliche Attraktion wird eine kurze Fahrt mit einem Feldbahnzug angeboten.

Literatur

Claus-Dieter Hotz, Bayerisches Moor- und Torfmuseum, Traunstein 2004.

Info

Am Torfbahnhof, 83224 Rottau
Tel. 08641/2126
Geöffnet: 15. Mai–15. Okt. Sa. 14.00 und 15.30 mit Führung

Werner Kraus

Ingolstadt, museum mobile (Audi)

Geschichte

Die Audi AG blickt auf eine bewegte Geschichte zurück, ihre Tradition reicht bis in das 19. Jahrhundert zurück. Die in Sachsen beheimateten Marken Audi und Horch in Zwickau, Wanderer in Chemnitz sowie DKW in Zschopau bereicherten den deutschen Automobilbau und prägten die Entwicklung des Automobils maßgeblich. Aus diesen vier Marken entstand 1932 die Auto Union AG. Mit dem Zusammenschluss, symbolisiert durch das Markenzeichen der vier ineinander verschlungenen Ringe, wurde die Auto Union zum seinerzeit zweitgrößten Kraftfahrzeughersteller in Deutschland. Nach dem Zweiten Weltkrieg wurden die in Sachsen liegenden Produktionsanlagen enteignet und von sowjetischen Besatzungstruppen demontiert.

Führende Mitarbeiter des Unternehmens gingen daraufhin nach Bayern und gründeten im Dezember 1945 in Ingolstadt ein „Zentraldepot für Auto Union Ersatzteile", um die noch existierenden Vorkriegs-Fahrzeuge der Auto Union in den westlichen Besatzungszonen mit Ersatzteilen versorgen zu können.

Der Wunsch, die Tradition der Auto Union fortzuführen, resultierte 1949 in der Gründung der Auto Union GmbH mit Sitz in Ingolstadt. Es war ein Neubeginn unter ärmlichen Verhältnissen. Das Gebot der Stunde waren kleine und wirtschaftliche Fahrzeuge. Viele ehemalige Mitarbeiter aus Sachsen zogen nun nach Ingolstadt.

Für die Donaustadt als Standort sprachen die verkehrsgünstige Lage im Herzen Bayerns und die jahrhundertealte Vergangenheit als Garnisonsstandort. Weiträumige Flächen, zahlreiche Kasernen und Kasematten stellten hier ein wertvolles Erbe in einer Zeit dar, in der für Neubauten die Mittel fehlten. Ausgehend vom früheren Heeresproviantamt in der Schrannenstraße konnte das Unternehmen im Laufe der Zeit eine Vielzahl ehemaliger Militärgebäude nutzen. Da die Betriebsstätten im ganzen Stadtgebiet verstreut lagen, war ein rationeller Fertigungsfluss freilich kaum möglich.

Hergestellt wurden ab 1949 die bewährten DKW-Motorräder sowie ein neu entwickelter Lieferwagen. Für die Wiederaufnahme der DKW-Personenwagenfertigung standen allerdings keine Räumlichkeiten zur Verfügung. In Düsseldorf entstand deshalb ein zweites Werk, in dem ab 1950 die Personenwagen vom Band liefen. Ein Jahr später zog auch die Hauptverwaltung der Auto Union an den Rhein.

1954 stieg Friedrich Flick in die Auto Union GmbH ein. Rasch erkannte er, dass das Unternehmen auf einen kapitalstarken Partner angewiesen war. 1957 plädierte er deshalb für die Übernahme der Auto Union durch die Daimler-Benz AG. Die Stuttgarter gingen auf das Geschäft ein. Nun war die Finanzierung eines modernen und preisgünstigen Kleinwagens gesichert, jedoch fehlte es an den erforderlichen Produktionskapazitäten. Möglichst schnell musste ein neues Werk gebaut werden. Der damalige Betriebsratsvorsitzende und bayerische Landtagsabgeordnete Fritz Böhm kämpfte für den Standort Ingolstadt. Die Entscheidung für diese Stadt fiel nicht zuletzt aufgrund eines 25-Mio.-Mark-Kredites der Bayerischen Staatsbank. Im Juli 1958 begann der Bau. Ende des Jahres arbeiteten 3.700 Beschäftigte im Werk Ingolstadt, zwölf Monate später waren es bereits 5.700. 1961 verlegte die Auto Union ihre Hauptverwaltung von Düsseldorf nach Ingolstadt und konzentrierte hier 1962 die gesamte Fertigung. In Ingolstadt gab es erstmals mehr als 10.000 Mitarbeiter. Neue Wohnsiedlungen entstanden, viele Zulieferfirmen siedelten sich an.

Die Produktpalette mit den DKW-Zweitaktmodellen war jedoch nicht mehr zeitgemäß. Ab 1962 gingen die Umsätze stark zurück. Doch dem Daimler-Großaktionär, Friedrich Flick, gelang eine Aufsehen erregende Transaktion: Die Auto Union wurde Ende 1964 von Volkswagen übernommen.

Fast 30.000 DKW-Automobile standen unverkauft auf Halde. Retter in der Not war der VW-Käfer: Zwischen Mai 1965 und Juli 1969 wurden in Ingolstadt fast 348.000 Exemplare des VW 1200 montiert. Für wirtschaftliche Entspannung sorgte ab August 1965 außerdem der neue „Audi". Dieser erste Viertakter aus Ingolstadt stieß auf ein großes Käuferinteresse und bildete den Grundstein für eine zukunftsweisende Modellpalette.

1969 unterzeichnete die Auto Union GmbH einen Vereinigungsvertrag mit der NSU Motorenwerke AG (Neckarsulm). Damit war die Audi NSU Auto Union AG mit Sitz in Neckarsulm und einer vielseitigen Produktpalette entstanden (darunter auch der NSU Ro 80). Das Unternehmen überstand die Jahre der Ölkrise, um dann in der zweiten Hälfte der 1970er Jahre schrittweise die Höherpositionierung der Marke in Angriff zu nehmen. Der Fünfzylinder-Turbomotor, der quattro Allradantrieb oder vollverzinkte Karosserien waren Meilensteine auf diesem Weg. Nachdem die Marke NSU vom Markt verschwunden war, erfolgte 1985 die Umbenennung in AUDI AG. Der Gesellschaftssitz wurde Ingolstadt. Audi hat heute Produktionsstandorte in Deutschland, Ungarn, China und Brasilien. 2004 lieferte es knapp 780.000 Modelle aus. Der Konzernumsatz lag bei rund 24,5 Mrd. Euro. Die Zahl der Beschäftigten betrug 53.000, davon 31.000 in Ingolstadt.

Beschreibung

Der Name „museum mobile" ist Programm: Das im Dezember 2000 eröffnete Museum im Audi Forum Ingolstadt ist mit „fahrenden Wänden" oder Automobilen im Paternoster in ständiger Bewegung. Im vergangenen Jahr besuchten rund 150.000 Gäste das Museum, das schon durch seine Architektur „Transparenz", „Offenheit" und „Bewegung" symbolisiert. Im Innern des vierstöckigen Gebäudes, das mit seinem runden Grundriss

Das Auto Union 1000 S Coupé, 1960, im museum mobile in Ingolstadt

und der konzentrischen Raumaufteilung an die Jahresringe eines Baumes erinnert, ist eine Dauerausstellung auf drei Ebenen mit mehr als 50 Autos und 40 Motor- und Fahrrädern zu sehen. Leitthemen der Inszenierungen sind die Entwicklung des Automobils sowie die der individuellen Mobilität von 1889 bis heute und der Motorsport.

Literatur

Das Rad der Zeit. Die Geschichte der Audi AG, München 2000.

Info

Audi Forum Ingolstadt, 85045 Ingolstadt
Tel. 0800/2834444
www.audi.de/foren
Geöffnet: tgl. 9.00–18.00

Thomas Erdmann

Ingolstadt, Raffinerien

Hintergrund

Die wirtschaftliche Entwicklung Ingolstadts war geprägt durch seine zentrale Lage an einem wichtigen Donauübergang und am Schnittpunkt der Handelsstraßen, die Europa durchzogen. Das einstige karolingische Kammergut wurde zur Haupt- und Residenzstadt der wittelsbachischen Landesherren, zur Festungsstadt und seit dem 19. Jahrhundert zur Industriestadt. Letztere entstand aus Heeresbetrieben: der ehemaligen Königlich Bayerischen Geschütz- und Geschossgießerei und dem Hauptlaboratorium.

Nach dem Zweiten Weltkrieg stand Ingolstadt vor der Aufgabe, die dringend notwendige Erweiterung seiner Wirtschaftsstruktur zu beginnen. Umfangreiche ehemals militärisch genutzte Flächen und Gebäude standen leer. Es bot sich die Chance, hier zivile Betriebe anzusiedeln. Günstig war, dass es neben den Beschäftigten der ehemaligen Heeresbetriebe über 10.000 Vertriebene sowie zahlreiche ausländische Flüchtlinge in der Stadt und im Landkreis gab, die auf der Suche nach Arbeit waren. Neben den traditionellen Bereichen der Ingolstädter Wirtschaft (Gießerei, Spinnereimaschinenbau, Eisenbahnausbesserungswerk und Bahnbetriebsamt) etablierten sich neue Firmen und Branchen.

Geschichte

In der Nachkriegszeit sollte Bayern eine industrielle Struktur erhalten. Ende der 1950er Jahre diskutierte der bayerische Wirtschaftsminister Dr. Otto Schedl mit Enrico Mattei, dem Präsidenten der staatlichen italienischen Erdölgesellschaft Ente Nazionale Idrocarburi (ENI), über den Bau einer transalpinen Erdölleitung von Genua in die Gegend nördlich von München. 1959 stand fest, dass Ingolstadt den Endpunkt der Pipeline bilden sollte. Entscheidendes Kriterium für diesen Standort war die gleich weite Entfernung zu den Verbraucherzentren München, Nürnberg, Augsburg und Regensburg. Erst nach längerem Widerstand verkauften Ingolstädter Bauern Felder an die Shell AG.

Die Versorgung der Raffinerien über die Alpen war ein kühnes Unterfangen. Das erste Pipeline-Projekt CEL (Central European Line) konnte aufgrund erheblicher Schwierigkeiten bei der Trassenführung im Bodenseebereich erst 1966 in Betrieb gehen. Mit deutschem und italienischem Kapital wurde die Südpetrol AG gegründet, die für ihre Raffinerieanlage ein 170 ha großes Gelände hinter dem Auwaldsee erwarb.

An dem sich abzeichnenden Wirtschaftsaufschwung in Bayern wollten auch andere Unternehmen partizipieren. Ein französisches Firmenkonsortium, das den Bau einer Pipeline von Marseille nach Karlsruhe betrieb, verlängerte seine Ölleitungen nach Ingolstadt und zog die Ansiedlung mehrerer Erdöl verarbeitender Industrien im (ehemaligen) Landkreis Ingolstadt nach sich: der Esso AG bei Desching, der Shell AG auf dem Erlachfeld bei Katharinenberg, der Gelsenkirchener Bergwerks AG (ERN) bei Neustadt sowie der BP bei Vohburg. Der Raum Ingolstadt war damit Mitte der 1960er Jahre zu einem Schwerpunkt der deutschen Erdölindustrie und (zusammen mit den beiden Kraftwerken bei Großmehring und Irsching) zum Energiezentrum Bayerns geworden.

Ein jähes Ende der Aufwärtsentwicklung fand die Ingolstädter Erdölindustrie 1973 durch die Ölkrise. Es setzte eine Rückwärtsentwicklung ein, die aufgrund des dramatischen Verbrauchsrückgangs sowie der Rezession von 1979 mit der Schließung der Shell AG 1982 ihren vorläufigen Endpunkt erreichte. Auch bei der ERIAG (vormals Südpetrol AG) wurden

Raffinerie der Esso AG bei Ingolstadt

Umstrukturierungen und Kapazitätsabbau erforderlich. 1985/1986 wurde ein Raffinerieverbund mit der BP in Vohburg geschlossen, von 389 Beschäftigten konnten lediglich 199 gehalten werden. 2005 konzentriert Bayern-Oil seine Produktion auf das Werk in Großmehring.

Literatur

Brigitte Huber, Raffinerien in Ingolstadt, in: Geschichten und Gesichter, Ingolstadt – vom Werden einer Stadt, Ingolstadt 2000.

Info

Bayernoil, Werksführungen in Vohburg und Neustadt n. Vereinbarung unter Tel. 08457/82201
http://bayernoil.flad.de

Beatrix Schönewald

Ingolstadt, Stadtmuseum, Schnupftabakfabrik Lotzbeck & Cie.

Hintergrund

Tabak kam im 16. Jahrhundert aus amerikanischen Kolonien und verbreitete sich rasch über den Kontinent, besonders durch die Söldnertruppen im Dreißigjährigen Krieg. Ursprünglich wurde er von Spezereihandlungen und Apotheken als Heilmittel verkauft. Die bayerischen Kurfürsten förderten den Anbau und Handel, da deren Besteuerung eine willkommene Aufbesserung der Staatseinnahmen bot. Obwohl auch in Ingolstadt im 19. Jahrhundert das Rauchen in der Öffentlichkeit gegen Strafe verboten war, stieg der Verbrauch an Rauch- und Schnupftabak stetig an. Das Bedürfnis nach geselligem Rauchgenuss wurde durch die Gründung von Rauchervereinen befriedigt. So entstand in Ingolstadt erstmals 1876 ein Rauchclub. Für den Nachschub an Tabak sorgten auswärtige Händler, die ihre Waren bis in die zweite Hälfte des 19. Jahrhunderts auf den verschiedenen Ingolstädter Dulten anboten.

Geschichte

Mit der Verlegung der (1774 in Lahr/Baden gegründeten) Schnupftabakfabrik Lotzbeck & Cie. 1928 von Augsburg nach Ingolstadt begann die Schnupftabakfabrikation großen Stils in Ingolstadt. Für die Produktion standen zunächst angemietete Räume im ehemaligen Garni-

Tabakstampfe aus dem 19. Jahrhundert im Stadtmuseum Ingolstadt

sonslazarett, der heutigen Flandernkaserne, zur Verfügung. 1938 wurde sie im Festungsbauwerk Kavalier Heydeck aufgenommen. Von 1928 bis 1945 konnte das Unternehmen, das Zweitälteste in Bayern, durch den Aufkauf anderer Schnupftabakfirmen sein Sortiment auf über 100 Sorten erweitern. Den Schwerpunkt bildeten schwarze Schnupftabake. 1950 begann die Produktion von Kautabaken. Der Wandel im Konsumverhalten der Raucher, vor allem der wachsende Zigarettenverbrauch, hatte einen Rückgang des Schnupftabak-Absatzes zur Folge. 1977 wurde die Fabrikation im Kavalier Heydeck aufgegeben, sie wird heute nur noch in verkleinerter Form in Ingolstadt-Mailing fortgeführt.

Beschreibung

Die Herstellung von qualitätvollem Tabak dauert bis zu eineinhalb Jahre. Einen wichtigen Platz nimmt das Zerreiben oder Zerstampfen der fermentierten Tabakblätter ein. Je nach Tabakart und benötigter Menge geschah es früher mit kleinen Tabakreiben, Mörsern oder in Tabakmühlen. Die Schnupftabakfabrik Lotzbeck & Cie. benutzte bis 1977 die im Museum aufgebaute Tabakstampfe, die aus dem vorigen Jahrhundert stammt und bis 1928 in Augsburg verwendet wurde. Die Tabakblätter, die in einer Saison verarbeit wurden, wogen 4.000–5.000 kg. Sie wurden aus dem Fermentierkeller zur Stampfe gebracht. Mit einem Elektromotor wurden die Stampfbalken über Treibriemen in Bewegung gesetzt.

Literatur

Stadtmuseum Ingolstadt im Kavalier Hepp, Handwerk und Industrie, Ingolstadt 1992.

Info

Auf der Schanz 45, 85049 Ingolstadt
Tel. 0841/305-1880, -1885
www.ingolstadt.de/stadtmuseum
Geöffnet: Di.–Fr. 9.00–17.00, Sa.–So. 10.00–17.00

Beatrix Schönewald

Ismaning, Wasserturm

Hintergrund

Mitte des 19. Jahrhunderts wurde die Wasserversorgung von Brunnen auf Rohrnetze umgestellt. Um auch Wohnungen in oberen Stockwerken zu erreichen, musste das Wasser nach dem Prinzip der kommunizierenden Röhren oberhalb des höchstgelegenen Abnehmers in das Leitungssystem eingebracht werden; nur so entstand der nötige Wasserdruck. Soweit Wasserreservoirs nicht auf stadtnahen Hügeln angelegt werden konnten (wie in Erlangen), wurden Wassertürme gebaut.
Die Speicherung großer Wassermengen zählte zu den Herausforderungen der Ingenieurbaukunst. Seit 1830 wurden die Behälter in Stahl ausgeführt, ab 1870 auch in Stahlbeton und seit 1940 in Spannbeton; zur Zeit ihrer Errichtung fassten sie in der Regel ein Drittel des örtlichen Tagesbedarfs und versorgten auch die Feuerwehren. Ein besonderes Augenmerk wurde auf historisierende Architekturformen gelegt.
Mittlerweile haben die meisten Wassertürme ihre Funktion verloren. Elektronisch gesteuerte Pumpen sichern einen gleich bleibenden Druck im Wassernetz und können Bedarfsspitzen meistern. Eine Alternative zum Abriss der Türme ist die Umnutzung zu Wohnungen, Aussichtstürmen, Restaurants oder Museen.

Beschreibung

Der 36 m hohe Wasserturm in Ismaning wurde 1912/1913 mit quadratischem Schaft, Eisenbeton-Flachbodenbehälter (Fassungsvermögen 140 m^3) und Pyramidendach errichtet. Bis Mitte der 1960er Jahre deckte er den Wasserbedarf der Gemeinde ab. Nach dem Bau von zwei Wasserwerken wurde er 1983 außer Betrieb gesetzt. Genutzt wird er heute von einem Radioklub als Funkstation; im Inneren ist ein Atelier untergebracht.

Wasserturm in Ismaning

Weiterere Schauplätze

Wassertürme gibt es in nahezu allen Großstädten Bayerns. Sehenswerte stehen in Ingolstadt (Friedrich-Ebert-Straße 84), beim Nürnberger Rangierbahnhof (Loßmannstraße) oder auf dem Gelände des ehemaligen städtischen Gaswerkes in Nürnberg (Sandreuthstraße 17). Sehr viele wurden in den Umlandgemeinden Münchens errichtet, zum Beispiel in Garching, Putzbrunn oder Aubing.
Besonders imposant ist der 63 m hohe Wasserturm in Straubing (1922, nach Entwürfen von Karl Hassold). Bei den Bauformen dieses letzten großen Wasserbehälters in Bayern wurde auf den gotischen Turm am Marktplatz Bezug genommen. Das technische Denkmal integriert sich in die mittelalterliche Stadtsilhouette; seine Funktion ist weitgehend kaschiert.

Literatur

Gerhard Merkl u. a., Historische Wassertürme, München 1985.

Info

Münchner Str. 83, 85737 Ismaning

Werner Kraus

Kolbermoor, Baumwollspinnerei und Werkssiedlung

Geschichte

Mitte des 19. Jahrhunderts erfuhr die Textilindustrie Deutschlands eine starke Aufwärtsentwicklung. 1860 gründete der Augsburger Ingenieur Theodor von Hassler die Aktiengesellschaft „Baumwollspinnerei Kolbermoor". Die Nutzung der Mangfall, ausreichend Holz und Torf als Brennmaterial, Arbeitskräfte aus dem Umland sowie die 1857 eröffnete Bahnlinie München–Salzburg waren positive Standortfaktoren. Nach dem Bau eines 2 km langen Werkskanals an der Mangfall wurde der imposante Fabrikkomplex auf einem 15 ha großen Areal zwischen Kanal und Bahntrasse nach zweijähriger Bauphase 1862 fertig gestellt. Dominant war der sechsgeschossige Spinnerei-Hochbau (Altbau). Weitere Gebäude aus der Gründerzeit sind das Batteurgebäude, das erdgeschossige Baumwoll- und Torfmagazin, das Comptoirgebäude, das Verwaltungsgebäude und die Direktorenvilla sowie die große Gartenanlage. Bei einem Brand 1898 wurde der Spinnerei-Altbau weitgehend zerstört. Beim Wiederaufbau 1899/1900 reduzierte man den Bau auf drei Geschosse, gleichzeitig wurde das Innere mit einem mehrschiffigen gusseisernen Stützensystem ausgestattet. Zur Risikoverringerung für die laufende Produktion wurde parallel der Spinnerei-Neubau errichtet, ein ebenfalls dreigeschossiges, lang gestrecktes Sichtziegelgebäude mit Lisenengliederung und Segmentbogenfenstern. Es orientierte sich an Schlossbauten und entsprach dem Repräsentationsbedürfnis der Aktiengesellschaft.
Gleichzeitig mit dem repräsentativen Industriebau und seinen klassizistisch-barocken Formen entstand ein neues zweigeschossiges Werkstätten- und Bürogebäude mit gekapptem Pyramiden-

dach und glasgedecktem Lichtschacht. Nach Errichtung einer zweiten Wasserkraftanlage erfolgte 1907–1915 der Bau einer Bleicherei, die Erneuerung der Dampfkraftanlage, der Turbinenhaus-Neubau sowie die Erweiterung des Spinnerei-Neubaus auf die doppelte Länge.
1912 feierte die Baumwollspinnerei ihr 50-jähriges Betriebsjubiläum. Das Werk Kolbermoor war eine der modernsten und besteingerichteten Spinnereien Deutschlands. Um 1920 wurde der Fabrikkomplex um ein Garn- und Ballenmagazin sowie das südliche Pförtnergebäude erweitert. Während des Zweiten Weltkrieges wurde die Anlage teilweise für die Rüstungsproduktion genutzt. Seit den 1950er Jahren gab es lediglich Erneuerungen des Bestandes und Modernisierungen der technischen Ausstattung. 1969 und 1982 entstand die Bleichhalle. 1993 musste das Werk, das seit 1860 Mittelpunkt der Stadt war, aus wirtschaftlichen Gründen geschlossen werden, die maschinelle Ausstattung wurde verkauft. Seit 2004 ist das Industriedenkmal im Besitz eines privaten Investors.
Die ersten sechs noch heute erhaltenen

Blick auf den nördlichen Spinnerei-Hochbau

Arbeiterhäuser mit insgesamt 36 Wohnungen wurden zwischen Werkkanal und Mangfall während der Hauptbauphase der Spinnerei Mitte des 19. Jahrhunderts errichtet. Es handelt sich um schlichte, einheitlich gestaltete zweieinhalbgeschossige Satteldachhäuser mit Nebengebäuden und Gärten.

Luftaufnahme der Baumwollspinnerei Kolbermoor um 1930

Siedlungshäuser in Kolbermoor in der Von Bippen Straße

Die sozialen Leistungen der Baumwollspinnerei waren hoch: 1864 wurde eine Fabrikschule mit Lehrerwohnung eingerichtet, 1875 der erste Kindergarten im Meisterhaus. 1900 entstand der evangelische Betsaal im Kontorneubau. Zwischen 1907 und 1913 wurde die Werkssiedlung durch geräumigere Wohnhäuser erweitert. Die Siedlungshäuser wurden im „Cottagestil" errichtet, um ein angenehmes Wohnumfeld für die Arbeiter zu schaffen.
1920/1922 wurde die Werkssiedlung durch den Bau von ein- und zweigeschossigen symmetrisch angeordneten Wohnhäusern und anschließenden lang gestreckten Zeilenbauten mit Erkerausbauten und Ziergiebeln in barockisierender Form ergänzt.

Literatur

Denkschrift zum 50-jährigen Bestehen der Baumwollspinnerei Kolbermoor 1862–1912.

Info

Zugang zum ehemaligen Werksgelände über die Brückenstraße, 83059 Kolbermoor

Udo Rieger

Kolbermoor, Heimat- und Industriemuseum

Geschichte

Mit der Eisenbahn begann die Geschichte von Kolbermoor: Zwei Jahre nach Inbetriebnahme der Bahnlinie von München nach Rosenheim wurde 1859 die Haltestelle Kolbermoor eröffnet; ein Jahr später siedelte sich die Baumwollspinnerei an, die Kolbermoor nachhaltig prägen sollte. Der Wasserreichtum der Mangfall und die Torflager der Umgebung waren weitere Standortvorteile. Arbeitskräfte aus Niederbayern und der Oberpfalz, aber auch aus Italien siedelten sich an. 1863 wurde die Ortschaft mit inzwischen etwa 400 Einwohnern selbstständig. Die Baumwollspinnerei bot bereits bei ihrer Gründung Lohn und Brot für 250 Arbeiter. 1964 erreichte sie den Höchststand von 1.400 Beschäftigten. 1993 schlossen sich die Werkstore für die letzten 230 Mitarbeiter. Ein Kapitel Industrie- und Stadtgeschichte ging zu Ende.
Vorbildlich waren die sozialen Aktivitäten und Einrichtungen der Baumwollspinnerei seit ihren Gründerjahren. Eine Krankenunterstützungskasse wurde genauso eingerichtet wie eine Betriebskranken- und Sterbekasse. Die Kinder der Fabrikarbeiter konnten kostenfrei den Werkskindergarten und eigene Schulen besuchen; 1872 wurde ein Konsumverein, der zum günstigeren Einkauf von Lebensmitteln und Wirtschaftsgütern verhalf, eröffnet. Werkswohnungen befanden sich auf dem Spinnereigelände.

Beschreibung

Das Heimat- und Industriemuseum ist im ehemaligen Postgebäude der Stadt untergebracht. Auf zwei Stockwerken und in einem kleinen Freigelände werden Geräte, Dokumente, Fotografien und Originalexponate gezeigt. Ein Schwerpunkt sind die Torfgewinnung und -verarbei-

tung sowie das damalige Presstorfwerk. Eine Torfhütte und Maschinen zu den unterschiedlichen Arten der Torfgewinnung sind im Freigelände ausgestellt.
Im Mittelpunkt der Ausstellung steht die Baumwollspinnerei: Ein großes Zeichenbrett mit Konstruktionsplänen, Spinnmaschinen und die Originaluhr, die bis 1957 das Bürogebäude der Fabrik zierte, verdeutlichen das Leben von und mit der Baumwolle. In wirtschaftlich harten Zeiten kam der Kolbermoorer Torf nicht nur als Energielieferant, sondern sogar in der Produktion der Spinnerei zum Einsatz, wie ein Dokument belegt: Das Kriegsministerium verfügte 1917, dass auch Torf versponnen und für antiseptische Zwecke Torffasern hergestellt werden sollten. Wechselnde Sonderaustellungen ergänzen das Museumsangebot.

Info

Bahnhofstr. 12, 83059 Kolbermoor
Tel. 08031/920485
Geöffnet: Sa., So. u. Feiertage 14.00–18.00 und n. Vereinbarung
www.kolbermoor.de

Susanne Büllesbach

Peißenberg, Bergbaumuseum

Geschichte

Nur wenig bekannt ist, dass im Pfaffenwinkel zwischen Lech und Isar auch der Bergbau die Landschaft geprägt hat und Bergleute zur kulturellen Entwicklung der Region Wesentliches beigetragen haben, wenn auch nur für 134 Jahre.
Pechkohle wurde in Oberbayern bereits am Ende des 16. Jahrhunderts in bescheidenem Umfang abgebaut. 1837 eröffnete der bayerische Staat mit dem „Hauptstollen" auf dem Brandachfeld in Hohenpeißenberg das Kohlenbergwerk Peißenberg. In der Folgezeit wurde die Lagerstätte durch sechs weitere Stollen erschlossen. 1869 verlagerte sich der Betrieb mit dem „Tiefstollen" auf die Peißenberger Flur. Peißenberg wurde Sitz eines Bergamtes. Durch den Bahnanschluss, der den Absatz der Kohle kostengünstig bis Augsburg und München ermöglichte, begann ab 1875 ein florierender Aufstieg.
Der ständig steigende Absatz erforderte bereits zu Beginn des Ersten Weltkrieges das Vordringen in immer größere Tiefen. 1915 ging der neue Hauptschacht, der bis zur 370 m-Sohle reichte, in Betrieb. Das Westfeld der Lagerstätte wurde durch die weitgehend selbstständige Schachtanlage Peiting erschlossen. Das Gelände am Tiefstollen war noch bis 1928 Betriebsmittelpunkt. In die hier befindliche Kohlenwäsche gelangte das Fördergut aus den Betriebsstellen in Hohenpeißenberg über eine 3,6 km lange Drahtseilbahn, das aus dem Hauptschacht über eine 1 km lange Kettenbahn.
Mit dem Bau einer Kohlenwäsche auf dem neuen Gelände des Hauptschachtes begann die letzte Periode der Peißenberger Bergwerksgeschichte. Mit dem 1.200 Meter tiefen „Wetter"-Schacht in Hohen-

Stichwort: Pechkohle

Die Pechkohle, auch Glanzkohle genannt, entstand vor etwa 25–35 Mio. Jahren im Alpenvorland von Rosenheim bis fast zum Bodensee. Altersmäßig ist sie damit vergleichbar mit den tertiären Braunkohlen. Sie wurde aber im Verlauf der Alpenauffaltung durch tiefe Absenkung und tektonische Beanspruchung der Flöze einer weitgehenden „Inkohlung" unterzogen. Sie kommt damit den Eigenschaften der Steinkohlen nahe, erreicht jedoch nur etwa die Hälfte von deren Heizwert. Sie hat einen sehr hohen Anteil an flüchtigen Bestandteilen und ist nicht verkokbar.

Peißenberger Schachtanlage von 1961

peißenberg entwickelte sich die Anlage zum Großbetrieb und erlebte ihre Blütezeit. Der hohe Energiebedarf nach dem Zweiten Weltkrieg machte den Pechkohleabbau zum bedeutsamsten Bergbauzweig in Bayern. 1949 hatte das Werk mit 3.352 Beschäftigten den höchsten Belegschaftsstand. 1954 wurde der Schacht auf 1.050 m vertieft. Die Förderung erreichte 1965 mit 940.000 t ihren höchsten Stand. In den Betrieben Peißenberg, Peiting, Penzberg, Hausham und Marienstein wurden 1964 von rund 8.000 Beschäftigten fast 1,9 Mio. t gefördert. Diese Schachtanlagen gehörten mit ihren modernen technischen Ausstattungen zu den leistungsfähigsten der Bundesrepublik.

Die tief greifenden Strukturveränderungen auf dem Energiemarkt, besonders der durch Erdöl und Erdgas ausgelöste Verdrängungswettbewerb, haben dazu geführt, dass der wirtschaftliche Abbau nicht mehr möglich war. Hinzu kam, dass die Pechkohle gegenüber der Steinkohle einen geringeren Heizwert hat und in Flözen mit einem besonders hohen Anteil nicht verwertbaren Gesteins lagert. 1961 wurde die Grube Marienstein eingestellt, 1965 Penzberg und Hausham, 1968 Peiting. Auch das Kohlenbergwerk Peißenberg, die technisch modernste und geologisch günstigste Anlage, die mit Schichtleistungen im Spitzenbereich des Bergbaus an der Ruhr konkurrieren konnte, war von diesem Schicksal betroffen. Durch die Stilllegungen wurden 55 Mio. t Kohlenvorräte aufgegeben.

1971 wurden die Schachthalle und die Aufbereitung beseitigt, 1972 der Förderturm, ein Wahrzeichen der Gemeinde, gesprengt. Damit war der Bergbau Geschichte. Heute zeugen nur mehr wenige ehemalige Betriebsgebäude, die den Ort prägenden Halden aus taubem Gestein, und Wohnsiedlungen von dieser Zeit. 1978 wurde der „Verein der Bergbaumuseumsfreunde" gegründet. Dessen Ziel war es, ein Museum als Denkmal für den Beruf des Bergmanns und zu Ehren der

269 tödlich verunglückten Bergleute zu errichten. 1988 eröffnete die Marktgemeinde Peißenberg ihr Museum auf dem Grubengelände des Tiefstollens.

Beschreibung

Die ehemalige Schmiede, Zimmerei, Kohlensortierung und Kohlenwäsche bestehen nicht mehr. Doch das Verwaltungsgebäude mit der Dienstwohnung des Amtsvorstandes, ein Beamtenwohnhaus, das Zechenhaus und die Hallen der Energiezentrale sind noch erhalten. Letztere stehen unter Denkmalschutz und wurden für die Nutzung als Kulturzentrum saniert.

Im ehemaligen Zechenhaus wird in 14 Räumen die Geschichte des Pechkohlebergbaus von 1837 bis 1971 wieder lebendig. Entstehung und Verbreitung der Kohleflöze im Voralpenland werden erläutert.

Eine einzigartige Sammlung von Versteinerungen lässt die Erdgeschichte aufleben. Werkzeuge und Modelle von Grubeneinrichtungen veranschaulichen die Arbeit unter Tage. Uniformen, Fahnen, Dokumente und Bilder bieten einen Einblick in das Alltagsleben der Bergarbeiter und informieren über bergbauliche Organisationen. Die Geschichte des staatlichen Bergbau-, Hütten- und Salinenbesitzes und dessen Verwaltung sowie die Bedeutung der Bergbehörden werden aufgezeigt.

Großexponate in der ehemaligen Werkshalle, ein begehbarer Schaustreb, ein Gang durch den Tiefstollen und Führungen ehemaliger Bergleute runden den Einblick in die Welt des Bergbaus ab. Am Museum beginnt der etwa 10 km lange „Lehrpfad für Bergbau, Geologie und Landschaft".

Weitere Schauplätze

In Hausham, Peiting und Penzberg gibt es Bergwerksmuseen zum Pechkohleabbau. In Hausham steht der letzte Förderturm.

Literatur

Josef Heinlein, Lehrpfad Bergbau-Geologie-Landschaft am Hohen Peißenberg, Peißenberg 2000.
Max Biller, Ludwig Stippel, Bergbau und Bergbaumuseum am Hohen Peißenberg, St. Ottilien, 2. Aufl. i. Vorb.

Info

Tiefstollen 2, 82380 Peißenberg
Tel. 08803/5102
Geöffnet: Jeden 1. und 3. So. im Monat, 14.00–16.00, Besuch von Gruppen ab 10 Personen und Schulklassen auch außerhalb dieser Zeiten n. Voranmeldung Tel. 08803/690117

Konrad Fünfgelder

Rosenheim, Getreide-Kunstmühle

Umnutzung zu einem Geschäftshaus mit Café und Rösterei

1853 erwarb der Augsburger Kaufmann Santa Casella am Stadtrand von Rosenheim eine alte Mühle mit dem Ziel, eine Getreidemühle als Aktiengesellschaft zu betreiben. Die 1857 eröffnete Eisenbahnlinie München–Salzburg brachte den erwarteten wirtschaftlichen Aufschwung.

1890 wurde das Mühlengebäude durch den Rosenheimer Baumeister Max Lutz erneuert. In dem fünfstöckigen, mit Lisenen gegliederten Satteldachbau befanden sich Reinigungs-, Mahl- und Schrotmaschinen. 1916 kam ein Silogebäude für Getreide nach Plänen des Münchner Bauunternehmers Franz Rank hinzu.

Der mehrgeschossige Stahlbetonbau mit Mansardwalmdach hat einen 48 m hohen Turm mit Wasserbehälter für die Sprinkleranlage. Schon die Zeitgenossen rühmten die „aufwendige Konstruktion" und die „künstlerisch anspruchsvolle Außengestaltung" des Gebäudes, das noch heute das Stadtbild Rosenheims prägt. Die Mehlproduktion in der Kunstmühle,

Der Silobau der Getreidemühle: ein Wahrzeichen Rosenheims

die zeitweise die größte in Bayern war, wurde 1976 eingestellt und 1985 ein Abbruchantrag eingereicht. Ab 1993 stand sie leer.

Mit dem Erwerb der Kunstmühle durch eine Immobilienfirma konnte der Abbruch verhindert werden. Die Anlage wurde 2003/2004 mit einem Kostenaufwand von 9 Mio. Euro umgebaut. Die 15 Prozent der Gesamtkosten, die für die Erhaltung der historischen Bausubstanz des Silogebäudes eingesetzt wurden, deckte die Förderung der Stadt.

Die Kunstmühle war bereits vor ihrer Fertigstellung ohne Werbeaufwand oder Makler fast vollständig vermietet. Im Erdgeschoss befinden sich ein Café, eine Rösterei sowie ein Laden, in den oberen Stockwerken haben sich Rechtsanwälte, Wirtschaftsprüfer, eine Heilpraktikerschule und eine IT-Firma eingemietet.

Info

Kunstmühlstr. 12, 83206 Rosenheim
Bauherr: Quest Immobilien Rosenheim, Architekt: Udo Rieger, Isen.

Rembrant Fiedler

Rosenheim, Holztechnisches Museum

Hintergrund

Holz wird als Werkstoff für Block- und Fachwerkbauten, Brücken und Kuppeln, Schiffe oder Möbel, im Bergbau auch für Leitern und Gerüste eingesetzt. Rohrleitungen aus Holz wurden bei der Salzgewinnung in Oberbayern verwendet. Die ab 1617 errichtete Soleleitung von Reichenhall zur Saline nach Traunstein und die ab 1806 gebaute Leitung von Reichenhall nach Rosenheim zählten zu den Meisterwerken der frühen Ingenieurskunst mit Holz. Bei der Holzbearbeitung dominierte über Jahrhunderte das Handwerk. Maschinen, die in England um 1850 üblich waren, setzten sich in Bayern nur langsam durch. Erst um 1900 wurden Kreis- und Bandsägen oder Maschinen zum Biegen von Hölzern verwendet; viele stammten aus der Maxhütte Bergen.

Beschreibung

In Rosenheim, ehemals Zentrum des oberbayerischen Holzhandels, gibt es heute drei Ausbildungsstätten für Holzberufe und zahlreiche Holz verarbeitende Betriebe. Dies veranlasste die Stadt 1990, in einem alten Bürgerhaus ein holztechnisches Museum zu eröffnen. Mit über 400 Exponaten, Maschinen, Geräten sowie Modellen wird gezeigt, wie Holz gewonnen, be- und verarbeitet werden kann. Der Bogen spannt sich von den Techniken der Frühzeit über die Innovationen im 19. Jahrhundert bis zu den computergesteuerten Fertigungsstraßen unserer Zeit. Ein spektakuläres Beispiel für die Leistungsfähigkeit der bayerischen Holzindustrie im 20. Jahrhundert ist eine im Museum nachgebaute Sendeanlage, die der Bayerische Rundfunk bei Ismaning 1931 errichtet hatte und die bis zu ihrer Demontage 1983 mit 154 m die höchste Holzkonstruktion in Europa war.

Literatur
Museumsführer des Holztechnischen Museums.

Info
Max-Josefs-Platz 4, 83022 Rosenheim
Tel. 08031/16900
www.rosenheim.de
Geöffnet: Di.–Sa. 10.00–17.00, jeder 2. und 4. So. im Monat 13.00–17.00

Werner Kraus

Rosenheim, Lokschuppen

Geschichte
Im Jahre 1850 genehmigte König Max II. die Eisenbahn von München über Rosenheim nach Salzburg. Als „richtige" Positionierung des Bahnhofs im Stadtgefüge wurde der Standort zwischen Münchner Tor und Saline beschlossen. Der Bahnhof mit den Betriebsgebäuden und der gegenüberliegenden Lokomotiven-Remise wurde 1858 eingeweiht, die erste Probefahrt fand 1860 nach Salzburg statt. Acht Jahre nach seiner Eröffnung war der Bahnhof hoffnungslos überlastet. Das wirtschaftliche Wachstum schritt schnell voran und die Bahntrasse war der Ausdehnung der Stadt im Wege. Dies führte zur Verlagerung des Bahnhofs an den südwestlichen Stadtrand; 1872 wurde der neue Bahnhof am heutigen Standort eröffnet. Die frühere Trasse wurde zur Rathausstraße mit Alleebepflanzung umgestaltet, 1878 fand das Rathaus im alten Bahnhofsgebäude seinen neuen Platz.
Der Lokschuppen wurde wechselweise als Warenlager, Turnhalle und Jugendzentrum genutzt. 1983 wurden der ehemalige Bahnhof und Lokschuppen in die Denkmalliste der Stadt Rosenheim aufgenommen. Die zwischen die Kopfbauten eingefügten Gebäudeteile wurden abgerissen und der halbrunde Vorplatz als Parkplatz verwendet.
Eine „Sternstunde" für den Erhalt und die Erneuerung des Lokschuppens war die Entscheidung, den hiesigen Teil der bayerisch-österreichischen Landesausstellung „Die Bajuwaren 488 bis 788" in Rosenheim zu zeigen. 1986 wurde ein Architektenwettbewerb für die Instandsetzung des Lokschuppens als Ausstellungshalle durchgeführt. Professor Joseph Karg aus München erhielt für seinen Entwurf den ersten Preis und wurde mit den Pla-

Luftbild des Lokschuppens Rosenheim

nungsarbeiten beauftragt. Aus Kostengründen musste er stark von seinem Wettbewerbsbeitrag abweichen. Dennoch gelang ihm die Realisierung der wichtigsten Vorhaben, deren hochwertiges Ergebnis das heutige Bild des Lokschuppens bestimmt. 1988 erhielt er für die Kombination eines historischen Gebäudes mit zeitgemäßen Ergänzungen den Preis des Bundes Deutscher Architekten, im gleichen Jahr wurde das Ausstellungszentrum Lokschuppen eröffnet.

Beschreibung

Für Karg lag der Kern der Aufgabe darin, wertvolle historische Bausubstanz mit modernen architektonischen Mitteln zu ergänzen, um auf diese Weise etwas Neues entstehen zu lassen. Die Lokomotiven-Remise von 1858 sollte nicht als Rekonstruktion der Geschichte wiedererstehen, vielmehr war eine Weiterführung der Geschichte das Gestaltungsprinzip. Die Veranstaltungs- und Kongress GmbH übernahm 1989 den Betrieb des Lokschuppens. Im Auftrag der Stadt Rosenheim finden seitdem Landes- und Sonderausstellungen statt, ergänzt durch kleinere Regional- und Spezialmessen.

Info

Rathausstr. 24, 83022 Rosenheim
Tel. 08031/3659036

Werner Pichlmeier

Wolnzach, Deutsches Hopfenmuseum

Beschreibung

„Grünes Gold" nennt man in der Hallertau den Hopfen. Rund 25 Prozent des Weltbedarfes, über 25.000 t pro Jahr, werden hier geerntet. Um diese rund 150 Jahre umfassende Wirtschaftstradition zu dokumentieren, wurde 2005 in Wolnzach ein Museum eröffnet, das die Geschichte des Hopfenanbaus und -handels zum Thema hat.

Das 7.000 Objekte umfassende Museum, das größte seiner Art in Europa, hat drei Abteilungen. Die erste ermöglicht eine „Zeitreise" durch die 1000-jährige Geschichte des Hopfens. Lange wurde er nur als Gewürz oder für Heilzwecke verwendet. Im Mittelalter fand er beim Bierbrauen Verwendung.

Im 18. Jahrhundert setzten sich viele Landesfürsten für dessen Anbau ein. Erst im 19. Jahrhundert, nach der „Bauernbefreiung", der Erschließung des Landes mit der Eisenbahn und dem Beginn der industriellen Bierproduktion, begann der Hopfenanbau im großen Stil. Die Hallertau wurde um 1900 zum deutschen Hopfenzentrum und zum weltweit größten Anbaugebiet. Auf die Jahrzehnte nach 1945, die von der Mechanisierung bestimmt waren, verweist der „Eiserne Pflücker", die teuerste Agrarmaschine aller Zeiten.

Die zweite Abteilung zeigt den Hopfenanbau früherer Tage. Hörstationen und

Hopfendolde als Installation im Deutschen Hopfenmuseum in Wolnzach

Außergewöhnliche Museumsarchitektur: Deutsches Hopfenmuseum in Wolnzach

Fotografien vergegenwärtigen den Alltag der „Hopfenzupfer", die seit 1850 zu Tausenden aus umliegenden Städten, ärmeren Gebieten Deutschlands und bis aus Böhmen in die Hallertau als Saisonarbeiter gereist waren. Meist übertraf deren Zahl die der Einheimischen um ein Vielfaches; so kamen 1957 auf 50.000 Wolnzacher über 250.000 Zupfer.

Die dritte Abteilung ist der Hopfenverarbeitung und dem Handel gewidmet. Erzählt wird vom Schicksal der Hopfenhändler-Familien. Über 350 lebten um 1870 in Nürnberg, der Hauptstadt des Hopfenhandels. Vor allem Juden hatten in dieser Branche seit Generationen die Chance, gesellschaftliches Ansehen und Wohlstand zu erlangen. Deren Schicksale in der NS-Zeit dokumentieren im Museum ein dunkles Kapitel der deutschen Geschichte.

Besonders sehenswert ist das Museumsgebäude, das vom Münchner Architekturbüro Krug und Partner mit traditionellen Formelementen des Hallertauer Hopfenanbaus gestaltet wurde.

Literatur

Christoph Pinzl, Die Hopfenregion, Wolnzach 2002.

Info

Elsenheimer Str. 2, 85283 Wolnzach
Tel. 08442/75 74
www.hopfenmuseum.de
Geöffnet: Di.–So.10.00–17.00

Werner Kraus

Bayerischer Wald
Zwiesel
Frauenau
Spiegelau
Riedlhütte
Kelheim
Deggendorf
Kropfmühl
Flintsbach
Hauzenberg
Dingolfing
Passau
NIEDERBAYERN
LANDSHUT
Simbach
3
93
92
94
Thüringen
Sachsen
TSCHECHIEN
BAYERN
Landshut
München
ÖSTERREICH
0
N
25 km

Themenroute Glas

Schauplatz 1: Frauenau, Glashütte Valentin Eisch

1946 wagten der Glasgraveur Valentin Eisch, seine Frau Therese und deren Söhne Erwin, Erich und Alfons mit der Gründung einer Glasveredelungswerkstätte den Schritt in die Selbstständigkeit. Der Familienbetrieb war bald für seine feinfühligen Trinkglasdekors bekannt, sah sich jedoch 1952 durch einen Rohglas-Lieferboykott der Glasfabriken zum Bau eines eigenen, kleinen Glasofens gezwungen. Die junge Glashütte wuchs rasch, dabei flossen von Anfang an Impulse des Künstlers Erwin Eisch und der internationalen Glaskunstszene in den Betrieb ein. Individuelle Glasformen, Dekore und Unikatserien bereicherten die Produktpalette. Seit Mitte der 1990er Jahre kämpft auch die Glashütte Eisch gegen den Absatzrückgang für vor Ort handgearbeitete Produkte an. Nach wie vor aber setzt sie erfolgreich auf Gläser für den gehobenen Weingenuss sowie auf künstlerisch inspirierte Kreationen.
1956/1957 wurde am Ortsrand von Frauenau eine neue, moderne Glashütte gebaut, die sich schrittweise vergrößerte. Auf dem Firmengelände werden auch der Vorgängerbau sowie die Herberge der Gründungswerkstätte, eine ehemalige RAD-Baracke, genutzt.

Info

Glashüttenführungen: Mo.-Do. 9.00-11.30, 13.00-14.45; Fr., Sa. 9.00-11.45 Galerie am Museum: Mo.-Fr. 10.00-17.30, Sa. 11.00-16.00

Schauplatz 2: Frauenau, Glasmanufaktur von Poschinger

1568 übernahm Joachim Poschinger die Glashütte in Zwieselau bei Frauenau – Phillip Apian zufolge ein „Gut mit einer Glashütte, in der die schönsten Spiegel geblasen werden". Sein Sohn Paulus kaufte 1605 die in Frauenau bestehende Glashütte. Unter dessen (1790 geadelten) Nachkommen überstand das Glashüttengut Zeiten von Krieg und Niedergang und erlebte manche Blüte. Zeitweise arbeiteten um Frauenau bis zu vier Glashütten sowie Glasschleifen, die alles von Gebrauchs- und Tafelglas bis zu Ziergefäßen herstellten. Im 19. Jahrhundert bemühten sich die Poschinger von Frauenau sehr um die Aufnahme technischer und ökonomischer Neuerungen; sie traten auch mit Jugendstilgläsern hervor, wie sie heute wieder neu aufgelegt werden. Nach einer Übergangszeit unter Isidor Gistl führten ab 1923 Eduard Benedikt, Hyppolit und der heutige Firmenchef Stephan Freiherr Poschinger die Glashütte und den Gutsbetrieb. Wo 1965 fast 400 Beschäftigte Trink- und Gebrauchsgläser fertigten, arbeiten heute nur noch wenige Glasmacher, diese aber mit einem ausgeprägten Bewusstsein für die Glastradition.
1844 errichteten die Poschinger die erste Glashütte am heutigen Standort; die anderen Hütten wurden nach dem Bahnan-

Glasmacher in der Glashütte Eisch in Frauenau, 1998

Die Poschinger'sche Kristallglasfabrik Frauenau in den 1970er Jahren

schluss 1890 aufgegeben. An der eindrucksvollen Anlage sind auch die Modernisierungen der Nachkriegszeit ablesbar.

Info

Glashüttenführungen: 1. Juni–31. Okt. Mo.–Fr. 10.00–14.00, Sa. 10.00–12.00; 1. Nov.–20. Dez. nur Gruppen n. Voranmeldung; 21. Dez.–31. Mai Mo.–Fr. 11.00–13.00, Sa. nur Gruppen n. Voranmeldung

Schauplatz 3: Riedlhütte, F. X. Nachtmann Bleikristallwerke

In Riedlhütte arbeitet die älteste Glashütte der Region: Für das Jahr 1503 ist die Familie Riedl als Betreiberin der „Hütte am Reichenperg" belegt, vermutlich geht sie jedoch bis um 1450 zurück. Krieg und Pest, Stillstand und viele Standort- und Besitzerwechsel prägten die Geschichte der Riedlhütte, bis der Kauf des Glashüttenguts durch Zacharias Hilz 1695 eine Blütezeit unter der Leitung der Glasmeisterfamilie Hilz einleitete. Absatzkrisen führten 1833 zum Verkauf an den Staat und nachfolgend an den Kaufmann Hugo Gottlieb Roscher; die Produktion wurde auf Spiegelglas umgestellt. 1907, in Zeiten des Niedergangs der abgelegenen Flachglashütten, wurde die Riedlhütte von Franz Xaver Nachtmann aus Neustadt/Waldnaab als Hohlglasfabrik übernommen. Seit 1923 pflegt man einen besonderen Namen für wertvoll geschliffene Bleikristallprodukte; zugleich wurde hier meist auch für andere Marken produziert. Die Riedlhütte ist einen konsequenten Weg technischer Rationalisierung gegangen, sowohl in der Handfertigung als auch in der 1977 zusätzlich eingeführten vollautomatischen Produktion. 2004 wurde der gesamte Nachtmann-Konzern an die Riedel Glas KG verkauft.

Die Riedlhütte wurde 1890 an den jetzigen Standort verlegt; heute steht dort ein modernes Werk, das die Handproduktion stark in maschinelle Abläufe integriert.

Info

Betriebsführungen: Mo.–Fr. 10.00, 13.30 oder n. Vereinbarung, ständiger Zutritt zur Besuchergalerie

Schauplatz 4: Spiegelau, Kristallglasfabrik Spiegelau

1521 wird die Spiegelglashütte des Erasmus Mospurger erstmals erwähnt. Begleitet von fünf Besitzerwechseln erlebten die beiden Glashüttengüter Spiegelau und Klingenbrunn ein unstetes Auf und Ab, bis 1602 die Hütte in Spiegelau stillgelegt wurde. Erst 1840 kam die gesamte Produktion von Gebrauchsgläsern und buntem Tafelglas von Klingenbrunn zurück nach Spiegelau. Unter Anton Stangl lebte der Betrieb ein halbes Jahrzehnt von bunten Schnupftabakgläsern, dann folgten neue Turbulenzen, schließlich 1912 Bankrott und Stilllegung. Nach 1918 vollzog sich unter der Leitung des späteren Eigentümers Fritz Pretzfelder der Umschwung zur industriellen Massenfertigung und die Ausrichtung auf hochwertige, veredelte Trinkgläser. 1939 wurde Pretzfelder als Jude in die Emigration getrieben; ab 1949 führte er aber Spiegelau mit der Marke „Helios-Kristall" zu einem neuen Aufschwung. 1961 wurde das Werk an die Württember-

Glasmuseum Frauenau, Kelch „Titurell", Benedikt von Poschinger, um 1890

gische Metallwarenfabrik, 1963 an die Union Sils van de Loo & Co verkauft und ging 1990 an die Firma F. X. Nachtmann. Die Kristallglasfabrik Spiegelau wurde zum Marktführer für mundgeblasene Kelchgläser mit anspruchsvollem Design. Mit ihrer wechselvollen Geschichte ist sie auch dem Ort Spiegelau und seinen Glashüttenleuten eng verbunden. Ende 2004 wurde die Glashütte an die österreichische Firma Riedel Glas verkauft.
Als weitläufige, immer wieder modernisierte Glashüttenanlage steht die Kristallglasfabrik mitten im Ort Spiegelau.

Info

Glashüttenbesichtigung: Mo.–Fr. 9.15–13.15

Schauplatz 5: Zwiesel, Kristallglasmanufaktur Theresienthal

1836 gründete der Glashändler Franz Steigerwald bei Zwiesel eine Glashütte und benannte sie nach der Frau seines Mentors, König Ludwigs I. Die erste Aktiengesellschaft Niederbayerns folgte der wachsenden Nachfrage des Bürgertums; neben Gebrauchsglas stellte die Fabrik mithilfe böhmischer Facharbeiter hochrangige Luxusgläser her. Vor allem nach dem Konkurs Steigerwalds 1843 und dem Kauf durch Michael von Poschinger 1861 eroberten Theresienthaler Gläser die Fürstenhöfe, die In- und Auslandsmärkte und erhielten viele Preise auf Gewerbe- und Weltausstellungen.
Hohe Handwerkskunst und die Formensprache von Historismus, Jugendstil und Art Deco sicherten Theresienthal unter Egon I. und Egon II. von Poschinger den Fortbestand. Unter Max Gangkofner übernahm 1974 der Porzellanhersteller Hutschenreuther AG das Werk als Teilhaber, 1982 als Inhaber. Als der Konzern die Glashütte 1997 abstieß, versuchte zunächst Ralph Wenzel die Theresienthaler Tradition weiterzuführen. Drei Konkursjahre folgten, in denen viele Mitarbeiter

Anbringen des Henkels am Krug „Bacchus" in der Kristallglasmanufaktur Theresienthal

eisern an Theresienthal festhielten: so lange, bis 2004 mit Hilfe der Eberhard von Kuenheim Stiftung wieder eine kleine Produktion anlief, auf der Grundlage handwerklichen Könnens und hoher Qualität, die zu ihrem Preis steht. Noch heute wird im Glashüttengebäude von 1836 Glas geblasen, das mit seinem imposanten, offenen Dachstuhl auch ein herausragendes Kulturdenkmal darstellt.

Info

Glashüttenbesichtigung: Mo.–Do. 10.00–14.30, Fr. 10.00–13.00

Literatur

Katharina Eisch, Die Eisch-Hütte, Portrait einer Bayerwald-Glashütte im 20. Jahrhundert, Grafenau 1988.
Ingeborg Seyfert, Die Poschinger von Frauenau als Glashüttenherrn im Bayerischen Wald, in: Schulanzeiger für Niederbayern, Landshut 1971.
Helmut Hilz, Spiegelungen der Geschichte im Schicksal bayerischer Waldglashütten, Riedlhütte/Grafenau 2001.
Hermann Beiler, „Grob Glaswerck und gemeine Waldgläser". Vom Waldglas zum Spiegelauer Kristallglas, Spiegelau 2003.
Eberhard von Kuenheim Stiftung (Hrsg.), Theresienthal, München 2005.

Katharina Eisch-Angus

Porträt: Hans Glas (1890–1969)

Biografie

Hans Glas wurde am 12. Juni 1890 in Pilsting geboren. Er besuchte die Volksschule und erlernte im elterlichen Betrieb das Maschinenschlosser-Handwerk, arbeitete als Landmaschinenvertreter und leitete ab 1905 die Filiale in Dingolfing. 1909 wurde er technischer Verkäufer der Massey-Harris-Company in Berlin, fünf Jahre später wanderte er nach Amerika aus, arbeitete sich vom Lohnschreiber bei der McCormick Company hoch bis zum Produktionsdirektor bei der Indian Motor Cycle Company, einer großen Motorradfabrik in Springfield/Ill.

Von seinem Vater zurückgerufen, trat er 1920 als Prokurist in dessen Landmaschinenfabrik in Dingolfing ein. Diese Spezialfabrik für Sämaschinen, welche 1933 Konkurs anmelden musste und die Glas 1937 aber als Pächter wieder in seine Hände brachte, florierte bis zum Kriegsende 1945. Glas wurde aufgrund seiner Mitgliedschaft in der NSDAP und der Rüstungsproduktion im Entnazifizierungsverfahren zwei Jahre aus dem Betrieb ausgesperrt. Der Wegfall der Absatzgebiete im Osten führte anschließend zur Neuorientierung in der Produktion. Glas und sein Sohn Andreas sahen in der hohen Mobilität in den Vereinigten Staaten eine zukunftsträchtige Entwicklung auch für Deutschland. 1950 begannen sie die Produktion von Motorrollern; 1955 wurde das erste Auto auf dem Fließband hergestellt, das Goggomobil. Zwölf Jahre lang schrieben sie in Dingolfing Automobilgeschichte, bis die Bayerischen Motoren Werke (BMW AG) 1967 ihre Firma aufgrund finanzieller Engpässe übernahmen.

Der Unternehmer Hans Glas hat für Dingolfing, den strukturschwachen ostbayerischen Raum und die Automobilgeschichte Pionierarbeit geleistet. Die Firma war für ihn eine große Familie, er förderte viele Sportstätten, Kindergärten und Schulen. Glas verstarb am 13. Dezember 1969 in Dingolfing. Zu seinem 100. Geburtstag 1990 wurde er in seiner Heimatstadt mit einem Denkmal in der Bahnhofstraße geehrt.

Verschneites Glas-Denkmal in Dingolfing von Peter Kuschel, 1990

Stichwort: Fließband

Das Fließband ist ein Symbol des Industriezeitalters. Es steht für Arbeitsteilung, Beschleunigung der Produktion und für die Monotonie der Beschäftigung. In der Landwirtschaft wurde es erstmals 1785 in Amerika bei der Mehlherstellung eingesetzt. Henry Ford verwendete es ab 1913 in der Autoindustrie und konnte die Produktion innerhalb eines Jahres um 150 Prozent steigern. Eine aktuelle Weiterentwicklung ist das CAM (Computer Aided Manufacturing) mit automatisierten Fertigungsstraßen.

Werner Kraus

Mit der Übersiedlung der Firma von Pilsting nach Dingolfing begann für die Stadt der Weg zur Industriemetropole Niederbayerns. Die Fabrikgebäude wurden am Bahnhof situiert und bilden heute das Werk 2.1 der BMW AG. Mit über 5.000 Beschäftigten war die Hans Glas GmbH nach dem Zweiten Weltkrieg der größte Arbeitgeber im Altlandkreis Dingolfing. 1967 wurde die Belegschaft von der BMW AG übernommen und mit über 23.000 Beschäftigten sind die Bayerischen Motoren Werke heute der größte Arbeitgeber in Ostbayern.

Schauplatz

2008 wird in Dingolfing ein industriegeschichtliches Museum mit dem Schwerpunkt „Die Firma Hans Glas – Sämaschinen, Roller, Automobile" eröffnet.
Info: www.dingolfing.de

Literatur

Industriegeschichte der Stadt Dingolfing, Dingolfing 2001.
Jürgen A. Kraxenberger, Ferdinand Mader, Das große Glasbuch, Eichendorf 2003.
Info: www.dingolfing.de

Georg Rettenbeck

Bayerischer Wald, Waldbahn

Hintergrund

1835 fuhr die erste deutsche Eisenbahn von Nürnberg nach Fürth. Kurze Zeit später durchzog ein dichtes Schienennetz als Sinnbild von Mobilität und Modernisierung das ganze Land. Ostbayern, insbesondere der Bayerische Wald, blieb lange Zeit davon ausgenommen. Von moderner Infrastruktur abgeschnitten galt das Waldgebirge nördlich der Donau als räumlich abgelegen und wirtschaftlich rückständig. Erst mit Eröffnung der Waldbahn 1877 boten sich der Region neue Entwicklungsmöglichkeiten.

Geschichte

Bereits 1861 hatte das „Comité zur Erbauung einer Eisenbahn von Passau durch den bayerischen Wald" um eine Konzession für den Ausbau des ostbayerischen Schienennetzes ersucht. Uneinigkeiten bezüglich der Streckenführung und Zweifel an der Wirtschaftlichkeit

Grenzbahnhof der Waldbahn in Bayerisch Eisenstein

einer Bahntrasse durch den Bayerischen Wald sprachen zunächst gegen das Projekt. 1867 bat die Stadt Zwiesel den König selbst um den Bau einer Bahn von der Donau zur bayerisch-böhmischen Grenze. Die Regierung übernahm die Projektierungskosten, dennoch lief das Projekt nur schleppend an.

Als am 26. Oktober 1870 ein gewaltiger Orkan über den Bayerischen Wald hinwegfegte und Quadratkilometer zerstörten Waldlandes hinterließ, mussten Unmengen Windwurfholz schnellstmöglich abtransportiert werden – mangels Bahnanbindung ein heilloses Unterfangen.

Auf besondere Fürsprache des Glasindustriellen Benedikt von Poschinger, Vorsitzender des Zwieseler Eisenbahnkomitees, wurde jetzt auch der Bayerische Landtag aktiv. Er erteilte am 25. November 1872 die Konzession zum Bau und Betrieb der Waldbahn, die nach fünfjähriger Bauzeit 1877 eröffnet werden konnte.

Beschreibung

Die Münchner Nachrichten zur Einweihung: „Die Waldbahn von Plattling bis Bayerisch Eisenstein zählt zu den interessantesten und landschaftlich schönsten Bahnstrecken Bayerns. Zahlreiche Kehren, Brücken, Viadukte und Tunnels begleiten die 71,640 Kilometer lange Strecke vom Donautal bis an den Fuß des Großen Arbers."

406 m Höhenunterschied galt es zwischen dem tiefsten Punkt der Strecke im Donautal und dem höchsten am Grenzbahnhof Bayerisch Eisenstein zu überwinden. Für die erforderlichen Hochbauten, Brückenpfeiler, Tunnelauskleidungen und Stützmauern an Dämmen und Einschnitten wurde Granit aus dem Bayerischen Wald verwendet. Noch immer passieren die Züge im Stundentakt die massiven Bahnhofsbauten und Meisterleistungen der Ingenieurskunst inmitten eindrucksvoller Landschaft.

Literatur

Walther Zeitler, Die Bayerische Waldbahn, Waldkirchen 1973.

Info

www.nordbayernbahn.de
www.bayerwald-ticket.com

Christine Lorenz

Flintsbach, Ziegel- und Kalkmuseum

Geschichte

Auf dem Weg von Deggendorf nach Passau, etwa bei der Burgruine Hochwinzer, ist ein mächtiger Industriekamin zu sehen. Dieses Zeichen des Ziegel- und Kalkmuseums Flintsbach gehört zum historischen Ringofen, dem einzig Verbliebenen in Bayern. Der Name Flintsbach geht wohl auf das mittelniederdeutsche Wort „vlint" zurück. Der prähistorische Silexabbau scheint bis in die Bronzezeit gesichert. Für die industrielle Entwicklung des Ortes waren jedoch die Jurakalkaufschlüsse entscheidend, tertiäre Molasseablagerungen, ähnlich den Vorkommen bei Straubing und Vilshofen. Durch seine Farbe eignete sich der Flintsbacher Kalk besonders gut zum Brennen von Weißkalk. Seit 1005 gehörte Flintsbach zur Grundherrschaft des Klosters Niederaltaich.

Vermutlich betrieb das Kloster schon in dieser Zeit kleine Kalköfen. Mit Sicherheit gehörten im 16. Jahrhundert zum Kloster ein Ziegelofen bei Hengersberg und ein Kalkofen in Flintsbach. Nach der Säkularisation kamen 1803 beide Brennöfen zum Verkauf. Mehr oder weniger „freiwillig" wurden die mittlerweile veralteten und unwirtschaftlichen Öfen an Untergebene des Klosters veräußert.

Ziegel- und Kalkmuseum Flintsbach

Im 19. Jahrhundert lieferten die Flintsbacher Kalkbrenner ihren Kalk hauptsächlich in den Bayerischen Wald, das Brennen von Mauer- und Dachziegeln spielte damals noch eine untergeordnete Rolle. Mit der Ausbreitung der Mineraldüngung und der Zunahme der Steinbauten stieg der Absatz, insbesondere in die Region des Bayerischen Waldes. Nach mehrmaligen Instandsetzungen und Erweiterungen entschlossen sich 1883 die Eigentümer, einen neuen großen Ofen zu bauen, in dem sowohl Kalk als auch Ziegelsteine gebrannt werden konnten.

Nach den Plänen des Berliner Ingenieurs Friedrich Hoffmann wurde binnen fünf Monaten der Ringofen errichtet. Dieser Hoffmann'sche Ringofen hat die Form eines oblongen Ovals und misst circa 32 x 14 x 3 m. Die 14 gewölbten Kammern reichen zum Brennen von rund 200 t Kalk und bis zu 85.000 Ziegeln. Der Kohleverbrauch betrug beim Brennen von Kalk 20 t pro Woche, bei Ziegeln aufgrund der niedrigeren Brenntemperatur entsprechend weniger.

Im Vergleich zu den herkömmlichen Brennöfen war das eine Energieeinsparung von 60 bis 80 Prozent, zugleich ermöglichte der Hoffmann'sche Ringofen eine kontinuierliche Produktion, da die langen Zeiträume für das Anheizen und Abkühlen entfielen.

Die Kalk- und Ziegelbrennerei in Flintsbach wurde von 1884 bis 1968 betrieben. Die übrigen Anlagen hielten mit der technischen Entwicklung des Ofens kaum Schritt; so wurden die Ziegel unter Dach im Freien getrocknet, Rundbeschicker, Elevator sowie neue Strangpressen mit Abschneider wurden erst in den 1950er und 60er Jahren angeschafft. Der Abbau in der Lehmgrube und im Kalksteinbruch waren noch Handarbeit. Bis 1930 wurden die Ziegel von Hand geschlagen, anfangs hauptsächlich von italienischen Saisonarbeitern, später von Arbeitern aus der Umgebung. In den 70er Jahren waren die Lehmgrube und der Kalksteinbruch weitgehend erschöpft. Die Kalkbrennerei war inzwischen unrentabel geworden. Die technische Entwicklung der Konkurrenz und der Mangel an

Stichwort: Saisonarbeiter

Wie bei vielen saisonalen Industriebereichen, so spielten auch in der Ziegelindustrie Wanderarbeiter eine entscheidende Rolle. Mit zunehmender Industrialisierung wurde es immer schwieriger, in der Sommersaison genügend qualifizierte einheimische Arbeitskräfte zu finden. In Süddeutschland wurden daher bis 1914 Ziegler aus dem norditalienischen Friaul beschäftigt, am Flintsbacher Ringofen jährlich vier bis zu einem Dutzend, darunter auch 12-jährige Kinder. Im Raum München hat es jährlich mehrere Tausend, in Bayern 1907 etwa 15.000 italienische Ziegeleiarbeiter gegeben. Oft wurden diese Arbeiter nicht direkt von den Ziegeleibesitzern eingestellt, sondern über einen italienischen Subunternehmer, den Akkordanten. Mit ihm schloss der Besitzer im Frühjahr für die gesamte Saison einen Vertrag über eine bestimmte Menge Ziegel; mancherorts wurde ihm der ganze Betrieb für diese Zeit übergeben. Die Italiener waren vom Akkordanten abhängig, da dieser ihren Lohn festlegte und ihnen bis zum Saisonende den Unterhalt vorschoss. Die Lebenssituation der italienischen Arbeiter war elend. Es kam immer wieder zu Ausbeutung und Betrug. Lange Arbeitszeiten unter schwierigsten Bedingungen, auch für Frauen und Kinder, waren an der Tagesordnung. Die Verpflegung bestand oft nur aus Polenta und Käse, die Unterbringung erfolgte in primitiven Hütten oder, wie in Flintsbach, in Bretterverschlägen auf dem Ringofen.

Arbeitskräften, die zu extrem niedrigen Löhnen arbeiteten, zwangen 1968 zur Stilllegung der Produktion.

Beschreibung

Heute ist die Anlage ein weiträumiger Museumskomplex, der im Zusammenwirken von Gemeinde, Landkreis, Heimatpfleger und Bayerischer Ziegelindustrie entstanden ist. Von 1994 bis 1996 wurde der Museumsneubau erstellt. Der 1994 in Essenbach bei Landshut gefundene römische Ziegelofen aus der Zeit um 160 n. Chr. wurde ausgegraben und in einen eigenen Neubau nach Flintsbach verbracht. 2003/2004 wurde auf dem Gelände ein Informations- und Veranstaltungsraum errichtet. Das Konzept umfasst heute die Museumsneubauten, den römischen Brennofen, den historischen Ringofen, die Produktions- und Trocknungsanlagen, eine Schmiede sowie die Lehmgrube und den Kalksteinbruch. Die Vorläufer des Kalkofens sind zum Teil noch erhalten, wenn auch noch nicht ganz ausgraben bzw. rekonstruiert.

Info

Flintsbach, 94577 Winzer (Autobahnausfahrt Iggensbach)
Tel. 08545/91041
Geöffnet: April–Okt. Mi., Sa. 13.00–17.00, So. und Feiertage 10.00–17.00 u. n. Vereinbarung

Andreas Sobeck

Frauenau, Glasmuseum

Geschichte

Die Gemeinde Frauenau ist seit Jahrhunderten Mittelpunkt der ostbayerischen Glasregion. Drei produzierende Glashütten und zahlreiche Veredelungsbetriebe sind am Ort noch ansässig. Frauenau gilt auch als wichtiges europäisches Zentrum der internationalen Studioglasbewegung. Vor diesem Hintergrund wurde das Glasmuseum Frauenau vor 30 Jahren gegründet und 2005 in einem Neubau mit einer neuen Ausstellungs-Konzeption wiedereröffnet.

Beschreibung

Das Museum zeigt die vielfältigen Qualitäten des Werkstoffes Glas nicht nur in der Präsentation der Exponate, sondern auch in der architektonischen Sprache und der Inszenierung der Ausstellung.
Gläserne Exponate und Glas als Symbolkulisse führen den Besucher durch die europäische Kulturgeschichte des Glases, in die regionalhistorische Welt der Menschen, die mit Glas leben und arbeiten und zu einer bedeutenden Sammlung internationaler moderner Glaskunst. Dabei wird das Glas auch in seiner kulturellen Bedeutung für Bayern und Böhmen gesehen. Denn seit 700 Jahren ist dieser grenzüberschreitende Zusammenhang für Glas als Handelsware, Technologieträger und künstlerisches Medium von großer Bedeutung.
Die erste Abteilung der Ausstellung ist als Zeitreise durch exemplarische Schauplätze und Innovationszentren der Glasherstellung angelegt. Von der antiken Glaserzeugung in den frühen Hochkulturen des östlichen Mittelmeerraumes geht es zur Glasmalerei der gotischen Kathedralen und zu archäologischen Funden von Gebrauchsgläsern des Mittelalters. Kristallhelle venezianische Gläser treten ab dem 15. Jahrhundert in Konkurrenz zu den Produkten der Waldglashütten Mitteleuropas und symbolisieren den kulturellen und künstlerischen Aufbruch der Renaissance.
Das barocke Zeitalter präsentieren in einem gläsernen Gartenlabyrinth die Luxusgläser, Spiegel und Lüster, die böhmische Hersteller für das Repräsentationsbedürfnis des Adels schufen. Dem aufstrebenden Bürgertum und dem technologischen Wandel im Zeitalter der industriellen Revolution ist die Vielfalt der

Der Neubau des Frauenauer Glasmuseums

veredelten Gläser im 19. Jahrhundert gewidmet. Bei den Weltausstellungen dieser Zeit brachte der Wettbewerb der Nationen auch für das Glas eine breite stilistische Vielfalt hervor.

Über die schillernden Gläser des Jugendstils und Art Décos wird schließlich der Weg bereitet für die moderne Glasgestaltung des frühen 20. Jahrhunderts bis hin zur maschinellen Glasproduktion, die bis heute unabwendbar die Produktionsstätten für mundgeblasenes Glas in ihrer Existenz bedroht.

Im zweiten Rundgang „Leben und Arbeiten mit Glas" wird um einen symbolischen Glasofen und eine Collage aus Exponaten, Interviews und Fotodokumenten von Zeitzeugen die Sozialkultur einer Glashüttensiedlung illustriert, aus dem Erinnerungszeitraum vom Ersten Weltkrieg bis zur Gegenwart. Diese Inszenierung der Alltagsgeschichte zeigt drastisch die Veränderungen in der Arbeitswelt und konkretisiert die einschneidenden Folgen von Globalisierung und Automatisierung. Das Glashüttensterben im Bayerischen Wald sowie die ungewisse Zukunft des Glasgewerbes werden visualisiert und mögliche Auswege aus der Krise aufgezeigt.

In einem dritten Ausstellungsbereich wird der künstlerische „Ausweg" der umfangreichen Sammlung Wolfgang Kermer von Werken internationaler Glaskunst seit 1945 präsentiert und die Geschichte der internationalen Studioglasbewegung, die 1960 in den USA ihren Ausgang nahm, dokumentiert. Der Frauenauer Glaskünstler Erwin Eisch, ein Pionier dieser Bewegung in Europa, ist mit zentralen Werken vertreten.

Eine Studiensammlung mit Schnupftabakgläsern der Sammlung Schaefer und ein internationaler Querschnitt durch die Hinterglasmalerei mit der Sammlung Udo Dammert runden die Vielfalt der Möglichkeiten ab, die der Werkstoff Glas bietet. Das Glasmuseum bietet auch Wechselausstellungen zur zeitgenössischen Glaskunst, eine umfangreiche Fachbibliothek sowie ein glashistorisches Archiv.

Literatur

Katharina Eisch, Ethnografie in der Glasvitrine, in: Binder, Göttsch, Kaschuba, Vanja (Hrsg.): Ort.Arbeit.Körper. Ethnografie europäischer Modernen, Münster 2005.

Info

Am Museumspark 1, 94258 Frauenau
Tel. 09926/941020
www.glasmuseum-frauenau.de
Geöffnet. Mo.–Fr. 9.00–17.00; Sa., So., Feiertage 10.00–16.00

Karin Rühl

Hauzenberg, Granitzentrum Bayerischer Wald

Hintergrund

Hauzenberg im „steinreichen" Bayerischen Wald war über Jahrhunderte ein Zentrum der Granitgewinnung und -verarbeitung. Unzählige Kulturdenkmäler zeugen davon: Kirchen, Wehr- und Repräsentationsbauten bis hin zu Flurdenkmälern und Granitwerk im bäuerlichen Bereich.

Der weltliche Herrschaftsbereich des Passauer Fürstbischofs war der Nährboden für die Entwicklung eines leistungsfähigen Steinmetzhandwerks. Nach der Säkularisierung sorgten große bayerische Staatsaufträge für die Belebung des Granitgewerbes. Die Industrialisierung löste einen Boom aus: Das „Traumpaar" Eisenbahn und Pflasterstein ließ unzählige Brüche entstehen; viel Kapital floss in die gewinnversprechende Granitindustrie; im Bayerischen Wald gab es in diesem Bereich 12.000 Arbeitsplätze.

Die Entwicklung zur Gegenwart nahm ihren typischen Verlauf: Aufgrund Rationalisierung und globaler Billigkonkurrenz arbeiten heute im Bayerischen Wald nur mehr eine Hand voll Bruchbetriebe und wenige Hundert Menschen in der Steinindustrie.

Beschreibung

Das Granitzentrum Bayerischer Wald, das 2005 eröffnet wurde, reagiert mit Ausstellungen und einer hochkarätigen Museumsarchitektur auf diese Situation. In den „Steinwelten", einem Museum für Erdgeschichte und regionale Wirt-

Stichwort: Granit

Granite bestehen aus Feldspaten, Quarz und Glimmer. Eines der größten Verbreitungsgebiete in Deutschland liegt im Bayerischen Wald zwischen Tittling und Hauzenberg. Der gewerblich organisierte Abbau begann in der zweiten Hälfte des 19. Jahrhunderts. Mit der Eröffnung der Eisenbahnlinie von Passau nach Hauzenberg 1904 entstand die Granit-Industrie. Die rasante Entwicklung der Großstädte mit Straßen-, Eisenbahn- und Brückenbauten steigerte den Bedarf an Steinen von Jahr zu Jahr. Ein wichtiger Abnehmer in Niederbayern war Passau. Aus Hauzenberger Granit sind auch die Säulen im Inneren der Kelheimer Befreiungshalle, die der Münchner Staatsbibliothek sowie die beiden Brunnen vor der Universität gefertigt. Die Industrialisierung führte zu effizienten Abbautechniken: Seit dem ausgehenden 19. Jahrhundert wurden das 1867 entwickelte Dynamit und das Schwarzpulver eingesetzt. Einen wesentlichen Fortschritt brachte die Einführung von pneumatischen Werkzeugen seit 1920. Eine Schlüsselstellung nahm Granit in der Architektur des Dritten Reiches und ab 1935 beim Autobahnbau ein. In der Nachkriegszeit wurde Granit nur noch selten als konstruktives Baumaterial und kaum mehr beim Straßenbau eingesetzt; Betonteile werden aus ästhetischen Gründen aber oft mit ihm verblendet.

Werner Kraus

schafts- und Sozialgeschichte, wird das Wesen und Werden des Steins dargestellt und die lange Tradition der Steinhauerei gewürdigt. Der Naturstein Granit wird dabei vielfältig in Szene gesetzt: als Rohblock und gespaltener Quader bis hin zur polierten Wand.

Bereits bei der Anfahrt erregt der außergewöhnliche Baukörper auf einem weit ausladenden Bruchsteinkegel Aufmerksamkeit. Vom Gebäudeinneren aus gibt es eine Blickachse auf Abbruchwände, einen See und den historischen Steinbruch. Die Materialsprache ist konsequent. Der Steinbruch als Metapher: Granit, roher Stahl, Eichenholz. Die Beton- und Putzflächen sind mit Graphit gefasst, dem Mineral, das nur wenige Kilometer entfernt aus der Erde geholt wird und das eine mit dem Licht spielende Oberfläche erzeugt. Die lebendigen Oberflächen des Granits dagegen erzählen Geschichten vom Werden dieses „kalten Blutes der Erde", von späteren Verwerfungen und vom Zugriff des Menschen.

Der große Schausteinbruch zeigt das Arbeiten in einem Betrieb vor der großen Technisierungswelle, die im Bayerischen Wald nach dem Zweiten Weltkrieg begann. Hölzerne Derickkräne, Rollgleise mit Loren, Fallhämmer, Steinhauer- und Pflastererhütten, eine Bruchschmiede und eine Kantine wurden originalgetreu hergestellt.

Neben den „Steinwelten" ist im Granitzentrum das „Granitforum" tätig, eine Werbe- und Informationsplattform für die Industrie. Symposien führen Künstler und Handwerker zusammen.

Literatur

Winfried Helm, Martin Ortmeier (Hrsg.), Granit, Landshut 1997.
Nicolette Baumeister (Hrsg.), Granitzentrum Bayerischer Wald, Amberg 2005.

Info

Passauer Str. 11, 94051 Hauzenberg
Tel. 08586/2266
www.granitzentrum.de
Geöffnet: tgl. 9.00–18.00

Winfried Helm

Granitzentrum in Hauzenberg von Nordwesten

Kelheim, Ludwigskanal

Hintergrund

Die alte Vision, zwei Meere über eine durchgehende Wasserstraße miteinander zu verbinden, führte im 19. Jahrhundert auch zum Bau des Ludwig-Donau-Main-Kanals. Neben Bamberg markiert der Hafen der alten wittelsbachischen Herzogsstadt Kelheim eines der beiden Einfahrtstore. Der Ludwigskanal, benannt nach seinem königlichen Initiator Ludwig I., ist längst stillgelegt. Mit seinen Schleusen und Schleusenwärterhäusern, Brücken und Dämmen ist er heute als Kultur- und Landschaftsdenkmal, das sich über 173 km hinzieht, von besonderem Reiz.

Geschichte

Der Ludwigskanal stellte die Verbindung zwischen Main und Donau her. Mit diesem Großbauprojekt konnte die europäische Wasserscheide zwischen den Flusssystemen Rhein/Main und Donau überwunden und eine geschlossene schiffbare Flussstrecke zwischen der Nordsee und dem Schwarzen Meer geschaffen werden. Damit war der Nordwesten Europas mit Südosteuropa verbunden.

In Zeiten, in denen der Transport größerer Warenmengen auf dem Landweg ausschließlich mit Pferdefuhrwerken möglich war, verhieß die ungleich höhere Ladekapazität von Flussschiffen wirtschaftlichen Fortschritt. Doch angesichts der sich abzeichnenden Konkurrenz durch die Eisenbahn war es wohl weniger der wirtschaftliche Nutzen, der beim Bau des Ludwigskanals im Vordergrund stand. Vielmehr steckte seit Karl dem Großen europäisches Denken dahinter. Die Verbindung beider Flusssysteme sollte die Einheit des Herrschaftsgebietes symbolisieren. Insofern stellte der Ludwigskanal von Anbeginn mehr ein Denkmal als ein wirtschaftlich rentables Nutzobjekt dar.

Schleusentor der Schleuse Nr. 1 in Kelheim

Bereits 793 hatte Karl der Große aus strategischen Überlegungen den Auftrag gegeben, zwischen der Schwäbischen Rezat im Main-Rhein-Einzugsgebiet und der in die Donau fließenden Altmühl einen 3.000 m langen Graben zu schaffen. Diese „Fossa Carolina", der Karlsgraben bei Treuchtlingen, war der erste Versuch, die europäische Hauptwasserscheide an einer günstigen Stelle zu durchstechen.

Dieser Gedanke blieb lebendig. Verfolgte man bis ins 17. und 18. Jahrhundert noch die karolingische Trassenführung, brachte das frühe 19. Jahrhundert neue Ideen und lebhafte Diskussionen über den Streckenverlauf.

Diese Überlegungen mussten zwar während der napoleonischen Kriege zurücktreten, sie wurden aber durch deren Folgen, insbesondere durch die Bildung des Königreichs Bayern, wieder begünstigt. Mit der Wasserstraße sollten die ab 1806 neu hinzugekommenen Landesteile im Norden Bayerns mit den alten im Süden zusammenwachsen. Sogar der westlichste Landesteil, die Rheinpfalz, konnte über den Rhein auf dem Wasserweg mit dem Königreich verbunden werden.

Konkrete Planungen für die Ausführung des Main-Donau-Kanals gab es allerdings erst nach 1825 unter Ludwig I. Der

Alter Kanal in Kelheim, Hafenbecken mit Schleuse und Einmündung in die Donau (oben)

Kanalbau war Teil gezielter ludoviciani-scher Integrationspolitik.
1829 legte der Oberbaurat Freiherr Heinrich von Pechmann seinen Kanalentwurf vor. Erst vier Jahre später erfolgte die Billigung durch den Landtag. 1834 begannen die Vorarbeiten, Baubeginn war 1836. Zur Finanzierung des Projekts wurde über das Bankhaus Rothschild in Frankfurt eine Aktiengesellschaft gegründet. Als die veranschlagten Mittel nicht ausreichten, erwarb der Staat die Aktien aus Privatbesitz und machte den Ludwig-Donau-Main-Kanal zu einem Staatsunternehmen.
Pechmanns Kanaltrasse verlief von Bamberg bis Nürnberg durch das Tal der Pegnitz, führte südlich von Nürnberg durch das Schwarzachtal über Neumarkt, von dort weiter über die Wasserscheide hinweg durch das Sulztal und mündete bei Dietfurt in die Altmühl. Den südlichsten Streckenpunkt bildete der Kelheimer Hafen, der von der Altmühlmündung abzweigte und nur noch durch eine Schleuse von der Donau getrennt war.
Am 6. Mai 1843 fuhr das erste Schiff von Bamberg nach Nürnberg. 1846 war der 173 km lange, rund 16 m breite und knapp 1,5 m tiefe Stillwasserkanal mit exakt 100 Schleusen und zehn Brückenkanälen von Bamberg bis Kelheim nach einer Bauzeit von insgesamt nur zehn Jahren in voller Länge befahrbar. Der 100 „Schiffstreppen" bedurfte es, um von 230 m über dem Meer in Bamberg auf die 417 m hohe Voralb zu gelangen und bei Kelheim die Donau auf 338 m zu erreichen. 9.000 Arbeiter waren gleichzeitig am Kanalbau beschäftigt. Die Bausumme belief sich auf 8 Mio. Gulden und war damit doppelt so hoch wie veranschlagt.
Von Kelheim bis Bamberg benötigte man circa fünf Tage. Transportiert wurden vor allem Baumaterialien, Holz aus dem Bayerischen Wald und Steine für die Bauten entlang des Kanals, sowie Kohle und Agrarprodukte.
Bis zur Jahrhundertwende wurde getreidelt: Jeweils ein Pferd zog ein Kanalschiff mit einer Ladekapazität von 120 t. Die Altmühl aufwärts benötigte man zwei

Pferde pro Schiff. Die Erfindung der Schiffsschraube löste die Treidelpferde und ihre Führer ab.
Der Erfolg des Kanals erschöpfte sich rasch. Das ab 1835 in Bayern entstandene Eisenbahnnetz und die Geschwindigkeit des neuen Güter- und Personenverkehrs ließen dem Kanal keine Chance. Umso mehr offenbarte sich die politische und kulturelle Seite des Projekts, das trotz seiner umstrittenen wirtschaftlichen Rentabilität eine technische und bauliche Meisterleistung darstellte.
Mit der zunehmend unrentablen Flussschifffahrt schritt der langsame Verfall des Kanals einher. Allerdings schmälerte sein wirtschaftlicher Bedeutungsverlust nicht seine Akzeptanz bei der Bevölkerung. Insbesondere in Nürnberg und Fürth erfreuten sich in der Zwischenkriegszeit romantische Kanalfahrten und die so genannten Schlagrahmdampferfahrten großer Beliebtheit. Es gab Schwimm- und Kanalfeste, im Winter trafen sich die Schlittschuhläufer, Eisstockschützen und Eishockeyspieler. Der Kanal war ein Ort der Geselligkeit, bis 1950 seine endgültige Stilllegung als Schifffahrtsstraße folgte. Seither schafft die Symbiose von historischer Technik und Natur ihre eigene Idylle. Dem Bau des 1992 eröffneten Main-Donau-Kanals und des Frankenschnellwegs wurden weite Teile des Ludwigskanals geopfert. Die erhaltenen Streckenabschnitte mit den dazugehörigen Bauwerken stehen heute unter Denkmalschutz. Die Wander- und Radwege entlang des Alten Kanals, gesäumt von kulturhistorischen Sehenswürdigkeiten, erweitern das touristische Angebot.

Beschreibung

Den südlichsten Abschnitt des Ludwig-Donau-Main-Kanals bildet die Kelheimer Kanalanlage, welche die Donau mit der Altmühl verbindet. Hierzu zählt das um 1840 entstandene Kanalhafen-Becken in der Hienheimer Straße mit drei gut erhaltenen Kränen und einem Güterschuppen sowie die Schleuse Nr. 1 mit Schleusenkammer und zwei intakten, von Hand zu betreibenden Schleusentoren. Daneben befinden sich flussabwärts auf der linken Kanalseite das klassizistische Schleusenwärterhaus und ein Hafengehilfenhaus. Eine Ziehbrücke aus dem Jahr 1850 in der Stadtknechtstraße beim so genannten Fischerdörfl ergänzt die vollständig erhaltene Kanalanlage.

Weitere Schauplätze

Schellneck, Schleuse Nr. 4 mit Schleusenwärterhaus (alter Altmühldurchstich zwischen Altessing und Schellneck).
Kastlhof, 93339 Riedenburg, Schleuse Nr. 5 mit Schleusenwärterhaus.
Eggersberg, 93339 Riedenburg, Schleuse Nr. 10 mit Schleusenwärterhaus.
Deising, 93339 Riedenburg, Schleuse Nr. 11 mit Schleusenwärterhaus.
Mühlbach, 92345 Dietfurt, Schleuse Nr. 12 mit Schleusenwärterhaus.
Ottmaringer Tal, Schleuse Nr. 14 mit Schleusenkammer und Schleusenwärterhaus.
Beilngries, 92339 Beilngries, Schleuse Nr. 22, Länge der Haltung 9.700 m (nordöstlich von Beilngries bis südlich von Berching).

Literatur

Helmut-Eberhard Paulus, Der Ludwigs-Donau-Main-Kanal, Wasserstraße und Landschaftsdenkmal, in: Jahrbuch der Bayerischen Denkmalpflege, Bd. 41/1987, München 1991, S. 157–165.
Herbert Liedel, Helmut Dollhopf (Hrsg.), 150 Jahre Alter Kanal. Ludwig-Donau-Main-Kanal, Nürnberg 1996.

Info

Tourismusverband im Landkreis Kelheim e. V.,
Donaupark 13, 93309 Kelheim
Tel. 09441/68340
www.ludwig-donau-main-kanal.de
www.landkreis-kelheim.de
www.hansgruener.de

Maximilian Seefelder

Kropfmühl, Graphitbergwerk

Geschichte

Seit über 2.000 Jahren wird im Bayerischen Wald Graphit abgebaut. In der Gegend um Kropfmühl liegt eine der bedeutendsten Lagerstätten des seltenen Minerals. Erste Zeugnisse für die Verwendung von Graphit liefern keltische Scherbenfunde graphitierter Tonware. Mittelalterliche Dokumente belegen die Hafnerwerkstätten in Obernzell als Hauptabnehmer des Graphits.

Ende des 19. Jahrhunderts beendeten die Notwendigkeit bergmännischer Abbautechniken und steigende Nachfrage seitens der Stahlindustrie die Ära des bäuerlichen Graphitabbaus. Ab 1876 förderten die Gebrüder Bessel, Graphittiegel-Fabrikanten aus Dresden, Kropfmühler Graphit nach industriellen Maßstäben.

Als Zulieferer der Rüstungsindustrie wurde das Werk 1916 unter militärische Verwaltung gestellt und in eine Aktiengesellschaft umgewandelt. Die Gewinne flossen in Investitionen wie neue Förder- und Aufbereitungsanlagen, Werkstätten und Mannschaftsräume. Zeitgleich entstanden entlang des Werksgeländes die ersten Wohnhäuser der Ortschaft Kropfmühl.

Nach dem endgültigen Aus für den bäuerlichen Graphitbergbau übernahm die Graphitwerk Kropfmühl AG 1939 sämtliche Abbaurechte. Seit den 1960er Jahren sichern Kooperationen und Beteiligungen an ausländischen Werken die Rohstoffzufuhr. Heute ist die Graphitwerk Kropfmühl AG der Spezialist für die Veredelung von Naturgraphit.

Beschreibung

Von Mineralienfunden bis zum Maschinenpark der frühen Industrialisierung dokumentieren zahlreiche Exponate auf dem weitläufigen Werksgelände mit Museum und Besucherbergwerk die Geschichte des Graphitbergbaus. Der GEOPFAD Kropfmühl liefert Informationen zu Geologie, Vegetation und Landschaftskunde des Abbaugebietes.

Literatur

Karl-Heinz Gohla, Die Geschichte des Passauer Graphitgebietes, in: Ortmeier/Helm (Hrsg.), „Millionenbauern“, Landshut 2001.

Graphitwerk Kropfmühl, um 1950

Info

Graphit Kropfmühl AG, Langheinrichstr. 1, 94051 Hauzenberg
Tel. 08586/6090
www.graphite.de
Geöffnet: März, April Mi.-So. 13.00-15.00; Mai-Okt. Di.-Sa. 10.00-15.00, So. und Feiertage 12.00-15.00

Christine Lorenz

Simbach am Inn, Elektrizitätswerk

Umnutzung zu einem Bürgerhaus

Der Simbacher Unternehmer Josef Hellmannsberger ließ 1894 für seine Seilerei ein eigenes Kraftwerk errichten. Den überschüssigen Strom lieferte der „Strompionier" an Geschäfte und Gasthäuser der Stadt. Seine Kraftanlage war damit die Erste in Bayern, die der öffentlichen Stromversorgung diente. 1900 errichtete Hellmannsberger ein neues Elektrizitätswerk. In der Formensprache des Historismus entstand ein zweifarbiger, zweigeschossiger und reich gegliederter Backsteinbau mit Mansarddach und Ziergiebel. In der eingeschossigen schlichteren Maschinenhalle erzeugte eine Dampfmaschine den Strom.

1958 wurde die Stromerzeugung in diesem Werk eingestellt. Das Gebäude diente der Firma noch als Lager und Werkstatt. Im Zuge der Sanierung des Stadtkerns erwarb die Stadt 1995 das unter Denkmalschutz stehende und das Ortsbild prägende Gebäude, um es zu einem Bürgerhaus umzubauen.

Im Hauptgebäude wurden das Foyer, ein Vortragsraum und Versorgungsräume eingerichtet. Die Maschinenhalle erhielt wieder ihre Rundbogenfenster; aus ihr wurde der Bürgersaal, wobei das hölzerne Dachwerk erhalten blieb. An die Rückseite der Halle wurde ein neues Bühnenhaus mit Technik- und Lager-

Stichwort: Dampfmaschine

Die Dampfmaschine ist eines der zentralen Symbole der industriellen Revolution. Die überall einsetzbare Maschine löste im Laufe von wenigen Jahrzehnten die vorindustriellen Energieformen der Muskel-, Wasser- und Windkraft ab. Da sie standortunabhängig eingesetzt werden konnte, begünstigte sie die Entstehung von Fabriken und die Massenproduktion von Waren. Dampfbetriebene Eisenbahnen und Schiffe eröffneten dem Personen- und Güterverkehr ungeahnte neue Möglichkeiten. Nach Versuchen von Denis Papin und Thomas Savery gegen Ende des 17. Jahrhunderts, die Dampfkraft zur Bewegung eines Kolbens zu nutzen, entwickelte der englische Eisenhändler Thomas Newcomen eine Dampfmaschine zum Abpumpen von Wasser aus Bergwerksstollen. Auf Grund ihres hohen Kohleverbrauchs arbeitete sie jedoch unwirtschaftlich. Knapp hundert Jahre später verbesserte James Watt das Konstruktionsprinzip der Dampfmaschine, indem er den Arbeitszylinder vom Dampfkondensator trennte und die Arbeitsleistung allein über den Dampfdruck realisierte. Hierdurch reduzierte er den Kohlenverbrauch auf ein Viertel der Maschine Newcomens. Die Dampfmaschinen setzten sich nun in allen Ländern Europas durch. Weitere Verbesserungen brachten die Hochdruckdampfmaschinen. Heißdampf erlaubte die wirtschaftliche Nutzung der Dampfkraft auch in Lokomotiven und Schiffen. In der zweiten Hälfte des 19. Jahrhunderts verlor die Dampfmaschine gegenüber Verbrennungsmotoren und Dampfturbinen an Bedeutung.

Werner Kraus

Das Elektrizitätswerk von Simbach nach der Sanierung

raum angebaut. Im Obergeschoss befinden sich Mehrzweckräume, im Untergeschoss eine Tiefgarage. Seit das ehemalige Elektrizitätswerk 1997 seiner neuen Bestimmung übergeben wurde, erfreut es sich bei der Bevölkerung als Begegnungs- und Veranstaltungsstätte größter Beliebtheit.
Die Baukosten in Höhe von rund 3,2 Mio. Euro (zur Hälfte Mittel aus der Städtebauförderung) waren trotz des denkmalpflegerischen Mehraufwandes um 15 Prozent niedriger als für einen vergleichbaren Neubau.

Info

Bachstr. 17, 84359 Simbach am Inn
Bauherr: Stadt Simbach
Architekt: Otto Grimm, Erwin Liewehr, Simbach a. Inn

Rembrant Fiedler, Eva Moser

Oberpfalz

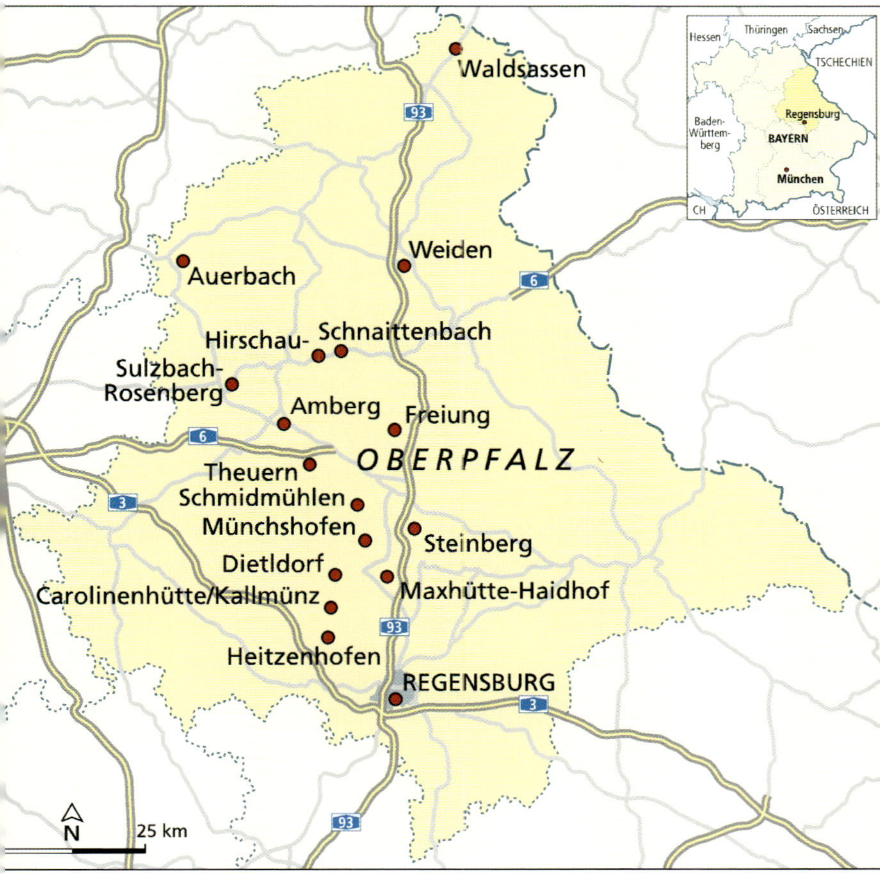
Waldsassen
93
Hessen
Thüringen
Sachsen
TSCHECHIEN
Baden-Württem-berg
Regensburg
BAYERN
München
CH
ÖSTERREICH
Weiden
Auerbach
6
Hirschau-
Schnaittenbach
Sulzbach-Rosenberg
Amberg
Freiung
6
OBERPFALZ
Theuern
3
Schmidmühlen
Münchshofen
Steinberg
Dietldorf
Maxhütte-Haidhof
Carolinenhütte/Kallmünz
93
Heitzenhofen
REGENSBURG
3
N
25 km
93

Themenroute: Vom Hammerwerk zum Industrieareal

Geschichte

In der Oberpfalz begann dank der reichen und leicht gewinnbaren Eisenerze bereits vor zwei Jahrtausenden der Bergbau und die Eisenverhüttung. Ihre wirtschaftliche Blütezeit erlebte die Region in der Zeit vom 14. bis zum beginnenden 17. Jahrhundert. Mit Recht kann sie für diesen Zeitraum als europäisches Eisenzentrum bezeichnet werden.

Zu Beginn des Dreißigjährigen Krieges bahnte sich der Niedergang an. Erste Ansätze für den Neubeginn waren im 18. Jahrhundert zu verzeichnen. Nach einem großen Aufschwung in der zweiten Hälfte des 19. Jahrhunderts nahm im 20. Jahrhundert infolge der besseren technischen Möglichkeiten die Erzförderung zu, die Eisenproduktion erreichte eine nie gekannte Größe. In der zweiten Hälfte des 20. Jahrhunderts kam es zur Stilllegung der Erzgruben wegen Erschöpfung der Vorräte. Die Grube Leonie in Auerbach musste allerdings wegen des Konkurses der Maxhütte 1987 schließen, obwohl noch rund 20 Mio. t Erz vorhanden waren. Das endgültige Aus für die Eisenverhüttung kam 2002.

Die Rohstoffe

Unter den zahlreichen mineralischen Rohstoffen der Oberpfalz besaß Eisenerz über viele Jahrhunderte eine besondere Bedeutung. An erster Stelle stehen die Erze der Kreidezeit, die hauptsächlich im Raum Amberg-Sulzbach-Rosenberg-Auerbach verbreitet sind. Wichtige Lagerstätten um Pegnitz-Auerbach umfassen Doggererze, außerdem wurden Brauneisenerze abgebaut.

Amberg und Sulzbach lagen im Zentrum der Eisenerzvorkommen und entwickelten hieraus ihre monopolartige Stellung als wichtigste Eisenerzlieferanten der Oberpfalz. Seit dem 14. Jahrhundert wurde Eisenerz auch im Tiefbau gewonnen. Der Abbau war in Amberg zunächst von privaten Bergbaugesellschaften übernommen worden, im Lauf der Jahre begannen städtische Bergbaugesellschaften die Privaten abzulösen, sodass in Amberg der Bergbau ganz unter städtische Kontrolle gelangte. Schon vor Beginn des Dreißigjährigen Krieges setzte der Niedergang des Amberger Bergbaus ein. Man hatte Raubbau betrieben und die eisenreichen und leicht gewinnbaren Erze gefördert. Notwendige Investitionen zur Erschließung neuer Lagerstättenteile unterblieben. Besonders die Wasserhaltung stellte die Betreiber des Bergbaus vor große Probleme.

Anfänge der Eisenverhüttung

Seit vorgeschichtlicher Zeit bis weit in das Mittelalter hinein wurde hydroxidisches Brauneisenerz in etwa 1 m hohen Schachtöfen verhüttet. Als Ergebnis erhielt man die flüssige Schlacke, die durch ein Abstichloch am Ofen abgelassen wurde, während die Eisenluppe herausgezogen werden musste, nachdem man den Ofen aufgebrochen hatte. Mittelalterliche Eisenschlacken-Halden, die auf eine intensive Eisenverhüttung in Rennöfen schließen lassen, finden sich in Ostbayern an vielen Stellen. Eines der Hauptgebiete ist der Raum zwischen Regensburg, Kelheim und Parsberg, in dem auch Spuren keltischer Eisengewinnung vorkommen.

Die Hammerwerke

Zu einem der größten Innovationsschübe in der technischen Entwicklung des Mittelalters kam es in Mitteleuropa im 12./13. Jahrhundert, als der Verhüttungsvorgang bei den Rennöfen, der bisher mit Blasebälgen von Muskelkraft angetrieben worden war, durch die Wasserkraft ersetzt wurde. Die Eisenhütten (Hammerwerke) wurden nun von den Erzgewinnungsstätten getrennt und an Flussläufe verlegt, um die Wasserkraft zu nutzen. Diese neu entstandenen Schienhämmer erzeugten schmiedbares Eisen in Form von Halbfertigprodukten, den „Schienen". Sie verfügten über zwei Ofenanlagen: die Zerrenn- und Wellherde. Im Zerrennherd wurde aus dem hydroxidischen Brauneisenerz durch Reduktion kohlenstofffreies, metallisches Eisen gebildet. Der Prozess lief wahrscheinlich (wie im Rennofen) bei Betriebstemperaturen von 1.200 bis 1.300° C ab. Die erzeugte teigige Luppe bestand vornehmlich aus einem Gemenge von Schlacke und kleinen Teilchen metallischen Eisens. Die Luppe wurde unter dem großen, mit Wasserradantrieb gesteuerten Hammer geteilt, dabei Schlacke und Eisen getrennt und erneut erhitzt.

Im Wellherd bewirkten die höheren Temperaturen, die durch bessere Holzkohle erzeugt wurden, eine Eisenaufkohlung. An den heißesten Partien wurde Eisen schmelzflüssig, sammelte sich am Boden des Wellherdes und bildete das begehrte Deicheleisen.

Eisen verarbeitende Betriebe, wie die Blechhämmer, aber auch Draht-, Zain- und Waffenhämmer verarbeiteten die Produkte der Schienhämmer weiter.

Die Hammergüter bestanden meist aus größeren Wirtschaftseinheiten; neben dem Hammerwerk wurde auch Landwirtschaft betrieben. Natürlich gehörten zum Besitz Waldungen, schon allein deshalb, um den immensen Bedarf an Holzkohle zu decken.

Die Hammereinung

Organisatorische Grundlage des Eisengewerbes der Oberpfalz war die „Große Hammereinung von 1387", ein Vertrag von 64 Bürgern der Städte Amberg und Sulzbach, die sich mit Bürgern Nürnbergs, die ebenfalls Hammerwerke betrieben, und weiteren Hammermeistern

Grabstein des Hammermeisters Joachim von Bertholzhofen, 1453, Pfarrkirche Kallmünz

zu einem kartellartigen Verbund zusammengeschlossen hatten. Dieser Vertrag regelte bis ins 17. Jahrhundert Produktion, Lohnkosten, Normierung der Produkte und Verhüttungsverfahren.

Die strengen Bestimmungen der Hammereinung, die technische Neuerungen nur schwer zuließen, führten im beginnenden 17. Jahrhundert zusammen mit weiteren Faktoren zum Niedergang des Oberpfälzer Montanwesens.

Andere Bergbauregionen wie Kärnten, die Steiermark oder das Siegerland hatten Jahrzehnte früher den leistungsfähigeren Holzkohlehochofen eingesetzt. Billigeres und zum Teil besseres Eisen aus diesen Gebieten überschwemmte die Eisenmärkte und drängte das Oberpfälzer Eisen immer weiter aus dem Wettbewerb. Im Oberpfälzer Revier sind im Mittelalter rund 250 Standorte von Hammerwerken bekannt. Gleichzeitig arbeiteten allerdings jeweils etwa höchstens ein Drittel. Ende des 17. und am Beginn des 18. Jahrhunderts waren es die landesherrlichen Eisenhütten, die mit der Erzeugung von Gusseisen und Stahl in der Oberpfalz

Maffeischächte der ehemaligen Eisenerzgrube in Auerbach-Nitzlbuch

die moderne Hüttentechnologie einführten und einen moderaten Aufschwung einleiteten.

Der Eisenhandel

Die in der Oberpfalz hergestellten Halbfertigprodukte aus Eisen („Schienen") waren in erster Linie für den Export bestimmt. Als Umschlagplätze dienten vor allem Regensburg, Ulm und Nürnberg. Während Regensburg eher als eine „Drehscheibe" des Eisenhandels bezeichnet werden kann, war Nürnberg vor dem Dreißigjährigen Krieg die wohl bedeutendste Verarbeitungsstätte für Eisen in Europa. Das Oberpfälzer Revier versorgte das Eisen verarbeitende Gewerbe Nürnbergs mit seinem Rohstoff.

Für den Eisenhandel mit Regensburg war eine heute fast vergessene 60 km lange Handelsstraße von besonderer Bedeutung, die Wasserstraße Vils-Naab, auf der die Amberger das Schifffahrtsmonopol besaßen. Die „Eisenschifffahrt" begann wohl erst im 14. Jahrhundert und dauerte – mit Unterbrechungen – bis 1827. In Geleitzügen fuhren die Schiffe am Sonntag von Amberg nach Regensburg talwärts – an diesem Tag ruhten die Hammerwerke – mit Schieneisen, um von Montag bis Donnerstag bergwärts mit Salz und Wein nach Amberg getreidelt zu werden. Der Transportweg bedeutete für das Amberger Eisen erhebliche Kosteneinsparungen gegenüber dem Landtransport und damit Wettbewerbsvorteile vor den Konkurrenten.

Amberg besaß das Monopol auf das Verzinnen von Schwarzblech, das in weite Teile Europas exportiert wurde. Das in den Blechhämmern erzeugte Schwarzblech wurde durch einen dünnen Zinnüberzug zu korrosionsgeschütztem Weißblech veredelt. Als Ausgangsmaterial war das so genannte Deicheleisen erforderlich, das nur bei der Verhüttung im Wellherd des Schienhammers entstand. Deshalb hielt die Zinnblechhandelsgesellschaft, gegründet 1533, die nicht nur mit verzinnten Blechen handelte, sondern diese auch selbst erzeugte, an der alten Technologie fest.

Neuorientierung und Aufschwung

Verdienste beim Versuch, auch in der Oberpfalz nach dem Dreißigjährigen Krieg an den neuesten Stand der Verhüttungstechnik anzuknüpfen, kommen den Landesherren zu. In Hüttenwerken wie Fichtelberg, Altenhammer, Weiherhammer und Bodenwöhr arbeiteten Holzkohlehochöfen. Sie lieferten Gusseisen, das vor allem für Kriegsgeräte wie Geschütze und Kanonenkugeln von Bedeutung war. Hingegen durften die Oberpfälzer Hammerwerke, die in der Hammereinung zusammengeschlossen waren, wegen der landesherrlichen Restriktionspolitik keine Holzkohlehochöfen einsetzen.

Der Aufschwung, den die Eisenindustrie der Oberpfalz ab der Mitte des 19. Jahrhunderts nahm, ist in erster Linie dem Eisenbahnbau zu verdanken. Mit der Eisenwerk-Gesellschaft Maximilianshütte in Haidhof und Rosenberg und später der Luitpoldhütte in Amberg waren moderne, leistungsfähige Werke mit modernen Hochöfen entstanden, die der Bevölkerung in der Region eine Arbeitsmöglichkeit in Bergbau und Hüttenbetrieb boten.

Eisenindustrie heute

Die Erzförderung in Amberg wurde 1964 wegen Erschöpfung der Lagerstätte eingestellt. 1968 erfolgte die Stilllegung der Hochöfen und der Kokerei der Luitpoldhütte. Die Gießerei blieb erhalten und produziert heute erfolgreich Maschinenteile, Motorgehäuse und ähnliche Erzeugnisse. 1987 wurde mit der Schließung der Grube Leonie in Auerbach wohl das letzte Kapitel des Oberpfälzer Eisenerzbergbaus geschrieben. Die weltweite Krise in der Stahl- und Eisenindustrie zeigte ihre gravierenden Folgen auch in der Oberpfalz, wie es der Konkurs der Maxhütte 1987 belegt. Die Chance für das Weiterbestehen der Eisenindustrie in

Stichwort: Hochöfen

Der Holzkohlehochofen wurde über eine Rampe im oberen Ofenbereich schichtweise mit Erz, Holzkohle und Zuschlägen begichtet, die Winderzeugung für den Verhüttungsprozess erfolgte mittels wassergetriebener Blasebälge. Der in der Oberpfalz verbreitete Ofen war etwa 7 m hoch. Nach einer Durchsatzzeit von circa 18 Stunden sammelte sich das flüssige Eisen im unteren Teil des Ofens und konnte über die Abstichöffnung direkt in Formen abgelassen werden. In ihrer Konstruktion unterschieden sich die leistungsfähigeren Kokshochöfen kaum von den Holzkohlehochöfen. Der erste Kokshochofen wurde 1864 in Rosenberg angeblasen und besaß eine Höhe von 20 m. Die Anlagen wurden jetzt mit Schamottsteinen gemauert, ein wasserdurchflossenes Röhrensystem kühlte die Ofenwandung. Durch Stahlringe und einen Stahlmantel wurde der gemauerte Ofenkern umspannt und stabilisiert. Während im Zerrennherd und Wellherd des Schienhammers im direkten Verfahren aus Eisenerz und Holzkohle bei relativ niedrigen Temperaturen von 1.200 bis 1.300° C schmiedbares, also kohlenstoffarmes Eisen erzeugt wurde, entstand bei höheren Temperaturen (um 1.600° C im Kokshochofen) im indirekten Verfahren in den Hochöfen flüssiges Roheisen, das von Zeit zu Zeit abgestochen wurde. Die Kohlenstoffgehalte lagen bei über zwei Prozent. In einem weiteren Arbeitsgang im Windfrischverfahren musste der Kohlenstoff im Eisen reduziert werden. Als Endprodukt entstand hochwertiger Stahl.

Ehemalige Getreidemühle mit Wasserkraftwerk in Heitzenhofen

dieser Region mit Gießereien und dem Rohrwerk wird vom sinnvollen Einsatz neuer Technologien und einer auf neue Märkte orientierten Spezialisierung abhängen. Die letzten Jahre sind von einer weltweiten Krise der Stahl- und Eisenindustrie geprägt, deren Wirkung auch auf die Oberpfalz ausstrahlt. 2002 erfolgte die endgültige Stilllegung des Hüttenwerkes in Sulzbach-Rosenberg, während das Rohrwerk seinen Betrieb weiterführt. Von den Oberpfälzer Gießereien arbeiten neben der Luitpoldhütte in Amberg die Gießerei in Fronberg, das Werk Weiherhammer und die Gießerei Carolinenhütte bei Kallmünz.

Schauplätze: Bayerische Eisenstraße

Auch heute zählt die Oberpfalz zu den Gebieten Bayerns, in denen die Rohstoffnutzung einen beachtlichen Stellenwert einnimmt. Zahlreiche industriehistorisch interessante Objekte sind noch vorhanden. 1984 wurde eine Arbeitsgemeinschaft gegründet, welche die Idee der 120 km langen „Bayerischen Eisenstraße" verwirklichte. Sie verläuft von Pegnitz im Norden nach Regensburg im Süden und verbindet die einstigen Eisenzentren Ostbayerns, die Reviere Pegnitz, Auerbach, Sulzbach-Rosenberg und Amberg. Ab Amberg wird diese an historische Altstraßen anknüpfende Route zur Wasserstraße: Der Wasserweg auf Vils und Naab von Amberg nach Regensburg ist der Kernbereich des Projekts. Für die vielen Eisen verarbeitenden Handwerkszweige vom Blechschmied bis zum Plattner, vom Nagelschmied bis zum Werkzeugschlosser, war das Oberpfälzer Eisen die Rohstoffgrundlage. Gerade das zu seiner Zeit weltberühmte Gewerbe der Reichsstadt Nürnberg wäre ohne das Oberpfälzer Eisen nicht denkbar gewesen.

Neben den Eisenzentren Amberg und Sulzbach spielt Auerbach als Montanregion eine bedeutende Rolle. Verhüttungsstätten werden hier schon im 13. Jahrhundert genannt. Seit 1878 gehörte das Erzrevier zur Maxhütte, die 1904 die

Doppelschachtanlage Maffei errichtete. Mit 16 Mio. t Erz, gefördert bis zum Jahr 1978, gehört diese Grube zu den größten Eisenerzbergwerken in Bayern. Die Grube Leonie als Nachfolgebetrieb musste aufgrund des Konkurses der Maxhütte im Jahr 1987 den Abbau einstellen.

Zu den bedeutendsten Stätten auf der Strecke von Amberg nach Regensburg zählen die Orte Schmidmühlen, Kallmünz und Heitzenhofen. Der Name „smidmulen" und seine erste urkundliche Erwähnung am Beginn des 11. Jahrhunderts lassen die Vermutung auf das Vorhandensein eines wasserradgetrieben Hammerwerkes zu, das allerdings erst 1311 belegt ist. Schmidmühlen erlangte im Verlauf der Geschichte größere Bedeutung als Produktionsstätte und als Handelsplatz. So verlief hier die Altstraße von Nürnberg in Richtung Burglengenfeld. An der Vilsschifffahrt nahm auch Schmidmühlen teil. Das einstige Hammerherrenschloss, erbaut im 17. Jahrhundert, ist heute nach der grundlegenden Renovierung das Kulturzentrum des Ortes.

Besonders bemerkenswert ist das ehemalige Hammerschloss Dietldorf. Der (öffentlich nicht zugängliche) bedeutendste profane Renaissancebau der Oberpfalz wurde 1700–05 von einem italienischen Architekten errichtet.

Ehemaliges Hammerschloss Dietldorf

An der Mündung der Vils in die Naab liegt unterhalb des steil aufragenden Schlossbergs der Ort Kallmünz. Der Schlossberg ist seit vorgeschichtlicher Zeit Siedlungs- und strategisch bestens geeignete Verteidigungsstätte. Überregionale Handelsstraßen führten über Kallmünz. Im Mittelalter konnte der Fernverkehr auch die Steinerne Brücke benutzen. Kleinere Eisenerzvorkommen um Kallmünz wurden abgebaut und versorgten die Hammerwerke, von denen das in Traidendorf (bereits 1387 in der Großen Hammereinung genannt) 1464 dem Berggericht von Kallmünz zugeordnet war. So erinnert an der Pfarrkirche der Grabstein des Joachim von Bertholzhofen, † 1453, an den Hammerherrn von Traidendorf.

An der Naab liegt das 1460 errichtete Hammerwerk Heitzenhofen, das zu den größten Betrieben zwischen Amberg und Regensburg zählte. Es ging im Dreißigjährigen Krieg ein. Wie bei vielen anderen Standorten erfolgte die Nutzung der Wasserkraft später nicht mehr durch Hammerwerke, sondern durch Mühlen; so ist für Heitzenhofen eine Mahlmühle, eine Säge und eine Ölmühle verzeichnet. Heute wird die Wasserkraft zur Stromerzeugung genutzt. Die ehemalige Gesamtanlage des Hammergutes Heitzenhofen, bestehend aus Schloss, Nebengebäuden und Schlosskapelle ist in seiner Struktur noch gut zu erkennen. Weitere wichtige Stationen folgen, der Naab abwärts, auf dem Weg nach Regensburg.

Literatur

Helmut Wolf, Eisenerzbergbau und Eisenverhüttung in der Oberpfalz von den Anfängen bis zur Gegenwart, Hefte zur Bayerischen Geschichte und Kultur, Bd. 3, 1986.

Reinhard Dähne, Wolfgang Roser, Die Bayerische Eisenstraße, Hefte zur Bayerischen Geschichte und Kultur, Bd. 5, 1988.

Helmut Wolf

Amberg, Ehemalige Thomas-Glashütte

Geschichte

Das Verdienst, Walter Gropius (1883-1969), den Begründer des Bauhauses, der während der NS-Zeit aus Deutschland emigriert und nach dem Zweiten Weltkrieg vor allem in den USA tätig war, für zwei Aufträge nach Deutschland zurückgeholt zu haben, gebührt dem Unternehmer Philip Rosenthal. Der Bau der Amberger Glashütte fällt in eine Expansionsphase der Rosenthal AG. Gropius hatte wenige Jahre zuvor auch für die Hauptniederlassung in Selb einen Neubau errichtet. In Amberg wurde er von Alexander Cvijanovic aus seinem Büro „Architects Collaborative" unterstützt. Gropius, der 1969 verstorben war, erlebte die Fertigstellung der Amberger Glashütte, einem Hauptwerk der modernen Industriearchitektur, 1970 nicht mehr.

Beschreibung

Die Glashütte liegt in einer Senke im Südosten Ambergs. Dominierend ist die Ofenhalle, die Basilika-ähnlich mit ihrem steilen Satteldach über die beiden flach gedeckten Seitentrakte aufragt. Ihre ungewöhnliche Form aus u-förmigen Stahlbetonbindern mit lamellenartig eingeschobenen Spannbetonplatten ergab sich aus der speziellen Belüftungsart, die die natürliche Thermik ausnützt und ohne eigene mechanische Vorrichtung den Abzug der heißen Luft aus dem Dachfirst ermöglichen sollte (was sich in der Arbeitspraxis nicht vollständig bewahrheitete).

Die optimale Belichtung der Halle war durch die in ganzer Höhe verglasten Giebelseiten zur Entstehungszeit gewährleistet. Für die Beschäftigten im Inneren entstand beinahe der Eindruck, im Freien zu arbeiten. Im Unterschied zu den Bauten der Reformarchitektur ist bei der Amberger Glashütte die Trennung von Innen und Außen aufgegeben und die konstruktive Form in ihrer ästhetischen Qualität auch nach Außen exponiert. Mit diesem Prinzip hatte das Bauhaus in den 20er Jahren die Architektur revolutioniert und seinen internationalen Siegeszug angetreten.

Thomas-Glashütte in Amberg von Walter Gropius

Für Deutschland bedeutete die Amberger Glashütte auch eine bautechnische Neuerung, die das künftige Bauen nachhaltig prägte. Wie im Rosenthal-Werk in Selb waren erstmals mit den Stahlbetonbindern und Spannbetonplatten seriell vorgefertigte Bauelemente in großem Umfang zum Einsatz gekommen.

Literatur

Detlef Knipping, Ein unbequemes Erbe: Industriedenkmäler in der Oberpfalz, in: Denkmalpflege in strukturschwachen Regionen. Probleme und Chancen, Arbeitshefte des Bayerischen Landesamtes für Denkmalpflege, Bd. 115.

Info

Kristallglasfabrik Amberg KG, Rosenthalstr. 12, 92224 Amberg

Detlef Knipping

Carolinenhütte

Hintergrund

Im Eisengewerbe der Oberpfalz dominierten die Zentren Amberg und Sulzbach-Rosenberg. Als interessante Stätte der Industriekultur ist aber auch der Raum zwischen Schmidmühlen und Kallmünz von hohem Rang. Die Hammerherrenhäuser in Schmidmühlen, Dietldorf, Rohrbach oder Traidendorf und deren teilweise noch erhaltene Industrieanlagen sind kultur- und wirtschaftshistorisch wichtige Zeugen der „eisernen" Vergangenheit.

Rohrbach war der Hauptsitz des bedeutenden Montangeschlechts der Sauerzapf. Diese waren mitbestimmend für das wirtschaftliche Leben in der Oberpfalz als Bergwerksbesitzer in Amberg, Eisengroßhändler und Hammerbesitzer von Rohrbach, Lauf (der späteren Carolinenhütte), Theuern sowie sechs weiteren Werken. Neben den Sauerzapf waren die Kastner, Portner und Steinhauser weitere bedeutende Familien.

Ohne die engen Verbindungen der Montangeschlechter untereinander und ihre Aufgabenteilung hätte die Oberpfalz vom 14. bis zum 17. Jahrhundert nicht den Rang eines europäischen Eisenzentrums erreicht. Die Familie Höllein knüpft erfolgreich an diese Tradition an.

Geschichte

Entlang der Vils und ihren Nebenflüssen sowie der Naab entstanden ab dem 14. Jahrhundert Hammerwerke, welche die Wasserkraft zur Energiegewinnung nutzten. Am Forellenbach bestanden bei den Orten Ober- und Unterlauf Anfang des 15. Jahrhunderts ein Schien- und ein Blechhammer. 1515 erwarb Wolfgang Sauerzapf den Hammer in Lauf am Forellenbach. Das Werk wurde im Dreißigjährigen Krieg zerstört. 1675 kaufte Ulrich Geyer, Bürgermeister zu Hemau, den öd liegenden Betrieb und erbaute anstelle des Blechhammers in Oberlauf eine Mühle. 1717 errichtete ein Herr von Stachelhausen in Unterlauf einen Holzkohle-Hochofen, um 1800 wurde die älteste noch bestehende Eisengießerei Carolinenhütte gegründet. Namengebend für die heutige Gießerei war Caroline von Bechtel, die 1830–1832 oberhalb des Werkes die schlossartige Villa erbauen ließ.

Das Werk behauptete sich trotz des Standortnachteils im engen Forellenbachtal. Der starken Konkurrenz der Eisenwerk-Gesellschaft Maximilianshütte, die in Rosenberg 1864 den ersten Kokshochofen angeblasen hatte, war die Carolinenhütte aber nicht gewachsen, sodass sie 1882 stillgelegt wurde. 1885 kaufte Ingenieur Peter Höllein, der Urgroßvater des jetzigen Inhabers Raimund Höllein, die Carolinenhütte. Peter Höllein stammte aus Sonneberg in Thüringen. Er konzipierte und baute Walzwerke, darunter das in Fronberg bei Schwandorf. Die Carolinenhütte wurde als Familienbetrieb kontinuierlich weitergeführt.

Heute ist das Werk ein modernes Unternehmen mit 100 Mitarbeitern und Niederlassungen in Chemnitz, Prag und Posen. Diplomingenieur Raimund Höllein trat 1975 in die Firma ein und übernahm nach dem Tod seines Vaters 1980 in der vierten Generation den Betrieb. Die aktuelle Produktpalette umfasst Gussteile für Maschinenbauunternehmen, Kunstguss und Entwässerungssysteme.

Literatur

Reinhard Dähne, Wolfgang Roser, Die Bayerische Eisenstraße von Pegnitz bis Regensburg, in: Hefte zur Bayerischen Geschichte und Kultur, Bd. 5, 1988.

Info

Raimund Höllein Carolinenhütte GmbH, 93183 Kallmünz
Tel. 09473/94 070

Helmut Wolf

Freiung, Reichhartschacht

Hintergrund

Die Industriegeschichte der Oberpfalz ist untrennbar mit einem vielfältigen Angebot an Bodenschätzen verbunden, deren Abbau Landschaft und Kultur bis in unsere heutige Zeit hinein prägen. Im „Wölsendorfer Flussspatrevier" begann der Bergbau bereits im späten Mittelalter. Von etwa 1470 bis 1570 wurde im „Venezianer-" und „Agricola-Schacht" nach Silber geforscht.

Im 18. Jahrhundert führte die Suche nach Blei zu neuen Bergbautätigkeiten in diesem Gebiet. Flussspat wurde erst im Laufe des 19. Jahrhunderts und dann vor allem während des 20. Jahrhunderts für die Bergleute interessant, da seine „energiesparende" Funktion mit dem Aufkommen der Eisen- und Stahlindustrie Bedeutung erlangte. Auch für die Glasherstellung in Böhmen und im Bayerischen Wald war das Mineral wichtig.

Die Blütezeit der Flussspatförderung kam während der 1950er Jahre, als im Wölsendorfer Revier die weltweit größten Fördermengen im Untertagebergbau gewonnen wurden. Diesem intensiven Abbau folgte schnell der Niedergang in den 1980er Jahren.

Wer heute in der mittleren Oberpfalz unterwegs ist, kann sich kaum mehr vorstellen, dass einst Fördertürme zum Landschaftsbild gehörten. Da vor knapp 20 Jahren die letzten Schachtanlagen geschlossen worden waren, sind fast alle Betriebsanlagen samt Fördertürmen verschwunden. Umso größere Bedeutung haben Besucherbergwerke wie der Reichhartschacht oder der Heinrich-Kocher-Stollen, weil sie die Bergbaugeschichte und die Arbeitswelten der Oberpfälzer Bergleute für die Nachwelt erhalten und dokumentieren.

Förderanlagen der ehemaligen Flussspatgrube Anna-Erna, Stulln

Geschichte

Um 1890 entdeckte Wilhelm Reichhart in Freiung beim Graben eines Brunnenschachtes Flussspat, den er im Familienbetrieb neben seiner Tätigkeit als Landwirt zunächst übertage, fünf Jahre später im Schachtbetrieb abbaute. Da sich die komplette Ausbeute Anfang der 1970er Jahre nicht mehr lohnte, entschloss sich Josef Reichhart, dessen Sohn Konrad das Museumsbergwerk bis heute betreibt, 1980 einen Besucherschacht zu errichten. Seitdem wurde ein großer Teil der Anlage zusätzlich durch Konrad Reichhart für die Besucher zugänglich gemacht. Zahlreiche Exponate zur Geschichte des Flussspatabbaus brachte er ins Museumsgelände, darunter auch den eisernen Förderturm der letzten Flussspatgrube „Hermine", der bis zu deren Stilllegung 1987 die Bergleute untertage befördert hatte.

Maschinen und Werkzeuge, aber auch Mineralien aus dem Wölsendorfer Flussspatrevier gewähren somit interessante Einblicke in die Welt des Bergbaus und in die Tiefen dieser außergewöhnlichen Naturregion.

Weiterer Schauplatz

Heinrich-Kocher-Stollen, 92507 Wölsendorf. Geöffnet: jeden dritten So. im Monat und n. Vereinbarung, Tel. 09675/619

Literatur

25 Jahre Bergknappenverein Stulln, Knappenverein Cäcilia, Bergknappenverein Marienschacht (Festschrift), Stulln 1977.

Linus Kestel, Helmut Wolf, Reichhart-Schacht – Oberpfälzer Besucherbergwerk, Freiung/Stulln o. J.

Info

Konrad Reichhart, Freiung 2, 92551 Stulln
Tel. 09433/1555
www.reichhart-schacht.de
Geöffnet: Di.–Sa. 10.00, 11.00, 14.00, 15.00, 16.00, So. 14.00, 15.00, 16.00

Eva Maria Kutzer

Haidhof, Maximilianshütte

Geschichte

Als 1851 die belgischen Stahlunternehmer Henri Goffard und Télémaque Michiels im Sauforst bei Burglengenfeld mit dem Bau einer Eisenschienenfabrik zur Belieferung der bayerischen Staatseisenbahn begannen, war dies der Start der Oberpfalz in das Industriezeitalter.

Zwar hatte es hier schon Eisenhämmer, Bergwerke und andere Kleinindustrien gegeben, doch war die neue Fabrik, die dank königlicher Förderung 1853 den Namen „Eisenwerk-Gesellschaft Maximilianshütte" bekam, viel größer dimensioniert. Braunkohle, die seit den 1830er Jahren abgebaut wurde, war der Energieträger für die Dampfmaschinen, sie stellte sich jedoch bald als minderwertig heraus und musste durch teure Importe ersetzt werden. Das Land bot einen anderen Standortvorteil: billige und genügsame Arbeitskräfte, die bisher mehr schlecht als recht von Landwirtschaft, Handwerk und Kleinhandel gelebt hatten und sich gern für die Arbeit in der Fabrik anwerben ließen. Zusätzlich holte das Unternehmen qualifizierte Arbeiter aus Preußen, Belgien und Wales.

Zum Betrieb gehörten Produktionshallen (zum Schmelzen des Eisens und Walzen der Schienen), Kohlegruben, Werkstätten und Verwaltungsbauten, „Herrenhäuser und Arbeiterkasernen". Ende des 19. Jahrhunderts wurden Arbeiterwohnhäuser und ein Werkskonsum gebaut. Viele Arbeiter mussten jedoch täglich bis zu 15 km zu Fuß oder per Fahrrad bewältigen; für die noch weiter entfernt Wohnenden wurden Ledigenbaracken errichtet. Außerdem gründete das Unternehmen eine Sparkasse sowie eine Betriebskranken-, Pensionisten- und Invalidenkasse.

Im März 1907 kam es zu dem berühmt gewordenen Maxhütten-Streik, bei dem 550 der 930 Arbeiter, unterstützt vom Deutschen Metallarbeiterverband, in den Ausstand traten. Bis Oktober zogen sich die Verhandlungen um bessere Löhne und soziale Maßnahmen hin, doch erst im Januar 1908 wurde der Arbeitskampf durch einen Militäreinsatz beendet und 64 Arbeiter wegen Landfriedensbruch vor Gericht gestellt.

Im Ersten Weltkrieg wurde die Eisenschienenfabrik zur „Waffenschmiede" umfunktioniert. 1927 gab es knapp 3.000 Beschäftigte. Während des Zweiten Weltkrieges hielten mehrere hundert Frauen, ausländische Zwangsarbeiter und Kriegsgefangene den Betrieb aufrecht. Nach der drohenden Demontage startete die Produktion im Oktober 1945 erneut. In den 1960er Jahren errichtete die Maxhütte trotz der weltweiten Stahlkrise ein neues Kaltwalzwerk, wodurch mehr als 8.000 Arbeitsplätze gesichert und im Rekordjahr 1970 nahezu 1,14 Mio. t Walzstahl produziert werden konnten. Den Konkurs hielt dies dennoch nicht auf; er wurde am 16. April 1987 verkündet. Die Bevölkerung hatte zuvor erbittert gegen die Schließung protestiert. Im September 1990 erwarb die Heilbronner Karosseriebaufirma August Läpple das ehemalige Kaltwalzwerk (Teublitz) und im August 1992 das Warmwalzwerk (Maxhütte-Haidhof) und errichtete ein neues Werk mit mehr als 800 Beschäftigten. Außerdem wurde in einigen Werkshallen ein Mittelstandszentrum für den Landkreis Schwandorf gegründet.

Beschreibung

Nur wenige Gebäude erinnern heute noch an die frühe Zeit der industriellen Eisenproduktion: Die gründerzeitlichen Villen der Fabrikbesitzer am südlichen Hang außerhalb des Werksgeländes, zwei renovierte Arbeiterwohnhäuser und die Gasthäuser „Neuwirtshaus" und „Hüttenschenke" aus den 1880er Jahren; weiterhin die Werkswohnungen und Verwaltungsgebäude aus der Blütezeit nach dem Zweiten Weltkrieg, als 1953 „Maxhütte-Haidhof" zur Stadt erhoben wurde. Die Werksanlagen wurden im Laufe der Jahrzehnte immer wieder verändert, dennoch gibt es Spuren der alten Eisenschienenfabrik, wie die elektrische Zentrale mit Kesselhaus von 1920 oder die Kranken- und Badeanstalt.

Die ehemalige mechanische Werkstatt (1911 als Ziegelfachwerk-Gusseisen-Glas-Konstruktion errichtet und bis 1996 als einziges Werksgebäude in der Denkmalliste erfasst) wurde in den letzten Jahren mehrfach als außergewöhnliche Veranstaltungshalle genutzt. Wie lange die Überreste der alten Maxhütte noch sichtbar und gefahrlos begehbar sein werden, ist derzeit (Oktober 2005) nicht abschätzbar. Der Verfall schreitet unaufhörlich fort. (Abbildung siehe vordere Umschlagseite)

Stichwort: Zwangsarbeiter

Während des Ersten Weltkriegs wurden mehr als 2,5 Mio. Kriegsgefangene in Deutschland zur Zwangsarbeit eingesetzt, im Zweiten Weltkrieg allein in Bayern mehr als 400.000. Diese stammten überwiegend aus Polen, der Ukraine und Weißrussland. Sie waren billige Arbeitssklaven in Gewerbe- und Industriebetrieben, in Steinbrüchen, beim Straßenbau und in der Landwirtschaft. Alle nationalsozialistischen Konzentrationslager unterhielten ein Netz von Außenlagern, in denen Häftlinge und Zwangsarbeiter ausgebeutet wurden. Seit dem Jahr 2001 wird ehemaligen Fremd- und Zwangsarbeitern nach dem Gesetz zur Errichtung einer Stiftung „Erinnerung, Verantwortung und Zukunft" eine symbolische Entschädigung gezahlt.

Literatur

Oskar Duschinger, Dietmar Zierer, Glanz und Elend der Maxhütte, Burglengenfeld 1990.

Peter Morsbach, Untersuchungen zur Baugeschichte der ehemaligen Maximilianshütte in Maxhütte-Haidhof und Teublitz, in: Jahresband zur Kultur und Geschichte im Lkr. Schwandorf 12/13, 2001/02.

Info

Läpple Blechverarbeitung GmbH & Co. KG,
Maxhütter Str. 16, 93158 Teublitz
Tel. 09471/999-0
www.laepple.de

Margit Berwing-Wittl

Hirschau-Schnaittenbach, Kaolinrevier

Hintergrund

Das Zentrum der Kaolingewinnung in Deutschland ist das Hirschau-Schnaittenbacher Revier. Die Lagerstätte befindet sich im Hauptbuntsandstein, einer durchschnittlich 60 m mächtigen Zone, die sich am ostwestlich verlaufenden Naabgebirgsvorsprung in einer Breite von 6 km, in Nord-Süd-Richtung rund 1 km ausdehnt. Die Roherde setzt sich aus Kaolinit, Feldspat und Quarz zusammen. Der Bergbau begann in der ersten Hälfte des 19. Jahrhunderts. Waren die Vorkommen zunächst die Voraussetzung für die Entstehung von Steingutfabriken in Hirschau, Amberg, Reichenbach a. Regen oder Regensburg, so bildeten sie ab dem Ende des 19. Jahrhunderts die Rohstoffgrundlage für die Porzellanfabriken. Heute gehen über 60 Prozent der Kaolinproduktion in die Papierindustrie. Weitere Einsatzgebiete sind die Keramik, Glasfaser- und Bauzulieferindustrie. Außerdem werden Quarzsand und Feldspat gewonnen.

Geschichte

1826 erfolgte die Konzessionserteilung für die Steingutfabrik Dorfner & Co in Hirschau. Der Rohstoff für die Steingutherstellung, den man anfangs aus der näheren Umgebung bezogen hatte, wurde nun in Hirschau gewonnen und in einer eigenen Kaolinschlämmerei aufbereitet. Aus diesen Anfängen entwickelte sich die „Gebrüder Dorfner o.H.G., Kaolin- und Quarzsand-Werke" in Hirschau.
1836 erhielt Eduard Kick die Konzession für den Rohkaolinabbau und eine Kaolinschlämme in Schnaittenbach; er kaufte daraufhin 1838 ein Grundstück und begann mit dem Bau der Schlämme. Es entstand die Firma „Eduard Kick, Kaolin- und Quarzsandwerke Schnaittenbach". Als er 1846 in Amberg die Steingutfabrik erwarb, verarbeitete er einen großen Teil seines Kaolins im eigenen Werk. Die Roherdegewinnung erfolgte bis 1883 auch im Untertagebau: Aus bis zu 10 m tiefen Schächten wurde mit Haspeln das Material gefördert. Der Betrieb der Firma Kick wurde 1993 von den Amberger Kaolinwerken (AKW) übernommen. Beide firmieren jetzt unter dem Namen Amberger Kaolinwerke Eduard Kick GmbH & Co KG. Am jüngsten ist das Werk Hirschau. Es wurde 1901 von Georg Schiffer unter dem Namen Amberger Kaolinwerke Hirschau (AKW) gegründet und entwickelte sich bis zum Ende der 80er Jahre zum führenden deutschen Kaolinhersteller.

Der „Monte Kaolino" in Hirschau

Beschreibung

Der Hirschau-Schnaittenbacher Raum ist vom Bergbau geprägt. Riesige Tagebaue und Halden zeugen vom intensiven Abbau der vergangenen 150 Jahre. Zwar reichen die Vorräte noch für einige Jahrzehnte, die abgebauten Lagerstättenteile sollen aber in den nächsten Jahren sukzessive rekultiviert werden. Da die Tagebaue nicht mehr verfüllt werden können, wird eine Seenlandschaft entstehen, an deren Rand sich der 120 m hohe weiße Quarzsandberg, der „Monte Kaolino", das Wahrzeichen des Reviers, erhebt. Der Berg bietet im Sommer ideale Möglichkeiten zum Ski- und Sandboardfahren. Neben einem Informationszentrum auf dem „Monte Kaolino" und einem Besucherbergwerk in Schnaittenbach sind drei Lehrpfade geplant. Der Industriepfad wird 2006 fertig gestellt.

Literatur

Der Bergbau in Bayern, Geologica Bavarica, Bd. 91, 1987.
Weiße Erde, Entwicklung des Kaolinbergbaus in der Region Hirschau/Schnaittenbach, Firmenbroschüre, 2001.

Helmut Wolf

Münchshofen, Glasschleif- und Polierwerk

Hintergrund

Die Glasindustrie mit ihren beiden Hauptzweigen, der Hohlglas- und der Flachglasindustrie, war einer der bedeutendsten Industriezweige im Bayern des 19. Jahrhunderts. Insbesondere die Flachglasindustrie, die sich aufgrund günstiger Standortfaktoren in der Oberpfalz ansiedelte, gewann damals internationale Bedeutung und exportierte rund 80 Prozent ihrer Produktion ins europäische Ausland, nach Asien und vor allem nach Nordamerika, wo es 1850 noch nicht die technischen Möglichkeiten gab, qualitativ hochwertige Spiegel und optisch einwandfreie Fenstergläser in der benötigten Menge herzustellen.

Die Spiegel- und Flachglasproduktion begann mit der Herstellung der Rohglastafeln in den Waldglashütten im bayerisch-böhmischen Grenzgebiet und dem anschließenden Transport in die Oberpfälzer Glasschleif- und Polierwerke entlang der Flüsse Naab, Vils, Schwarzach und Regen. Dort wurden die Glastafeln unter Ausnutzung der Wasserkraft geschliffen und poliert und nahmen dann ihren Weg nach Fürth.

Fürth war das Handelszentrum für Spiegelglas. Hier wurden die Scheiben in einem extrem gesundheitsschädlichen Verfahren mit einer Quecksilberschicht bedampft und anschließend von Großhändlern am börsenähnlich organisierten Fürther Spiegelglasmarkt in alle Welt verkauft.

Von den einst über 200 Schleifen und Polieren der Oberpfalz existiert heute nur noch eine Einzige in ihrer ursprünglichen Gesamtheit: Das Glasschleif- und Polierwerk Münchshofen ist hinsichtlich seiner baulichen Substanz und technischen Ausstattung ein in Bayern einzigartiges Industriedenkmal.

Geschichte

Wie zahlreiche andere Oberpfälzer Glasschleif- und Polierwerke wurde auch die Schleif Münchshofen an einem Eisenhammer- und Mühlenstandort des 18. Jahrhunderts errichtet.

Als Gustav Zuber, der Besitzer der nahe gelegenen Glashütte Loisnitz, 1885 die Mühle Münchshofen kaufte, um sein Rohglas in einem eigenen Werk zu veredeln, war die bayerische Glasindustrie auf dem Höhepunkt ihrer Exporttätigkeit angekommen.

Zuber ließ die Mühle abreißen und errichtete stattdessen 1891 ein Schleif- und Polierwerk. Die Arbeit der Schleifer und Polierer war hart. In 12- bis 18-Stunden-Schichten hatten sie in dem unbeheizten Gebäude unter Zugabe von Wasser, Schmirgel und dem charakteristisch rostroten Poteé die Glasscheiben zu bearbeiten. Die Schleif- und Poliertische liefen Tag und Nacht.

Die Lage am Glasmarkt änderte sich um die Jahrhundertwende drastisch, als der Export stark zurückging und in Belgien und Amerika Glasherstellungsverfahren entwickelt wurden, die eine Veredelung der Rohglasscheiben überflüssig machten. Gustav Zuber musste Münchshofen 1897 an den gerade erst gegründeten kapitalstärkeren Firmenzusammenschluss der Vereinigten bayerischen Spiegelglaswerke in Neustadt a. d. Waldnaab verkaufen.

1906 wurde eine moderne Francisturbinenanlage eingebaut und Münchshofen wurde im Zwischenmeistersystem unter einem Poliermeister weitergeführt, bis es 1927 zu einem Bilanzverlust von 300.000 Reichsmark kam. Die Firma ging in Konkurs und Münchshofen wurde 1934 der Süddeutschen Vermögensverwaltung übergeben.

1937 kauften die Brüder Franz und Karl Ring von der Frankenschleife das Münchshofener Werk und führten es erfolgreich als so genanntes „Bauernwerk" mit Aufträgen aus der Region weiter, bis der Polierbetrieb 1953 wegen wirtschaftlicher Unrentabilität endgültig aufgegeben werden musste. Im selben Jahr wurde die Turbinenanlage an das Stromnetz der OBAG angeschlossen und Münchshofen wird seither als E-Werk genutzt. 1972 erwarb der heutige Besitzer, Hans Knorr, die Münchshofener Schleif, die 1990 in die Denkmalschutzliste aufgenommen wurde.

Beschreibung
Bis auf den Schleifereianbau, der in den 1940er Jahren einem Sturm zum Opfer fiel, besteht die Schleif Münchshofen heute noch in ihrem ursprünglichen Gebäudebestand: dem zweigeschossigen Polierwerk mit Glaskammeranbau (Kalksandsteinbau mit auffälligen Industriesprossenfenstern), dem Poliermeisterhaus (zweigeschossiger Satteldachbau aus dem 18. Jahrhundert), den Stallungen sowie dem renovierten und heute als Wohnhaus genutzten ehemaligen Arbeiterwohnhaus.
Nachdem die Entscheidung gefallen war, das Glasschleif- und Polierwerk als Museum zugänglich zu machen, begann 2004 die Sanierung. Zwei Poliertische wurden zu Demonstrationszwecken wieder gangbar gemacht. Die Schleif Münchshofen bietet damit die Möglichkeit, Technik und Alltag einer vergangenen Arbeitswelt am Originalschauplatz zu erfahren.

Literatur
Johannes Ibel, Die Spiegelglasschleifen und -polieren im Landkreis Neustadt a. d. Waldnaab einschließlich der Stadt Weiden, Regensburg 1999.

Info
Das Oberpfälzer Volkskundemuseum Burglengenfeld bietet ganzjährig Führungen durch die Schleif n. Vereinbarung an.
Tel. 09471/602583

Christine Scharf

Regensburg, Gaswerk

Geschichte
Das 1857 gegründete Regensburger Gaswerk konnte ab 1900 den rapid gestiegenen Gasbedarf nicht mehr befriedigen. Deshalb wurde 1909/1910 von Adolf Schmetzer und Karl Frank im Auftrag der Stadtwerke ein neues Werk mit Bahnanschluss im unbebauten Osten der Stadt gebaut. 1928/1929 errichtete die MAN einen 36 m hohen Scheibengasbehälter. Um Spitzenbelastungen, beispielsweise bei einem Kälteeinbruch, problemlos abdecken zu können, bezog die Stadt ab 1964 Ferngas aus Ingolstädter Raffinerien und ab 1974 Erdgas aus der Sowjetunion. Aufgrund dieser flexiblen neuen Versorgungsstruktur wurde die eigene Gasproduktion eingestellt.

Beschreibung
Der polygonale, in Stahlskelettbau mit genieteten Eisenblechen errichtete Scheibengasbehälter (Gasometer) ist einer der wenigen, die in Europa nahezu vollständig erhalten sind. Er steht zusammen mit dem Reinigergebäude, einem Meisterwerk des Industriebaus in Bayern, unter Denkmalschutz.

Saniertes Reinigergebäude des Gaswerkes Regensburg, 1909/10

Stichwort: Scheibengasbehälter

Scheibengasbehälter wurden erstmals 1916 von der MAN als runde oder polygonale Zylinder errichtet. Eine sich auf und ab bewegende, mit Betonsteinen beschwerte und einem ölgefüllten Deckel abgedichtete Scheibe schließt den Raum nach oben ab und sorgt für einen konstanten Gasdruck. Scheibengasbehälter benötigen nur wenig Material, können daher kostengünstig hergestellt werden und sind aufgrund ihres relativ geringen Gewichtes im Gegensatz zu Teleskopgasbehältern in der Höhe nicht begrenzt.

Das Reinigergebäude, in dem dem Rohgas Zusatzstoffe wie Schwefelwasserstoff entzogen wurden, hat ein mächtiges Bogendach mit hölzernen Fachwerkbindern, die erstmals 1906 als Aufsehen erregende neue Wölbungstechnik verwendet worden waren. Große Fensterflächen und traditionelle Dachformen prägen das Äußere des Gebäudes, das im Stil der Bautradition der Zeit gehalten ist und nichts von der funktionalen Ästhetik und dem neuen Konstruktionssystem des Inneren verrät. 2003 wurde das Reinigergebäude von der REWAG zu einem Sitzungs- und Kasinosaal umgebaut. Erhalten sind vom alten Gaswerk außerdem das Uhren-, Regler- und Kesselhaus.

Info

Greflingerstr. 22, 93055 Regensburg
Nicht öffentlich zugänglich.

Ludwig Spreitzer

Regensburg, Lagerhaus der BayWa

Umnutzung zu IT-Gründerzentrum

Die Landwirtschaftliche Zentralgenossenschaft des Bayerischen Bauernvereins errichtete 1915 ein großes Lagerhaus für den An- und Verkauf von Agrarprodukten. Nach Plänen von Alois Esterer entstand am Flussufer ein moderner viergeschossiger Stahlbetonbau. Das hohe

Das sanierte BayWa-Lagerhaus in Regensburg von der Nibelungenbrücke aus

Mansarddach und die Treppengiebel sind eine Anspielung auf ältere Regensburger Bautraditionen. Das später von der BayWa übernommene Lagerhaus war bis 1999 in Betrieb. Das Baudenkmal wurde nach seiner Stilllegung von einem privaten Investor erworben, der es 2000 zu einem Gründerzentrum für Unternehmen der Informationstechnologie-Branche umbauen ließ.
Beim Umbau wurde die Infrastruktur eigens auf die IT-Anforderungen ausgelegt. 2002 zogen die ersten Firmen ein. Heute ist es das Zentrum der Regensburger IT-Branche. Es bietet auf 6.500 m^2 Start-up-Unternehmen zu günstigen Bedingungen einen ersten Firmensitz und ist vollständig ausgebucht. Außerdem ist der „IT-Speicher" mit Veranstaltungsräumen für bis zu 500 Personen Tagungs- und Kulturstätte.
Die Sanierung des Gebäudes hat sich auch auf das umliegende Häuserquartier positiv ausgewirkt. Der Eigentümer sparte beim Umbau etwa 25 Prozent der Kosten gegenüber einem vergleichbaren Neubau und besitzt nun ein Gebäude mit einem überragenden Werbeeffekt.

Info

Bruderwöhrdstr. 15 b, 93055 Regensburg
Eigentümer: Oswald Zitzelsberger, Regensburg
Planung: Büro Caspers, Regensburg

Rembrant Fiedler

Regensburg, Wasserwerk

Geschichte

Angelegt wurde das Wasserwerk 1875. Die beiden bis dahin bestehenden städtischen Wasserleitungen, die Quellen im Südwesten und Süden erschlossen, konnten weder qualitativ noch quantitativ den Anforderungen der Stadt Regensburg mit ihrer raschen Erweiterung und

Pumpwerk des Regensburger Wasserwerkes, Ausstattung von 1888

Industrialisierung nach dem Eisenbahnbau genügen.
Das Wasserwerk besteht aus dem Pumpwerk am linken Regenufer im nördlichen Vorort Sallern und dem Hochbehälter nahe der Altstadt auf dem Dreifaltigkeitsberg. Beide waren von der Dresdener Firma Gruner und Thiem errichtet worden. Das Wasserwerk wurde zusammen mit den Rohrleitungen, die unter dem Regen und der Donau verlegt worden waren, 1875 in Betrieb genommen. 1888 wurde es mit einem in gleichen Formen ausgeführten turbinengetriebenen Flusskraftwerk erweitert.

Beschreibung

Das Pumpwerk zeigt als eingeschossiger Hallenbau mit Kreuzgiebelrisalit, Zyklopenmauerwerk und Backsteingliederung Anklänge an den zeitgleichen Eisenbahnbau. Die Besonderheit dieses Wasserwerks ist, dass sich nicht nur die Gebäudehülle, sondern auch Teile der – heute stillgelegten – technischen Ausstattung erhalten haben: vor allem die vier Kolbenpumpen der Augsburger Firma L.A. Riedinger und die beiden Turbinen mit stehender Welle und hölzernem Zahnkranz von 1888, die ehemals vom Mühlkanal gespeist wurden und den Strom für den Betrieb der Pumpen lieferten. Die REWAG erkannte den historischen Wert dieser Ausstattung und hat sie vorbildlich erhalten.

Literatur

Detlef Knipping, Ein unbequemes Erbe: Industriedenkmäler in der Oberpfalz, in: Denkmalpflege in strukturschwachen Regionen. Probleme und Chancen, Arbeitshefte des Bayerischen Landesamtes für Denkmalpflege, Bd. 115.

Info

Bei der Sallermühle 17, 93057 Regensburg

Detlef Knipping

Steinberg, Heimat- und Braunkohlemuseum

Geschichte

Mehr als 100 Jahre lang prägte der Braunkohlebergbau um Wackersdorf und Steinberg die Landschaft der Mittleren Oberpfalz. Um 1800 wurde dieses Braunkohlevorkommen erstmals erwähnt, 1807 begann der kommerzielle Abbau unter der Leitung der pfalz-neuburgischen Landesdirektion. Anfangs erfolgte der Abbau unter Tage mit erheblichen Schwierigkeiten. Mitte des 19. Jahrhunderts musste der Betrieb auf Grund der Unrentabilität sogar zeitweise eingestellt werden. 1904 beschloss man jedoch, die Braunkohle nur noch über Tage abzubauen. Als die zwei Jahre später gegründete „Bayerische Braunkohlen-Industrie AG" (BBI) eine Brikettfabrik errichtete, begann die Erfolgsgeschichte der Wackersdorfer Braunkohle. Weitere Anlagen zum Abbau der Kohle und zur Brikettherstellung wurden gebaut, und in den 1950er Jahren erreichte die Wackersdorfer Gewinn- und Fördertechnik weltweit sogar eine führende Position.

1971 war die BBI der zweitgrößte Braunkohleförderer Deutschlands. Zwischen 1906 und 1982 gewann die BBI circa 182,5 Mio. t Kohle aus 36 Tagebauen. In den 1970er Jahren waren viele Abbaufelder ausgekohlt, und da zunehmend Kohle aus der damaligen CSSR kostengünstig importiert werden konnte, lohnten sich Neuerschließungen nicht mehr. 1982 wurde der Braunkohleabbau endgültig eingestellt.

Beschreibung

Heute sind durch weiträumige Rekultivierungsmaßnahmen in diesem Gebiet zahlreiche Seen entstanden, die sich als „Oberpfälzer Seenland" in den letzten Jahren zu einem attraktiven Erholungsgebiet entwickelten. Das „Heimat und Braunkohlemuseum Steinberg" dokumentiert sehr anschaulich die Geschichte des Braunkohleabbaus. Daneben bietet ein informativer Wanderlehrpfad, der das Museum mit dem Heimat- und Industriemuseum Wackersdorf verbindet, einen Einblick in die Natur- und Kulturgeschichte der Region.

Weiterer Schauplatz

Die Entwicklung der Industrie in Wackersdorf steht im Mittelpunkt des 1997 eröffneten Museums. Der Besucher kann sich über den Braunkohle-Abbau informieren, der jahrzehntelang die Ortschaft und ihre Umgebung prägte, aber auch über die ehemals geplante Wiederaufbereitungsanlage.

Heimat- und Industriemuseum Wackersdorf, ehemaliges BBI-Laborgebäude, Werk III, 92442 Wackersdorf,
Tel. 09341/743614

Literatur

Korn, Geschichte der Wackersdorfer Braunkohle 1800-1982, Heimatkundl. Schriftenreihe 1, Amberg 1994.

Heimatkundl. Arbeitskreis Steinberg-Wackersdorf e.V. (Hrsg.), Begleitbuch zum Museumslehrpfad Wackersdorf-Steinberg, Heimatkundl. Schriftenreihe 8, Nabburg 2001.

Info

Pfarrer Gschwendtner Str. 5, 92449 Steinberg
Tel. 09431/64477
Geöffnet: 1. April–1. Nov. So. 14.00–17.00

Karin Rothkegel

Sulzbach-Rosenberg, Maxhütte

Hintergrund

Die qualitativ hochwertigen Eisenerzvorkommen der Region bildeten die Grundlage für den Sulzbacher Bergbau. Er hatte zwei große Blütezeiten: im späten Mittelalter und unter der Maxhütte. Der Sulzbacher Bergbau wird 1341 das erste Mal urkundlich erwähnt und ist zu diesem Zeitpunkt schon überregional einflussreich. Die größte Bedeutung erreichte er im 15. Jahrhundert („Ruhrgebiet des Mittelalters"). Aus dieser Zeit stammt das Rathaus (1456) als eindrucksvolles Zeichen von Reichtum und Bürgerstolz. Die Fördermengen Sulzbachs übertrafen die Ambergs um ein Vielfaches, doch begann bereits im 16. Jahrhundert der Niedergang des Bergbaus. Die Gründe waren Intrigen, sinkende Erzqualität, technische Probleme und kriegerische Einwirkungen. Der Bergbau konnte nur noch den örtlichen Bedarf decken.

Zu Beginn des 19. Jahrhunderts wurde der Bergbau in Sulzbach unter staatlicher Aufsicht in begrenztem Umfang wieder aufgenommen. Erst mit der Ansiedlung der Maxhütte 1863 begann ein rasanter Aufschwung. Den historischen Hintergrund bildete der seit 1835 beginnende Ausbau des bayerischen Eisenbahnnetzes und die damit einsetzende Industrialisierung des Landes. Die Versorgung der Maxhütte mit Eisenerz war durch den Abbau in eigenen, nahe gelegenen Bergwerken sichergestellt. Die Verhüttung des Erzes erfolgte zunächst in angekauften (1855), später in selbst gebauten Hochöfen (1864).

Anfangs wurde das Erz mit Pferdegespannen zu den Rosenberger Hochöfen transportiert. Seit 1883 gelangte es in Gondeln der Drahtseilbahnen über die Dächer und Straßen hinweg zur Maxhütte. Seit 1956 wurden zusätzlich ausländische Erze bezogen. Mit der Stilllegung des Anna-Schachts in Sulzbach 1974 und der Grube Eichelberg in Rosenberg 1977 war der Bergbau im Stadtgebiet endgültig eingestellt. Nach der Schließung der Auerbacher Grube (1987), der letzten Erzgrube Deutschlands, wurde nur noch Importerz und Schrott eingesetzt – der wichtigste Standortvorteil, die Lage auf der eigenen Rohstoffbasis, war damit entfallen.

Geschichte

Die Eisenwerks-Gesellschaft Maximilianshütte ging 1853 im Sauforst bei Burglengenfeld, im heutigen Maxhütte-Haidhof, als Fabrik für Eisenbahnschienen und Eisenbahnbedarf in Betrieb. Hervorgegangen ist sie aus einem 1851 von den belgischen Unternehmern Télémaque Michiels und Henri Goffard gegründeten Unternehmen.

Den Namen erhielt das Werk vom bayerischen König Maximilian II. Joseph, der am 26. September 1853 die Konzessionsurkunde unterschrieb. Bereits 1863 begann die Errichtung eines Zweigwerks in Rosenberg an der 1859 neu eröffneten bayerischen Ostbahnlinie von Schwandorf nach Nürnberg. In den folgenden Jahrzehnten vollzog sich der rasante Wandel Rosenbergs vom kleinen Dorf zur „größten Industriegemeinde Bayerns". Dem Bau des Thomas-Stahlwerks 1889 und damit der Verlagerung des Produktionsschwerpunktes nach Rosenberg folgte 1892 die Verlegung der Hauptverwaltung hierher. Bis 1914 stieg die Maxhütte zum größten integrierten Hüttenwerk im süddeutschen Raum auf. 1929 erwarb Friedrich Flick die Aktienmehrheit. 1934 wurde Rosenberg mit Sulzbach vereinigt.

Im Zweiten Weltkrieg blieb das Rosenberger Werk zwar von Zerstörungen verschont, die Maxhütte verlor aber 1945 ihre thüringischen und sächsischen Werke. 1951 übernahm der bayerische

Gesamtansicht der Sulzbach-Rosenberger Maxhütte mit Walz-, Stahl- und Hochofenwerk

Staat im Zuge der Entflechtung der deutschen Montanindustrie 26 Prozent der Geschäftsanteile. Die 1950er Jahre standen im Zeichen des wirtschaftlichen Aufschwungs und reger Bautätigkeit (Kraftwerk, Kühlturm, Sauerstoffanlage 1950, Rohrwerk 1953/54). Die Maxhütte deckte nun, zusammen mit der Amberger Luitpoldhütte, etwa die Hälfte des Eisen- und Stahlbedarfs in Bayern ab. 1958/1959 erzielten die Gruben der Maxhütte mit über 600.000 t die größte Ausbeute. Den höchsten Belegschaftsstand erreichte die Maxhütte 1965, als circa 4.500 Menschen im Werk Sulzbach-Rosenberg (mit Rohrwerk und Bergbau) beschäftigt waren – bei nicht einmal 20.000 Einwohnern. In allen Werken zusammen beschäftigte sie fast 10.000 Menschen.

Dem steigenden Konkurrenzdruck setzte die Maxhütte technische Innovationen entgegen, etwa die Entwicklung des später weltweit verbreiteten OBM-Verfahrens (Oxygen Bodenblasen Maxhütte, 1966/68) oder den Bau der Stranggussanlage S32 (1983), der damals modernsten Vorblockanlage Europas, mit dem die Maxhütte als erstes Stahlwerk Deutschlands zu 100 Prozent auf Strangguss setzte.

Die europäischen Stahlkrisen seit Mitte der 1970er Jahre trafen die Maxhütte als Unternehmen mittlerer Größe, ohne eigene Rohstoffe und in ungünstiger Binnenlage, besonders schwer. 1977 erwarb die Klöckner-Werke-AG die Aktienmehrheit. Trotz umfangreicher Struktur-Investitionsprogramme, gefördert vom Bayerischen Staat, musste die Maxhütte 1987 Konkurs anmelden.

An der 1990 gegründeten Auffanggesellschaft Neue Maxhütte Stahlwerke GmbH (NMH) war der Freistaat Bayern mit 45 Prozent beteiligt, den Rest teilten sich zunächst fünf Stahlkonzerne. Nach deren Ausstieg wurde 1992 der Freilassinger Bau- und Stahlwerksunternehmer Max Aicher Hauptanteilseigner. Neben den schon bekannten Problemen hatten nun auch unterlassene Sanierungs- und Modernisierungsmaßnahmen der industriellen Anteilseigner die wirtschaftliche Lage der Maxhütte so verschärft, dass sie 1997 zum zweiten Mal Konkurs anmelden musste.

Die Übernahme durch den Unternehmer Jürgen Grossmann scheiterte 2000 durch finanzielle Forderungen Aichers. Im gleichen Jahr übernahm die österreichische ARI Baustahl GmbH das Rohrwerk. Nach jahrzehntelangem Kampf, unter größtem Engagement der Belegschaft, der Gewerkschaften und der Bevölkerung, schloss die Maxhütte 2002 für immer.

Der letzte Hochofenabstich erfolgte am 24. September 2002. Am 19. Juli 2004 wurde das Konkursverfahren endgültig eingestellt.
Die Maxhütte war als größter Industriebetrieb und wichtigster Arbeitgeber der Region von überragender Bedeutung für alle Bereiche des kulturellen, gesellschaftlichen und politischen Lebens. Neben vielen positiven Aspekten dürfen aber auch die negativen nicht außer Acht gelassen werden. Wie alle deutschen Hüttenwerke beschäftigte auch die Maxhütte im Zweiten Weltkrieg zahlreiche Zwangsarbeiter. Mit Emissionen, vor allem aus dem alten Thomas-Stahlwerk, belastete sie über Jahrzehnte hinweg die Umwelt. Mit den Konkursen wurden die Nachteile der Monostruktur immer stärker spürbar.
Aus technikgeschichtlicher Sicht ist sie in ihrer Kombination aus Hüttenwerk, Stahlwerk und Walzwerk inzwischen einzigartig in Europa. Sie besitzt eine Fülle industriegeschichtlich höchst bedeutender, teilweise sogar weltweit einmaliger Anlagen und Maschinen. Heute stehen große Teile des Werkes unter Denkmalschutz. Was zukünftig mit den Werksanlagen geschehen soll, ist noch ungeklärt. Im Auftrag der Stadt Sulzbach-Rosenberg wurde vom Würzburger Architekturbüro Holl ein Bebauungsplan als Grundlage für das weitere Vorgehen erstellt, bei dem sowohl wirtschaftliche Aspekte wie Belange des Denkmalschutzes zu berücksichtigen sein werden. Zur Zeit (2005) nutzt das Rohrwerk Maxhütte GmbH einige Gebäude. Es gab verschiedene kulturelle Veranstaltungen, die die Eignung der Maxhütte als Event-Ort mit überregionaler Anziehungskraft belegen.

Beschreibung

Den besten Blick über das Werksgelände hat man vom gegenüberliegenden Schlossberg in Rosenberg. Die Abfolge der Gebäude und Anlagen von Westen nach Osten folgt weitgehend dem Produktionsablauf. Er beginnt mit dem Lagerplatz für die mit der Bahn angelieferten Rohstoffe Erz und Koks. Das Material gelangte über lange, überdachte Transportbänder in den großen Hochbunker (1953/1956). Dort wurde der „Möller" – eine Mischung aus Erz, Koks und weiteren Zuschlagstoffen – in einem Kübel mithilfe eines Aufzugs zur oberen Einfüllöffnung („Gicht") des Hochofens gebracht. Dieser ist umgeben von einem mehrstöckigen Gerüst und durch die mächtigen, nach oben zusammenlaufenden Gasrohre gekennzeichnet. Im Hintergrund überragt wird er vom Schlacken-

berg, dem Wahrzeichen der Maxhütte. Bis in die 1980er Jahre standen nach Osten fünf weitere Hochöfen in einer Reihe.
Im Hochofen wurde mit Hilfe von Koks als Brennstoff das Erz geschmolzen und das darin enthaltene Eisen herausgelöst. Etwa alle zwei Stunden erfolgte der Abstich: Mit etwa 1.450° C floss das Roheisen in glühend flüssigem Zustand durch eine gebohrte Öffnung am unteren Ofenrand in große Stahlgefäße (Pfannen). Der Hochofen III der Maxhütte ist der letzte Hochofen Bayerns und der zweitälteste Hochofen Deutschlands. Errichtet 1957 von den Kölsch-Fölzer-Werken in Siegen, wurde der 28 m hohe Ofen mehrfach neu zugestellt, zuletzt 1996, und laufend modernisiert, wodurch seine Tagesleistung etwa 550 t Roheisen betrug. Die Abfallstoffe (Schlacke) wurden weiterverarbeitet, etwa zu Baustoffen, oder auf dem Schlackenberg deponiert.
Das Roheisen gelangte über einen unterirdischen Tunnel ins Stahlwerk (1974/1977) mit seinen drei markanten Konverterkaminen, wo es in drei 60 t-Konvertern zu Stahl verblasen wurde: Durch Erhitzen mit Hilfe von Sauerstoff verbrannten unerwünschte Stoffe. Der Kohlenstoffgehalt wurde bestimmt und durch Beimischen von Legierungsstoffen (wie Nickel, Mangan) die gewünschte Stahlsorte erzeugt. In der anschließenden, blockhaften Stranggusshalle (1983) wurde der etwa 1.650° C heiße, flüssige Stahl in zwei Endlos-Stränge gegossen, dann abgekühlt und in Blöcke („Blooms") abgeteilt.
Hinter dem Stahlwerk sind der große Kühlturm (1950) und weiter östlich das Kraftwerk (1949/1950) mit seinem hohen Kamin zu erkennen. Im Kraftwerk wurde der Dampf für die beiden Dampfmaschinen (1907 und 1911) im östlich anschließenden, lang gestreckten Walzwerk (1891/1892) erzeugt. Die von der MAN in Nürnberg errichtete Walzwerkshalle ist der älteste Stahlfachwerkbau Bayerns. Zur Ausstattung gehören drei Dampfmaschinen (1907, 1908, 1911), von denen die beiden Walzenzugmaschinen bis zuletzt in Betrieb waren. Mit bis zu 10.000 beziehungsweise 15.000 PS zählten die Zwillings-Tandem-Reversiermaschinen zu den stärksten Landdampfmaschinen ihrer Zeit. Nur noch in Völklingen gibt es vergleichbare Exemplare in Deutschland. Die Maschinen betrieben bis zuletzt die Walzen, mit denen aus den Stahlblöcken Knüppel, Formstahl oder Schienen gewalzt wurden. In der anschließenden Adjustagehalle, die in großen Buchstaben auf dem Dach den Schriftzug „Maxhütte" trägt, wurden die fertigen Produkte strengen Qualitätsprüfungen unterzogen, sortiert und versandfertig gemacht. Weiter nach Osten erstrecken sich Lagerplätze, die Schlackenhalde, der Lokschuppen für die Werkslokomotiven und weitere Nebenanlagen.

Weitere Schauplätze

Rohrwerk Maxhütte GmbH, Werksführung für Gruppen n. Anmeldung, Tel. 09661/8140.
Bergbaupfad und Schaustollen Max, Sulzbach-Rosenberg, Führung n. Anmeldung, Pfad: Tel. 09661/4332, Stollen: Tel. 09621/63472.
Bergbaumuseum Maffeischächte, Auerbach-Nitzlbuch, Tel. 09643/2030.
Geöffnet: Mai–Sept. So. 15.00–17.00

Literatur

150 Jahre Maxhütte. „... eine wahrhafte Schmiede des Vulkan", Schriftenreihe Stadtmuseum und Stadtarchiv Sulzbach-Rosenberg, Bd. 18, Amberg 2003.
Detlef Knipping, Rolf Höhmann, Die Maxhütte in Sulzbach-Rosenberg, in: Arbeitshefte des Bayerischen Landesamtes für Denkmalpflege, Bd. 115, München 2003.

Info

Die Maxhütte ist zur Zeit nicht zu besichtigen.
Kontakt über Rohrwerk Maxhütte GmbH
Tel. 09661/8140

Edith Zimmermann

Hochofen der Maxhütte Sulzbach-Rosenberg

Sulzbach-Rosenberg, Stadtmuseum

Geschichte

1907 wurde ein „Lokalmuseum" im großen Rathaussaal eröffnet. Auch die Maxhütte trug durch Leihgaben und Spenden aus Bergbau und Eisenverhüttung zur Bereicherung der Ausstellung bei. Nach mehreren Schließungen, Umlagerungen und Wiedereröffnungen beschloss die Stadt 1980, ein neues Museum zu errichten. Es befindet sich seit 1986 in zwei spätmittelalterlichen Gebäudekomplexen in der Altstadt. Da die Geschichte Sulzbach-Rosenbergs untrennbar mit dem Erzbergbau und der Eisenindustrie verbunden ist, werden diese Industriezweige im Stadtmuseum ausführlich präsentiert.

Beschreibung

Schwerpunkte der Ausstellungskonzeption sind die historische Entwicklung von Fürstentum und Stadt Sulzbach-Rosenberg sowie Aspekte der Religions-, Rechts- und Wirtschaftsgeschichte – bei Letzterer besonders der Bergbau und die Eisenverarbeitung.

Im Erdgeschoss ist eine originalgetreue Schmiede zu sehen. Buchbinderei und Buchdruckerei sowie Produkte des Sulzbacher Verlegers Johann Esaias von Seidel (1758–1827) dokumentieren die ehemalige Bedeutung Sulzbachs als überregional berühmten Druckort. Ebenfalls weit über Sulzbach hinaus bekannt waren die Arbeiten der Kunsttöpferfamilie Fischer, die in der anschließenden Keramikabteilung zu sehen sind. Im zweiten Obergeschoss werden die Stadt- und Vertriebenengeschichte nach dem Zweiten Weltkrieg behandelt. Der Kontrast von bürgerlichem Ambiente und Arbeiterwohnen greift wieder die beiden Pole Bergbau und Kultur („Eisenerz und Morgenglanz") auf.

Die anschließenden Abteilungen zum Erzbergbau und der Eisenwerk-Gesellschaft Maximilianshütte geben einen Überblick vom Erzabbau bis zur Verhüttung, ergänzt durch die Mineraliensammlung. Dargestellt werden auch das Hammerwesen und der Ockerbergbau. Eine Grubenrekonstruktion veranschaulicht den seit 1977 im Stadtgebiet eingestellten Erzbergbau.

Blick in die Bergbauabteilung des Stadtmuseums Sulzbach-Rosenberg

Literatur

Schriftenreihe des Stadtmuseums und Stadtarchivs Sulzbach-Rosenberg

Info

Neustadt 14–16, 92237 Sulzbach-Rosenberg
Tel. 09661/510131
Geöffnet: Mi.–Fr., So., Feiertage 9.00–12.00 und 13.30–16.30, Sa. 13.30–16.30 u. n. Vereinbarung

Edith Zimmermann

Theuern, Bergbau- und Industriemuseum Ostbayern

Hintergrund

Der Großraum Amberg nahm wegen seiner reichen Erzvorkommen im Montanwesen stets eine führende Rolle ein. 1972 gründete der Landkreis Amberg-Sulzbach das Bergbau- und Industriemuseum in dem 8 km südlich von Amberg gelegenen Theuern. Sein Sitz ist das 1781 erbaute bedeutendste Hammerherrenschloss in der Oberpfalz. Schloss, Kirche und Nebengebäude bilden den barocken Ortskern. Die eigentliche Produktionsstätte, das Hammerwerk, lag außerhalb des Komplexes an der Vils. Regionaltypische Industriedenkmäler wie ein Glasschleif- und Polierwerk sowie eine Schachtanlage wurden in das Museumsareal übertragen.

Beschreibung

Die Ausstellungen zum Thema Bergbau und Industrie Ostbayerns befinden sich im Hammerherrenschloss. Sie umfassen die Abteilungen Minerale aus Ostbayern, berg- und hüttenmännisches Leben und mineralische Rohstoffe. Die Abteilung „Industrialisierung Ostbayerns" schließt sich an. Der entscheidende Impuls ging von dem seit Mitte des 19. Jahrhunderts vorangetriebenen Eisenbahnbau aus. Er belebte wesentlich die heimische Stahlindustrie und förderte mit der Anbindung der Region an Rohstoffvorkommen und Absatzmärkte die wirtschaftliche Entwicklung. Im Mittelpunkt der Abteilung stehen Produktionsabläufe und -techniken, sowie deren Wandel im Zuge der Rationalisierung.

Im Schlosshauptgebäude befinden sich die Abteilungen Keramik und Hohlglas. Zu sehen sind Porzellan- und Steingutgebrauchsgeschirr des 19. Jahrhunderts und der ersten Hälfte des 20. Jahrhunderts, nach Manufakturen und Fabriken gegliedert. Schwerpunkte sind die oberpfälzischen Steingutmanufakturen und eine umfangreiche Sammlung von Porzellan aus dem Egerland. In der Glasabteilung wird Hohlglas aus Bayern und Böhmen gezeigt, beginnend mit den aus dem 17. Jahrhundert stammenden Ausgrabungen ostbayerischer Glashütten bis zum Glas des 20. Jahrhunderts. Das Hauptgewicht liegt auf Hohlglas vom

Hammerherrenschloss Theuern von 1781, Sitz des Bergbau- und Industriemuseums Ostbayern

Ende des 19. und Anfang des 20. Jahrhunderts. Neben einer Fachbibliothek und einem Archiv gibt es außerdem drei Außenstellen.

Hammerwerk Staubershammer an der Vils

Die Nutzung der Wasserkraft bildete die Voraussetzung für die Errichtung von Hammerwerken. Die ersten Hämmer entstanden in Ostbayern im 13. Jahrhundert. Zunächst waren sie Eisenhütten: Sie verhütteten die Amberger und Sulzbacher Erze und stellten Halbfertigprodukte her. Die Spezialisierung der Schienhämmer in Waffenhämmer, Blechhämmer, Zainhämmer (die Nägel schmiedeten) erfolgte später.

Das Werk Staubershammer aus Auerbach war ein solcher Schienhammer, der schon in der Großen Hammereinung von 1387 genannt wurde, dem ersten europäischen kartellartigen Zusammenschluss von Eisenherstellern. Später erfolgte seine Umwandlung zu einem Eisen verarbeitenden Hammer. Seine heutige Einrichtung stammt zum großen Teil aus dem Ende des 19. Jahrhunderts. 1972 wurde das Werk nach Theuern transferiert.

Glasschleif- und Polierwerk mit Getreidemühle an der Vils

Nach Auflassung der zahlreichen Hammerwerke entstanden im 19. Jahrhundert als Nachfolgebetriebe die ebenfalls mit Wasserkraft arbeitenden Spiegelglasschleifen und Polierwerke. Diese Veredelungsbetriebe unterzogen das aus heimischen Flachglashütten stammende Glas einem Schleif- und Poliervorgang und gaben die so bearbeiteten Gläser zur Weiterverarbeitung in die Spiegel-Belegereien. Das ins Museum transferierte Werk aus Baumhof bei Neunburg vorm Wald existierte bereits als Getreidemühle, an die um 1880 noch ein Glasveredelungsbetrieb angebaut wurde. Im Dachgeschoss des Gebäudes befindet sich eine Ausstellung zur Stromgeschichte Ostbayerns der E.ON Ostbayern.

Schachtanlage

Während in den vergangenen Jahrhunderten der Bergbau in Ostbayern, begünstigt durch oberflächennahe Lagerstätten, mit einfacher Fördertechnik auskam, mussten mit dem Tiefergehen der Grubenbaue im 20. Jahrhundert leistungsfähige Fördermaschinen und stabile Schachtgerüste errichtet werden. Von den Fördertürmen sind nur noch wenige erhalten. Die Schachtanlage der ehemaligen Grube „Bayerland" bei Waldsassen ist eines der seltenen Zeugen aus den 1930er Jahren. Sie wurde in das Museum übertragen.

Bilanz: Das Bergbau- und Industriemuseum Ostbayern mit seinem Auftrag des Sammelns und Bewahrens hat sich zur Aufgabe gemacht, auch Tagungs- und Kulturzentrum in der Region zu sein. Seit dem Ausscheiden des langjährigen hauptamtlichen Museumsleiters 2003 ist die Direktorenstelle unbesetzt. Der Träger des Museums, der Landkreis Amberg-Sulzbach, kann zurzeit keinen Ersatz finanzieren. Ob die Umwandlung des überregionalen Schwerpunktmuseums mit hohem fachlichem Anspruch zum „erlebnisorientierten" Veranstaltungsort „Kulturschloss" im Sinn einer zukunftsweisenden Museumsarbeit liegt, ist fraglich.

Literatur

Helmut Wolf, Das Bergbau- und Industriemuseum Ostbayern, in: Beiträge zur Geschichte und Landeskunde der Oberpfalz, Heft 16, 1979.

Info

Schloss Theuern, Portnerstr. 1, 92245 Kümmersbruck
Tel. 09624/832
www.museumtheuern.de
Geöffnet: Di.–Sa. 9.00–17.00, So., Feiertage 10.00–17.00

Helmut Wolf

Theuern, Strommuseum der E.ON Bayern AG

Hintergrund

Anfang der 1980er Jahre hatte das Vorgängerunternehmen der E.ON Bayern AG in Ostbayern, die OBAG, anlässlich ihres 75-jährigen Firmenjubiläums damit begonnen, alte Elektrogeräte und deren handbetriebene Vorgänger aus verschiedenen Epochen zu sammeln. Mit der Dokumentation der Stromgeschichte Ostbayerns ist daraus eine Dauerausstellung im Dachgeschoss des Polierwerks entstanden, die etwas von der Faszination vermittelt, die Technik zu Zeiten der Strompioniere ausstrahlte.

Das Strommuseum wurde 1994 eröffnet und 1998 durch einen Teil ergänzt, der die Zusammenhänge der heutigen Stromversorgung in anschaulicher Weise erklärt.

Heute ist E.ON Bayern der größte regionale Energiedienstleister in Deutschland – Daten und Fakten dazu findet der Besucher im dritten Raum des Strommuseums: Zwei Millionen Kunden brauchen jährlich 30 Mrd. kWh Strom. Durch die dezentrale Struktur ist das Unternehmen flächendeckend in den bayerischen Regionen vertreten. Mit Investitionen von jährlich rund 200 Mio. Euro ist E.ON Bayern ein wichtiger Wirtschaftsfaktor, der bei den Auftragnehmern über 3.000 Arbeitsplätze sichert.

Beschreibung

Wie war es damals vor über 100 Jahren, als Strom noch ein kostbares Gut war, das nur wenigen vorbehalten blieb? Die „gute alte Zeit" war dunkel, kalt und unbequem, die Arbeit war hart. Der Waschtag in der dampfenden Waschküche dauerte von morgens bis spät in die Nacht. Die Arbeit wurde von Hand verrichtet, das Rechnen im Kopf. Wer sich Strom leisten konnte, musste teuer dafür bezahlen. Es war nicht Nostalgie, das Strommuseum einzurichten. Vielmehr sollte bewusst gemacht werden, wie wichtig Strom für unser Leben ist und dass er nicht ohne Kraftwerke und Leitungen zu bekommen ist. Gerade weil Strom innerhalb nur weniger Jahrzehnte so selbstverständlich geworden ist, wird dargestellt, wie die Elektrifizierung von Ostbayern vonstatten ging.

In Ergänzung zur historischen Ausstellung werden in einem modernen Teil die Zusammenhänge der heutigen Strom-

Stichwort: Elektrifizierung von Ostbayern

Mit der Erfindung der Glühbirne brach ein neues Zeitalter an. 1874 baute Josef Leitl aus Neuötting den ersten Elektrodynamo und versorgte die Werkstatt seines Meisters mit Licht. 1882 begann mit der ersten elektrischen Glühbirne in einem Schaufenster in Amberg das neue Stromzeitalter in der Oberpfalz. Die Elektrifizierung Ostbayerns lässt sich in drei Entwicklungsperioden einteilen. Bis 1904: Zufälliger, ungeordneter Aufbau von kleinen dezentralen Versorgungseinheiten, meist Wasserkraftwerken. Da Fernleitungen unbekannt waren, führten Störungen im Kraftwerk zum totalen Stromausfall in der Inselversorgung. Zwischen 1905 und 1922: Erste zielbewusste Erschließung auch des dünn besiedelten Landes und Gründung von Überlandwerken. Der Zeitabschnitt von 1923 bis 1945 brachte den organisatorischen Zusammenschluss der Mehrzahl der getrennt voneinander entstandenen privaten und kommunalen Versorgungsunternehmungen zu einer einheitlichen Versorgung. Die Strombeschaffung erfolgte ab 1924 vorwiegend aus dem Landesversorgungsnetz der Bayernwerk AG.

Schalttafel im Strommuseum der E.ON Bayern AG in Theuern

versorgung erklärt. Modelle zum Schalten und Kurbeln laden dazu ein, die Welt der Energie im wahrsten Sinne des Wortes zu begreifen und den Weg des Stroms vom Kraftwerk bis zur Steckdose zu verfolgen. Strom wird immer gebraucht. Deshalb müssen die Kraftwerke rund um die Uhr laufen. Wer weiß schon, wie viel Energie aufgewendet werden muss, um aus eigener Muskelkraft Strom zu erzeugen? Im E.ON Bayern-Strommuseum kann man es ausprobieren.

Weiterer Schauplatz

Ab 2006 gibt es ein weiteres Strommuseum der E.ON Bayern AG im Lukashof, „altbayerisches Dorf" Schliersee.

Literatur

Toni Siegert, „Elektrizität in Ostbayern". Die Oberpfalz bzw. Niederbayern von den Anfängen bis 1945, Theuern 1985/1988.

Info

Portnerstr. 1, 92245 Kümmersbruck
Tel. 09624/832
Geöffnet: Sa. 9.00–17.00, So., Feiertage 10.00–17.00 oder n. Anmeldung
www.museumtheuern.de
www.eon-bayern.com

Michael Schaller

Waldsassen, Glashütte Lamberts

Hintergrund

In Ostbayern, vornehmlich im Bayerischen und Oberpfälzer Wald, sind 140 Standorte von Glashütten bekannt. Jenseits der Grenze des Bayerischen Waldes, in der Šumava, sind es 117, im Böhmischen Wald entlang der Grenze zur Oberpfalz über 50. Im Grenzgebiet von Passau bis Waldsassen gibt es also über 300 Glashüttenstandorte. Während heute jenseits der Grenze (bis auf Karlsbad) keine Glashütten mehr existieren, sind im Bayerischen Wald nach wie vor etliche Hohlglashütten in Betrieb, in der Oberpfalz außerdem Flachglashütten. Es gibt die Standorte Weiden/Neustadt, Amberg, Weiherhammer, Mitterteich und Waldsassen; hinzu kommt die Studioglashütte in Lohberg.

Die erste Glashütte in der Oberpfalz in Engelshütt bei Lam arbeitete vermutlich bereits Ende des 13. Jahrhunderts. Weitere Standorte sind erst im 15. und 16. Jahrhundert nachgewiesen. Der Betrieb der Glashütte Frankenreuth bei Waidhaus ist für das Jahr 1487 belegt.

Die meisten Hütten in der Oberpfalz wurden im 19. Jahrhundert gegründet. Besonders den Bedarf an Spiegelglas für die zahlreichen Spiegelglasschleifen und Polierwerke galt es zu decken. In der zweiten Hälfte des 19. Jahrhunderts existierten hier über 200 solcher Veredelungsbetriebe, die geschliffenes und poliertes Glas nach Fürth in die Spiegel-Belegereien lieferten. Zu diesen Rohglaslieferanten gehörte die Glasfabrik der Gebrüder Bloch in Waldsassen, die von 1886 bis 1929 produzierte und Fenster- und Spiegelglas herstellte.

Geschichte

1906 wurde die „Neue Glashütte" in Waldsassen, die „Glasfabrik Waldsassen",

gegründet. Ziel war die „Herstellung und Veräußerung von rohem Spiegelglas und anderen Glasfabrikaten".
Für das 70 m lange und 40 m breite Hüttengebäude verwendete man einen Dachstuhl aus Holz mit einer ungewöhnlichen und patentierten Gewölbe-Konstruktion. Diese stammte von einer Ausstellungshalle der Nürnberger Kunst- und Gewerbeausstellung von 1906. Neben dem 60 Jahre später von Walter Gropius gebauten Thomas-Glaswerk in Amberg, zählt die „Neue Glashütte" in Waldsassen zu den imposantesten Glashüttengebäuden in Ostbayern.
Mit einer Belegschaft von anfangs 71 Mitarbeitern im Jahr 1908 entwickelte sich die neue Glashütte zu einem florierenden Wirtschaftsunternehmen. 1928 musste sie allerdings wegen der schlechten Wirtschaftslage für mehr als ein Jahr den Betrieb einstellen. Sie erholte sich danach nicht mehr und wurde 1934 stillgelegt. Der Kaufmann Josef Lamberts aus Holenbrunn bei Wunsiedel plante die Weiterführung der Hütte und nahm noch im selben Jahr unter dem Namen „Glasfabrik Lamberts, Waldsassen" mit 46 Arbeitern den Betrieb wieder auf. Es wurde gegossenes und mundgeblasenes Flachglas erzeugt. Die Herstellung umfasste einige Jahre später Milchglas, Matt- und Eisblumenglas, Butzen-

Stichwort: Antikglas

Der Glasmacher bläst zunächst die Glaskugel bis zur endgültigen Größe auf. Dabei dreht er den Ballon in der Holzform und im Hobel, gibt ihm Form und Struktur. Der glühende Glasballon wird an der Vorderseite aufgeschnitten und geweitet. Ebenso verfährt der Glasbläser auf der anderen Seite des Ballons. Es entsteht ein Glaszylinder, der längsaufgeschnitten, aufgeklappt und gestreckt wird. In der Kühlstraße erfolgt das Entspannen des Glases. Charakteristisch sind die Oberflächenstruktur sowie leichte „Bläselung", die durch Lufteinschlüsse erzeugt werden. Einsatzgebiete für das Antikglas sind neben der Verglasung von Kirchenfenstern auch Glaskunstwerke, Deckenverglasungen oder Raumtrenner.

Innenraum der Glashütte Lamberts in Waldsassen

scheiben, Kathedral- und Marmorglas. 1943 erzeugte die Glashütte als erster Betrieb gezogenes Farbenglas.
Heute wirbt die Firma mit dem Slogan „Der Tradition verbunden". Das „Echt Antikglas" kann nur mit traditionellen Methoden des Glasblasens hergestellt werden: Zum Sortiment gehören auch Überfanggläser, mehrfarbiges Mischglas oder Butzenscheiben, neuerdings auch das so genannte „Streaky Glass" (Schlieren-Glas), eine Kunstserie von beachtlicher Originalität. 2001 wurde der Hütte der Bayerische Staatspreis in Gold verliehen. Ausgezeichnet wurde ihr „Mundgeblasenes Flachglas in über 5.000 verschiedenen Farben", wie es weltweit nur noch von drei Betrieben hergestellt wird.

Literatur

Katalog „Vom Glas zum Bild, Glashütte Lamberts Waldsassen", Stiftlandmuseum Waldsassen, 2003.

Info

Glashütte Lamberts, Schützenstr. 1, 95652 Waldsassen
Tel. 09632/2371

Helmut Wolf

Weiden, Porzellanindustrie

Firma Seltmann

Die aufstrebende Stadt Weiden wurde um 1900 für Unternehmer wie den 1870 in Schlottenhof bei Arzberg geborenen Christian Wilhelm Seltmann zu einem interessanten Standort. Dieser hatte den Beruf des Porzellandrehers in der Porzellanfabrik Lehmann in Arzberg erlernt und die Porzellanfachschule Teplitz-Schönau besucht; im Alter von 26 Jahren avancierte er zum Betriebsleiter in Arzberg. 1901 gründete er zusammen mit seinem Bruder eine Porzellanfabrik in Vohenstrauß. Nach wenigen Jahren war das Unternehmen renommiert und beschäftigte 600 Mitarbeiter. Als sein Bruder eine Aktiengesellschaft gründen wollte, widersetzte er sich und erwarb 1910 in der Pressather Straße in Weiden ein Grundstück für seine eigene Porzellanfabrik. Die Produktion von Gebrauchs- und Luxusporzellan begann mit drei Rundöfen, 1913 kamen zwei weitere hinzu. Seltmann setzte nach Kriegsende den Ausbau fort. 1921, erst 51-jährig, starb er bei einem Verkehrsunfall.
Seine Söhne Heinrich und Wilhelm führten das Werk über die harten Jahre der Weltwirtschaftskrise und Inflation. 1935 schied Heinrich Seltmann aus der Firma aus und übernahm die Leitung der Porzellanfabrik Schirnding AG, die seit 1928 im Besitz der Familie war. Wilhelm Seltmann baute die Firma aus und erwarb 1939 die Porzellanfabrik Krummennaab und 1940 die Porzellanfabrik Erbendorf. Auch den Zweiten Weltkrieg überstand das Unternehmen.
Seit 1957 besitzt die Porzellanfabrik Christian Seltmann GmbH Weiden die absolute Mehrheit der Firma Kgl. priv. Porzellanfabrik Tettau GmbH. Dr. h.c. Wilhelm Seltmann starb am 27. September 1967. Sein Werk setzt die Familie fort. Anfang der 90er Jahre fand nochmals eine Erweiterung durch die Übernahme von drei Thüringer Unternehmen statt.

Porzellanfabrik Bavaria AG Ullersricht

1920 wurde die Porzellanfabrik Bavaria AG Ullersricht ins Handelsregister eingetragen. Initiatoren der Gründung waren unter anderem der Porzellanfabrikbesitzer Edmund Mannl aus Krummennaab und der Weidener Großkaufmann Josef Röger. Mit dem Bau der Fabrik war schon 1919 begonnen worden, die Grundstücke hatten die Bauern gegen Aktien an die AG abgetreten. In Schnaittenbach besaß das Unternehmen eine große Kaolingrube.
1920 begann die Produktion mit 330 Arbeitern. Erzeugt wurde Gebrauchs-

und Hotelporzellan, das in großen Posten bei Hotels und Kaufhäusern abgesetzt wurde. Etwa 70 Prozent der deutschen Porzellanproduktion wurden nach USA, Belgien, Holland und Dänemark exportiert. Die deutsche Porzellanindustrie konnte, bedingt durch die Valuta-Verhältnisse, fast konkurrenzlos arbeiten. Die Stabilisierung der Mark 1923 brachte für die Bavaria ernste Schwierigkeiten, denn die Mittelschicht war verarmt, der Absatz im Inland stockte. Die Bavaria kam in den folgenden Jahren nicht aus den roten Zahlen heraus. Die Zahl der Arbeiter sank auf 400. Die In- und Auslandsumsätze sanken. Der große Bankkrach 1931 versetzte ihr den Todesstoß. Das Amtsgericht Weiden eröffnete das Konkursverfahren. 1934 ersteigerte Josef Witt die Gebäude und baute sie zu einer Wäschefabrik um.

Stapelbares Hotelporzellan B1100 der Firma Bauscher, von Heinz H. Engler, 1960

Firma Bauscher

Für die Entwicklung Weidens bedeutend war die Entscheidung von August Bauscher, seine Firma beim Bahnhof anzusiedeln. Weiden war wegen des direkten Gleisanschlusses und der Nähe von Rohmaterialien wie Kaolin im Mantler Forst sehr attraktiv. Er baute seine Fabrik in der Nachbargemeinde Moosbürg, eine Mauer stand unmittelbar auf der Weidener Stadtgrenze. 1881 begann er mit 70 Beschäftigten auf einer Arbeitsfläche von 2.000 m^2, 1900 betrug die Arbeitsfläche 16.000 m^2, die Zahl der Beschäftigten hatte sich auf 294 erhöht. Hotelporzellan der Firma Bauscher ging in alle Welt.

Literatur

Günter Hertel, 100 Jahre Bauscher. 100 Jahre Porzellan, Weiden 1980.

50 Jahre Christian Seltmann Weiden. Festschrift zum 50jährigen Firmenjubiläum, München 1960.

Info

Porzellanfabriken Christian Seltmann GmbH, Christian-Seltmann-Str. 59–67, 92637 Weiden
Tel. 0961/2040
www.seltmann-weiden.com
Porzellanfabrik Weiden Gebr. Bauscher, Obere Bauscherstr. 1, 92637 Weiden
Tel. 0961/820
www.bauscher.de
Die ehemalige Porzellanfabrik Bavaria Ullersricht befand sich in der Bavariastr. 10, 92637 Weiden
Internationales Keramikmuseum, Luitpoldstr. 25, 92637 Weiden
Tel. 0961/32030
www.keramikmuseum.die-neue-sammlung.de
Stadtmuseum Weiden, Schulgasse 3a, 92637 Weiden
Tel. 0961/4703900
Das Stadtmuseum Weiden hat eine umfangreiche Sammlung von Porzellan der Firmen Bavaria Ullersricht, Bauscher und Seltmann.
Stadtmuseum, Kulturzentrum Hans Bauer, Schulgasse 3a, 92637 Weiden, Tel. 0961/814701
www.weiden-oberpfalz.de

Petra Vorsatz

Schwaben

Thüringen
Sachsen
TSCHECHIEN
BAYERN
Augsburg
München
ÖSTERREICH
0
N
25 km
Nördlingen
Ulm
8
Oberhausen
AUGSBURG
Senden
SCHWABEN
7
MÜNCHEN
96
Neugablonz
Kaufbeuren
7
Kempten
7
Immenstadt
Bodensee

Themenroute: Textillandschaft Schwaben

Geschichte

Der Bezirk Schwaben zählt zu den traditionsreichsten Gewerberegionen Deutschlands. Die Basis der wirtschaftlichen Entwicklung waren Textilien, ursprünglich Wolle und Leinen. Vor dem 14. Jahrhundert lag der Schwerpunkt der süddeutschen Wollweberei zwischen Ulm und Augsburg. Danach verlagerte er sich nach Norden auf Dinkelsbühl, Eichstätt sowie Nördlingen und machte Platz für eine wesentliche Innovation des Mittelalters: die Barchentweberei (die Kette aus Leinen, der Schuss aus importierter Baumwolle). Dieser robuste, aber gefällige Stoff fand sehr guten Absatz. Ein Hauptproduktionsgebiet wurde Bayerisch-Schwaben, vor allem die Stadtregionen Kempten, Kaufbeuren, Memmingen, Buchloe und Augsburg. Für Augsburg wurde der Handel mit Barchent ein wesentlicher Pfeiler seiner „Goldenen Zeit" (1480–1630).

Textil war die Grundlage für den Transithandel, der das Bankgeschäft ermöglichte und damit die Beteiligungen am lukrativen Bergbau. Augsburg rückte jetzt als Gewerbeexportstadt, Fernhandels- und Bankenplatz in die Gruppe der wichtigsten europäischen Städte auf. Textil gewährte Schwaben aber auch eine gewisse Krisenfestigkeit, ließ Augsburg die Bankrotte der großen Handelshäuser am Ende des 17. Jahrhunderts und die Region insgesamt den Dreißigjährigen Krieg überstehen. Selbst als der Barchent nach 1650 aus der Mode kam und lediglich noch in Kaufbeuren hergestellt wurde, sicherte die Leinenweberei (in Verbindung mit Schweizer Händlern) dieses Gewerbe im Allgäu, während in Augsburg, dann auch in Kaufbeuren, Kempten und Memmingen, eine neuerliche technische Innovation für wirtschaftliche Belebung sorgte: der Kattundruck.

Reine Baumwollgewebe wurden nun vielfarbig bedruckt, glänzten und changierten wie früher nur edelste Brokate und Damaste. 1688/1689 führten die Gebrüder Neuhofer das ursprünglich aus Indien stammende und von Engländern und Holländern nur wenige Jahre früher entschlüsselte Verfahren in Augsburg ein. Das Geschäft blühte, die Reichsstadt wurde zum süddeutschen Zentrum des Kattundrucks, das weit über die deutschsprachigen Lande hinaus strahlte.

Freilich geschah dies auf einer schon deutlich veränderten Grundlage: Die verwendeten Gewebe stammten ursprünglich nicht aus Augsburg. Die feinsten Kattune kamen aus Indien, weniger feine auch aus den jungen Textilregionen in Schlesien und Sachsen. Die Augsburger lernten zwar dazu, die Anforderungen der Kattundrucker konnten sie jedoch nur zeit- und teilweise befriedigen. Den Webern gehörte die Vergangenheit, den Druckern die Zukunft. Diese waren nicht mehr nur Produzenten, sondern zugleich Händler, sprengten die alte bürokratische Zunftverfassung, suchten nach neuen Produktionsverfahren und Herstellungsformen und fanden diese in der Manufaktur, der Vorläuferin der Fabrik. Eine der damals größten europäischen Manufakturen errichtete der „König" der Textiler, Johann Edler von Schüle, 1770/1772 am Roten Tor in Augsburg.

Schauplatz 1: Augsburger Kattunmanufakturen

Von den frühen Kattunmanufakturen – Fabriken waren es noch nicht, da der Druck nicht maschinell, sondern per Handarbeit erfolgte – haben sich in Bayerisch-Schwaben einige bauliche Spuren erhalten. Geradezu umkämpft war die große Schüle'sche Manufaktur vor dem Roten Tor in Augsburg, ein Dreiflügelbau, errichtet in der Art der baro-

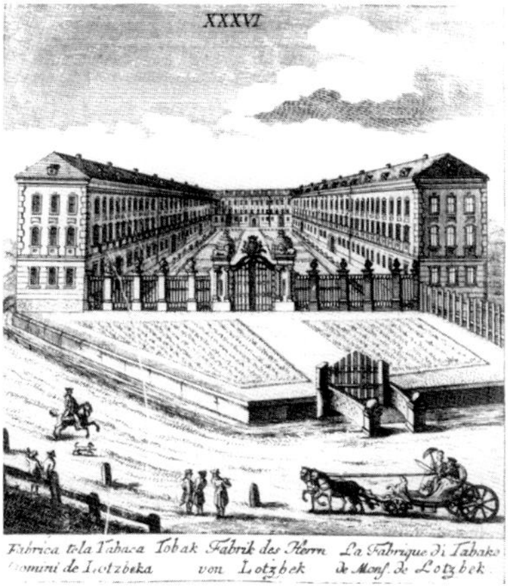

Schüle'sche Kattunmanufaktur in Augsburg, Kupferstich, um 1820

cken Schlossanlagen und nach dem direkten Vorbild der Barchentfabrik im niederösterreichischen Klosterneuburg. Nach der Geschäftsaufgabe durch die Schüles am Anfang des 19. Jahrhunderts diente sie als Tabak- (Lotzbeck & Sander), dann als Fischbeinfabrik (Dellefant) und seit 1872 als Weberei (Nagler & Sohn). Als Letztere 1990 die Tore schließen musste, blieb die Anlage ungenutzt. Die jüngeren Zubauten im Hof wurden abgerissen, 1996 – trotz überregionaler Berichterstattung der Medien und heftiger Proteste vor Ort – auch die beiden angeblich einsturzgefährdeten Seitenflügel aus der Schüle-Zeit. Derzeit werden sie, selbstverständlich in moderner Form, für die Fachhochschule Augsburg neu errichtet.

Eine weitere imposante ehemalige Kattundruckerei befand sich am Vorderen Lech, die 1764/1765 im alten Handwerkerviertel am Lech erbaute Manufaktur Gignoux, die – mit Mansarddach und Rokoko-Fassade ausgezeichnet – mehr als vornehme Patrizierresidenz erscheint denn als Produktionsstätte.

Weitere Bauten ehemaliger Kattundruckereien haben sich erhalten in Kaufbeuren und Memmingen, wo die Anfänge des Stoffdrucks in die Zeit um 1760 zurückreichen. In Memmingen stellte die Schelhorn'sche Druckerei die bedeutendste Manufaktur dar, die schon sehr früh mit modernen englischen Druckwalzen arbeitete. Das stattliche dreigeschossige Gebäude der Wagenseil'schen Druckerei in Kaufbeuren beherbergt heute das Amtsgericht.

Mitten in diese neuerliche textile Aufschwungswelle schlugen Revolution und Napoleonische Kriege eine Bresche und ließen sie verebben. Schwaben wurde Kriegsgebiet. Die Napoleonischen Handelssperren zerschlugen alte Exportwege und Handelsverbindungen. Sie schützten aber auch vor der Industrialisierung, wie sie während des 18. Jahrhunderts in England geboren wurde. Erst nachdem Napoleon sein Waterloo erlebt hatte, überfluteten billige, aber qualitätsvolle englische Textilien Deutschland. Die im alten handwerklichen Verfahren produzierten schwäbischen Gewebe waren nicht mehr konkurrenzfähig. Selbst von den innovativen Druckern überstanden nur einige die Krise.

Die wenigen Traditionslinien, die in die moderne Zeit der Industrialisierung führten, reichten jedoch aus, um in den 30er Jahren des 19. Jahrhunderts einen neuen, den grandiosesten, Aufschwung der schwäbischen Textilindustrie in Gang zu setzen. Der wesentliche Kristallisationspunkt von Tradition und Moderne war die Kattundruckerei Schöppler & Hartmann vor dem Vogeltor in Augsburg, die spätere Neue Augsburger Kattunfabrik (NAK).

Wer heute durch die neue Augsburger Einkaufsmeile City-Galerie flaniert, bewegt sich auf dem alten Fabrikgelände der NAK. Nach der Insolvenz 1996 wurde mit Ausnahme des Neuen Verwaltungsgebäudes an der Forsterstraße das gesamte Fabrikgelände abgerissen. Lediglich die Musterbuchsammlung der NAK konnte gerettet werden. Sie bildet den

Grundstock des neuen Textil- und IndustrieMuseums tim.
Die bedeutendste Persönlichkeit der Kattunfabrik war der Unternehmer Carl Forster, der spätere Alleininhaber der Firma. In Zusammenarbeit mit dem Apotheker und Chemiker Johann G. Dingler, dem Herausgeber des berühmten Polytechnischen Journals, führte er eine Reihe von technischen Innovationen ein, darunter die chemische Bleiche (die die zeit- und arbeitsintensive Sonnenbleiche ablöste), die billigeren chemischen Farben anstelle der natürlichen oder die ersten Druckmaschinen, die über Turbine und Transmission mit Wasserkraft angetrieben wurden. Forster hatte eine Manufaktur übernommen und eine moderne Fabrik daraus gemacht. Er wirkte weit über seinen Betrieb hinaus. Sein Erfolg zeigte, dass mit Textil trotz fortschreitender Internationalisierung und technisch überlegener Konkurrenz immer noch Geld zu machen war, auch in Schwaben.
Positive Standortfaktoren dieser Region waren einerseits billige Energie und Arbeitskräfte, andererseits – und das war das Entscheidende – umfangreiches Kapital der Bankiers und Handelsleute, das seit etwa 1830 freigesetzt wurde für industrielle Investitionen. Das konnte auf zweierlei Weise geschehen: herkömmlich als Unternehmensgründung durch eine Person beziehungsweise Familie und zukunftweisend durch die gerade erfundene Aktiengesellschaft. In Augsburg wurden fast gleichzeitig beide Wege erfolgreich beschritten: 1836 verlegte Johann A. F. Merz seine Kammgarnspinnerei von Nürnberg nach Augsburg (AKS; Standort des tim), vor allem wegen der Wasserkraft des Schäfflerbachs. Sie firmierte bereits im 19., aber auch noch während des 20. Jahrhunderts als größter deutscher wollverarbeitender Betrieb dieser Art. 1837 gründeten ein Team von Unternehmern um Carl Forster und den Bankier Ferdinand B. von Schaezler die Mechanische Baumwoll-Spinnerei und Weberei Augsburg (SWA), die lange Zeit als größte bayerische Fabrik galt.

Info

Schüle'sche Manufaktur, Friedberger Str., 86161 Augsburg
Gignoux-Haus, Vorderer Lech 8, 86150 Augsburg
Neue Augsburger Kattunfabrik (heute „City Galerie"), Willy-Brandt-Platz 1, 86153 Augsburg
Wagenseil'sche Druckerei (heute Amtsgericht), Ganghoferstr. 9, 11, 87600 Kaufbeuren

Schauplatz 2: Kaufbeuren, Mechanische Baumwollspinnerei und Weberei

Die ältesten Gründungen von Textilfabriken in Schwaben erfolgten parallel zu denen in Augsburg, waren jedoch meistens nicht von dort aus gesteuert, was damit zusammenhing, dass dessen Führungsschicht noch stark auf die alte Reichsstadt konzentriert war. Die Schwaben mussten also Kapital und Know-how von außen organisieren. Dafür kam für das westliche Schwaben vor allem Württemberg und für das Allgäu die Schweiz infrage, mit der bezüglich des Leinwandhandels bereits engste Kontakte bestanden. Mit Leinwand freilich war kein Geld mehr zu verdienen. Deren Herstellung überließ man den aussterbenden Handwebern, die Industrie regierte die Baumwolle.
Dies gilt bereits für die älteste schwäbische Textilfabrik, die Mechanische Baumwoll-Spinnerei und Weberei Kaufbeuren, die 1839 als großes Familienunternehmen der Heinzelmann-Dynastie ins Leben gerufen wurde. Das technische Know-how lieferte die Firma Schweitzer, Wirth & Co. aus Lichtensteig bei St. Gallen. Dementsprechend kamen auch die ersten Maschinen aus der Schweiz. Das Unternehmen florierte. 1899 liefen in der Fabrik fast 32.000 Spindeln und 50 Webstühle, betrieben von 750 Arbeitern.

Verwaltungsgebäude mit Direktorenvilla der Mechanischen Spinnerei und Weberei Kaufbeuren, 1887/88

Der Spinnereihochbau entstand bis 1840 auf dem Gelände einer ehemaligen Papiermühle. Das viergeschossige, lang gestreckte Gebäude bildete den Kern einer Anlage, die in der Folgezeit aufgrund steigender Produktion eine stete Erweiterung weiter südlich am Mühlbach erfuhr. Vor kurzem musste das hochmoderne, auf die Herstellung technischer Gewebe spezialisierte Unternehmen den Betrieb einstellen. Das traditionsreiche Areal steht zur Verwertung an, was immer das bedeuten mag.

Info

Am Bleichanger 33, 87600 Kaufbeuren

Schauplatz 3: Kempten, Spinnerei und Weberei Kottern

Nach Kaufbeuren wurde Kempten der zweite große Textilindustriestandort des Allgäus. Am Anfang stand die Spinnerei, Weberei und Maschinenfabrik Kottern bei Kempten, 1847 von dem Schweizer Unternehmer Kaspar Honegger gegründet. 1873 erfolgte die Umwandlung in eine Aktiengesellschaft, deren Aufsichtsrat vor allem von Stuttgarter Unternehmern dominiert wurde. Das Kapital wurde zum großräumigen Ausbau der Fabrikanlage genutzt, die sich nicht mehr nur auf den direkt an der Iller gelegenen Bereich konzentrierte, sondern eine Erweiterung auf dem rechten Steilufer erhielt. Zu Beginn des 20. Jahrhunderts zählte Kottern zu den modernsten Textilfabriken in Deutschland (siehe Beitrag Kempten, Spinnerei und Weberei Kottern).

Info

Ludwigstr. 84, 87437 Kempten

Schauplatz 4: Kempten, Mechanische Baumwollspinnerei und Weberei

Nachdem die Fabriken in Kaufbeuren und Kottern von einheimischen und Schweizer Unternehmern geprägt wurden, zeigt sich Augsburger Einfluss erstmals bei der Mechanischen Baumwoll-Spinnerei und Weberei Kempten. Die Initiative ging von Kemptener Bürgern aus, die jedoch das notwendige Kapital nicht aufbringen konnten und sich deshalb mit dem Augsburger Bankier Paul von Stetten verbanden. Im Subskriptionsprospekt zur von ihm gegründeten Aktiengesellschaft werden als entscheidende Vorteile die Wasserkraft der Iller und die günstigen Lohnkosten (20 Prozent billiger als andernorts) genannt.

Der seit 1853 produzierende Betrieb wurde zur größten Spinnweberei Schwabens außerhalb Augsburgs. Bereits 1869 liefen hier 37.400 Spindeln und 670 Webstühle bei 870 Arbeitern.

Die Fabrikanlage prägt bis heute der am rechten Ufer der Iller gelegene siebengeschossige Spinnereihochbau, dem bereits 1854 ein viergeschossiger Anbau angefügt wurde. 1882 übernahm die Firma die am gegenüberliegenden Ufer gelegene Spinnerei und Weberei Sandholz & Söhne, mit der es im Vorfeld stets Strei-

Mechanische Baumwollspinnerei und Weberei Kempten, ehemals Momm GmbH, 2005

tigkeiten wegen der Nutzung der Wasserkraft gegeben hatte. Verbunden wurden die beiden Anlagen durch einen Bogensteg, dem nach der Errichtung des Weberei-Shedbaus 1896 links der Iller eine Fahrbrücke folgte.

Info

Füssener Str. 23, 37, 41, 87437 Kempten

Schauplatz 5: Textil heute

Insgesamt wurden in Schwaben während des 19. Jahrhunderts fast 20 Textilfabriken mit einer Belegschaft von mindestens circa 200 Arbeitern gegründet. In Augsburg allein waren es nochmals über 20. Ganz überwiegend handelte es sich um Baumwollspinnereien und -webereien. Nur einige Segmente erinnerten an die früheren Schwerpunkte der Textillandschaft Schwaben wie beispielsweise die Mechanische Leinenspinnerei Memmingen (früher F. Kerler) oder die Flachs-, Hanf- und Wergspinnerei Droßbach in Bäumenheim. Die Tradition der Wollverarbeitung hält bis heute die Bayerische Wollfilz-Fabrik Offermann, Schmidt & Co. in Offingen am Leben. Außerdem produziert noch die Mechanische Seilerwarenfabrik Füssen.

Kennzeichnend wurden für die schwäbische Textilindustrie der Großbetrieb, die fortschrittliche Organisation und die rationelle Technik. Während im deutschen Durchschnitt auf den Textilbetrieb 69 Arbeiter kamen, waren es in Schwaben 449. Nirgends in Deutschland liefen mehr Spindeln oder Webstühle pro Arbeiter. Manche Großbetriebe, wie etwa die SWA, haben, was die Rationalisierung betrifft, zeitweise sogar England, das Erfinderland der Textilindustrie, übertroffen. Noch 1936 drehten sich in Schwaben (mit Augsburg) fast 1 Mio. Spindeln, liefen 22.000 Webstühle. Das waren zehn Prozent der gesamten Kapazität der deutschen Textilindustrie! 30.000 Arbeiter und Fabrik-Beamte fanden ihr Auskommen in schwäbischen Textilfabriken. Schwaben machte Bayern zu einem der für die Textilindustrie wichtigsten

deutschen Länder. Als hochinnovative Textilregion strahlte es weit über Deutschland hinaus.
Dies gilt auch noch für die Nachkriegszeit, trotz des Ersten Weltkrieges, der die Produktion in den meisten Textilfabriken zum Erliegen brachte, trotz der katastrophalen Wirtschaftspolitik der Nazis und der Zerstörungen während des Zweiten Weltkrieges. Erst im Laufe der 50er Jahre verlor Textil seine Funktion als schwäbische Leitindustrie an den Bereich Metall. Neu hinzu kam jedoch die Bekleidungsindustrie mit Konfektionsfirmen wie Triumph, die S-Modelle der Schwäbischen Damenkleiderfabrik (bei der Augsburger Buntweberei Riedinger), Hauser in Memmingen, die Augsburger Kleiderfabrik in Mering oder die Jugendmoden in Mickhausen.
Neu hinzu kam auch – von den älteren Schwabmünchener Anfängen abgesehen – die Strumpfindustrie mit Firmen wie Bl-Bahner in Lauingen, ELBEO und Kunert in Immenstadt (siehe eigener Beitrag). Allesamt waren sie Gründungen von Vertriebenen, die für die bayerische Nachkriegswirtschaft von großer Bedeutung wurden. Schließlich glückte eine ganz wesentliche Innovation der Nachkriegszeit – die Erfindung des Perlons – im schwäbischen Bobingen beim Vorgänger von Trevira.
Hinter dieser Kulisse des Wirtschaftswunders begann es im Textilbereich jedoch schon bald zu bröckeln. Was im Süden früh mit dem Erlöschen der Baumwollindustrie begann, setzte sich nach und nach im Norden fort und betraf schließlich ganz außerordentlich die alte europäische Textilhochburg Augsburg. Gerade die schwäbischen Riesen waren der Globalisierung am wenigsten gewachsen. Beweglicher waren oft die kleineren Familienbetriebe, von denen auch in Schwaben einige mit innovativen Verfahren und neuen Produkten standhalten.

Stichwort: Fabrik-Beamte

Ein wesentliches Kennzeichen des industrialisierten Betriebes war die Arbeitsteilung, und zwar nicht nur im Herstellungsprozess. Die Ballung von Kapital, Produktionsmitteln und zahlreichen Arbeitskräften bedingte eine kompetente Leitung und Verwaltung. Bei Aktiengesellschaften standen an der Spitze des „Managements" ein kaufmännischer und ein technischer Direktor. Nachgeordnet waren die „Privat-Beamten", die den Arbeitsprozess kontrollierten, die Bücher führten, die Beschaffung der Rohstoffe und den Absatz der Produkte regelten. Diese „Kopfarbeiter" standen weit über den Arbeitern. Sie waren besser bezahlt, da besonders gesucht und vom Beschäftigungsverhältnis her gleichsam verbeamtet. Die Fabrikordnung galt nur für die Arbeiter, nicht für sie. Äußerlich hoben sie sich durch den Anzug als Arbeitskleidung von den Arbeitern ab. Mit der fortschreitenden Industrialisierung wurden die Fabrik-Beamten immer wichtiger und zahlreicher. Mit verwandten Berufen bildeten sie den Berufsstand der Angestellten.

Info

Bayerische Wollfilz-Fabrik Offermann, Schmidt & Co., Bahnhofstr. 20, 89362 Offingen
www.bwf-group.com
Mechanische Seilerwarenfabrik Füssen (heute Füssener Textil AG), Mühlbachgasse 2, 87629 Füssen
www.fuessentextil.de

Literatur

Peter Fassl, Konfession, Wirtschaft und Politik. Von der Reichsstadt zur Industriestadt, Augsburg 1750–1850, Sigmaringen 1988.
Adolf Layer, Pankraz Fried, Eckart Schremmer, Die Wirtschaft, in: Max Spindler, Andreas Kraus (Hrsg.), Handbuch der bayerischen Geschichte Bd. III 2, Geschichte Schwabens, München 2001.

Richard Loibl

Immenstadt, Kunertwerke

Geschichte

Die Firma Kunert in Immenstadt ist ein Musterbeispiel für den Aufschwung Bayerns in der Wirtschaftswunder-Zeit. Dabei fußte das Glück der Bayern zu einem nicht unwesentlichen Teil auf dem Unglück ostdeutscher Unternehmer und Arbeiter, die ihre Heimat als Folge des Zweiten Weltkrieges verlassen mussten.

Dazu zählte auch die Familie Kunert. Im nordböhmischen Warnsdorf hatte sie eine kleine Strumpfwirkerei bis 1938 zum bedeutendsten europäischen Strumpfhersteller ausgebaut. Nach Kriegsende flohen die Kunerts mit einigen Mitarbeitern zunächst nach Sachsen, um sich schließlich – einer Anregung des damaligen bayerischen Wirtschaftsministers Ludwig Erhard folgend – in Bayerisch-Schwaben niederzulassen. 1946 wurde die „Kunert Strumpf- und Trikotagenfabrik GmbH Immenstadt" gegründet, die in Gebäude der früheren Berliner Physikalischen Werkstätten einzog.

Trotz anfänglicher Schwierigkeiten – das ursprüngliche Hauptsegment Strümpfe trat mangels Maschinen hinter die Damenwäsche zurück – erlebte Kunert einen unglaublichen Aufschwung. Bereits 1950 wurden 600 Mitarbeiter beschäftigt, fünfmal so viel wie noch 1947. Maschinell wurde auf- und umgerüstet, sodass Kunert den Wettbewerb mit der amerikanischen Konkurrenz, die den Nahtlosdamenstrumpf erfunden hatte und auch in Europa propagierte, aufnehmen konnte. An der Spitze der modischen und technischen Entwicklung stand Kunert mit seinen Strumpfhosen zuerst aus dem elastischen Helanca-Garn, dann aus Nylon, bekannt unter dem Markennamen „Chinchillan".

Bereits in den 60er Jahren konnten in Immenstadt nicht mehr genügend Arbeitskräfte gefunden werden. Zweigwerke wurden in Fischen, Oberstaufen, Kempten/St. Mang und Mindelheim gegründet, schließlich auch mit hoher Förderung der Bundesregierung in Westberlin.

Als Deutschland in den 70er Jahren seinen Lohnkostenvorteil zunehmend einbüßte, verlief die weitere Expansion Kunerts bereits im internationalen Rahmen. Seit 1979 wurden neue Werke in Tunesien, Marokko und Portugal begründet, außerdem bestehende Werke in Griechenland und Italien übernommen. 1988 wurde der Familienbetrieb in die „Kunert Aktiengesellschaft Immenstadt im Allgäu" umgewandelt.

1989 glückte die Übernahme der Arlington-Gruppe (Lizenznehmer der bekannten amerikanischen Marke Burlington) mit Werken in Österreich, Ungarn und den Niederlanden. Dementsprechend setzt Kunert auf eine Multi-Marken-Strategie, die sich nicht mehr auf Beinbekleidung beschränkt, sondern auch im Bereich der Damen- und Herrenbekleidung aktiv ist. Dadurch ist es der Kunert AG gelungen, in einem schwierigen und globalisierten Markt bis heute zu bestehen, auch wenn (oder gerade weil) die Produktion größtenteils in Billiglohnländer verlagert wurde. Immenstadt ist jedoch Firmensitz, Vertriebs- und Forschungszentrale geblieben.

Beschreibung

Der Aufschwung Immenstadts nach dem Zweiten Weltkrieg ist eng mit dem Namen Kunert verbunden, vor allem mit dem des Ehrenbürgers Julius Kunert (1900–1993), der mit seinem Vater den Betrieb in Immenstadt begründet und die Expansion eingeleitet hatte. An diese Phase erinnern noch zahlreiche Gebäude, unter anderem die Kunert-Werke mit interessanten architektonischen Elementen in Bauhaustradition und die frühen Arbeiterquartiere, deren Bestand freilich im Schwund begriffen ist.

Literatur

Wolfgang Zorn, Leonhard Hillenbrand, Sechs Jahrhunderte Schwäbische Wirtschaft. Beiträge der Wirtschaft im bayerischen Regierungsbezirk Schwaben, Augsburg 1969.

Info

Julius-Kunert-Str. 49, 87509 Immenstadt

Richard Loibl

Kaufbeuren-Neugablonz, Isergebirgsmuseum

Hintergrund

Der Name Neugablonz steht für Glas und Modeschmuck. Aufgebaut wurde diese Industrie von Heimatvertriebenen aus Gablonz an der Neiße (Jablonec nad Nisou) im nordböhmischen Isergebirge. Gablonz war seit dem 19. Jahrhundert eine renommierte Handelsstadt, die weltweit Glas- und Bijouteriewaren exportierte. Mit dem Wiederaufbau ihrer Industrie im Allgäu leisteten die Gablonzer nach dem Zweiten Weltkrieg einen wichtigen Beitrag zum wirtschaftlichen Aufschwung in der Region.

Stichwort: Heimatvertriebene

In Böhmen bestand über Jahrhunderte eine überwiegend friedliche Koexistenz zwischen Tschechen und Deutschen. Mitte des 19. Jahrhunderts begannen die nationalen Konflikte. 1918 wurden die überwiegend von Deutschen bewohnten Sudetengebiete trotz Gegenwehr Teil der neu gegründeten Tschechoslowakischen Republik. Mit dem Münchner Abkommen von 1938 ging das Gebiet an das Deutsche Reich über. Nach dem Zweiten Weltkrieg und der Wiedergründung der Tschechoslowakischen Republik 1945 wurden die Deutschen per Gesetz enteignet, entrechtet und aus ihrer Heimat vertrieben. Die erste Phase der Vertreibung war durch Gewalt bestimmt. Im August 1945 forderte das Potsdamer Abkommen eine „humane Überführung". Von den 3 Mio. Sudetendeutschen kam ein großer Teil nach Bayern.

Geschichte

Deutsche Einwanderer gründeten um 1550 die ersten Glashütten im Isergebirge. Spätere Generationen entwickelten um 1750 die Glasdrückerei, eine spezielle Technik zur Herstellung von Glaskurzwaren. Sie veränderte die traditionelle Produktpalette der Glashütten. An die Stelle von Hohlglas und Butzenscheiben traten Perlen, Steine, Knöpfe und Lusterbehang. Die Bijouterie-Herstellung entstand in Kooperation mit den ortsansässigen Gürtlern. Produziert wurde überwiegend in Heimarbeit in Klein- und Familienbetrieben. Die Bandbreite reichte von aufwendigen Echtschmuckimitaten bis zu einfachem Blechschmuck. Den weltweiten Export übernahmen einheimische Exporteure und große Handelshäuser mit Niederlassungen in Gablonz. Die Gablonzer Produkte erlangten eine dominierende Stellung auf dem Weltmarkt.

Der Erfolgskurs wurde vom Ersten Weltkrieg, dem Ende Österreich-Ungarns und der Gründung der Tschechoslowakei 1918 unterbrochen. Die Vertreibung 1945/1946 beendete die deutsche Wirtschaftsgeschichte im Isergebirge. Bereits im Sommer 1945 gab es erste Ansätze zu einem Wiederaufbau der Gablonzer Industrie in Bayern. Erich Huschka, dem Sohn eines Gablonzer Glaswarenerzeugers, und einigen Mitstreitern gelang es, die zuständigen Stellen von den Vorteilen einer Industrieansiedlung auf dem Gelände einer ehemaligen Schießpulver- und Munitionsfabrik bei Kaufbeuren zu überzeugen. Im August 1946 begann die Besiedlung. Die Bunker wurden zu Werkstätten, in den Arbeiterbaracken begann

Modeschmuck aus Neugablonz, 1960er Jahre

die Heimarbeit. Mit pragmatischem Pioniergeist verarbeiteten die Gablonzer Abfälle zu Modeschmuck: Konservendosen, Holzstücke, Knochen, Glasscherben, ja sogar Kartoffelteig und Quark waren die Rohstoffe der ersten „Kollektionen". Werkzeuge und Maschinen entstanden ebenfalls aus Abfallteilen.
Im Mai 1946 wurde in Stöttwang die erste Glasdruckhütte im Allgäu eröffnet. 1947 ging die erste Neugablonzer Glashütte in Betrieb. Glasmacher, Metallhandwerk und Handel bauten die bewährten Strukturen der Gablonzer Industrie wieder auf. Bis 1949 hatten sie mit Materialmangel, Kapitalknappheit und fehlender Nachfrage zu kämpfen. Erst nach der Gründung der Bundesrepublik ging es wieder bergauf. In den 1950er Jahren entwickelte sich Neugablonz rasch zu einem international bekannten Zentrum des Modeschmucks. Zur Stammkundschaft gehörten renommierte Schmuckproduzenten in aller Welt, vor allem in den USA und Italien, sowie die Film- und Fernsehbranche. Hinter bekannten Markennamen verbarg sich oft Modeschmuck aus dem Allgäu.
Konkurrenz von Billiganbietern und rückläufige Nachfrage führten in den 1980er Jahren zu einem tief greifenden Strukturwandel. Die Zahl der Firmen sank um die Hälfte. Der Anteil des Modeschmucks an der Produktion ging zurück zugunsten technischer Zulieferteile. Traditionelle Handwerkstechniken wie die Glasdrückerei werden in absehbarer Zeit aussterben.

Beschreibung

Das 2003 eröffnete Museum präsentiert in fünf Themenräumen Kultur und Wirtschaft im Isergebirge, die Vertreibung und den Neubeginn nach 1945. Der Besucher kann sich über die Strukturen und Techniken der Gablonzer Industrie informieren. Das Museum zeigt die Bandbreite des Gablonzer Modeschmucks, darunter so ausgefallene Exponate wie die Krone von Kaiserin Sissi. Vorgestellt werden auch die Unternehmer Daniel Swarovski und Ferdinand Porsche, zwei prägende Persönlichkeiten des Isergebirges.

Info

Marktgasse 8 (Gablonzer Haus), 87600 Kaufbeuren-Neugablonz
Tel. 08341/965018
Geöffnet: tgl. außer Mo. 14.00–17.00, Gruppenführungen n. Vereinbarung

Eva Haupt

Kempten, Spinnerei und Weberei Kottern

Geschichte

Die Spinnerei, Weberei und Maschinenfabrik Kottern bei Kempten wurde 1847 von dem Schweizer Unternehmer Kaspar Honegger (1804–1883) gegründet, der zuvor bereits zwei ähnliche Betriebe in der Schweiz errichtet hatte. In Kottern war er vor allem von der Wasserkraft der

Spinnerei und Weberei Kottern an der Iller

Automatenweberei Kottern in Kempten auf dem Steilufer der Iller

Iller angetan. Die Grundstücke waren schnell erworben und der Betrieb in einem früheren Mühlengebäude aufgenommen. Ein für Schwaben neues Element war die Verbindung der klassischen Spinnweberei mit einer Maschinenfabrik vor allem für Webstühle. Mit einer Gießerei soll sie aber auch Kanonenrohre hergestellt haben, konnte sich jedoch auf Dauer nicht halten. Dagegen florierte die Spinnweberei und beschäftige 1869 bereits 750 Arbeiter bei 30.000 Spindeln und 550 Webstühlen.

Bedeutsam war der Zuzug von Arbeitern in die kleine Landgemeinde St. Mang, zu der auch Kottern gehörte. 1819 lebten hier nicht einmal 100 Menschen, 1860 waren es schon über 1.000. Konflikte zwischen der eingesessenen Landbevölkerung und den zugereisten „Fabriklern" blieben nicht aus, nachdem in der Anfangszeit der Fabrik regelrechte Elendsquartiere entstanden waren. Die Situation besserte sich nur langsam, als der Fabrikherr um die Mitte des 19. Jahrhunderts mit der Errichtung von Arbeiterwohnhäusern begann.

Kottern stellt damit ein Musterbeispiel für die ländliche Industrialisierung Bayerns dar. Gewissermaßen aus der Fabrik erwuchs die Ortschaft mit Fabrikschule und anderem mehr, eine kleine Industriestadt mit Mietskasernen und „Arbeiterproletariat". Ihren sinnfälligsten Ausdruck fand diese Entwicklung im Deckenfresko der neuen – mit Unterstützung des Fabrikherrn errichteten – Pfarrkirche, das neben der Heiligen Familie mit dem Arbeiterpatron Josef die neue Automatenweberei Kotterns zeigt. Letztere war ausschlaggebend dafür, dass Kottern zu Beginn des 20. Jahrhunderts zu den modernsten Fabriken Europas zählte.

Anlässlich des 75-jährigen Betriebsjubiläums 1922 präsentierte sich Kottern als stolze Spinnweberei mit einem Grundbesitz von 45 ha, 12 Arbeiterhäusern mit 90 Wohnungen, Fabrikanlagen mit einer umbauten Fläche von 8.400 m^2 an der Iller und 14.300 auf dem Steilufer, 60.000 Spindeln, 878 Webstühlen in der alten und 1.008 in der neuen Weberei bei insgesamt fast 1.000 Beschäftigten.

Die Blüte nahm in der NS-Zeit ein jähes Ende. Die Produktion wurde zeitweise stillgelegt. In die Fabrikgebäude zog ein Zweigwerk der Messerschmitt AG, das von schweren Bombenangriffen heimgesucht wurde. Nach dem Zweiten Weltkrieg fand Kottern unter der Christian Dierig AG ein neues Dach. Letztere, vor dem Zweiten Weltkrieg der größte Textilkonzern Kontinentaleuropas, verlegte nach 1945 ihren Konzernsitz nach Augsburg und den Schwerpunkt ihrer Produktion nach Schwaben. Trotz dieses starken Rückhalts war Kottern der Globalisierung nicht gewachsen. 1991 schloss die Spinnerei, 1992 die Weberei. Heute werden die Gebäude von verschiedenen gewerblichen Unternehmungen genutzt.

Beschreibung

Ursprünglich befanden sich die Fabrikgebäude direkt am rechten Illerufer, um die

Wasserkraft über Turbinen auszunutzen. Bestimmendes Element waren die Hochbauten der Spinnerei und Weberei (1854 beziehungsweise 1869 erbaut). Als der Platz am Illerufer nicht mehr ausreichte, errichtete man die neue Automatenweberei auf dem Steilufer hoch über der alten Anlage. Möglich wurde dies durch die neue „Drahtzugwasserkraft". Zwillings-Francisturbinen wurden eingesetzt und mit Generatoren von Siemens-Schuckert gekoppelt. Endlich mussten die Fabrikgebäude nicht mehr zum Wasser gehen, sondern die aus der Wasserkraft gewonnene Energie kam per Stromleitung zur Fabrik. Das war für die Betriebsorganisation, Effektivität und Rationalität, aber auch für die Arbeitssicherheit ein wahrer Durchbruch. Denn die Anordnung der verschiedenen Fertigungsschritte mit zugehöriger Maschinerie musste sich nicht mehr nach den Transmissionen (Antriebsriemen vom Schwungrad der Turbine zur Maschine) richten, sondern man konnte völlig frei nach den oben genannten Kriterien organisieren.
In der neuen Automatenweberei, errichtet von dem bekannten Stuttgarter Industriearchitekten Philipp Jakob Manz, wurden die Webstühle, die aufgrund des elektrischen Einzelantriebes effizienter qualitätsvollere Gewebe produzierten, in Sägezahn-Sheds untergebracht. Diese verblendete der Architekt seitlich mit einer vorgesetzten Mauer, die in geschweiften Giebeln nach oben hin abschloss und damit Anklänge an die zeitgenössische Jugendstilarchitektur zeigte. Beherrscht wurde und wird die Anlage vom Kamin des Kesselhauses und einem mächtigen bergfriedartigen Turm mit pagodenartigem Helm, in dem die Staubfilteranlage sowie das Wasserbehältnis für die Sprinkleranlage untergebracht waren. Die Anlage zählt, obwohl nur mehr in Teilen erhalten, zu den bedeutenden Industriedenkmälern Bayerisch-Schwabens.

Literatur

Siegfried Waibl, Studien zur Industrialisierungsgeschichte des Raumes Kempten im 19. Jahrhundert, Kempten 1999.

Info

„Medienpark Kempten", Ludwigstr. 84, 87437 Kempten
www.medienpark-kempten.de

Richard Loibl

Nördlingen, Bayerisches Eisenbahnmuseum

Geschichte

Der Trägerverein des Museums wurde 1969 als Eisenbahnklub München mit dem Ziel gegründet, Dampflokomotiven der Nachwelt zu erhalten. 1985 wurde das Gelände des ehemaligen Bahnbetriebswerks Nördlingen bezogen, das 1849 im Zuge des Baus der Ludwigs-Süd-Nord-Bahn gebaut worden war und in der Anordnung der Gebäude einzigartig ist. Ein 15-ständiger Rundlokschuppen, eine 20 m-Drehscheibe, Lokbehandlungsanlagen, ein zweiständiger Rechteckschuppen und ein Wasserturm sind vorhanden. Bei der Restaurierung wurde großer Wert darauf gelegt, die Anlagen des Betriebswerks wieder im Zustand der Fünfzigerjahre herzustellen. Das Museum dokumentiert mit seiner großen Fahrzeugsammlung den Lokomotiv- und Waggonbau von 1889 bis heute.

Beschreibung

Die älteste Lokomotive im Bestand des Museums ist die Dampflokomotive „Füssen" aus dem Jahr 1889. Sie gehört zu einer Serie von vier Maschinen gleicher Bauart, die von der Lokomotivfabrik Krauss & Comp. in München an die Localbahn-Actiengesellschaft zum Betrieb der Strecke Marktoberdorf–Füssen geliefert wurden. Durch die der Endstation

Füssen nahe gelegenen Schlösser Neuschwanstein und Hohenschwangau zählten zu den Fahrgästen der 45 km/h schnellen Sonderzüge aus München auch viele Mitglieder des Königshauses auf dem Weg in die Sommerfrische. 1928 wurde die „Füssen" an die Papierfabrik Baienfurt verkauft. Seit 2003 ist diese älteste betriebsfähige Regelspur-Dampflok in Deutschland beim Bayerischen Eisenbahnmuseum stationiert.

Ein weiterer Höhepunkt in der Sammlung ist die 1918 von der Firma Joseph Anton von Maffei gebaute Vierzylinderverbund-Schnellzug-Dampflokomotive S 3/6 3673 (18 478), die mit der Fabriknummer 4536 für die Königlich Bayerischen Staatsbahnen gebaut wurde. 1959 wurde sie ausgemustert und 1993 vom Bayerischen Eisenbahnmuseum erworben. 2003 erhielt die 18 478 wieder eine Länderbahnlackierung.

Mit der Lokomotive E 69 03 befindet sich auch die älteste betriebsfähige Elektrolokomotive in Deutschland im Nördlinger Museum. Sie wurde 1912 als LAG 3 von der Lokfabrik Krauss & Comp. in München mit der Fabriknummer 8086 an die Localbahn-Actiengesellschaft ausgeliefert und kam auf der elektrifizierten Strecke zwischen Murnau und Oberammergau zum Einsatz. Nach der erzwungenen Verstaatlichung der Localbahn-Actiengesellschaft 1938 wurde die Lok in E 69 03 umgezeichnet. Erst die Deutsche Bundesbahn entschloss sich Anfang der Fünfzigerjahre, die alten Fahrleitungsanlagen zu erneuern. 1954 wurde auf das landesweit übliche Bahnstromsystem umgeschaltet. Der Umbau der E 69 03 war 1955 abgeschlossen.

Die S 3/6 (18 478) auf der Drehscheibe im Bayerischen Eisenbahnmuseum Nördlingen

Literatur

Andreas Braun, Die Fahrzeuge des Bayerischen Eisenbahnmuseums, München 1999.

Info

Am Hohenweg 6a, 86720 Nördlingen
Tel. 09083/340
Geöffnet: März–Okt. Sa. 12.00–16.00, So. 10.00–17.00; Juli, Aug. auch Di.–Fr. 12.00–16.00
www.bayerisches-eisenbahnmuseum.de

Holger Graf

Senden-Freudenegg, Spinnerei

Umnutzung zu einem Audio-Fachbetrieb

Die Ziegelbauten der Baumwollspinnerei in Freudenegg wurden 1884/85 anstelle einer abgebrannten Kunstmühle als Filiale der „Spinnerei und Weberei Ulm" in Ay a. d. Iller errichtet. Nach einer Sanierung des Gebäudes wurde das Werk 1910 der Augsburger „Spinner- und Weberei Pfersee" zugeschlagen.

1967 wurde der nicht mehr rentable Betrieb in Freudenegg geschlossen. Viele Jahre stand das Fabrikgebäude leer und wurde zur Unterkunft für Obdachlose. Von Anfang der 1980er Jahre bis Ende 1997 diente der Bau einer Lackiererei.

Restaurierte Spinnerei Senden-Freudenegg

Anfang der 1990er Jahre erwarb eine Frankfurter Unternehmergruppe die mittlerweile verwahrlosten Gebäude.

Um seinen Betrieb für Lautsprechersysteme zu erweitern, kaufte der jetzige Eigentümer im Herbst 1998 das Fabrikgelände. Gegen den Rat seines Architekten, die alte Fabrik abzureißen und einen kleineren Neubau zu errichten, führte der Eigentümer in eigener Regie eine sehr zurückhaltende Instandsetzung durch. Dabei versuchte er, so viel Originalsubstanz wie möglich zu erhalten. Deutlich wird das an den alten Fabrikfenstern aus der Erbauungszeit. Sie wurden nicht gegen moderne Fenster ausgetauscht, sondern lediglich repariert und erfüllen noch heute ihren Zweck.

Der Eigentümer hat etwa die Hälfte der ursprünglich veranschlagten Neubaukosten von 1 Mio. Euro gespart und sogar die vierfache Nutzfläche erhalten. Darüber hinaus hat sich das historische Fabrikgebäude als Image fördernder Werbeträger bestens bewährt.

Info

Auweg 32, 89250 Senden-Freudenegg
Eigentümer: Winfried Seeburg, Neu-Ulm

Wolfgang Pledl, Rembrant Fiedler

Mittelfranken

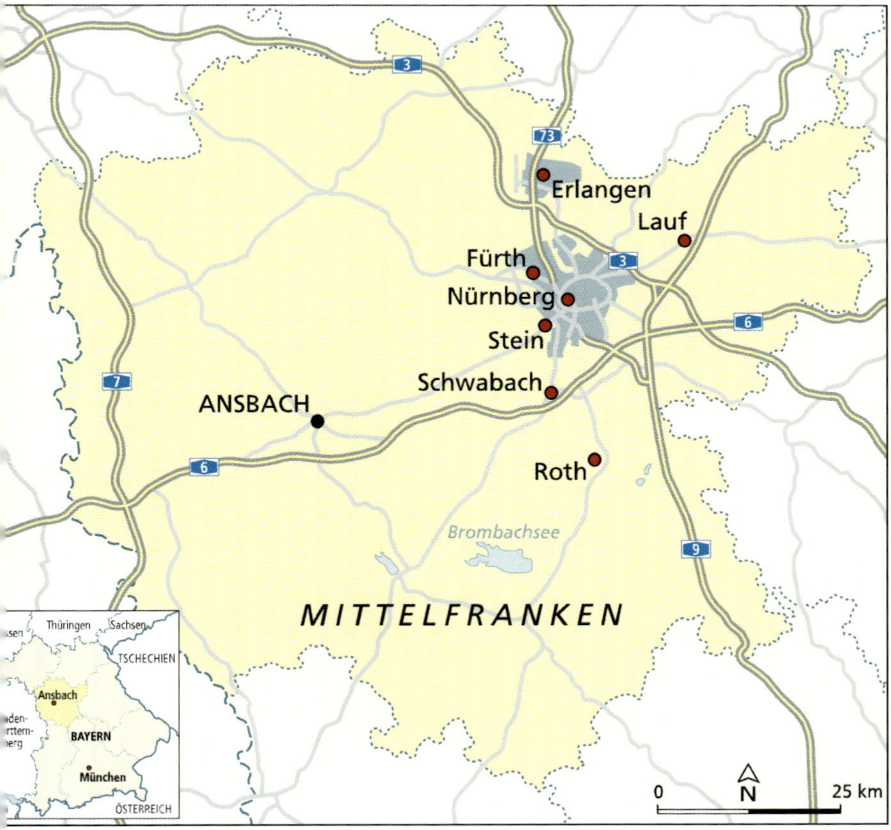

Erlangen, Siemens-Himbeerpalast

Hintergrund

Erlangen ist heute mit über 21.100 Mitarbeitern der weltweit zweitgrößte Siemensstandort. Grund dafür ist die Verlagerung der Hauptverwaltung der Siemens-Schuckertwerke 1945 aus der Reichshauptstadt Berlin in die unzerstörte und verkehrsgünstig gelegene Universitätsstadt Erlangen in der Mitte von Bayern, wo mit der auf Medizintechnik spezialisierten Firma Reiniger, Gebbert & Schall, die seit 1932 als Siemens-Reiniger zum Konzern gehörte, bereits ein Standbein vorhanden war.

Diese Entscheidung löste eine ungeheuere Entwicklung aus. In nur 29 Jahren wuchs Erlangen von einer Mittelstadt mit circa 40.000 Einwohnern bis 1974 sprunghaft zur Großstadt mit 100.000 Einwohnern. Symbol für diese in Deutschland fast beispiellose Nachkriegsentwicklung ist das als „Himbeerpalast" bekannte Verwaltungsgebäude.

Geschichte

Nachdem die Mitarbeiter der Firma zunächst über die Stadt verteilt waren, wurde am 5. März 1948, noch vor der Währungsreform am 20. Juni, mit dem Bau des von Professor Hans Hertlein (Berlin) und Werner Bathe entworfenen Verwaltungsgebäudes begonnen. In sechs Abschnitten entstand bis 1953 auf dem damals am Stadtrand gelegenen 19.000 m² großen Grundstück in Stahlbeton-Skelettbauweise das Erlanger „Stammhaus" mit 46.000 m² Nutzfläche und 3.500 Arbeitsplätzen.

Das wegen seiner monumentalen Wirkung und dem hellroten Putz „Himbeerpalast" genannte Gebäude orientierte sich an den in den 1920er Jahren in der Berliner Siemensstadt entwickelten Architekturformen. Jedoch zeigen die gläsernen Eingangshallen, das Penthaus auf dem Südflügel und der elegante halbrunde Ausstellungspavillon an der Spitze des Trapezes den Stil der 1950er Jahre. Insgesamt entstand ein zeitlos modernes Zweck- und Verwaltungsgebäude, das zugleich den Rang eines Weltunterneh-

Blick auf den Himbeerpalast in Erlangen

mens zeigt. 1991 wurde der „Himbeerpalast" unter Denkmalschutz gestellt und bis 2000 saniert. Heute ist hier unter anderem das SiemensForum untergebracht.

Beschreibung

Der städtebaulich höchst wirkungsvoll gegliederte Gebäudekomplex umschließt einen Betriebshof und einen mit Grünanlagen gestalteten kleineren Hof. Zur Stadt hin besitzen die mit flachen Walmdächern abgeschlossenen Flügel vier Geschosse, nach Südosten stehen flach gedeckte Abschnitte mit bis zu sechs Stockwerken. An den Gelenkstellen erheben sich Türme für Treppenhäuser und Fahrstühle. Die flachen Außenwände sind durch regelmäßig angeordnete Sprossenfenster mit hellen Rahmen stark aufgelöst. An markanten Punkten wurde das Gebäude künstlerisch gestaltet. Der Münchner Bildhauer Josef Wackerle schuf am Westeingang Tierkreiszeichen, an der Vorhalle des damaligen Betriebsgeländes ein Prometheusrelief und am Runderker des Vorstandsbereiches ein Reliefband der um die Sonne gruppierten vier Elemente, am Nord- bzw. Südflügel Merkur und Vulkan. Auch im Inneren besitzt das Gebäude eine (vor allem in den Treppenhäusern sichtbare) Großzügigkeit der Abmessungen sowie eine gediegen-zweckmäßige Ausstattung.

Weitere Schauplätze

Im Anschluss an den „Himbeerpalast" errichtete Siemens entlang der Werner-von-Siemens-Straße seit Mitte der 1950er Jahre eine Reihe weiterer, teilweise architektonisch hochrangiger Verwaltungsgebäude. Südöstlich entstanden an der Pfälzer Straße 1949/1950 die ersten firmeneigenen Wohnpark-Siedlungen, die zur Keimzelle der von großzügigen Grünanlagen durchsetzten Erlanger „Südstadt" wurden. Bis 1954 baute Siemens im Südosten der Stadt 2.600 firmeneigene Wohnungen.

Literatur

Christoph Friederich, Bertold Freiherr von Haller, Andreas Jakob (Hrsg.), Erlanger Stadtlexikon, Nürnberg 2002.

Info

Erlanger Tourismus und Marketingverein, Rathausplatz 3, 91052 Erlangen
Tel. 09131/89510
www.erlangen.de

Andreas Jakob

Erlangen, Stadtmuseum

Hintergrund

Erlangens Industriegeschichte begann 1686. Als nach der Aufhebung des Toleranzedikts von Nantes 1685 durch Ludwig XIV. tausende Hugenotten Frankreich verließen, holte auch Markgraf Christian Ernst von Brandenburg-Bayreuth einige hundert dieser als gewerbetüchtig geltenden Franzosen in sein kleines Land. Er stellte ihnen Glaubensfreiheit und umfangreiche Privilegien in Aussicht und hoffte, dadurch seinem wirtschaftlich rückständigen und noch an den Folgen des Dreißigjährigen Krieges leidenden Fürstentum aufzuhelfen. Außerdem nutzte er die Gelegenheit zur Gründung der Neustadt Erlangen, einer nach idealen Gesichtspunkten angelegten modernen Industrie- und Handelsstadt, die heute zu den am besten erhaltenen barocken Planstädten in Deutschland zählt.

Geschichte

In Erlangen etablierten die Hugenotten vor allem Strumpfwirker-, Hut- und Handschuhmacherbetriebe, die zum Teil in der modernen Form der Manufaktur arbeiteten. 1775 gaben die 580 Strumpfwirkerstühle bis zu 5.000 Personen Arbeit. Bedeutung besaßen auch eine Gobelinmanufaktur sowie ein leistungsstarker Büchsenmacher. Deutsche Ge-

Stichwort: Hugenotten

„Hugenotten" wurden französische Calvinisten seit etwa 1560 von ihren Gegnern genannt. Sie selbst bezeichneten sich als „Réfugiés" (Flüchtlinge). Nach der Aufhebung des Toleranzedikts von Nantes 1685 verließen zwischen 200.000 und 400.000 Hugenotten, die 1–2 Prozent der etwa 20 Mio. Franzosen ausmachten, ihre Heimat. Die meisten gingen in die Niederlande, nach England oder Südafrika, etwa 40.000 kamen nach Deutschland, davon 20.000 in das Kurfürstentum Brandenburg und 3.000 nach Franken. Sie gaben wichtige wirtschaftliche Impulse, konnten aber die an sie gestellten hohen Erwartungen nur teilweise erfüllen. Nach dem Wegfall ihrer Privilegien gingen sie rasch in der deutschen Umgebung auf.

werbetreibende, die sich ebenfalls seit 1686 niederlassen durften, gründeten unter anderem eine Kattundruckerei. Erlanger Produkte wurden bis Dänemark, Russland, England, Italien oder die Levante exportiert. Bis 1791 stieg Erlangen zur wichtigsten Industriestadt des Fürstentums Bayreuth auf.
Nachdem die hugenottischen Gewerbe auf Grund fehlender Modernisierung und der Kontinentalsperre zu Beginn des 19. Jahrhunderts binnen weniger Jahre zusammenbrachen, erlangte vor allem die Bierbrauerei Bedeutung. Auf Grund verschiedener Standortvorteile übertraf die Produktion der zeitweise 18 Brauereien sogar Städte wie Kulmbach oder München.

Beschreibung

In der neu gestalteten Schausammlung des Stadtmuseums, das im ehemaligen Altstädter Rathaus und einem anschließenden Bürgerhaus untergebracht ist, bilden die hugenottischen Gewerbe einen Schwerpunkt. Außer Gobelins und einer Strumpfwirkerstube sind eine Handschuhmacherwerkstatt sowie Arbeitsmethoden und Produkte der Kattundrucker, Hutmacher, Weißgerber und Posamentierer zu sehen. Prunkstück ist der archaisch wirkende älteste Strumpfwirkerstuhl Deutschlands von 1716, der aus über 3.500 Teilen besteht und seinerzeit zu den aufwendigsten technischen Maschinen gehörte.

Literatur

Christoph Friederich, Bertold Freiherr von Haller, Andreas Jakob (Hrsg.), Erlanger Stadtlexikon, Nürnberg 2002.

Info

Martin-Luther-Platz 8–9, 91054 Erlangen
Tel. 09131/86300
Geöffnet: Di., Mi. 9.00–13.00 und 14.00–17.00, Do., Fr. 9.00–13.00, Sa., So. 11.00–17.00

Andreas Jakob

Strumpfwirkerstuhl von 1716 im Stadtmuseum Erlangen

Fürth, Alte Flugwerft

Hintergrund

Das Fliegen, ein alter Menschheitstraum, konnte im späten Industriezeitalter, also am Anfang des 20. Jahrhunderts, mit dem Motorflug verwirklicht werden. 1909 entstand der erste deutsche Flugplatz in Berlin-Johannisthal. Allerdings wurden die Flugzeuge noch nicht als Verkehrsmittel zur Personenbeförderung genutzt. Kurz vor dem Ersten Weltkrieg interessierte sich vor allem das Militär für das neue „Luftfahrwesen".

Geschichte

Das Bayerische Militär errichtete 1912 die erste Fliegerstation in Oberschleißheim bei München. Zwei Jahre später wurde für einen zweiten nordbayerischen Militärflugplatz im Norden Fürths ein Hochplateau ausgesucht, das Nebelfreiheit garantierte und eine feste Grasnarbe für das Starten und Landen (damals noch ohne Rollbahn) hatte. 1916 kamen die ersten Fliegertruppen. 1917/1918 wurde der Flugplatz großzügig ausgebaut, denn die Flugzeuge wurden nun nicht nur zur Aufklärung, sondern immer mehr zum Luftkampf eingesetzt. Es entstanden die große Werft, neun Normalflugzeughallen, Unterkunftsbaracken und viele Nebengebäude.

Sofort nach Kriegsende begann die Zivilfliegerei. Als der Fürther Flugplatz 1920 in die Liste der internationalen Flughäfen aufgenommen wurde, setzte ein regelmäßiger Linienverkehr ein. 1922 übernahmen die Junkers-Werke Dessau den Flugplatz. Das wichtigste Gebäude blieb die Werft, in der der süddeutsche Stützpunkt des Junkers-Luftverkehrs mit Flugleitung und Flugwache sowie der zentrale Wartungs- und Reparaturbetrieb aller JUs eingerichtet wurde. Außerdem ließ Hugo Junkers die ersten Ganzmetallflugzeuge F13 und G24 in Fürth zusammenbauen.

Alle internationalen Fluglinien flogen den Flugplatz an, der 1926 unter den 88 deutschen Verkehrsflughäfen der achtgrößte war.

1933 zog die Zivilfliegerei nach Nürnberg-Marienberg um. Die alten Gebäude wurden wieder militärisch genutzt. Neue Flugzeughallen kamen hinzu. Nach dem Zweiten Weltkrieg übernahm die US Army bis zu ihrem Abzug 1993 den Flugplatz. Heute befinden sich hier ein Golfplatz und ein Gewerbegebiet.

Beschreibung

Das dominierende Gebäude war und ist die alte Werft, die 1917/1918 errichtet wurde. Ihre Größe von 78 x 37 m und ihre besondere architektonische Gestaltung machen sie zu einem repräsentativen Bauwerk. Sie besteht aus einer Rüsthalle für Wartung und Reparatur der Flugzeuge und den die Halle an drei Seiten umgebenden Werkstätten, Verwaltungs- und Unterrichtsräumen der Fliegerschule. Diese Rahmenbauten wurden in traditioneller Bauweise errichtet, die 52 x 28 m große Halle dagegen aus dem damals neuen Baustoff Eisenbeton, mit dem sie stützenfrei überspannt werden konnte. Die Planung und Bauleitung lag bei der Münchner Firma Gebr. Rank.

Mit Falttoren wurde die Halle zum Rollfeld weit geöffnet. Die rückwärtige Seite zeigt eine ausgesprochen aufwendige Architektur mit Walmdächern, Dreiecksgiebeln, Zahnschnittverzierungen und Freitreppe. So stellte der Bau ein modernes, in neuester Technik erbautes Gebäude dar, obwohl mitten im Ersten Weltkrieg Arbeiter und Baumaterialien knapp waren. Vielleicht sollte die Fürther Werft ein Probebau für die ein Jahr jüngere, in Oberschleißheim gebaute Werft sein, die sich in unmittelbarer Nähe des königlichen Schlosses befindet. Sicher aber drücken diese Bauten den hohen Stellenwert aus, dem man damals der Fliegerei zugemessen hat. Heute ist die

Alte Flugwerft in Fürth, Ende der 1920er Jahre, vom Rollfeld her gesehen

Werft ein wichtiges Zeugnis aus der Frühzeit der Fliegerei in Deutschland.
Die „Normalflugzeughalle" von 1917/1918, wahrscheinlich die letzte in Deutschland, sowie drei große Hangars und ein „Befehlsgebäude" im Bauhausstil von 1934/1935 stehen inzwischen ebenfalls unter Denkmalschutz.

Literatur

Barbara Ohm u. a., „Fliegen, nur fliegen!". Der erste Nürnberg-Fürther Flughafen auf der Atzenhofer Heide. Geschichte-Technik-Erinnerungen, Bamberg 2003.

Info

Flugplatzstr. 70, 90768 Fürth
Zugang zum Gelände möglich, Gebäude nicht zugänglich

Barbara Ohm

Fürth, Spiegelfabrik N. Wiederer

Geschichte

Die seit dem 18. Jahrhundert in Fürth heimische Spiegelherstellung nahm durch die Industrialisierung einen außerordentlichen Aufschwung. Fürth wurde die „Stadt der Spiegel", das Zentrum der bayerischen Spiegel(glas)industrie. 1856 arbeiteten in 25 Unternehmen dieser Branche circa 1.600 Menschen, 1910 in 75 Unternehmen rund 5.000 Menschen.
Die größte Fürther – und damit bayerische – Spiegelfabrik, die 1912 etwa tausend Mitarbeiter beschäftigte, war die Firma N. Wiederer. Aus dem 1859 gegründeten kleinen Betrieb in der Innenstadt wuchs durch den Einsatz von Dampfmaschinen ein großes Unternehmen, das 1880 in die neu angelegte Südstadt umzog. Die Nähe zur Eisenbahn bedeutete einen großen Standortvorteil, zumal Wiederer 1898 einen direkten Gleisanschluss bekam. Außerdem gab es hier viel Platz für die ständigen Vergrößerungen der Produktionsstätten. Hergestellt wurden sämtliche Arten von Spiegeln, vom einfachen kleinen Handspiegel bis zum kostbaren großen Venetianer-Spiegel, einer Spezialität des Hauses. Dazu kamen Glasgegenstände aller Art, vom Leuchter bis zu Glaspavillons für Hotels und Varietees.
Wie die Fürther Wirtschaft der Industrialisierungszeit insgesamt arbeitete auch die Spiegelindustrie hauptsächlich für

den Export. Die Ausfuhr ging in alle europäischen Länder, nach Ägypten, Persien, Indien, Ostasien, Australien, Südamerika und vor allem in die USA.
Das große Problem bei der Spiegelherstellung war die Benutzung des hochgiftigen Quecksilbers, das bei den Beschäftigten zwangsläufig zu einer Erkrankung des Nervensystems führte (Merkurialismus). Es ist kein Zufall, dass ein Fürther Spiegelhersteller, Ludwig Winkler, 1862 ein Silberbelegverfahren entwickelte (1865 durch Justus von Liebig verbessert). 1867 stellte Winkler auf der Pariser Weltausstellung den damals größten silberbelegten Spiegel mit über 3 m Höhe aus. Dennoch dauerte es bis zur Jahrhundertwende, bis in den Fürther Fabriken nicht mehr mit Quecksilber, sondern nur noch mit Silber belegt wurde.

Beschreibung

Die Fabrikbauten umfassten das ganze Karree zwischen Ritter-, Wald-, Kaiser- und Leyher Straße. In Vogelperspektive hat die Firma ihre Gebäude sehr demonstrativ und übertrieben dargestellt, um so ihre Bedeutung zu unterstreichen.
Erhalten hat sich die Ecke Leyher/Kaiserstraße, wenn auch in veränderter Form.
In der Leyher Straße 1 steht die Villa der beiden Fabrikbesitzer, erbaut 1888. Die direkte Nachbarschaft zur Fabrik war in der Industrialisierungszeit üblich. Der Unternehmer sollte immer erreichbar sein. Auf der anderen Seite konnte er aber auch eine ständige Kontrolle über seine Arbeiter, die vornehmlich in der Leyher und Waldstraße wohnten, ausüben.

Literatur

Erhard Schraudolph, Vom Handwerkerort zur Industriemetropole, Ansbach 1993.
Barbara Ohm, Durch Fürth geführt, Bd. 1, Fürth 2001.

Info

Leyher Str. 10, 90763 Fürth

Barbara Ohm

Briefkopf der Firma Wiederer um 1914

Lauf, Industrie Museum

Geschichte

Über Jahrhunderte hinweg nutzten frühindustrielle Betriebe in Lauf die Wasserkraft der Pegnitz zum Antrieb von Maschinen. Bereits 1596 arbeiteten 18 Werke mit 50 Wasserrädern. Diese Konzentration von Gewerben wurde in der Region lediglich von Nürnberg übertroffen. Unterhalb der Laufer Stadtmauern entstand die Vorstadt „Hämmern" mit Gewerbebetrieben, Wohnhäusern für die Meister und Arbeiter, Nebengebäuden und Gärten.

Vorherrschende Produktionszweige waren Getreidemüllerei und Metallverarbeitung, diese vor allem in Eisenhämmern und Drahtmühlen. Im 19. Jahrhundert kamen Bronzefarben-, Isoliermittel- und Holzwarenfabrikation dazu. Die neuen Betriebe setzten zum Teil Dampfmaschinen zur Ergänzung der Wasserräder ein. Im Laufe des 20. Jahrhunderts verlor die Wasserkraft ihre Bedeutung, die neu entstehende Keramikindustrie ließ sich abseits vom Fluss nieder. Das letzte Hammerwerk schloss 1973. Einige der alten Betriebsgebäude samt Wasserrädern blieben aber erhalten.

In einem Ensemble von vier Gebäuden eröffnete 1992 das Industrie Museum Lauf, das derzeit neben der Frühindustrie auch städtisches Handwerk und Wohnen präsentiert. 1998 konnte das Museum mit der benachbarten, ehemaligen Ventilkegelfabrik Dietz & Pfriem um ein Vielfaches erweitert werden. Es wird in Zukunft auch den Bereich fabrikmäßiger Metallverarbeitung aus der Zeit der Hochindustrie einbeziehen.

Beschreibung

Das Industrie Museum Lauf ist als industriegeschichtliches Freilichtmuseum angelegt; die Gebäude stehen am Originalstandort direkt am Fluss, ihre

Das Industrie Museum Lauf an der Pegnitz

Erbauungszeit reicht vom 16. bis zur Mitte des 20. Jahrhunderts. Das denkmalgeschützte Ensemble zeigt Leben und Arbeiten von 1890 bis 1970.

Zur Abteilung „Frühindustrie" gehören die wasserradgetriebenen Gewerbe: ein Eisenhammerwerk mit der originalen Ausstattung, eine Getreidemühle mit Müllerkammer, Walzenstuhl, Sieb- und Sichtmaschinen sowie ein kleines Elektrizitätswerk, die alle funktionsfähig sind.

Die Abteilung „Städtisches Gewerbe" umfasst Schuster- und Flaschnerwerkstatt, Schirm- und Hutwerkstatt, Friseursalon (beide 1950er/1960er Jahre), und als Schmuckstück eine Drogerie. Die Veränderungen im Bereich „Wohnen" zeigen zwei Wohnungen (Anfang 20. Jahrhundert beziehungsweise 1950er/1960er Jahre), die in einer ehemaligen Werkswohnung im Produktionsgebäude untergebracht sind.

Zum Thema „Hochindustrie" leitet eine Tandem-Dampfmaschine von 1902 über, die aus einer Laufer Holzwarenfabrik ins Museum transferiert wurde. Für Museumszwecke ausgebaut wird die 1911 gegründete Ventilkegelfabrik Dietz & Pfriem, die Ventile für Auto-, Motorrad- und Schiffsmotoren produzierte und weltweit vertrieb. Die zehn unter Denkmalschutz stehenden Gebäude umfassen Betriebsschmiede, Maschinenhalle, Versand, Lager, Büros und Sozialräume (Eröffnung 2008).

Literatur

Industrie Museum Lauf. Spuren der Industriekultur im Nürnberger Land, Arbeitshefte des Bayerischen Landesamtes für Denkmalpflege Nr. 57, München 1992.

Info

Sichartstr. 5–25, 91207 Lauf a. d. Pegnitz
Tel. 09123/99030
www.industriemuseum.lauf.de
Geöffnet: April–Nov. Mi.–So. 11.00–17.00. Gruppenführungen n. Vereinbarung

Doris Utzat

Roth, Fabrikmuseum

Hintergrund

Leonische Waren sind mit feinen Metalldrähten gefertigte Gewebe, Borten und Geflechte. Ein bedeutendes Zentrum für deren Herstellung war im ausgehenden Mittelalter die Gegend um das französische Lyon. Um 1500 erlebten die leonischen Waren ihren ersten großen Aufschwung, als es den Manufakturen gelang, die Produktionsverfahren entscheidend zu verbessern. Aufgrund des rapide steigenden Bedarfes gingen die Betriebe zunehmend vom teuren Golddraht zum vergoldeten Silberdraht über, später dann zum Kupferdraht, der versilbert oder vergoldet wurde. Noch billiger wurden die Produkte, als der Kupferdraht durch eine Messingoberfläche ein goldähnliches Aussehen erhielt. Damit waren die wesentlichen Techniken des leonischen Gewerbes entwickelt. Ihre weitere Verfeinerung und der Übergang zur Massenproduktion eröffneten den ehemals teuren Gold- und Silberfäden im 19. Jahrhundert eine große Verbreitung in der Volkskunst, der Mode und bei Uniformen. Einen besonderen Markt fand das leonische Gewerbe in der Herstellung von Christbaumschmuck (wie Lametta, Goldgirlanden oder drahtverzierten Glaskugeln).

Geschichte

Der Hugenotte Anthoni Fournier, ein calvinistischer Glaubensflüchtling aus Lyon, eröffnete 1569 in Nürnberg eine Werkstatt für leonische Waren. Er ist der Begründer der leonischen Industrie in Mittelfranken. Seine Söhne errichteten 1621 auch eine Werkstatt in Roth. Sie fanden dort ein etabliertes Eisen-Drahtziehergewerbe vor, das neuen Techniken aufgeschlossen gegenüberstand. Im Zuge des industriellen Aufschwungs entstand eine blühende Industrie, die im 19. Jahrhundert die Entwicklung der Stadt entscheidend prägte.

Die Mechanisierung durch Dampfmaschinen verlagerte das Handwerk von der hausnahen Werkstatt in die Fabrik. 1805 stellte Jacquard den ersten programmierbaren, mit Lochkarten gesteuerten Webstuhl vor, gegen Ende des Jahrhunderts wurde der Mehrfachdrahtzug entwickelt, bei dem gebohrte Diamanten

> **Stichwort: Wilhelm Stieber**
> Wilhelm Stieber (1848–1915), der die leonische Drahtfabrik in Roth zu einem überregional bedeutenden Unternehmen aufgebaut hatte, erwarb 1892 das 1535/1537 erbaute markgräfliche Schloss Ratibor. Von Nürnberger und Münchner Künstlern ließ er es im Stil des späteren Historismus zu einem repräsentativen Wohnsitz ausgestalten (seit 1942 im Besitz der Stadt, heute Heimatmuseum).
> Werner Kraus

zum Einsatz kamen. Den Absatz der in großen Mengen hergestellten Produkte ermöglichte das neue Verkehrsmittel Eisenbahn. Firmenkonzentrationen kennzeichneten die Zeit um 1900. Einer der bedeutendsten Unternehmer war Wilhelm Stieber. Gleichzeitig kündigte sich mit dem Aufkommen der elektrotechnischen Industrie ein neuer Produktschwerpunkt der leonischen Großbetriebe an: die Herstellung von Stromkabeln. Die schwindende Bedeutung der leonischen Waren wurde durch die Kabelherstellung aufgefangen, die bis heute der wichtigste Wirtschaftsbereich in Roth ist.

Beschreibung

Um die Relikte der leonischen Industrie zu erhalten, entschloss sich 1986 der Historische Verein Roth, ein Museum zu errichten – das erste und bisher einzige seiner Art. Die Bayerischen Kabelwerke AG (Bayka) stellte ehemalige Betriebsräume zur Verfügung. 1988 wurde das Fabrikmuseum eröffnet. 2000 zog es in die Obere Mühle 4 um, einen Standort, an dem bereits um 1400 mit Hilfe der Wasserkraft Draht gezogen wurde. Den Besucher erwartet die Rekonstruktion einer typischen Fabrikhalle aus der Zeit um 1920 mit Sheddach und 600 m^2 Ausstellungsfläche.

Gezeigt wird der Weg des grob gezogenen Drahtes über den Feinzug und die Plätterei, die verschiedensten Formen der Weiterverarbeitung auf Umspinnmaschinen und Webstühlen, bis zur Verpackung. Da leonische Waren zum überwiegenden Teil exportiert wurden, musste ein hoher Aufwand getrieben werden, um ein Anlaufen der metallischen Oberfläche oder eine Schädigung durch Seewasser auf dem Transport zu vermeiden. Zu sehen sind auch eine elektrisch betriebene Transmission. Der Arbeitsalltag wird anhand von Stechuhr, Firmenkontor und Umkleideräumen nachvollziehbar.

Beim geführten Rundgang durch das Museum bekommt der Besucher eine Fülle leonischer Produkte zu sehen, vom Rangabzeichen bis zum Putzrasch, von Geschenkbändern bis zu gemusterten Kreationen der Jacquard-Webstühle. Zudem werden die meisten Maschinen und Geräte bei Führungen in Betrieb gezeigt. Das Museum erhielt 2003 den Bayerischen Museumspreis.

Info

Obere Mühle 4, 91154 Roth
Tel. 09171/60564
www.Fabrikmuseum-Roth.de
Geöffnet: 21. März–31. Okt. Sa. und So. 13.30–16.30, im Aug. auch Mi.

Wilhelm Mehl

Stichwort: Jacquard-Webstuhl

Joseph Marie Jacquard wurde 1752 in Lyon als Sohn eines Webers geboren. 1790 begann er die Webtechnik zu mechanisieren. 1805 entwickelte er ein Lochkartensystem, das komplizierte Webmuster steuerte. Mit weniger Arbeitsaufwand konnte nun mehr und billiger produziert werden. Das Ziehen der Musterfäden von Hand, bis dahin eine selbstverständliche Kinderarbeit, trat in den Hintergrund. Weber, die um ihre Arbeitsplätze fürchteten, zerstörten Jacquards erste Webstühle. Als diese von der englischen Konkurrenz eingesetzt wurden, verbreiteten sie sich auch in Frankreich. 1812 waren bereits 18.000 Webstühle in Betrieb. Der Weg zur industriellen Textilproduktion war bereitet. Jacquard starb völlig verarmt im Jahr 1834.

Werner Kraus

Jacquard-Bandwebstuhl im Fabrikmuseum Roth

Schwabach, Stadtmuseum

Geschichte

Schwabach war die wirtschaftlich bedeutendste Stadt im ehemaligen Markgraftum Brandenburg-Ansbach. Im Mittelalter war die Bierbrauerei der wichtigste Erwerbszweig. Später kamen verschiedene Metall verarbeitende Gewerbe hinzu. Am Anfang der Industrialisierung steht die Gründung einer Kattunfabrik 1716 durch Markgraf Wilhelm Friedrich. Aber erst seit der Mitte des 18. Jahrhunderts gelangte sie zu großer Blüte.

Den Gebäudekomplex im Westen der Altstadt, außerhalb der Mauern, nannten die Schwabacher „Fabrikvorstadt". Die 1806 von Napoleon gegen England verhängte Kontinentalsperre brachte der Kattunfabrik weiteren Auftrieb, mit deren Ende und dem Import billiger englischer Waren begann jedoch der Niedergang. 1825 wurde die Fabrik geschlossen.

Ähnlich erging es der ab 1686 von Hugenotten betriebenen Strumpfwirkerei. 1823 gab es noch 149 Meister, die jedoch zum großen Teil keine Beschäftigung mehr hatten. Öffentliche Hilfsmaßnahmen konnten den Niedergang des Gewerbes in der zweiten Hälfte des 19. Jahrhunderts nicht aufhalten, vor allem da der Wechsel zur industriellen Produktion nicht vollzogen wurde.

Aus denselben Gründen kam es im 19. Jahrhundert in der Nadelfabrikation, die seit dem 17. Jahrhundert in Schwabach heimisch ist, zu einer Krise. 1814 waren in der Nadlerei noch rund 1.600 Personen beschäftigt. Hohe Einfuhrzölle in europäische Staaten und billige Konkurrenzprodukte aus anderen deutschen Staaten und England sowie die zunächst unterbliebene Umstellung auf eine fabrikmäßige Produktion waren Ursachen für die wirtschaftlichen Probleme. Erst 1880 wurden die Produktionszahlen von 1814 wieder erreicht. Die Erfindung des Grammofons brachte der Schwabacher Nadel-

Historische Goldschlägerwerkstatt im Stadtmuseum Schwabach

Stichwort: Blattgold

Bereits im 16. Jahrhundert waren Goldschläger-Gesellen aus Nürnberg, die dort kein Auskommen gefunden hatten, nach Schwabach gezogen. Anfang des 20. Jahrhunderts erreichte das Goldschlägerhandwerk in der Stadt seine größte Blüte. In 130 Betrieben waren 1.200 Personen beschäftigt, Schwabach war das internationale Zentrum der Goldblattverarbeitung. Eine Zäsur brachten der Erste Weltkrieg und die Weltwirtschaftskrise. Dass heute noch neun Goldschläger-Werkstätten in Schwabach existieren, ist europaweit einzigartig. Doch die Handarbeit wurde inzwischen von computergesteuerten Maschinen verdrängt. Eine Goldschlägerwerkstatt aus der ersten Hälfte des 20. Jahrhunderts wurde aber im Stadtmuseum rekonstruiert. Die einzelnen Arbeitsschritte bei der Blattgoldherstellung werden im Rahmen von Führungen gezeigt. 20 Farbnuancen kann ein Goldschläger anbieten. Aus 100 g Schmelzmaterial fertigt er 1.500 Blätter. Das Metall wird dabei gehämmert, gewalzt, zwischendurch immer wieder weich geglüht, um es zu verdichten und geschmeidig zu halten. Die Grobbearbeitung erfolgt mit mechanischen Hämmern. Am Ende des Produktionsganges wird das Blattgold in Handarbeit mit schweren Hämmern bis zu Zehntausendstel Millimeter dünn geschlagen. Anschließend wurde es früher beschnitten und in Seidenpapierbüchern für den Export vorbereitet.

Werner Kraus

industrie zu Beginn des 20. Jahrhunderts vorübergehend einen unerwarteten Aufschwung. Carl Wenglein (1882–1935) war einer der führenden Fabrikanten, dessen Nadeln weltweit Absatz fanden. Mit dem Aufkommen der Schallplattenspieler endete dieser Boom.

Seifen wurden ab 1849 mehr als 100 Jahre in Schwabach hergestellt. Die königliche Hofseifenfabrik Ribot war zeitweise eine der größten in Deutschland und verdankte ihren Erfolg vor allem innovativen Produktions- und Marketingmethoden.

Die Blattgold-Schlägerei, die ihre größte Blüte um 1900 erlebte, wird in der Stadt bis heute betrieben. Erst in jüngerer Zeit finden industrielle Produktionsformen Eingang.

Beschreibung

Da die ältere Industriegeschichte Schwabachs im Stadtbild kaum mehr erkennbar ist, widmet sich das noch im Aufbau befindliche Stadtmuseum der Dokumentation des historischen Gewerbes. Die stadtgeschichtliche Abteilung soll einen chronologischen Rundgang durch zwei Jahrtausende Schwabacher Geschichte ermöglichen. Eröffnet ist bereits der Bereich „Das 20. Jahrhundert – 1914 bis 1992" sowie die Abteilung zur Seifenherstellung.

Weiterer Schauplatz

Die ehemalige Kattunfabrik, Penzendorfer Straße 13, ist heute eines der ältesten noch erhaltenen Fabrikensembles in Europa.

Literatur

Eduard Freund, Gewerbe und Industrie Schwabachs im Wandel der letzten Jahrhunderte, in: 600 Jahre Stadt Schwabach, Festschrift, Schwabach 1971.

Info

Museumsstr. 1, 91126 Schwabach
Tel. 09122/833933
www.stadtmuseum-schwabach.de
Geöffnet: Do. 15.00–20.00, So. und Feiertage 14.00–18.00

Stein, Bleimühle von Faber-Castell

Hintergrund

Die Bleimühle von Faber-Castell ist Teil der seit 1761 bestehenden Bleistiftfabrik, die noch heute ihren Hauptsitz in Stein bei Nürnberg hat. In den früheren Räumen der Minenproduktion wird Mitte 2006 das Museum „Alte Mine" eröffnet, mit dem ein herausragendes Zeugnis der bayerischen Industriegeschichte zugänglich ist.

Stichwort: Lothar von Faber

Nach einer kaufmännischen Lehre und Auslandsaufenthalten in Paris und London übernahm Lothar Faber (1817–1896) nach dem Tod seines Vaters 1839 den Familienbetrieb. Auf ihn gehen grundlegende Modernisierungen zurück: Er erweiterte das mit 20 Arbeitskräften übernommene Werk und beschäftigte bald 500 Arbeiter. Durch Einführung des von Nicolas Jacques Conté entwickelten Verfahrens, Grafit mit Ton zu mischen und die Minen zu brennen, konnte die Herstellung von stabilen und in den Härtegraden unterschiedlichen Minen gewährleistet werden. 1856 sicherte er sich die Exklusivrechte an der Ausbeutung neu entdeckter Grafitminen in Sibirien. Damit schuf er die Grundlage für eine gleich bleibende industrielle Produktion, war erfolgreich auf dem internationalen Markt und ließ „A.W. Faber" zu einem Synonym für Qualitätsbleistifte werden. 1863 wurde er geadelt und 1881 in den Freiherrenstand erhoben. Lothar von Faber war auch um das Wohl seiner Arbeiter bemüht. Neben Arbeiter- und Beamtenwohnungen ließ er eine Kinderbewahranstalt, eine Fabrikbibliothek, Schulhäuser, einen Kindergarten, eine Mädchen-Industrieschule sowie eine Kirche errichten. Außerdem gründete er Deutschlands erste Fabrikkrankenkasse und richtete eine Betriebsversicherung ein.

Ölgemälde von Lothar von Faber, unbekannter Künstler

Geschichte

Besonderen Aufschwung erfuhr die Firma unter Freiherr Lothar von Faber, der ihr von 1839 bis 1896 vorstand. Er modernisierte die Produktionstechnik und organisierte den Absatz neu. Die Erschließung von weiteren Rohstoffquellen (Grafitgrube in Sibirien, Anpflanzung von Zedern in Stein) stellte eine gleich bleibende Qualität der Stifte sicher, die erstmals als Markenprodukte mit Firmenbezeichnung verkauft wurden. Neue Niederlassungen wurden in New York, London, Paris, Wien und St. Petersburg gegründet. Wesentliche Teile der Fabrikanlagen beidseits der Pegnitz gehen auf Lothar von Faber zurück, außerdem das so genannte Alte Schloss, die Villa sowie Wohnbauten und soziale Einrichtungen für die Arbeiter der Firma. Ab 1848 kaufte er Mühlen und Glasschleifen am westlichen Ufer der Pegnitz und ersetzte sie sukzessive durch die Neubauten der Bleimühle, die die Wasserkraft zur Produktion nutzte.

Beschreibung

Die Bauten der Bleimühle spiegeln ihre Entstehung zwischen dem späteren 19. Jahrhundert und 1924. Ältester Teil ist der am Fluss gelegene Bauriegel, der später erhöht, seitlich durch den Anbau ergänzt und schließlich durch den rückwärtigen Trakt 1924 erweitert wurde. Die Minenproduktion wurde jüngst von den unteren in die oberen Geschosse transferiert, weshalb in den früheren Produktionsräumen ein Museum eingerichtet werden konnte. Hier wird die historische Minenproduktion in den authentischen Räumen vorgestellt: vom Mahlen des Grafits (daher die Bezeichnung Bleimühle) und Schlämmen des Tons über die Bearbeitungsstufen der Rohmasse bis zum Brennen der Minen. Energie für den Antrieb der Bleimühle lieferten vier Wasserräder und eine kleine Turbine. Erst 1956 wurden sie durch eine Kaplanturbine ersetzt.

Weitere Schauplätze

Schloss und Villa Faber-Castell (vergleiche nachfolgenden Beitrag), Fabrikanlagen auf dem Ostufer der Pegnitz.

Literatur

Gerhard Hirschmann, Stein bei Nürnberg. Geschichte eines Industrieortes, Nürnberg 1962.

Info

Mühlstr. 2, 90546 Stein
Auskunft: A.W. Faber-Castell GmbH, Tel. 0911/99650

Dorothee Heinzelmann

Stein, Bleistiftschloss Faber-Castell

Hintergrund

Die Bleistiftindustrie im Nürnberger Raum hat eine lange Tradition. Bereits seit 1761 besteht die Schreibgerätefirma A.W. Faber-Castell, die mittlerweile in der achten Generation geführt wird und heute noch in Stein bei Nürnberg ihren Hauptsitz hat. Dort lässt sich die Entwicklung des Unternehmens an einem einzigartigen Ensemble aus historischen und modernen Fertigungsstätten sowie repräsentativen Wohnbauten, eingebettet in einen reizvollen Landschaftspark, nachvollziehen. Besonders eindrucksvoll ist die Schlossanlage, deren neuerer Teil einen Glanzpunkt des Jugendstils bildet.

Bleistiftfabrik Faber-Castell in Stein bei Nürnberg

Geschichte

1898 vermählte sich die Erbin des Bleistiftimperiums, Ottilie Freiin von Faber, mit Alexander Graf zu Castell-Rüdenhausen und begründete damit den neuen Familienzweig Faber-Castell. Als standesgemäßen Wohnsitz ließ das junge Paar ein herrschaftliches Schloss unmittelbar neben dem bereits seit 1846 bestehenden so genannten Alten Schloss und unweit der 1884 erbauten Fabrikantenvilla im Park erbauen. Mit der Gestaltung wurde der damalige Direktor des Bayerischen Gewerbemuseums, Oberbaurat Theodor von Kramer, beauftragt.

Die feierliche Grundsteinlegung erfolgte 1903, drei Jahre später konnte die Familie ihr neues Domizil beziehen, das nach dem Tode des Hausherrn 1928 von dessen Sohn und Nachfolger Roland bewohnt wurde. Mit dem Ausbruch des Zweiten Weltkrieges wurde ein neues Kapitel in der Geschichte des Familiensitzes aufgeschlagen: Zunächst errichtete eine deutsche Flakscheinwerferabteilung im Schlossturm ihre Befehlsstellung, danach wurde das Gebäude von den Alliierten beschlagnahmt, während der Nürnberger Kriegsverbrecherprozesse als internationales Pressecamp und bis 1953 als Offiziersklub genutzt. In den darauf folgenden Jahrzehnten wurde es still um das Neue Schloss. Es stand leer, bis es in jüngster Zeit als Ort für kulturelle und gesellschaftliche Veranstaltungen eine neue Bestimmung gefunden hat.

Haupttreppenhaus im Bleistift-Schloss Faber-Castell in Stein

Stichwort: Bleistiftindustrie

Mit der Entdeckung des zunächst als Bleiweiß bezeichneten Grafits nahm im 16. Jahrhundert, ausgehend von England, die handwerkliche und später industrielle Herstellung des Bleistiftes ihren Anfang. Die Region um Nürnberg entwickelte sich zu einem bedeutenden Zentrum der Bleistiftindustrie und bis heute sind die Familienunternehmen A.W. Faber-Castell, Staedtler, Schwan-Stabilo und Lyra führend auf diesem Gebiet. Die Herstellung des Bleistifts beruht auch heute noch im Wesentlichen auf dem Prinzip eines 1795 patentierten Verfahrens, bei dem gemahlener Grafit mit Ton vermischt und zu Minen gebrannt wird.

Beschreibung

Während die Fassade die zeittypische romantisierende Vorstellung eines mittelalterlichen Kastells hervorruft, reflektieren die Innenräume unterschiedliche Facetten des damals aktuellen Jugendstils. Das Treppenhaus, ganz in Marmor gehalten und mit Mosaiken aus bunten Steinen geschmückt, beeindruckt ebenso wie die beiden Badezimmer, ausgestattet mit den modernsten Sanitäranlagen und verziert mit farbenprächtigen Wanddekorationen. Jeder Raum hat einen eigenen Charakter und ist von erlesenem Geschmack: Samtmatte Ahorntäfelungen wechseln

Gesamtansicht des Bleistift-Schlosses Faber-Castell in Stein

ab mit effektvollen Einlegearbeiten in tiefbraunem Holz, farbenfrohe Wandmalereien in den Kinderzimmern mit schwungvoller Deckenornamentik im weitläufigen Ballsaal, zierliche Sitzgruppen im Damensalon mit wuchtigen Möbeln in der „Romanischen" Halle. Die Inneneinrichtung stammt aus Nürnberger Möbelwerkstätten, drei Räume wurden in den Epoche machenden Münchner „Vereinigten Werkstätten für Kunst im Handwerk" nach Entwürfen des später zu Ruhm gelangten Bruno Paul gefertigt. Ein Wintergarten und eine mit Mosaiken, Wandmalereien und bunten Glasfenstern geschmückte Kapelle vervollständigen den Gebäudekomplex.

Literatur

Jürgen Franzke (Hrsg.), Das Bleistiftschloss. Familie und Unternehmen Faber-Castell in Stein, München 1986.

Info

A.W. Faber-Castell GmbH, Nürnberger Str. 2, 90546 Stein
Tel. 0911/99650
Besichtigung von Schloss, Museum und Stiftfertigung n. tel. Anmeldung

Renate Hilsenbeck

Oberfranken

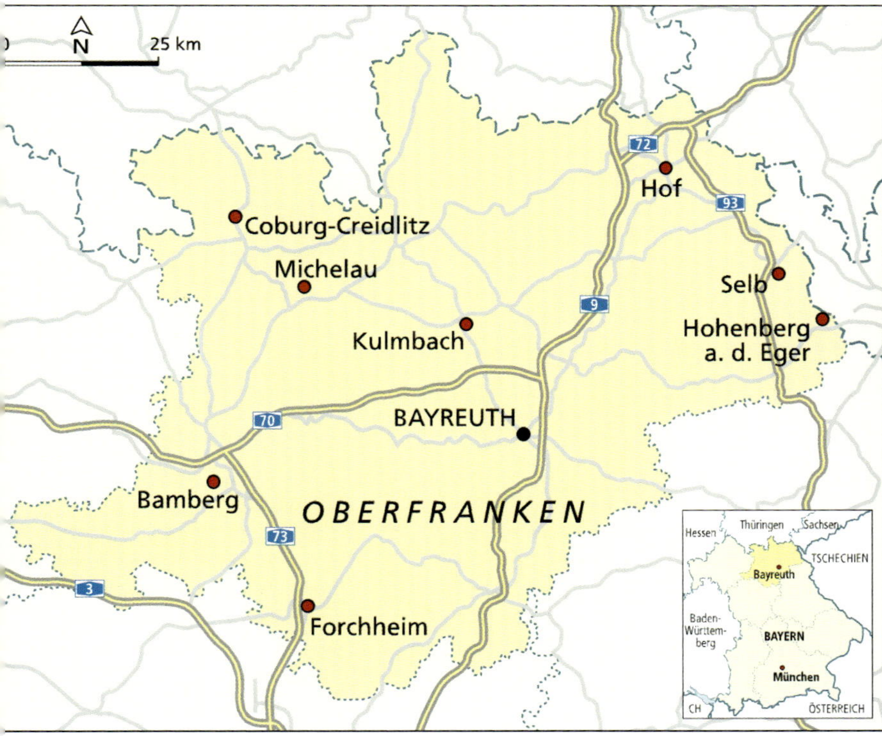

Themenroute: Porzellan

Geschichte

Im östlichen Oberfranken und der angrenzenden nördlichen Oberpfalz verdichtete sich am Beginn des 20. Jahrhunderts die Herstellung des „weißen Goldes" wie kaum sonst in Deutschland. Die Anfänge der oberfränkischen Porzellanindustrie lagen jedoch nicht im Osten, sondern im Westen des späteren Regierungsbezirks. Sieht man von der kurzlebigen Würzburger Manufaktur ab, die von 1775 bis 1780 bestand, so wurde die erste fränkische Porzellanfabrik 1782 in Schney eingerichtet, die zweite 1790 in Reichmannsdorf.

Diese frühen Porzellanfabriken hatten ihre Wurzeln in Thüringen. Dort war in den 1750er und 1760er Jahren an mehreren Orten die Herstellung von Porzellan nacherfunden worden. Sowohl der Schneyer Gründer Johann Georg Christoph Andreas Martin (1736–1810) als auch Johann Gottlieb Ehregott Gottbrecht (1748–1795) in Reichmannsdorf hatten zuvor in den Thüringer „Waldfabriken" gearbeitet.

Auch bei den folgenden Gründungen spielten Thüringer Fachleute eine zentrale Rolle: Der Veilsdorfer Fabrikant Georg Christian Friedemann Greiner rief zusammen mit einem Coburger Kaufmann 1794 die erste Porzellanfabrik im markgräflich-brandenburgischen Territorium ins Leben, in Tettau, einer bayreuthischen Exklave nahe den thüringischen Fabrikstandorten. Diesem Betrieb erwuchs 1815 eine Konkurrenz mit der Fabrik im wenige Kilometer entfernten Schauberg.

Im Hochstift Bamberg gelang es nicht, eine Fertigungsstätte zu etablieren; einen Antrag auf Gründung einer Fabrik im Sommerschloss Seehof nahe Bamberg lehnte der Fürstbischof 1797 ab. Erst nach der Übernahme des geistlichen Staates durch Bayern entstand 1803 eine Fabrik in Hausen, unweit von Schney; 1827 war sie mit 122 Beschäftigten der größte Betrieb der Branche im Obermainkreis. 1830 und 1840 entstanden neue Fabriken in Küps bei Kronach.

Die Porzellanproduktion im Osten Oberfrankens begann erst, als sie im Westen längst florierte. Der Porzellanmaler Carl Magnus Hutschenreuther (1794–1845) aus Wallendorf, seit 1814 in Hohenberg a. d. Eger ansässig, beantragte 1816 mit einem Kompagnon die Gründung einer „Porcellain-Fabrique". Sechs Jahre schleppte sich das Verfahren hin, bis er 1822 die Konzession erhielt. Sein einstiger Kompagnon, ein Kaufmann, gründete 1838 einen Konkurrenzbetrieb im nahen Arzberg; im oberpfälzischen Tirschenreuth entstand um dieselbe Zeit ein Zweigwerk der Schneyer Fabrik. 1856 schied Lorenz Hutschenreuther (1817–1886) aus dem Familienbetrieb aus und gründete wenig später mit dem Verkaufserlös in Selb eine eigene Porzellanfabrik.

Zwei Standortfaktoren waren für die Entstehung der Porzellanherstellung im Fichtelgebirge verantwortlich: die Nähe zu den Rohstoffquellen (Kaolin, Feldspat und Quarz) – die westoberfränkischen Fabriken mussten Grundstoffe aus Sachsen-Meiningen importieren – und die Nähe zu einem wichtigen Absatzmarkt, den böhmischen „Weltbädern" mit ihrem ungeheuren Bedarf an Sprudelbechern und Souvenirs.

Die verkehrsmäßige Erschließung des Fichtelgebirges beschleunigte die Entwicklung. 1865 wurde die Strecke von Oberkotzau über Rehau und Plößberg bei Selb nach Asch und weiter nach Eger eröffnet, zwischen 1877 und dem Ersten Weltkrieg wurden zahlreiche weitere Bahnen gebaut. Die Linien Hof–Selb und Hof–Marktredwitz wurden wichtige Entwicklungsachsen für die Porzellanindustrie.

Längs der ältesten Bahn ins Fichtelgebirge entstanden alsbald Fabriken: 1866 Jacob Zeidler & Co. in Selb (Plößberg),

1879 Johann Nikol Müller in Schönwald, 1880 Zeh, Scherzer & Co. in Rehau. In Oberkotzau betrieb ab 1886 der Thüringer Gustav Greiner eine Porzellanmalerei, die 1890 bereits 53 Menschen beschäftigte und später selbst die Porzellanproduktion aufnahm. An der Bahn von Oberkotzau nach Marktredwitz entstanden Fabriken in jeder Station: in Martinlamitz (1904), Kirchenlamitz (1914 und 1921), Marktleuthen (1898), Röslau (1907), Holenbrunn (vor 1920), Marktredwitz (1897 und 1903).

Dabei bildete Greiner als gelernter Porzellanmaler eine Ausnahme. Denn in erster Linie gründeten nicht mehr zugezogene Fachleute, sondern kapitalkräftige Einheimische eine Fabrik in der Erfolg versprechenden Branche. So war Johann Nikol Müller von Beruf Schreiner, und die Rehauer Fabrik rief ein Presshefefabrikant zusammen mit örtlichen Viehhändlern und Handwerkern ins Leben.

Die Bahn ermöglichte das Herbeibringen von Grundstoffen sowie von Kohle aus Böhmen bzw. der Tschechoslowakei. Sie bildete daher einen wesentlichen Standortvorteil für die Fabriken in diesem Raum. Diese wuchsen nach 1860 stark an. 1873 gab Hutschenreuther in Selb 293 Menschen Arbeit und war damit die größte Porzellanfabrik in Oberfranken, gefolgt von C. M. Hutschenreuther in Hohenberg (273) und Zeidler in Selb-Bahnhof (180).

In den folgenden Jahrzehnten entstand eine Vielzahl von neuen Fabriken, besonders im östlichen Oberfranken, aber auch im Raum Kronach, längs der 1885 eröffneten Bahn über den Frankenwaldkamm (Lichtenfeld–Saalfeld, Teil einer Magistrale München–Berlin). 1865 gab es lediglich zwölf Porzellanfabriken in Oberfranken, 1901 waren es dreimal so viele, 1905 bereits 43, sieben Jahre später 47.

Das bedeutendste Unternehmen der Region schuf der aus Westfalen stammende Porzellanhändler Philipp Rosenthal

Unternehmensgründer Philipp Rosenthal

(1855–1937). Er richtete 1879 zusammen mit seinem Bruder in Schloss Erkersreuth bei Selb eine Porzellanmalerei ein, die er 1889 nach Selb verlegte und um eine Porzellanfabrik erweiterte (Produktion ab 1891). 1910 war sie mit 1.300 Beschäftigten der mit Abstand größte Betrieb der Branche in Oberfranken, deutlich vor L. Hutschenreuther in Selb (800), Zeh, Scherzer & Co. in Rehau (700) und der Porzellanfabrik Schönwald mit den Standorten Schönwald und Arzberg (je 600).

Seit 1897 Aktiengesellschaft, hatte das Rosenthal'sche Unternehmen 1898 eine Fabrik in Kronach gegründet und 1908 einen Betrieb in Marktredwitz hinzuerworben. 1917 kaufte Rosenthal ferner die Fabrik Zeidler & Co. in Selb-Plößberg.

Bis ins frühe 20. Jahrhundert bildeten sich zwei räumliche Schwerpunkte der Porzellanherstellung in Oberfranken heraus: der Osten mit Selb, Arzberg, Schönwald und Rehau sowie der Raum um Kronach. Dabei wurde Ostoberfranken von sehr großen Betrieben dominiert. Im Frankenwald und seinem Vorland dagegen bestanden nur mittlere und kleine Fabriken.

Auch in der Produktpalette lassen sich tendenzielle Unterschiede ausmachen. Im Raum Hof/Selb/Wunsiedel stand die Herstellung von Service und Haushaltsgeschirr im Vordergrund. Die nordwestoberfränkischen Unternehmen dagegen brachten im beginnenden 20. Jahrhundert vornehmlich Zier- und Industrieporzellan auf den Markt. Manche Betriebe produzierten Mokkatassen für den orientalischen Markt. Viele Fabriken gaben Nippesartikel, Vasen und Blumentöpfe als Spezialität an. Eine Besonderheit des Kronacher Werks der Ph. Rosenthal AG war feuerfestes Kochgeschirr. Auch waren unter den Firmen des Raumes Kronach Zulieferer für die Spielzeugindustrie um Neustadt und Sonneberg: Fabriken in Oeslau, Kronach und Burggrub produzierten Puppenköpfe, in Schney und Kronach fertigte man Spielwaren. Porzellan eroberte neue Felder mit Griffen für Bestecke, Namensschildern, Bier- oder Weinkrügen.

Ganz neue Einsatzmöglichkeiten für die Porzellanindustrie ergaben sich mit der Ausbreitung der Elektrizität. Die Ph. Rosenthal AG gründete 1900 in Selb die Abteilung E für die Herstellung von Hartfeuerporzellan und richtete 1912 ein Hochspannungsprüffeld ein. Ferner wurden 1910 elektrotechnische Artikel auch in kleineren Betrieben wie Burggrub, Oeslau und Rothenkirchen hergestellt. Um 1920, als ein nochmaliger Zuwachs an Porzellanfabriken zu verzeichnen war, entstanden mehrere auf Isolatoren und anderen elektrotechnischen Bedarf spezialisierte Fabriken, so in Klosterlangheim bei Lichtenfels, Mainleus bei Kulmbach, Oberkotzau und Hof-Krötenhof. Die Mehrzahl dieser Firmen war kurzlebig; zu stark war der Druck der Porzellan-Konzerne im lukrativen und zukunftweisenden Sektor.

Unter dem Eindruck der Reformbewegungen um die Wende vom 19. zum 20. Jahrhundert bemühten sich mehrere Fabriken vermehrt um eine künstlerische Gestaltung hochwertiger Service und Einzelstücke sowie um die bis dahin in Oberfranken wenig bedeutende Herstellung von Figuren. Zu den Vorreitern gehörte die Ph. Rosenthal AG, die 1910 eine eigene Kunstabteilung gründete und dadurch Anstöße für ihre Konkurrenten gab, ebenfalls „Luxusporzellan" zu erzeugen. Auch durch die Königliche Fachschule für die Porzellanindustrie in Selb, eröffnet 1908, erhielt die Industrie auf diesem Feld wesentliche Impulse. Im gleichen Zusammenhang ist auch die 1879 gegründete Porzellanfabrik W. Goebel in Oeslau (heute Stadt Rödental) zu nennen, die schon im frühen 20. Jahrhundert Figuren aus Porzellan anbot; Weltruhm erlangte sie durch die Figuren, die sie seit 1935 nach Zeichnungen und im Stil von Schwester Maria Innocentia Hummel (1909–1946) aus dem oberschwäbischen Kloster Sießen herstellte.

Neben der Ausdehnung auf neue Geschäftsfelder prägte ein wirtschaftlicher Konzentrationsprozess die Jahre nach dem Ersten Weltkrieg. Einige Unternehmen wuchsen zu Konzernen heran, kleine Fabriken wurden von stärkeren Konkurrenten übernommen. Die größten Unternehmen, namentlich Ph. Rosenthal AG und L. Hutschenreuther, seit 1902 ebenfalls AG, hatten schon vor 1914 kleinere Fabriken aufgekauft, dehnten nun aber ihre Aktivitäten weiter aus, auch über die Grenzen Deutschlands hinaus.

Die thüringische Kahla AG und die L. Hutschenreuther AG bildeten die Hauptsäulen des Strupp-Konzerns, so benannt nach der dieses Unternehmensgeflecht dirigierenden „Bank für Thüringen vorm. B. M. Strupp" in Meiningen. Sie besaßen nicht nur eine Vielzahl von Fabriken in Thüringen, Sachsen, Oberfranken, der Oberpfalz und der Tschechoslowakei, sondern hatten sich ausgedehnte Rohstoffvorkommen gesichert und betrieb durch die „Forschungsgesellschaft vereinigter Porzellanfabriken mbH" praxisorientierte Forschung. Um 1930 entfielen auf diesen Konzern fast drei Viertel der Produktion von elektrotechnischem Porzellan.

Die C. M. Hutschenreuther AG, in dieser Rechtsform seit 1904 betrieben, stand im Zentrum eines Konzerns, der umgangssprachlich nach diesem Unternehmen, aber auch nach dem Dresdner Bankhaus Gebr. Arnhold benannt wurde. Dem Hutschenreuther- beziehungsweise Arnhold-Konzern waren etliche mitteldeutsche Porzellanfabriken angegliedert.

Mithilfe der Dresdner Bank avancierte die Ph. Rosenthal AG ebenfalls zu einem reichsweit agierenden Konzern, der bis nach Schlesien ausgriff und auf dem Feld des elektrotechnischen Porzellans mit der AEG kooperierte.

Der Konkurrenz der großen, gut organisierten Unternehmen und dem Verdichtungsprozess in der Branche erlagen in den 20er Jahren mehrere kleinere Betriebe – darunter Schney –, weitere gingen in der Weltwirtschaftskrise zugrunde. Während 1920 in den Bezirksämtern Coburg, Kronach und Lichtenfels noch 27 Porzellanfabriken existiert hatten, waren es 1930 nur noch 21 und 1949 lediglich 17. Durch heimatvertriebene Porzellanindustrielle kam es um 1950 zu einer Reihe von Neugründungen. Unter dem Eindruck der anziehenden Konjunktur machten sich Fachleute aus den bestehenden Fabriken selbstständig. In Küps bei Kronach entstanden neben der auf das Jahr 1879 zurückgehenden Edelstein AG 1950 zwei kleine Manufakturen, 1956 eine Dritte.

Seit 1970 begann in der oberfränkischen Porzellanindustrie ein langsamer Schrumpfungsprozess, der zwei Jahrzehnte andauerte und dabei immer wieder von Phasen der Konsolidierung oder sogar des Wachstums unterbrochen war. Seit 1991 verstärkte sich die rückläufige Tendenz, nicht zuletzt unter dem Druck des Weltmarkts. Hatte es 1981 noch 55 Betriebe der feinkeramischen Industrie in Oberfranken gegeben, so waren es 1994 nur 45, heute knapp 30. Dramatisch ist der Rückgang der Beschäftigtenzahl. Sie sank von 1981 (17.634) bis 1994 (12.884) um 27 Prozent. Für 2004 weist eine Sta-

Regenbogen-Fassade von Otto Piene, 1973, an der Rosenthalfabrik in Selb

Werk Rosenthal am Rothbühl von Walter Gropius, 1964/65

tistik der IHK für Oberfranken Bayreuth nur mehr rund 3.800 Arbeitsplätze in der keramischen Industrie aus.

Schauplätze

In zahlreichen oberfränkischen und nordoberpfälzischen Orten sind Gebäude von Porzellanfabriken zu sehen. Das älteste Baudenkmal ist das 1827 errichtete Fabrikgebäude in Schney; jüngere Teile dieser Fabrik wurden 1995 abgebrochen. Die Mehrzahl der erhaltenen Anlagen in Oberfranken stammt aus den 1860er bis 1970er Jahren. Einen Eindruck von der Vielzahl der Industriebauten bietet Selb. Die Zeidler'sche Fabrik samt Wohnhaus und Verwaltungsgebäude, nahe dem ersten Bahnhof von Selb (weit nordwestlich der Stadt, beim Dorf Plößberg), heute Europäisches Industriemuseum für Porzellan, stammt im Kern aus der Zeit um 1860/1880 und wurde bis in die 1930er Jahre erweitert. Die Bauten der ersten Selber Porzellanfabrik, L. Hutschenreuther, befinden sich bei der Ludwigsmühle, südöstlich der Kernstadt; hier sind die Villen des späten 19. Jahrhunderts besonders sehenswert. Für jüngere Industriearchitektur beachtlicher Qualität stehen die Rosenthal'sche Fabrik aus dem späten 19. Jahrhundert, deren Fassade 1973 von Otto Piene neu gestaltet wurde, und die neue Fabrik am Rothbühl (1964/1965), ein Werk von Walter Gropius. Erwähnenswert sind in Selb weiterhin das Beamtenwohnhaus der Firma Heinrich & Co. aus dem Jahr 1927 (Franz-Heinrich-Straße 19) sowie der stattliche Stadtbahnhof (1913 von Fritz Klee) samt Lokschuppen, der von Wohlstand und Anspruch der Porzellanstadt Zeugnis ablegt.

Die wichtigsten Porzellanstandorte Oberfrankens und der nördlichen Oberpfalz sind durch die Deutsche Porzellanstraße erschlossen, die sich auf 550 km von Schlüsselfeld über Tettau, Selb und Weiden bis Bayreuth schlängelt.

Literatur

Die Porzellanstraße, Selb-Plößberg 2005.
Schriftenreihen: Schriften und Kataloge des Deutschen Porzellanmuseums (seit 1982), Beiträge zur Wirtschafts-, Sozial- und Technikgeschichte der Porzellanindustrie, hrsg. vom Zentralen Archiv für die Deutsche Porzellanindustrie (seit 1993).

Günter Dippold

Themenroute: Brauindustrie in Kulmbach

Hintergrund

Im ausgehenden 19. Jahrhundert war die Brauindustrie über ganz Franken verteilt. So könnte man aus allen drei fränkischen Bezirken Beispiele heranziehen, um ihre Entwicklung darzustellen und die Auswirkungen auf die städtebauliche Entwicklung zu illustrieren. Es bietet sich jedoch die Beschränkung auf den herausragenden und historisch bedeutsamen Standort Kulmbach an. Denn der Übergang von der handwerklichen und für den örtlichen Verbrauch bestimmten Bierherstellung zur industriellen Produktion lässt sich an der fränkischen Biermetropole am eindrucksvollsten aufzeigen.

Geschichte

Einnahmen aus der Bierproduktion spielten in den fränkischen Städten bereits im Hochmittelalter eine Rolle, nachdem aus einem Gewohnheitsrecht eine administrativ geregelte rechtliche Verbindlichkeit geworden war und in Form des auf jedes Gebräu erhobenen Ungeldes (Bieraufschlag in Bayern seit 1286 nachweisbar) sowie der teilweise beträchtlichen Besteuerung der Rohstoffe Gerste und Malz namhafte Erträge in die Stadtsäckel flossen.

Seit dieser Zeit hatte grundsätzlich jeder Bürger das Recht, seinen Haustrunk in begrenzter Menge zu brauen, auszuschenken und sehr eingeschränkt auch außer Haus zu verkaufen. In vielen Städten Frankens standen Kommunbrauhäuser, in denen ein Braumeister im Auftrag der Bürger tätig war. Eine der wenigen Ausnahmen bildete Bamberg. Dort gab es seit dem ausgehenden 16. Jahrhundert kein Gemeinschaftsbrauhaus mehr, die Braumeister betrieben ihre eigene Braustätte.

Ein deutlicher Anstieg des Bierbedarfs in Franken erfolgte in der Zeit nach dem Dreißigjährigen Krieg, als viele Weinberge zerstört waren und vielerorts Bier dem nun raren und teuren Wein als Hauptgetränk den Rang ablief. Auch Wandlungen im Geschmack mögen eine Rolle gespielt haben.

Ein „Bierexport" im kleinen Umfang lässt sich seit dem Hochmittelalter und der frühen Neuzeit für Franken nachweisen. Flößer transportierten Bier aus Franken über den Main und seine Zuflüsse in andere Regionen und durften es gegen Zahlung eines Ungeldes auch ausschenken. Fuhrleute nahmen mitunter Bier zum Verkauf mit auf die Reise. Vor allem Kitzinger und Erlanger Brauer, aber auch schon Einzelne aus Kulmbach nutzten die Lage ihrer Heimatstadt an einer wichtigen Handelsstraße.

Nennenswerte Mengen wurden vor Mitte des 19. Jahrhunderts jedoch nicht vertrieben, was nicht zuletzt in der geringen Haltbarkeit von Bier, den noch unzureichenden Transportmöglichkeiten, den hohen Gebühren auf importiertes Bier und in den Zöllen begründet lag. Bis weit in die erste Hälfte des 19. Jahrhunderts produzierte die Brauwirtschaft überwiegend für den Bedarf vor Ort.

Die politischen Umwälzungen in der ersten Hälfte des 19. Jahrhunderts und die damit einhergehenden Reformen der Wirtschafts- und Sozialverfassung brachten Bewegung ins Brauwesen. Nun wurde für eine langsam steigende Zahl sich auf das Bierbrauen spezialisierender Bürger der Schritt von der handwerklichen zur industriell-arbeitsteiligen Produktionsweise interessant. Die Aufhebung der Zollbeschränkungen mit Gründung des Deutschen Zollvereins 1834 verbesserte die Absatzmöglichkeiten.

Maßgeblichen Einfluss auf die Industrialisierung der Bierherstellung hatten auch die 1805 begonnenen Änderungen rechtlicher Bestimmungen für die Bierherstellung und den Vertrieb. Zu nennen sind die Abschaffung des Bierzwangsrechts und die Einführung des Konzessionssystems in Bayern 1831. Die letztgenannte Maßnahme verlangte von jedem Bewerber den Nachweis der Befähigung zur Bierproduktion, was sich positiv auf die Qualität des Produktes auswirkte. Zusätzlichen Schub für die Industrialisierung der Bierherstellung um die Jahrhundertmitte brachten technische Neuerungen und die verkehrstechnische Erschließung, vor allem durch die Eisenbahn.

Für steigende Nachfrage vor Ort sorgte auch die rasch wachsende Zahl an Arbeitern, zum Beispiel in Textilfabriken oder Mälzereien. Für Oberfranken lässt sich diese Entwicklung gut an den „Bierzentren" Bamberg, Kulmbach, Bayreuth, Hof, aber auch Marktredwitz, Wunsiedel, Selb und Naila exemplifizieren. Weitere wichtige Standortfaktoren waren die Wasserqualität, günstige Bezugsmöglichkeiten für Braugerste, die fast überall in Franken angebaut wurde, und Hopfen, dessen Hauptumschlagplatz seit Errichtung eines offiziellen Hopfenmarktes 1846 Nürnberg war.

Beim Bierexport nahm Franken bayernweit eine Vorreiterrolle ein. Noch 1857 hatten Nürnberg und das als Brauereistadt steil aufsteigende Kulmbach die größte Bierausfuhr in Bayern.

Abzulesen ist dieser Bierboom ab der Mitte des 19. Jahrhunderts an der steigenden Zahl der Brauereineugründungen, welche – meist exportorientiert und auf die Produktion größerer Biermengen ausgerichtet – mehr und mehr als Aktiengesellschaften gegründet wurden. Diese Entwicklung zu Großunternehmen löste einen Verdrängungswettbewerb aus, dem Klein- und Mittelbetriebe durch Stilllegung oder Übernahme zum Opfer fielen. Eindrucksvoll belegen die Ausfuhrzahlen der Kulmbacher Brauereien diesen Trend: 1878 wurden von 21 Brauereien 142.940 hl Bier ausgeführt, 1896/1897 allein von den sechs Großbrauereien 604.755 hl und den acht Kleinbetrieben 69.533 hl.

Die althergebrachte Begrenzung des Zeitraums für die Bierherstellung von Michaeli (29. September) bis Georgi (23. April) wurde erst in den 1860er Jahren aufgehoben, ebenso der Zwang, das Sommerbier besonders stark einzubrauen. Dies waren Folgen des technischen Fortschritts beim Brauvorgang. Dampfmaschinen sowie nach 1876 moderne Kühlverfahren ermöglichten eine ganzjährige Produktion bei gleich bleibender Qualität. Der durch die technischen Neuerungen bedingte stetig wachsende Kapitalbedarf führte auch zu drastischen Veränderungen im Produktionsprozess. Rationalisierung hieß mehr und mehr die Devise. Die Folge war, dass es für Privatleute kaum mehr rentabel war, selbst Bier zu brauen. 1860 gab es in Kulmbach nur noch 30 „kommunalberechtigte" Brauer. Viele Kommunbrauhäuser wurden aufgegeben, weil die Bürger nicht mehr zur Benutzung dieser Braustätten gezwungen werden konnten und stattdessen in den moderner ausgestatteten Privatbetrieben brauten. In Kulmbach wurde das letzte Kommunbrauhaus 1872 versteigert. Nur besonders leistungsfähige Brauereien überlebten. So sank zwischen 1885 und 1913 die Zahl der Brauereien in Kulmbach von 25 auf elf; 1926 waren es nur noch acht.

Mit dem Bau von Eisenbahnfernstrecken wurde eine weitere Voraussetzung für die Steigerung des Bierexports geschaffen. Die Fertigstellung der Hauptlinie nach Sachsen 1848 (über Bamberg, Kulmbach und Hof nach Plauen und Leipzig) war für die Kulmbacher Brauereien ein Signal zum Aufbruch. Für das Jahr 1831 sind 166 hl an Bierexportmenge überliefert, für 1871 weist die Statistik 73.840 hl aus.

Bierverladung bei der Mönchshof-Brauerei Kulmbach, 1950er Jahre

Der Konzentrationsprozess im Brauwesen wurde außerdem durch die 1868 in Bayern eingeführte Gewerbefreiheit begünstigt. Während die kleineren Brauereien in den folgenden Jahrzehnten nach und nach verschwanden, expandierten die fünf Großbrauereien stetig weiter. Bis heute setzte sich dieser Trend fort, sodass es in Kulmbach zwar noch mehrere industrielle Bierproduktionsstätten gibt, aber unter dem Markenzeichen „Kulmbacher" nur noch einen Konzern.

Geschichte

Die Reihe der als Aktiengesellschaft betriebenen Großbrauereien in Kulmbach eröffnete die „Erste Culmbacher Actien-Exportbier-Brauerei" 1872. Alle Gründungsmitglieder – abgesehen vom Kulmbacher Bürgermeister Karl Rosenkrantz – kamen aus Dresden; zwei waren Gastronomen. Als Braustätten dienten zunächst die Gebäude der Exportbierbrauerei von Michael Taeffner, der zum Vorstand der neuen Aktienbrauerei berufen wurde, und das zweite Kommunbrauhaus in der Sutte. Schon im Jahr darauf wurde ein Erweiterungsbau errichtet und 1874 die Umstellung auf maschinellen Betrieb vollzogen. Nun kamen eine Dampfmaschine und Transmissionen zum Einsatz. 1886 wurde eine elektrische Lichtanlage installiert. Einen zweiten Standort errichtete die Brauerei 1895 mit der Verlegung der Büttnerei und Picherei sowie dem Bau einer eigenen Mälzerei an der Kronacher Straße.

Die zweite Großbrauerei, die ab 1871 zunächst in eine Offene Handelsgesellschaft umgewandelt wurde und deren Alleineigentümerin ab 1875 Margarete Reichel war, entstand aus dem seit 1858 in der Sutte betriebenen Brauhaus. Sie ließ, unterstützt von ihrem Sohn Karl, 1878 am westlichen Stadtrand, der heutigen Lichtenfelser Straße, eine neue Braustätte erbauen, die 1885 ihren Betrieb aufnahm und ausschließlich dem Export diente. Aufgrund der Expansion und des stark gestiegenen Kapitalbedarfs wurde auch diese Brauerei 1895 in eine Aktiengesellschaft umgewandelt. Von den fünf Gründungsaktionären stammte lediglich einer aus Kulmbach, die anderen

Modernes Sudhaus der Kulmbacher Brauerei, im Vordergrund der Läuterbottich, im Hintergrund Maischbottiche

kamen aus Berlin, Dresden und Leipzig. Bemerkenswert an dieser Brauerei war, dass sie als einzige Brauerei nur für den Export produzierte. Erst ab 1922 wurde mit der Belieferung einer Kulmbacher Gaststätte begonnen.

Eine dritte Großbrauerei entstand aus dem 1849 von Carl Petz in seinem Anwesen in der Feuergasse betriebenen Brauhaus. Sein Sohn Carl zog vermutlich 1873 in seinen neuen Betrieb in der heutigen Pestalozzistraße um. 1886 vollzog man die Umwandlung in eine Aktiengesellschaft, die ab 1896 als Petzbräu Aktiengesellschaft firmierte.

Die vierte Großbrauerei entstand aus dem Betrieb von Lorenz Sandler im Grünwehr. Sie blieb ein Familienunternehmen. Sandlers Witwe Margaretha wandelte die Brauerei 1883 in eine Offene Handelsgesellschaft um und führte den Betrieb bis zum Ende des 19. Jahrhunderts zur vollen Größe. Sie reklamierte das Markenzeichen der ältesten exportierenden Brauerei für sich, da aus der Firmengeschichte ein Biertransport nach Sachsen im Jahr 1831 überliefert ist. Zwischen 1881 und 1886 errichtete die Familie im Grünwehr eine neue Brauerei.

Die 1886 gegründete Rizzibräu AG ging aus einem 1848 gegründeten Gesellschafts-Brauhaus hervor. Die vier Gründungsmitgesellschafter kamen aus Bayreuth, Kulmbach und Dresden. 1871 kaufte Carl Rizzi einen Anteil. Die Brauerei befand sich an der Sutte, wurde 1888/1889 um ein Sudhaus erweitert und bekam ein künstliches Kellerkühlsystem der Firma Linde. 1891 verlegte man die Picherei an die Kronacher Straße. Bis 1900 konnte der Bierausstoß auf rund 90.000 hl erhöht werden. Rizzi gelang es, 1897 mit dem Kauf einer großen Brauerei bei Pilsen Fuß zu fassen.

Die sechste Großbrauerei entstand nach 1885 aus der kleinen Brauerei von Heinrich Hering als Kulmbacher Export Brauerei Mönchshof vorm. Simon Hering Aktiengesellschaft. Herings vier Mitgesellschafter kamen aus Dresden. Auf einem Grundstück an der Straße nach Hof, das einst zum Kloster Langheim gehörte, wurde die Brauerei errichtet. Der Name „Mönchshof" nahm darauf Bezug.

Bis 1899 konnte auch diese Brauerei ihren Ausstoß auf 67.000 hl steigern.
Die zwischen 1848 und 1863 gegründeten neun kleineren Braustätten fanden noch innerhalb des überkommenen Erschließungsbereichs eine Baufläche, erst mit dem Bau der „Ersten Culmbacher Actien-Exportbier-Brauerei" begannen die großen städtebaulichen Veränderungen in Kulmbach. Die Brauerei erwarb zwischen 1872 und 1885 einen Baublock in der Mainvorstadt zwischen Sutte, Grabenstraße, Klostergasse und Webergasse und ersetzte die kleinstädtische Bau- und Parzellenstruktur durch eine Bauweise, die industriellen Ansprüchen gerecht wurde. Doch schon bald überstieg der Flächenbedarf der rasch wachsenden neuen Brauerei die vorhandene Kapazität. 1895 kaufte man nördlich des Bahnhofs, in der Kronacher Straße, zusätzliche Flächen für die oben erwähnten Neubauten.
Auch die Bauten der anderen fünf Großbrauereien Kulmbachs veränderten das Stadtbild erheblich. Bis 1900 hatte die Stadtansicht durch die zahlreichen Backsteinbauten mit hohen Schornsteinen ein neues Gepräge erhalten. Den Besucher empfing nun eine blühende Industriestadt. Bis 1899 verzeichneten die Kulmbacher Großbrauereien einen stetigen Aufschwung, der von einer regen Bautätigkeit begleitet war. Erst 1900 wurden die Absatzzahlen des Vorjahres nicht mehr erreicht. Nur einige der Brauereien konnten sich bis zum Ersten Weltkrieg wieder auf die alten Absatzmengen hocharbeiten. Nach dem Ersten Weltkrieg setzte ein weiterer Konzentrationsprozess ein. Während die Kleinbrauereien schon vor 1923 eingegangen waren, musste in diesem Krisenjahr erstmals mit der Petzbräu AG eine der Großbrauereien aufgeben. Ihr halbes Braukontingent erwarb die Rizzibräu. Der Gebäudekomplex in Kulmbach verblieb im Besitz der Familie, die darin eine Malzfabrik betrieb.
1930 kam es infolge der sich dramatisch verschlechternden allgemeinen Wirtschaftslage zum Anschluss von Rizzibräu und der Kleinbrauerei Markgrafenbräu an die Reichelbräu. Anlagen der Rizzibräu wurden nach der Produktionseinstellung 1931 stillgelegt, die der Markgrafenbräu wurden weiterbetrieben. Nach dem Zweiten Weltkrieg mietete die Firma Bergophor die Gebäude der Markgrafenbräu. Somit gab es in Kulmbach nur noch vier Großbrauereien. Diese konnten unter sehr schwierigen Bedingungen nach 1945 ihren Betrieb wieder aufnehmen. Von den Kriegsfolgen erholten sich die vier Großbrauereien erst in den 1960er Jahren: Am schnellsten gelang dies der Mönchshofbräu. Sie war zwischen 1956/1957 und 1963/1964 die führende Brauerei in Kulmbach. Die Reichelbräu nahm im letztgenannten Zeitraum den zweiten Platz ein und expandierte schon zu Beginn der 1960er Jahre mit dem Neubau der Abfüllanlage.
Etwas langsamer ging die Konsolidierung der EKU voran. Erst 1968/1969 beschloss diese Brauerei einen Neubau und die Verlagerung aus der Innenstadt. Die alte Brauerei wurde abgerissen, das Gelände neu bebaut. Die seitdem als Großparkplatz fungierende Freifläche wird alljährlich zum Kulmbacher Bierfest eine Woche lang dem Massenkonsum des Produktes dienstbar gemacht, das rund 100 Jahre an diesem Ort produziert wurde.
Mit der Entwicklung der drei genannten Brauereien konnte die Sandlerbräu nicht ganz mithalten. Möglicherweise war mitentscheidend, dass diese Brauerei, die 1970 vom Oetker-Konzern gekauft worden war, ab 1980 durch die Reichelbräu erworben wurde.
In den 1980er Jahren schien es zeitweise, dass die EKU-Gruppe durch Übernahmen (wie der Henninger, Tucher Bräu AG, der Hofer Bierbrauerei Deininger Kronenbräu, der Brauhaus Amberg AG, der Bad

Windsheimer Heil- und Mineralquellen AG) den Anschluss an die großen deutschen Braukonzerne finden konnte und als einzige der Kulmbacher Brauereien übrig bleiben würde. Die Fäden zogen aber längst Großaktionäre, Großkonzerne und reine Beteiligungsgesellschaften, deren Hauptgeschäft nicht das Bier war. Bei den diversen Beteiligungen an den Kulmbacher Brauereien findet man neben Dr. Oetker die Bayerische Hypotheken- und Wechselbank, die Reemtsma-Gruppe, die März-Gruppe und die Schörghuber-Gruppe (Paulaner). 1996 mündete dieses Hin und Her von Kauf und Verkauf sowie beinahe Konkursen in die Kulmbacher Brauerei Aktiengesellschaft, deren Anteile zu 62,66 Prozent die Brau Holding International AG München und zu 26 Prozent die IREKS-GmbH Kulmbach halten. Der Rest befindet sich in Streubesitz.

Beschreibung

Bauliche Zeugnisse aus der Blütezeit der Kulmbacher Großbrauereien zwischen 1870 und 1914 gibt es heute nicht mehr viele. Die EKU in der Innenstadt wurde, bis auf das 1907 von einem Dresdner Architekten im späten Jugendstil entworfene Verwaltungsgebäude (Klostergasse 12), 1969 abgerissen. Die ab 1894 an der Kronacher Straße entstandenen Gebäude aus jener Zeit stehen noch teilweise. Hier ist vor allem die 1895 von August Levermann nach Plänen der Maschinenfabrik Germania in Chemnitz als so genannte „Tennenmälzerei" erbaute UNIMA zu nennen. Abgerissen wurden Kessel- und Maschinenhaus, Pich- und Schankhalle, Fasshalle und das Eishaus.

Von der Markgrafenbräu steht im östlichen Bereich des Betriebsgeländes der Futtermittelfirma Bergophor zwischen Kronacher Straße und Bahnlinie noch das Sudhaus von 1897 in leicht veränderter Form.

An die Rizzibräu auf der gegenüberliegenden Seite erinnert heute einzig die nach Plänen des Bamberger Architekten Chrysostomus Martin 1897 im Stil der Neorenaissance erbaute Direktorenvilla, ein zweigeschossiger Backsteinbau mit reicher Fassadengliederung in Sandstein. Der einzige nahezu komplett erhaltene gründerzeitliche Brauereikomplex in Kulmbach ist der ehemalige Petzbräu im Norden der Pestalozzistraße. Bis Anfang der 1990er Jahre nutzte die Mälzerei Müller diese Gebäude.

Einiges an historischer Bausubstanz ist von der an beiden Seiten der Lichtenfelser Straße gelegenen ehemaligen Reichelbräu erhalten. Hier befindet sich der Hauptstandort der Kulmbacher Brauerei. Das Kontor von 1892 und das Eishaus von 1913 stehen unverändert, Kessel und Maschinenhaus sowie Lager- und Gärkeller wurden mehrfach umgebaut und überformt. Vollständig abgerissen wurde 1986 die Sandlerbräu. Nur noch die „Sandlervilla" (Grünwehr 1) erinnert an die einstige Brauereidynastie.

Weitere Informationen zur Brauindustrie in Oberfranken bieten Brauereimuseen in Bamberg (Fränkisches Brauereimuseum, Michaelsberg 10f) oder Bayreuth (Brauereimuseum Maiselbräu, Kulmbacher Straße 40).

Literatur

Hans-Diether Dörfler, Bierexport aus Bayern 1806–1914, Anmerkungen zu Begriff und Quellen, in: Rund um die Plassenburg. Studien zur Geschichte der Stadt Kulmbach und ihrer Burg, hrsg. von Ulrich Wirz und Franz Meußdoerffer, Kulmbach 2003.

Thomas Gunzelmann, Angelika Kühn, Christiane Reichert, Kulmbach. Das städtebauliche Erbe, München 1999.

Bernd Winkler, Das Bierbrauen in Kulmbach, Kulmbach 1987.

Info

Kulmbacher Brauerei, Lichtenfelser Str. 9, 95326 Kulmbach
Tel. 09221/7050
www.kulmbacher.de

Ulrich Wirz

Porträt: Lorenz Hutschenreuther (1817–1886)

Lorenz Hutschenreuther

Biografie

Lorenz Hutschenreuther wurde am 8. Mai 1817 als erster Sohn des Porzellanfabrikanten Carolus Magnus Hutschenreuther in Hohenberg a. d. Eger geboren. Bereits sein Großvater hatte eine Porzellanmalerei in Wallendorf im Thüringer Wald betrieben, sein Vater hatte 1822 mit der Gründung einer Porzellanfabrik in Hohenberg den Grundstein für die Ansiedelung weiterer Betriebe in der bis zu diesem Zeitpunkt industriearmen Region gelegt.

Lorenz Hutschenreuther wurde schon in frühester Jugend durch seinen Vater an die Aufgaben und die Rolle eines Unternehmers herangeführt. 1841 umfasste der Betrieb rund 60 Beschäftigte und produzierte 22,5 t Porzellan.

1843 heiratete Lorenz Hutschenreuther. Im gleichen Jahr wurde er durch einen Gesellschaftervertrag Miteigentümer zu einem Drittel an der väterlichen Porzellanfabrik, aufgrund seines hohen Jahresgehalts bestanden jedoch von Anfang an Unstimmigkeiten. Als 1845 sein Vater an den Folgen der „Porzellinerkrankheit", einer durch Quarzstaub verursachten Lungenkrankheit, gestorben war, übernahm seine Mutter die Firmenleitung und führte das Unternehmen gemeinsam mit ihrem Sohn weiter. Das Mitspracherecht der Miteigentümer empfand Hutschenreuther zunehmend als hemmend und deshalb entschied er sich 1856 zum Verkauf seines Firmenanteils weit unter Wert.

1856 reichte er beim Magistrat der Stadt Selb ein Gesuch um Ansässigmachung ein, dem unter der Bedingung stattgegeben wurde, dass er eine Porzellanfabrik errichten werde. Nachdem im selben Jahr ein Brand Selb nahezu vollständig zerstört hatte, wurde die Konzession im August 1857 erteilt. Hutschenreuther erwarb die ehemalige Ludwigsmühle am Selbbach und begann im Frühjahr 1858 mit den Bauarbeiten. Die Massemühle, in der die Rohstoffe aufbereitet wurden, konnte bereits Ende des Jahres ihre Produktion aufnehmen.

1861 stellte Hutschenreuther sein erstes Sortiment auf der Leipziger Messe vor: Gebrauchsporzellan und Luxusartikel wie Pfeifenköpfe, Zierartikel oder Schreibzeuge. Mit der Expansion seiner Fabrik stieg das Ansehen des Fabrikherrn; 1871 wurde er in Leipzig zum ersten Präsidenten des neu gegründeten „Verbandes keramischer Gewerke für Deutschland" gewählt.

1866 hatte die Firma bereits 260 Mitarbeiter. 1875 wurden seine Söhne Victor und Eugen als Teilhaber proklamiert. Am 8. Oktober 1886, im Alter von 69 Jahren, starb Hutschenreuther in Würzburg an den Folgen seines Asthma-Leidens.

Hutschenreuther war der erste Porzellanfabrikant, der sich in Selb ansiedelte. Die Stadt wurde durch ihn zur „Porzellanstadt", die Region zum Weltzentrum der Porzellanherstellung.

Schauplätze

In Hohenberg a. d. Eger ist das Deutsche Porzellanmuseum zum Teil in der alten Villa der Familie Hutschenreuther untergebracht.
Teile der ursprünglichen Fabrikanlagen sind noch heute in Selb an der Ludwigsmühle zu sehen.

Literatur

Wilhelm Siemen (Hrsg.), 175 Jahre Hutschenreuther – Ein Beitrag zum Firmenjubiläum 1814–1989, Hohenberg 1989.

Sabine Zehentmeier

Porträt: Philipp Rosenthal (1855–1937) und Philip Rosenthal (1916–2001)

Biografie

Philipp Rosenthal, 1855 im westfälischen Werl geboren, wanderte im Alter von 17 Jahren in die USA aus. Nach Tätigkeiten als Liftboy, Tellerwäscher und Postreiter arbeitete er schließlich als Einkäufer für Porzellan bei der Firma Jacob Meyer Brothers in Detroit. 1879 kehrte er nach Deutschland zurück und gründete in Erkersreuth bei Selb einen Betrieb für Porzellanmalerei, den er innerhalb kurzer Zeit erheblich vergrößern konnte; ab 1891 stellte er Weißporzellan selbst her. 1897 wurde das Unternehmen in eine Aktiengesellschaft umgewandelt, die „Ph. Rosenthal & Co. AG, Selb".
Neben der Haushaltssparte, in der durch den Erwerb weiterer Fabriken die Produktion laufend erhöht wurde, entstand 1900 die erste technische Abteilung für elektrotechnisches Porzellan. 1910 wurde die Kunstabteilung des Unternehmens gegründet. Um das überregionale Wachstum seiner Firma sowie der gesamten Branche voran zu bringen, engagierte sich Philipp Rosenthal in Industrie-

Philip Rosenthal (1916–2001)

und Handelsverbänden und bemühte sich insbesondere um das Fortbestehen der Leipziger Messe während des Ersten Weltkriegs.
Besonderes wichtig waren ihm seine Mitarbeiter. So gründete er zum 25-jährigen Firmenjubiläum einen Wohlfahrtsfond, zur 50-Jahrfeier entstand die „Philipp-Rosenthal-Stiftung für keramische Forschung und soziale Verpflichtung". Nach der Machtergreifung durch die Nationalsozialisten 1933 musste er aufgrund seiner jüdischen Herkunft sein Amt niederlegen. Das Vermögen der Familie Rosenthal wurde arisiert. 1937 starb der Geheimrat im Alter von 82 Jahren.
Sein Sohn Philip wurde am 23. Oktober 1916 in zweiter Ehe in Berlin geboren. Nach seiner Schulzeit in München und der Schweiz studierte er Philosophie, Politik und Volkswirtschaft in Oxford. Nach seinem Studienabschluss ging er bei Ausbruch des Zweiten Weltkrieges in die Fremdenlegion. Er verbrachte zwei Jahre in französischer Gefangenschaft. 1942 flüchtete er nach England und kehrte 1948 nach Deutschland zurück. 1950 trat

er in die Firma seines Vaters ein, zunächst als Werbeleiter, bald wurde er Vorstandsmitglied. Sehr schnell erkannte Philip Rosenthal, dass zur Belebung der Branche neue Produkte notwendig sind und entwickelte mit Künstlern und Designern neue Wege der Porzellangestaltung. 1964 entstand in Zusammenarbeit mit Arnold Bode, dem Begründer der documenta, die Rosenthal Relief Reihe, die mit der Limitierten Kunstreihe fortgesetzt wurde. Ziel war es, Kunstwerke aus Porzellan zu fertigen. Aufgrund seines Interesses am Design übernahm er die Präsidentschaft des Rates für Formgebung und war Vorsitzender des Bauhaus-Archivs. Nach dem Motto „Manufaktur des Wohnens" erweiterte Philip Rosenthal die Produktpalette des Unternehmens durch Glas, Keramik, Besteck und Möbel.

In den 1960er Jahren ging er als Mitglied der SPD in die Politik und wurde 1969/1970 Parlamentarischer Sekretär bei Karl Schiller. Philip Rosenthal zeichnete sich auch als Fachmann für Public Relation und Marketing aus, wie Werbekampagnen mit Schauspielern oder die seit 1960 entstehenden Studio-Häuser zeigen. 1981 legte er sein Amt als Vorstandsvorsitzender nieder und wechselte in den Aufsichtsrat. 1999 schied er aus dem Unternehmen aus; zwei Jahre später starb er am 27. September 2001 in Selb.

Schauplätze

Schloss Erkersreuth bei Selb (Gründungshaus sowie Wohnsitz und Begegnungsstätte).

Rosenthal am Rothbühl, Selb (Fabrikgebäude von Walter Gropius).

„Regenbogenfassade" von Otto Piene und Spiegelfassade von Marcello Morandini am Verwaltungsgebäude, Selb.

Rosenthal Museum, Selb (Geschichte des Unternehmens und wichtige Produkte).

Literatur

Kestner-Museum Hannover, Rosenthal – 100 Jahre Porzellan, Ausstellungskatalog, Stuttgart 1982.

Dieter Honisch u. a. (Hrsg.), Die Rosenthal-Story, Düsseldorf/Wien 1980.

Alexandra Siemen

Koreanischer Tanz, Rosenthal-Porzellanfigur von Constantin Holzer-Defanti, 1919

Bamberg, BayWa-Lagerhaus

Umnutzung zu Dienstleistungs-, Büro-, Gewerbe- und Wohnräumen

Im Ersten Weltkrieg wurden zur Verbesserung der Ernährungslage zahlreiche Vorratshäuser errichtet, so auch 1916/1917 das Lagerhaus der Bayerischen Zentral-Darlehenskasse, das 1923 von der BayWa übernommen wurde. Der Bau besteht aus einem Siloturm aus Beton und einem Speicher aus verputztem Ziegelmauerwerk mit Lagerböden auf Holzstützen. Mit den steilen Dächern ist er am Heimatstil orientiert. Bis 1998 war das Lagerhaus in Betrieb. Nach der Stilllegung wäre es abgebrochen worden. Doch ein Investor sah die Chance für eine Umnutzung und erwarb das Gebäude

BayWa-Lagerhaus in Bamberg nach dem Umbau

zum Bodenpreis. Bei weitgehender Erhaltung der alten Bausubstanz wurden Elemente in modernen Formen und Materialien hinzugefügt.
Zwei Treppenhäuser, eines mit moderner Holzlatten-Verkleidung, ergänzen den Altbau. Auf dem Dach wurden die kleinen Gauben durch große Dacherker aus Stahl und Glas ersetzt. Im Turm wurden die Silozellen ausgebrochen, Fenster eingeschnitten und Holzdecken eingezogen. Die Trichter im Erdgeschoss blieben jedoch erhalten. Das Innere des Speicherbaus besticht durch großzügige, offene Grundrisse, die durch die Holzstützen gegliedert sind und eine besondere Atmosphäre verbreiten. In Trockenbauweise oder mit Raumteilern kann der Grundriss Nutzungsänderungen angepasst werden. Das Gebäude hat seinen Charakter als Lagerhaus bewahrt. Seine alte Funktion ist an vielen Details wie den Bahngleisen, der überdachten Rampe oder den Getreide-Schüttmarken an den Holzstützen ablesbar. Heute befinden sich hier ein Fitness-Center, ein Museumsdepot, ein Universitätsinstitut, das Büro eines Bauträgers und ein Loft. Der Umbau kam weit günstiger als ein vergleichbarer Neubau und hat einen überragenden Werbeeffekt.

Info

Lichtenhaidestr. 11a, 96052 Bamberg
Bauherr: Bente-Tille GbR, Bamberg
Architekt: Christoph Gatz, Bamberg

Rembrant Fiedler

Stichwort: Heimatstil

Der Heimatstil ist eine Architekturbewegung, die um 1905 entstand und regionale Bau- und Handwerkstraditionen aufgriff. Er war eine Reaktion gegen Historismus und Jugendstil. Die landschaftstypischen Bauformen und Bautechniken, die er propagierte, wurden nicht nur bei Villen oder Bürgerhäusern, sondern auch bei Gaswerken, Bahnhöfen oder Fabriken verwendet. Ziel war, diese Zweck- und Industriebauten dem Stadtbild anzupassen oder ihre Funktion zu kaschieren. Dahinter stand die bürgerliche Sehnsucht nach dem vorindustriellen Idyll.

Werner Kraus

Bamberg, Elektrizitätswerk

Umnutzung zur Volkshochschule

Das Elektrizitätswerk der Stadt Bamberg, 1901/1902 nach Plänen von Hans Jakob Erlwein (1872–1914) in barockisierend-historistischen Formen errichtet, wurde nach der Aufgabe der Stromproduktion von 1925/26 bis 1977 unter anderem als Umspannwerk genutzt und stand danach leer.

Ehemalige Maschinenhalle des Bamberger Elektrizitätswerkes

VHS IM ALTEN E-WERK DER STADT BAMBERG
Express 2

Der Industriebau (zweigeschossiger Verwaltungs-, Magazin- und Akkumulatorenbau mit Mansarddach und Kesselsowie Maschinenhaus) demonstriert Fortschrittlichkeit und städtisches Selbstbewusstsein. Er ist der Lage am Fluss verpflichtet, greift Motive der vorindustriellen Ufergestaltung auf und spielt in seiner Formensprache auf barocke Profanbauten in Bamberg an. 1977 erfolgte die Denkmalfeststellung zunächst nicht im Einklang mit der Stadt, die den Abbruch plante. Erst heftiger Widerstand aus der Bevölkerung und verschiedene Fachgutachten führten 1983 zur Rücknahme des Abbruchbeschlusses.
1986–1988 wurde das Gebäude zur Städtischen Volkshochschule umgebaut. In die Kesselhalle kamen das Treppenhaus, das Foyer, die Schulungsräume und das Café; das Maschinenhaus wurde unter Erhaltung der alten Kranbahn und der ehemaligen Schaltbühne zum Veranstaltungssaal umgestaltet. Auch am Außenbau wurde die Krananlage erhalten. In die Maßnahme flossen Mittel der Städtebauförderung (80 Prozent), des Bundes, des Landes und der Denkmalpflege. Die Kosten waren im Ergebnis niedriger als für einen vergleichbaren Neubau.
Die „VHS im Alten E-Werk" ist heute ein fester Begriff.

Info
Tränkgasse 4, 96052 Bamberg
Architekten: Hans-Karl Völker, Peter Ernst Bruha

Rembrant Fiedler

Coburg-Creidlitz, Porzellanfabrik

Umnutzung zum Wohn- und Geschäftshaus
Im 19. Jahrhundert konzentrierte sich die deutsche Porzellanindustrie in Oberfranken. Ein wichtiger Betrieb war die Porzellanfabrik in Creidlitz bei Coburg, die 1906 errichtet und 1911 sowie 1922 erweitert worden war. Sie produzierte bis Anfang der 1930er Jahre Teile für Puppen und wurde

Porzellanfabrik Coburg-Creidlitz nach dem Umbau 2002

Stichwort: Denkmalliste

Nicht jedes ältere Bauwerk ist ein Denkmal. Voraussetzung ist, dass es aus einer abgeschlossenen historischen Epoche stammt (bis in die 1970er Jahre) und von (kunst-)geschichtlicher, städtebaulicher, wissenschaftlicher oder volkskundlicher Bedeutung ist. Seine Erhaltung muss im Interesse der Allgemeinheit liegen, wobei ein breiter Kreis von Sachverständigen genügt. Der Bauzustand sowie die Möglichkeit zur Erhaltung sind ohne Einfluss auf die Denkmaleigenschaft. Diese hängt auch nicht von der Eintragung in die Denkmallisten ab, die bei den Kommunen aufliegen und vom Bayerischen Landesamt für Denkmalpflege geführt werden. Zu den Baudenkmalen des Industriezeitalters zählen Produktionsstätten (wie Fabriken oder Hüttenwerke), Infrastrukturanlagen (wie Verkehrsstrecken, Kraftwerke oder Lagerhäuser), Arbeitersiedlungen sowie Ausstattungsstücke (wie Dampfmaschinen).

Werner Kraus

1938 durch Max von Berg zu einer Korbwarenfabrik umgebaut. Heute ist sie ein bedeutendes Industriedenkmal in Coburg. Die Fabrik ist ein dreigeschossiger Backsteinbau mit Lisenen- und Gesimsgliederungen. Die Stützensysteme im Inneren bestehen im nördlichen Teil aus Gusseisen, im mittleren aus Holz und im südlichen aus Stahlbeton. Nach der Produktionseinstellung 1985 wurde sie vorübergehend als Lager genutzt; seit 1998 ist sie in die Denkmalliste eingetragen. Nach längerem Leerstand wurde im Jahr 2000 ein Bauträger für den Umbau zu einem Wohn- und Geschäftshaus gefunden.
Die Einfügung von zehn Wohnungen und zwei Gewerbeeinheiten in vier Ebenen berücksichtigt die drei Stützensysteme. Die alte Treppe wurde saniert; eine zweite Treppe und Freisitze in den Obergeschossen wurden als reversible Stahlkonstruktionen angefügt. Die Stahlsprossenfenster im Treppenhaus konnten erhalten werden, die Übrigen wurden durch ähnlich geteilte Holzfenster ersetzt. Das Dach erhielt zwei Firstlichtbänder.

Info

Hambacher Weg 12, 96450 Coburg
Architekt: Marc Baumann, Coburg

Rembrant Fiedler

Forchheim, Spinnerei

Umnutzung zu einem Gewerbepark

Der dreigeschossige Hochbau der Spinnerei AG mit gusseisernem Stützenraster im Innern wurde 1889/1890 errichtet. 1894 ersteigerte der Fürther Textil-Großunternehmer Heinrich Hornschuch den in Konkurs gegangenen Betrieb und baute ihn als „Forchheimer Spinnerei GmbH" aus. Das etwa 7 ha große Areal mit 17 Gebäuden dokumentiert die Bedeutung der Textilindustrie Oberfrankens. Als jüngste Erweiterung wurde 1960 der große Spinnereiflachbau, eine elegante Betonkonstruktion, errichtet.
Die Krise der deutschen Textilwirtschaft führte 1995 zur Stilllegung des Betriebs; das Areal sollte in einen Gewerbepark umgewandelt werden. Die dafür notwendigen Investitionen wurden durch den Verkauf von anderen Liegenschaften finanziert. Leerstand und Verwahrlosung blieben der Anlage erspart.
Als das Areal 1999 von den neuen Eigentümern erworben wurde, war von den 30.000 m² Hallenfläche schon die Hälfte vermietet. Vor allem die kleineren Gebäude fanden sehr schnell Mieter. Inzwischen sind 50 Unternehmen aus Handel, Handwerk, Kunst, Sport und Freizeit auf

Erfolgreiche Umnutzung der Forchheimer Spinnerei zu einem Gewerbepark

dem Gelände zu finden. Im alten Kesselhaus ist ein Kletterzentrum entstanden. Der Umbau blieb unter den Kosten für einen vergleichbaren Neubau. Der historische Baubestand, der seit 2001 unter Denkmalschutz steht, konnte durch die schonende Umnutzung vollständig erhalten werden.

Info

Bayreuther Str. 102, 91301 Forchheim
Bauherr: Wiesent Center GmbH, Forchheim

Rembrant Fiedler

Hof, Fabrikzeile

Hintergrund

Schon im Mittelalter war die Textilproduktion in der Hofer Region das zweite wirtschaftliche Standbein neben der wenig ertragreichen Landwirtschaft und weit vor dem Bergbau. Seit dem 15. Jahrhundert ist sie international vernetzt: Importierte Baumwolle ist ihr Hauptrohstoff, die Erzeugnisse gehen in alle Welt.

Geschichte

Da die Wasserkraft der Saale nicht ausreichte, konnte die Hofer Textilwirtschaft erst spät von der Hand- zur Maschinenproduktion übergehen. Aus Textilverlegern wurden Fabrikanten, als der Eisenbahnanschluss 1851 Zwickauer Steinkohle und seit 1865 tschechische Braunkohle nach Hof brachte. Entlang der Saale siedelten sich die Textilfabriken wegen ihres hohen Brauchwasserbedarfs vorzugsweise an. Die ersten größeren Betriebe waren 1853 die Mechanische Baumwollspinnerei und 1856 die Mechanische Weberei an der Fabrikzeile, wo vorher die Hofer ihre Gärten gehabt hatten, direkt gegenüber der Stadtmitte auf der anderen Saaleseite. Ihnen folgten zahlreiche weitere Betriebe, die in beiden Richtungen stadtauswärts die Saaleufer besiedelten.

Hof avancierte zum „bayerischen Manchester". Im Laufe der Jahrzehnte fusionierten viele Unternehmen zur Textilgruppe Hof, einem der größten deutschen Unternehmen der textilen Grundstufen (Spinnen, Weben, Ausrüsten). Bis in die 1990er Jahre florierte die Textilindustrie, die das Leben in der Region dominierte. Seither befindet sie sich in einem Strukturwandel, der viele Arbeitsplätze kostet, doch nach wie vor gibt es erfolgreiche Textilbetriebe.

Beschreibung

In der Fabrikzeile in Hof findet man die in Deutschland letzte örtliche Zusammenballung textiler Gebäude aus der Industrialisierungsepoche des 19. Jahrhunderts: von Fabriken über Direktorenvillen bis zu Wohngebäuden der Arbeiterschaft – obwohl auch Hof nicht vom Abrissbagger verschont wurde.

Das Straßenbild wird beherrscht von einem rotgelben Gebäudetrakt (Hausnummer 21) auf der östlichen Straßenseite, der ehemaligen Mechanischen Weberei. Obwohl es sich um schlichte, zweckmäßige Ziegelfassaden handelt, fällt ihre Erscheinung doch positiv auf, vergleicht man sie mit den neueren Fabrikhallen, die sich hinter dem heute als Verwaltungsgebäude genutzten Haus befinden. Gegenüber von Nummer 21 befindet sich Hausnummer 8, die Mechanische Baumwollspinnerei. Von diesem einst imposanten Gebäudekomplex steht nur noch der vordere Teil, da der Eigentümer vor einigen Jahren die günstigen Abrisspreise nutzen wollte, um das leer stehende Haus zu beseitigen. Die Anlage, die zwischen 1879 und 1916 entstand, lässt in ihrer einstigen historistischen Pracht erahnen, dass die Bauherren nicht allein am Aufstellen von Spindeln interessiert waren, sondern ebenfalls ihren Stolz auf die Erfolge der Epoche darstellen wollten. In den schlichten, spätklassizistischen Villen der Hausnummern 14 und 25 wohnten die Direktoren der Fabriken, als man noch unmittelbar neben dem Arbeitsplatz zu residieren pflegte. Einige Jahre später, gegen 1880, wurde Hausnummer 16 errichtet, auch dies die Villa eines Fabrikdirektors, welche bereits typische Stilmerkmale des Historismus aufweist. Während die Chefs im Süden der

Historische Ansicht der Mechanischen Baumwollspinnerei Hof

Mechanische Baumwollspinnerei Hof, 1953

Fabriken wohnten, siedelten sie ihre Arbeiter nördlich und östlich von ihnen an. Eines der frühesten Arbeiter-Wohngebäude, das als betriebliche Sozialleistung für die eigenen Beschäftigten gebaut wurde, ist das U-förmige „Neue Haus" (Hausnummern 2–6). Zum Zeitpunkt seiner Fertigstellung 1858 wohnten hier 80 Familien, heute hat das Haus nicht einmal 80 Bewohner. Als der vorhandene Platz an der Fabrikzeile ausgeschöpft war, baute man die Arbeiterhäuser in der Nachbarschaft, beginnend mit der Lindenstraße und daran anschließend den Hang hinauf in Richtung Osten: Das „Verdel" entstand.

Literatur

Hanns Hofmann, Historische Bauwerke in Hof, Hof 1990.

Arnd Kluge (Hrsg.), Hofer Heimatbuch. Führer durch das Museum Bayerisches Vogtland, Hof 1996.

Info

Die Tourist-Information Ludwigstr. 24, 95028 Hof, Tel. 09281/815666, bietet Informationsmaterial zur Industriekultur.

Arnd Kluge

Kulmbach, Bayerisches Brauereimuseum

Beschreibung

Als zu Beginn der 1990er Jahre viele Räume in der Brauerei Mönchshof nicht mehr genutzt wurden, entstand die Idee, eine Dauerausstellung zum Bierbrauen einzurichten. Eröffnet wurde sie 1994. Drei Jahre später legte die Brauerei ihre historische Produktionsstätte still. Die Ausstellungsfläche konnte nun verdreifacht werden. Aufgebaut wurde bis 2002 das größte der elf Spezialmuseen zum Bier in Bayern.

Mit Inszenierungen und einer Fülle von Exponaten erhält der Besucher breit gefächerte Informationen. Er erfährt, wie die Ägypter, Römer oder Kelten Bier gebraut haben, wie das Bier im Mittelalter beschaffen war, oder was sich ab der Mitte des 19. Jahrhunderts durch die Industrialisierung änderte. Weshalb es auch heute, trotz aller Computertechnik,

Moderne Brautechnik im Bayerischen Brauereimuseum Kulmbach

eine Kunst ist, einen guten Gerstensaft zu brauen, wird durch die Gegenüberstellung der Technik von 1900 mit der heutigen deutlich. Besonders vertieft werden die Themen Gesundheit, Recht, Religion, Handel, Brauchtum, Brauereiarchitektur und Werbung. Nicht trockene Wissensvermittlung ist das Ziel, sondern Infotainment. Viele interaktive Stationen machen den Museumsrundgang zum Erlebnis.
Höhepunkt ist die „vertikale Brauerei der Jahrhundertwende", in der sich der Besucher noch einmal den Brauvorgang von der Mälzerei bis zur Abfüllung in Flaschen und Fässer vergegenwärtigen und auch einen Blick in das ehemalige Kessel- und Maschinenhaus der Mönchhofsbrauerei werfen kann. Den Schluss bildet die gläserne Lehr- und Versuchsbrauerei mit einer Jahreskapazität von 1.200 hl Museumsbier.
Zum Erfolgsrezept des Museums gehört auch die Kooperation mit dem Deutschen Dampflokomotivenmuseum in Neuenmarkt, das rund 20-mal im Jahr historische Züge nach Kulmbach fahren lässt.

Info

Hofer Str. 20, 95326 Kulmbach
Tel. 09221/80514
www.bayerisches-brauereimuseum.de
Geöffnet: Di.-So. 10.00-17.00, Mai-Okt. Sa., So. 9.00-17.00

Werner Kraus

Kulmbach, Mälzerei Meußdoerffer

Geschichte

Malz, gekeimtes und getrocknetes Getreide, ist der wichtigste Rohstoff beim Bierbrauen. Bis in das letzte Viertel des 20. Jahrhunderts deckten meist eigene Brauereimälzereien den Malzbedarf. Aber bereits im Mittelalter existierten in Getreidegebieten wie Pommern, Schlesien oder Niedersachsen eigenständige, exportorientierte Malzproduzenten. Auch in Kulmbach finden sich schon im 17. Jahrhundert zwei „Mulzhäuser", die den brauenden Bürgern die arbeitsintensive und technologisch anspruchsvolle Arbeit des Mälzens abnahmen.
Als 1846 in Kulmbach durch den Anschluss an die Ludwigsbahn der Austausch von Massengütern möglich wurde, entstand eine blühende Brauindustrie. Das bis dato fast ausschließlich für den Eigenbedarf hergestellte dunkle Kulmbacher Bier fand in den Städten Sachsens und Preußens guten Absatz. Der Kulmbacher Bierexport stieg von 1.900 hl im Jahr 1845 auf fast 734.000 hl 1899, und pendelte sich bis 1914 bei etwa 490.000 hl ein.
Aufgrund des hohen Malzbedarfs wurde die Produktion hauptberuflich betrieben. Zugleich sicherte die Eisenbahn die Versorgung mit Kohle und Braugerste. Zwischen 75 und 85 Prozent des Gerstenbedarfs der Kulmbacher Malzindustrie deckte Böhmen ab. Die Möglichkeit, im nahe gelegenen österreichischen Ausland günstig Gerste einzukaufen und zugleich das Malz innerhalb des deutschen Zollvereins absetzen zu können, führte zum Aufblühen der oberfränkischen Malzindustrie.
Zwischen 1872 und 1900 stieg die Biererzeugung im Deutschen Reich von 32,9 Mio. auf 70,9 Mio. hl und die Zahl der Mälzereien in Kulmbach von sieben auf 16 (elf Handelsmälzereien und fünf Brauereimälzereien); die größte war die „Erste Kulmbacher Mälzerei-Gesellschaft, J. G. Meußdoerffer's Söhne".
Die Familie Meußdoerffer ist seit der zweiten Hälfte des 14. Jahrhunderts in Kulmbach nachweisbar. 1852 beschloss der Brauer Johann Georg Meußdoerffer, sich ganz auf die Malzherstellung zu verlegen und gründete eine der ersten deutschen Handelsmälzereien. Nach dem frühen Tod des Gründers übernahm 1878

Meußdoerffer'sche Malzfabrik um 1900 und heute, die Bauteile von 1873 sind farbig markiert

sein Sohn Wilhelm die Leitung des kleinen Geschäftes. 1883 hatte sich der Malzabsatz so gesteigert, dass er die Mälzerei in der Innenstadt verkaufen und vor der Stadt einen neuen Betrieb errichten konnte. Unter den Neukunden waren zwischen 1875 und 1891 Brauereien wie Augustiner, Spaten und Löwenbräu in München, Binding in Frankfurt, August Leicht und Dinkelacker in Stuttgart, oder Union in Dortmund.

Beschreibung

Die Pläne für den Neubau von 1883 vermitteln ein Bild von den Erfordernissen einer frühen Handelsmälzerei. Die Malzfabrik war als Tennenmälzerei konzipiert. Alternative Verfahren wie Kasten- oder Trommelmälzerei wurden in dieser Zeit erstmals in Deutschland erprobt, boten aber wegen der noch nicht ausgereiften Kühltechnologie und der in Oberfranken billigen Arbeitskräfte keine Vorteile. Hingegen sind schon Trichterweichen, eine Dampfmaschine für Malz- und Getreidebewegungen sowie eine energieeffiziente Zweihordendarre vorgesehen.

Die Gebäude sind in zwei funktionelle Teile gegliedert: Lager und Tenne einerseits und Darre andererseits. Die Gerste lagerte im oberen Teil des hinteren Gebäudeteils, wo sie durch Belüftung mittels der in der Dachkonstruktion sichtbaren Öffnungen keimfähig gehalten wurde. Für die Mälzung wurde die in der trichterförmigen Weiche angefeuchtete Gerste auf einer der darunter liegenden Tennen in „Haufen" ausgebreitet und durch tägliches Wenden mit Holzschaufeln belüftet und gekühlt. Sobald das gewünschte Keimstadium erreicht war, wurde das „Grünmalz" im vorderen Gebäudeteil, der Darre, mittels heißer Luft getrocknet.

Die Planung und Ausführung der technischen Einrichtung der Mälzerei wurde von der Maschinenfabrik Germania aus Chemnitz übernommen. Die Kapazität der Malzfabrik von 1883 erwies sich bald als unzureichend. 1887 wurde sie wesentlich vergrößert und zwischen 1880 und 1895 wurden zwei weitere Mälzereien errichtet, um der gestiegenen Nachfrage und dem Bedürfnis nach differenzierten Malzeigenschaften (Pilsener-, Münchner-, Wiener- und Farbmalze) entsprechen zu können. Die einheitlich in Backstein ausgeführten drei Mälzereien wurden durch Lagerhausbauten und die Einrichtung einer Rösterei 1912 und 1917 verbunden. Entstanden ist so ein noch heute eindrucksvolles Ensemble, das durch die zwischen 1890 und 1895 errichteten Wohngebäude (Kontor und Fabrikantenvilla) abgerundet wird.

Literatur

Bernd Winkler, Das Bierbrauen in Kulmbach, Kulmbach 1987.

Kulmbach, Das städtebauliche Erbe, Arbeitshefte des Bayerischen Landesamtes für Denkmalpflege, Bd. 102.

Info

Wilhelm-Meußdoerffer-Str. 19,
95326 Kulmbach

Die Mälzerei ist heute ein Zweigbetrieb der Ireks GmbH und kann nur in Ausnahmefällen nach Absprache (Tel. 09221/7060) besichtigt werden.

Franz G. Meußdoerffer

Kulmbach, Spinnerei

Umnutzung zu Einkaufszentrum, Busbahnhof, Büros, Gastronomie und Jugendzentrum

Der Baukomplex der Kulmbacher Spinnerei entstand von 1904 bis 1961. Die vor allem unter Fritz Hornschuch erweiterte Fabrik repräsentiert die bedeutende Industriestadt. Kennzeichen der Bauten, die seit 1922 in Betonskelett-Technik ausgeführt wurden, sind Stützenraster im Innern und große Fenster. In ihrer Gestaltung sind sie aufeinander bezogen: Der Hochbau von 1961, das moderne Wahrzeichen der Stadt, orientiert sich noch am Spinnereigebäude von 1928.

Ab 1990 wurde die Produktion nach Mainleus verlegt und 1994 in Kulmbach ganz eingestellt. Der riesige, unter Denkmalschutz stehende Komplex stand leer. Mehrere Jahre wurde vergeblich nach Investoren gesucht. Schließlich übernahm eine firmeneigene Gesellschaft in engem

Stichwort: Fritz Hornschuch

Der 1874 in Fürth geborene Fritz Hornschuch war einer der bedeutendsten Textilunternehmer Deutschlands. 1893 trat er nach mehreren Studienreisen, die ihn bis nach Nordamerika geführt hatten, in die von seinem Vater Heinrich Hornschuch gegründete Weberei Forchheim ein. Dieser Betrieb wurde zum Mittelpunkt eines Textilimperiums. Ab 1901 leitete Fritz Hornschuch die Filiale Kulmbach, die sein Vater 1899 erworben hatte, und baute sie zu einem der modernsten Textilunternehmen in Bayern aus. Die Zahl der Arbeitskräfte verdreifachte sich bis 1914 auf fast 1.200. Zahlreiche Auszeichnungen belegen die öffentliche Anerkennung, die sein unternehmerisches und soziales Wirken gefunden hatte. Hornschuch starb 1955.

Werner Kraus

Spinnereihochbau in Kulmbach nach dem Umbau zum Einkaufscenter

Zusammenwirken mit der Stadt die Anlage und ergriff die Chance, das zwischen Bahnhof und Fußgängerzone liegende Areal in das Stadtzentrum zu integrieren. Die Stadt erwarb einen Teilbereich für den zentralen Omnibusbahnhof und das Jugendzentrum. Die wichtigsten Bauten und ihr städtebaulicher Zusammenhang wurden erhalten. Der Strukturwandel in der Region von der Industrie- zur Dienstleistungsgesellschaft ist ablesbar. 1999 wurde ein Einkaufszentrum mit Galerie eröffnet, das Tradition und Moderne architektonisch verbindet. Der Umbau kostete nicht mehr als ein zweigeschossiger Neubau.

Info

Fritz-Hornschuch-Str. 9–15, 95326 Kulmbach
Bauherr: Anterra Projektentwicklungs GmbH
Planer: Architekturbüro Drenske, Kulmbach

Rembrant Fiedler

Michelau, Deutsches Korbmuseum

Hintergrund

„Wiege der Korbindustrie" sei Michelau, stand vor Jahrzehnten auf Schildern am Ortseingang des oberfränkischen Dorfs.

In dem übervölkerten Ort, dessen Einwohner bis ins 18. Jahrhundert von der Mainfischerei und der Herstellung von Pfählen für den mainfränkischen Weinbau lebten, entwickelte sich um die Mitte des 18. Jahrhunderts die Korbmacherei zum vorherrschenden Erwerbszweig.

Geschichte

1770 gab es bereits so viele Flechter in und um Michelau, dass hier der Fürstbischof von Bamberg eine Korbmacherzunft ins Leben rief. Eine Mitgliederliste von 1795 verzeichnet 110 Meister, von denen 77 in Michelau wohnten (bei rund 700 Einwohnern); die übrigen 33 Meister verteilten sich auf zwölf Orte der Umgebung. Die Zahl der Korbmacher stieg, zumal ab 1825 dieses Handwerk in Bayern nicht mehr konzessionspflichtig war, der Zugang also von keiner fachlichen Qualifikation abhängig war. 1906 lebten in Michelau 886 Korbmacher, 1928 sogar 1.500. Weitere Korbmacherdörfer bildeten sich im Dreieck Coburg/Kronach/Lichtenfels heraus. 1901 wurde die Zahl der Korbmacher (inklusive Hilfskräfte) in diesem Raum auf 15.000 geschätzt.
Möglich war eine solche Entwicklung durch den überregionalen, schließlich weltweiten Absatz der Flechtartikel. Als Absatzmarkt werden 1780 die Niederlande genannt, 1792 Preußen und Russland, 1797 auch Schlesien und Hamburg. Über Hamburg gelangten fränkische Körbe schon zu Beginn des 19. Jahrhunderts bis nach Nordamerika. Im ausgehenden 19. Jahrhundert ging die Ware in alle Welt, nur Ostasien ausgenommen.
Umgekehrt wurde das Flechtmaterial fast durchweg importiert. Bis ins beginnende 19. Jahrhundert wurde heimische Weide bearbeitet, dann führte man Weide aus Schlesien, Frankreich und anderen europäischen Ländern ein. Hinzu kam nach 1800 Rattan aus Südostasien, einige Jahrzehnte später Esparto aus Spanien und Palmblatt aus Kuba, dann Raffiabast aus Madagaskar.
Den Handel mit Körben besorgten anfänglich die Korbmacher selbst, die mit Schubkarren auf Handelsreise zogen. Einige dieser Fahrten im ersten Drittel des 19. Jahrhunderts lassen sich durch Reisepässe rekonstruieren. Allmählich entwickelten sich Produktion und Handel auseinander. Nur die erfolgreichen „Korbführer" wurden zu Händlern.
Die Handelsunternehmen entstanden in den Korbmacherdörfern, doch in der zweiten Hälfte des 19. Jahrhunderts verlegten etliche Korbindustrielle ihren Betrieb in eine benachbarte Stadt, in den Eisenbahnknoten Lichtenfels oder die Residenzstadt Coburg. Neue Unternehmen eröffneten fast ausschließlich in den Städten, sodass die Korbmacher für ihre samstägliche Lieferung erhebliche Wege auf sich zu nehmen hatten.

Beschreibung

Zu den Handel treibenden Korbmachern, die ein Handelshaus begründeten, gehörte Hans Georg Gagel (1767–1849). Sein 1815 errichtetes Haus legt von seinem wirtschaftlichen Erfolg Zeugnis ab. Sein Sohn Konrad Gagel (1819–1902), nur noch als Korbhändler bezeichnet, erweiterte das Wohngebäude in den 1850er Jahren um ein Lagerhaus mit Kontor. 1852 belieferten ihn 300 Korbmacher. Ein halbes Jahrhundert später konnten große Handelsunternehmen auf weit über 1000 zuarbeitende Familien rechnen. Konrad Gagel gründete 1865, dem allgemeinen Trend folgend, eine Filiale in Coburg. Diese übernahm später sein jüngerer Sohn, der seit 1896 Flechtmöbel fabrizierte und damit zu den Begründern der Korbmöbelindustrie im Raum Coburg zählte; aus dieser Branche ist in den Krisenjahren nach 1929 die Polstermöbelherstellung erwachsen.
Der ältere Sohn, Leonhard Otto Gagel, führte das Michelauer Handelshaus fort. 1887 ließ er das Lagerhaus aufstocken und erweitern. 1906 verkaufte er die

Firma an den aus Coburg stammenden Kaufmann Max Christian Stölzel, der als Großkaufmann in Südostasien tätig gewesen war. „Max Stölzel Korbwaren-Manufactur" steht bis heute am Lagerhaus. Seine Witwe vermietete die Gebäude in den 50er Jahren an eine Kinderwagenfabrik. Diese Industrie war nach dem Zweiten Weltkrieg als Ableger der Korbindustrie in deren Zentren aufgeblüht.

1959 erwarb die Gemeinde Michelau das Anwesen Stölzel und brachte in dem Gebäudekomplex das Deutsche Korbmuseum unter. Das Museum geht zurück auf eine Sammlung historischer und ausländischer Flechtartikel, die 1929 angelegt wurde. Zuletzt wurde es von 1987 bis 1990 neu gestaltet. In 26 Schauräumen zeigt es über 2.000 Flechtwaren aus aller Welt und informiert über die Geschichte der oberfränkischen Korbindustrie.

Literatur

Günter Dippold, Deutsches Korbmuseum Michelau, Michelau 1994.

Info

Bismarckstr. 4, 96247 Michelau
Tel. 09571/83548
www.korbmuseum.de
Geöffnet: April-Okt. Di.-So. 10.00-16.30; Nov.-März Mo.-Do. 10.00-16.30, Fr. 10.00-12.00

Günter Dippold

Selb, Europäisches Industriemuseum für Porzellan

Geschichte

Das nordöstliche Oberfranken entwickelte sich seit Beginn des 19. Jahrhunderts kontinuierlich zum Zentrum der deutschen Porzellanherstellung. Dieser traditionsreichen Branche ein Denkmal zu setzen, war der Anlass, 1983 das Deutsche Porzellanmuseum in Hohenberg an der Eger und 1992 das Europäische Industriemuseum für Porzellan zu gründen. Letzteres befindet sich in Selb in einer 1866 errichteten und lange unter „Jacob Zeidler & Co." firmierenden Fabrik im Ortsteil Plößberg. 1917 erwarb Kommerzienrat Philipp Rosenthal den Betrieb und etablierte in den Fertigungsräumen eine erste Kunstabteilung. Unter seinem Sohn wurde hier nach dem Zweiten Weltkrieg die Rosenthal studio-linie gefertigt. 1969 wurde die Produktion eingestellt. Seit 1992 erfolgt die sukzessive Sanierung der Gebäude und die Umgestaltung des Gesamtkomplexes zum Museum.

Beschreibung

Die Herstellung des „Weißen Goldes" von den manufakturellen Zeiten bis in die Gegenwart ist ein zentrales Thema in dem größten Spezialmuseum für Porzellan in Europa. Im 9.000 m² großem Gebäudekomplex wird auf anschauliche Art der Weg der Rohstoffe über die Weißware bis zur Dekoration und Figurenfertigung gezeigt.

Dabei erwartet den Besucher das Flair einer alten, originalgetreu sanierten Fabrik mit historisch stimmig gestalteten Arbeitsplätzen, in Kombination mit Filmsequenzen und interaktiven Medien. Besucherbetreuer, die früher meist selbst in Porzellanfabriken beschäftigt waren, erläutern die wichtigsten Arbeitsschritte und demonstrieren mit historischen Geräten und Maschinen den Herstellungsprozess. Ein besonderer Publikumsmagnet soll ab 2007 der Bereich Manufakturen und Dekoration werden, der die Figurenfertigung darstellt.

Das im Gesamtkomplex integrierte Europäische Museum für Technische Keramik hat die Möglichkeiten und Anwendungsgebiete der Technischen Keramik, dem mittlerweile zukunftsträchtigsten Be-

Außenansicht des Europäischen Industriemuseums für Porzellan Selb

reich der Feinkeramik, zum Thema. Die Exponate reichen von keramischen Hüftgelenken, über Mobiltelefonbauteile bis zu Mahlwerken und Dichtungen in Maschinen und Geräten.
Im Alten Brennhaus ist das einzigartige Rosenthal Museum zu sehen, das Höhepunkte aus 125 Jahren Firmen- und Produktgeschichte zeigt. Zu entdecken gibt es Exponate aus der limitierten Kunst, dem Design, dem Jugendstil, aber auch aus dem Bereich Einrichtung und dem Geschirrsektor.

Weiterer Schauplatz

Das Deutsche Porzellanmuseum in Hohenberg an der Eger ist untergebracht in einer ehemaligen Fabrikantenvilla und einem modernen Anbau. Carolus Magnus Hutschenreuther gründete 1822 die erste Porzellanfabrik in Oberfranken. Das Museum zeigt Figuren, Zierartikel und Service in zeitgenössischen Inszenierungen vom 19. Jahrhundert bis zur Gegenwart (Deutsches Porzellanmuseum, Freundschaft 2, 95691 Hohenberg, Tel. 09233/7722-0).

Funktionsfähige Massemühle im Europäischen Industriemuseum für Porzellan Selb, um 1920

Literatur

Wilhelm Siemen (Hrsg.), Ein Rundgang durch zweihundert Jahre Porzellankultur, Hohenberg 2003.

Hermann Schreiber, Die Rosenthal Story, Düsseldorf 1980.

Martina Wurzbacher, Volker Hertwig, Wolfgang Schilling, Leben für das „weiße Gold" – Arbeit und Alltag der Porzelliner 1920–1970, Hohenberg a. d. Eger, 1995

Info

Werner-Schürer-Platz 1, 95100 Selb
Tel. 09287/91800-0
www.porzellanwelten.org
Geöffnet: Di.–So. 10.00–17.00
Das Europäische Industriemuseum für Porzellan bietet als besondere Dienstleistungen die Restaurierung von Porzellan und einen Auskunftsservice an.

Sabine Zehentmeier

Unterfranken

Porträt: Friedrich Fischer (1849–1899) und Georg Schäfer (1896–1975)

Dr. Ing. e. h. Georg Schäfer

Bedeutung

1883 war die Geburtsstunde der Kugel- und Wälzlagerindustrie in Schweinfurt: In diesem Jahr begann Friedrich Fischer mit der Herstellung von Kugellagern. Er war ein brillanter Techniker, hatte aber als Geschäftsmann nicht die nötige Fortune und sein früher Tod hätte das baldige Ende seiner Fabrik bedeutet. Doch Georg Schäfer (1861–1925) fusionierte den Betrieb 1909 mit seiner Fabrik. Kugelfischer Georg Schäfer & Co. avancierte unter der Leitung seines Sohnes Georg Schäfer (1896–1975) zu einem Weltkonzern. Nach turbulenten Jahren ab 1992 wurde der Konzern 2001 von der INA-Holding Schaeffler KG aus Herzogenaurach übernommen.

Biografien

Friedrich Fischer, geboren am 19. März 1849 in Schweinfurt, wurde das Erfindertalent in die Wiege gelegt: Sein Vater Philipp Moritz Fischer (1812–1890) hatte um 1860 ein Tretkurbelfahrrad gebaut. Friedrich machte eine Lehre als Schlosser und Dreher in dem damals führenden Eisenwerk Reck & Joachim in Schweinfurt. Nach seiner Ausbildung gründete er ein Nähmaschinengeschäft. Parallel dazu stellte er Fahrräder her und versuchte, diese durch den Einbau von Kugellagern zu verbessern. Ab 1883 arbeitete er daran, diese bisher aus England importierten Kugeln selbst herzustellen. Nach dem Eintritt des Kaufmanns Engelbert Fries und des Mechanikers Wilhelm Höpflinger in die Firma 1887 und der Einführung der Kugelfräsmaschine, mit der große Mengen gleichmäßig runder Kugeln hergestellt werden konnten, ging es aufwärts.
1892/1893 bezog Fischer die ehemalige Spinnmühle am Main. 1896 erwarb er ein großes Betriebsgelände am Hauptbahnhof. 1897 wurde die Firma in eine Aktiengesellschaft umgewandelt. Wöchentlich wurden über 5 Mio. Kugeln hergestellt. Während dieser steilen Aufwärtsentwicklung starb Fischer am 2. Oktober 1899; sein einziger Sohn folgte ihm zehn Tage später ins Grab. An Friedrich Fischer erinnern heute die Spinnmühle und einige der von ihm entlang der Bahnhofstraße errichteten Fabrikgebäude.
Die nächsten zehn Jahre waren für die „Fischer Aktiengesellschaft" (ab 1905 „FAG" abgekürzt) schwierig. 1909 gelang Georg Schäfer (1861–1925) durch die Fusion der angeschlagenen Firma mit seinem Unternehmen der entscheidende Durchbruch. Aus kleinsten Verhältnissen stammend hatte sich Schäfer 1885 mit einer Bau- und Kunstschlosserei selbstständig gemacht. Er erweiterte sein Angebot konsequent. 1904 stieg er in die Kugellagerherstellung ein. 1910 wandelte er seinen Betrieb in eine OHG um.

Geschickte Geschäftspolitik und eigene Entwicklungen schufen die Basis für ein rasches Anwachsen der Firma: Rund 800 Mitarbeiter zählte sie zu Beginn des Ersten Weltkriegs und steigerte sich bis zu seinem Tod 1925 trotz Inflation und allgemeiner Wirtschaftskrise auf 2.000. Schäfer gründete eine Stiftung zur Unterstützung von in Not geratenen Werksangehörigen.
Trotz dieser bedeutenden Lebensleistung Schäfers wuchs die Firma erst in der zweiten Generation zu einem international agierenden Wälzlagerkonzern heran. In erster Linie verantwortlich dafür war sein Sohn Georg Schäfer (1896–1975). Dieser trat wegen einer schweren Erkrankung seines Vaters bereits 1919 in die Firma ein. Mit 29 Jahren wurde er nach dessen Tod gemeinsam mit Hermann Barthel persönlich haftender Gesellschafter. Eine schwere Bewährungsprobe brachte die Weltwirtschaftskrise 1929/1930, in der es nur mit Mühe gelang, die Selbstständigkeit der Firma zu erhalten. Ein wichtiger Faktor war das „Russlandgeschäft“: Bis 1934 wurden maximal 40 Prozent der Produktion in die Sowjetunion exportiert. Die Zahl der Beschäftigten stieg 1933 auf 3000. Im Jahr 1936 eröffnete Georg Schäfer ein Wälzlagerwerk im britischen Wolverhampton; den Aufbau dieser ersten Auslandsniederlassung leitete sein Halbbruder Otto Schäfer.
Der patriarchalisch agierenden Firmenleitung war es stets gelungen, die Mitarbeiter für das Unternehmen zu motivieren. Es entstand eine Werksfamilie, man war „Kugelfischer“. Mit dem Kriegsausbruch 1939 wurde die Kugellagerproduktion zu einer Schlüsselindustrie von strategischer Bedeutung. In Vorahnung der Luftangriffe entstanden 1940 in Ebern und Eltmann kleinere Zweigwerke. Im Rahmen der Rüstungsorganisation wurde auch Kugelfischer 1943 der Führung eines Generalkommissars unterstellt. Die Firma avancierte zum nationalsozialistischen Musterbetrieb.
Unklar ist der Einsatz von Zwangsarbeitern. Einerseits ist eine Reihe von tragischen Schicksalen, auch mit tödlichem Ausgang, nachweisbar. Andererseits überrascht, dass eine Gruppe von zwangsverpflichteten Holländern ab 1950 zu freundschaftlichen Besuchen an ihrem früheren Arbeitsplatz erschien. Im August 1945 wurde Georg Schäfer von der amerikanischen Militärregierung aus der Firmenleitung entlassen, im April 1946 sein Bruder Otto. Beide mussten sich vor den Spruchkammern verantworten, konnten aber mit der Währungsreform 1948 wieder als Chefs in ihr Unternehmen zurückkehren.
Im Zweiten Weltkrieg waren 80 Prozent der Fabrikanlagen beschädigt oder zerstört worden. Zusätzlich wurden bis 1947 mehr als 4.000 Maschineneinheiten als Reparationsleistung demontiert und großteils in die Sowjetunion transportiert. 1948 entstand ein erster Neubau. 1949 wurden Schmiede, Hochbau und Verwaltungsbau wieder hergestellt. Im gleichen Jahr konnte die Geheimrat-Schäfer-Halle eingeweiht werden. Weitere Stationen des Wiederaufbaus waren 1951 die Gründung einer Verkaufsgesellschaft in Wolverhampton und 1953/1954 die Errichtung eines Zweigwerkes im kanadischen Stratford. Von 2.900 Mitarbeitern 1948 steigerte sich die Zahl bis Mitte der 1950er Jahre auf 8.300. Georg Schäfer, der 1975 starb, hatte Kugelfischer als Miteigentümer und persönlich haftender Gesellschafter rund 50 Jahre geführt und zu einem Weltunternehmen mit 25.000 Mitarbeitern gemacht.
Georg und Otto Schäfer hatten auch als Kunstsammler internationales Format: Georg Schäfer baute die bedeutendste Privatsammlung zur deutschen Malerei des 19. Jahrhunderts auf, Otto Schäfer eine einzigartige Sammlung zur Buchkunst und Druckgrafik seit dem ausge-

henden Mittelalter. Beide Sammlungen haben in Schweinfurt eigene Museen. Obwohl der Name Schäfer nach 2001 aus der Firmenbezeichnung verschwunden ist, zeugen die Fabrikanlagen in Schweinfurt und an zahlreichen weiteren Orten vom Unternehmertum der Familien Schäfer über drei Generationen.

Literatur

Erich Schneider, Georg Schäfer, in: Fränkische Lebensbilder 17, Neustadt/Aisch 1998.
Uwe Müller, Schäfer, in: Neue Deutsche Biographie, Bd. 22, Berlin 2005.

Info

FAG Kugelfischer AG, Georg-Schäfer-Str. 30, 97421 Schweinfurt

Erich Schneider

Porträt: Friedrich Koenig (1774–1833)

Geschichte

Mit dem am 9. August 1817 in London zwischen Friedrich Koenig und Andreas Bauer (1783–1860) unterzeichneten Gesellschaftervertrag wurde der Grundstein für die Erfolgsgeschichte der Würzburger Schnellpressenfabrik gelegt. In England entwickelten beide Unternehmer eine Druckmaschine, mit der in höherer Auflage Zeitungen (1814 erstmals die „Times") gedruckt werden konnten. Eine Weiterentwicklung dieses Modells zur Schön- und Widerdruckmaschine wurde zur Ausgangsbasis aller folgenden Rotationsdruckmaschinen.

1817 begann die Produktion in Oberzell. Wenn auch anfangs die Nachfrage mäßig war, verbesserte sich ab 1826 der Absatz beträchtlich. 1828 wurden bereits 29 Maschinen nach Frankreich exportiert. 1830 beschäftigten Koenig und Bauer in der einzigen Schnellpressenfabrik Deutschlands 120 Mitarbeiter.

Als Folge der Julirevolution in Paris von 1830 brach die Nachfrage für Druckmaschinen ein, zahlreiche Mitarbeiter mussten entlassen werden, die Firma jedoch überlebte. Nach dem Tod Friedrich Koenigs 1833 übernahm Andreas Bauer die Leitung des Unternehmens. Konkurrenz entstand durch neue Werke, die von ehemaligen Mitarbeitern in Wien und Augsburg gegründet worden waren. Dennoch konnte 1838 die 100. Druckmaschine ausgeliefert werden. 1840 konzipierte Bauer die erste Schnellpresse mit Kreisbewegung, eine in der Folge den gesamten Markt beherrschende Bauart. 1847 gelang ihm eine Leistungsverdoppelung der Times-Maschine.

Die fachlich versierten Söhne des Firmengründers, Wilhelm und Friedrich Koenig, steigerten die Produktion beträchtlich. Die Werkstätten wurden erweitert, 1856 wurde die 600. Maschine ausgeliefert. Nach dem Tod von Andreas Bauer 1860 übernahmen sie die Geschäftsleitung. 1872 zählte die Fabrik über 440 Mitarbeiter. Für deren Wohlergehen errichteten die Gebrüder Koenig vorbildliche soziale Einrichtungen: eine Fabrikkrankenkasse, Fabriksparkasse, Kinderbewahranstalt, Schulstiftung sowie eine Invaliden-, Witwen- und Waisenkasse.

Unter der Regie von Albrecht Bolza siedelte Koenig & Bauer 1901 auf das rechte Mainufer über, nach seinen Plänen wurde dort das neue Werk errichtet. Nach der Umwandlung des Familienunternehmens in eine GmbH 1905 expandierte diese deutschlandweit, gründete Reparaturwerkstätten in Berlin, Frankfurt a. M. und Leipzig und kaufte auch im Ausland weitere Firmen auf. Nach dem Ersten Weltkrieg wurde Koenig & Bauer in eine Aktiengesellschaft umgewandelt. 1929 entwickelte das Unternehmen die erste Stahlstich-Rotationsmaschine, die auch Banknoten drucken konnte. Die

Ölgemälde von Friedrich Koenig

Kloster Oberzell bei Würzburg, Sitz der Firma Koenig & Bauer von 1817–1901

Unternehmensgruppe Koenig & Bauer-Albert zählt heute zu den größten Druckmaschinenherstellern der Welt. Sie produziert Rotationsmaschinen, Wertpapier-Druckmaschinen, Schleifmaschinen und Bogenoffset-Maschinen. Sie hat Werke in Würzburg, Frankenthal, Radebeul und Trennfeld sowie auswärtige Niederlassungen in den USA, Österreich, der Schweiz, der Tschechischen Republik und Kanada.

Biografie

Friedrich Koenig, am 17. April 1774 in Eisleben geboren, hatte in Leipzig den Beruf des Setzers und Druckers gelernt und sich bereits früh mit der Weiterentwicklung des Druckverfahrens befasst. Da sich seine Ideen in Deutschland nicht realisieren ließen, wandte er sich nach England, wo Maschinentechnik und Patentgesetzgebung bessere Entwicklungschancen versprachen.

In London lernte er 1809 den in Stuttgart geborenen Andreas Bauer kennen, der nach einer Optiker- und Mechanikerlehre und einigen Semestern Mathematik und Naturwissenschaften in Tübingen in England seine Ausbildung vervollständigte. In einer Londoner Maschinenbauwerkstatt entwickelten beide eine Druckmaschine, für die sie 1810 ein gemeinsames Patent erhielten und auf deren Folgeversion insbesondere der Zeitungsdruck anlief. Da mit dem Druckereibesitzer Thomas Bensley eine Einigung über die wirtschaftliche Verwertung der Erfindung nicht zu erzielen war, verließ Koenig 1817 London. Kurz zuvor hatte er bei Würzburg für 35.000 Gulden das ehemalige Kloster Oberzell erworben und baute es mit Andreas Bauer zur Maschinenfabrik um. Dank fortschrittlicher Technik entwickelte sich der Absatz der Druckmaschinen insgesamt vorzüglich. Friedrich Koenig, einer der bedeutendsten Industriepioniere Bayerns, starb am 17. Januar 1833 in Oberzell.

Literatur

Cornelia Wehrhahn, Kurze Beschreibung der Firmengeschichte Koenig & Bauer, in: Hinweise-Informationen des Stadtarchivs Würzburg Nr. 17, Würzburg 1992.

Klaus Schmidt, 1817–1992, 175 Jahre Koenig & Bauer, Würzburg 1992.

Ulrich Wagner

Porträt: Ernst Sachs (1867–1932)

Biografie

Geboren am 22. November 1867 in Petershausen bei Konstanz als Sohn eines Schreiners, zeigten sich bei Ernst Sachs sehr früh technisches Geschick und Fleiß. Er wurde Mechaniker und erfand in jungen Jahren eine Präzisionsfräsmaschine für Tresorschlüssel. Schicksalhaft wurde für ihn die Begegnung mit den ersten Fahrrädern; er kaufte ein stählernes Hochrad und wurde in seiner Freizeit ein erfolgreicher Rennfahrer. Im „Frankfurter Velocipedclub" knüpfte er Kontakte zu Industriellen, unter anderem war er mit Wilhelm Opel befreundet. 1894 zog Sachs nach Schweinfurt, um bei dem Fahrradhändler Philipp Schüllermann zu arbeiten. Ein Hauptproblem der Hochräder war die unbefriedigende Bremsmöglichkeit. Sachs nutzte seine Freistunden, um an der Weiterentwicklung der Fahrradtechnik zu arbeiten. Mit dem von ihm erfundenen „Fahrrad-Kugellager mit verschiebbarer Kugellauffläche" erwarb er 1894 sein erstes Reichspatent, dem über 100 weitere Patente folgen sollten. 1895 gründete er mit dem aus einer alten Schweinfurter Familie stammenden Kaufmann Karl Fichtel (1863–1911) als Kapitalgeber die „Schweinfurter Präcisions-Kugellagerwerke Fichtel & Sachs". Im gleichen Jahr heiratete er Betty Höpflinger, die Tochter des Kugellagerpioniers Wilhelm Höpflinger. Zielstrebig entwickelte Sachs seine Fahrradnabe weiter und stellte 1903 mit einer bis dahin nicht gekannten Werbekampagne die Torpedofreilaufnabe mit Rücktrittbremse vor. Bis in die 80er Jahre des 20. Jahrhunderts war dieses Aggregat, das Antrieb, Freilauf und Bremse vereinigte, die meistproduzierte Rücktrittnabe der Welt.

Nach dem Tod von Karl Fichtel übernahm Sachs die Leitung der Firma und gründete noch vor dem Ersten Weltkrieg Werke in Tschirnitz a. d. Eger und in Lancaster. Als Rüstungszulieferer konnte das Unternehmen seinen Absatz zwischen 1914 und 1918 erheblich steigern und hatte bei Kriegsende rund 8.000 Mitarbeiter. 1916 erwarb Sachs Schloss Mainberg, das er zu seinem luxuriösen Wohnsitz ausbaute. Obwohl der Markt für Fahrräder nach dem Krieg weiter expandierte, musste er rund 3.000 Arbeiter entlassen. 1923 wurde die Firma in eine Aktiengesellschaft umgewandelt.

1929 verkaufte Sachs unter dem Druck der internationalen Wirtschaftskrise seine Kugellagerproduktion an den schwedischen SKF-Konzern, war aber als Aufsichtsratsvorsitzender in der neu formierten „Vereinigten Kugellagerfabriken AG" weiter aktiv. Parallel dazu baute er die Nabenproduktion in Schweinfurt aus und ergänzte sie durch die Sparten Kupplungen und Stoßdämpfer sowie Kleinmotoren. Der seit 1931 in Serie produzierte Sachs-Motor mit 98 ccm und 2,25 PS wurde bis Ende der 50er Jahre in nahezu alle Kleinkrafträder führender

Ernst Sachs als Hochradfahrer, vor 1893

Hersteller eingebaut. Der „Sachser" wurde noch vor dem Volkswagen zum Mythos der mobilen Welt.

Unerwartet erkrankte Sachs mitten in dieser erfolgreichen Zeit an Leukämie und starb am 2. Juli 1932. Vierspännig wurde der Sarg durch das Werk und die Stadt zum Hauptfriedhof gefahren, wo ihm sein Sohn Willy Sachs ein Mausoleum errichten ließ, das in Deutschland ohne Vergleich steht (Am Friedhof 17, 97421 Schweinfurt).

Der aus kleinen Verhältnissen stammende Ernst Sachs zeigte ein hohes soziales Engagement. Er ließ vorbildlich ausgestattete Werkswohnungen in der Ernst-Sachs-Kolonie und 1931/1933 das Ernst-Sachs-Bad (Rüfferstraße 4, 97421 Schweinfurt) errichteten, damals eines der modernsten Hallenbäder Deutschlands. Außerdem gründete er die Ernst-Sachs-Hilfe.

Schauplätze

ZF Sachs AG, Ernst-Sachs-Str. 62, 97424 Schweinfurt

SKF Kugellagerfabriken, Gunnar-Wester-Str. 2, 97421 Schweinfurt

Literatur

Wilfried Rott, Sachs. Unternehmer, Playboys, Millionäre. Eine Geschichte von Vätern und Söhnen, München 2005.

Erich Schneider

Porträt: Wilhelm Sattler (1784–1859)

Biografie

Am 13. Mai 1784 in eine Kassler Kaufmannsfamilie hineingeboren, absolvierte Wilhelm Sattler seit 1799 in Hannoversch-Münden eine Lehre im Kolonialwaren- und Drogenhandel. 1805 trat er als Geschäftsführer in eine Bleiweißfabrik in Niederwerrn ein, machte sich 1808 in Schweinfurt selbstständig und heiratete 1809 Katharina Geiger (1789–1861), die künstlerisch begabte Tochter des Malers Conrad Geiger. Mit ihr und mit Unterstützung des befreundeten Apothekers Friedrich Wilhelm Ruß (1779–1843) erzielte Sattler bei der Herstellung von Mineralfarben rasch geschäftliche Erfolge, insbesondere durch die Entwicklung eines großtechnischen Verfahrens zur Herstellung des „Schweinfurter Grüns" ab 1814. Schweinfurt wurde zum Zentrum der Farbenchemie in der ersten Hälfte des 19. Jahrhunderts.

Geschickt erweiterte Sattler seine Produktpalette um ein Sagosurrogat aus Kartoffelstärke, das er während der Kontinentalsperre Gewinn bringend nach Frankreich exportierte, und gliederte Produktionsstätten für Zucker und Steingut in sein rasch wachsendes Firmenimperium ein. Bald produzierte er auch im nahe gelegenen Schonungen sowie im preußischen Langensalza und in Prag-Schmichow. Eine Sonderstellung nahm ab 1822 die Herstellung von Tapeten auf Schloss Mainberg und ab 1829 von Steingut auf Schloss Aschach bei Bad Kissingen ein. Sattler stellte in seinen Unternehmen gegen Ende der 1820er Jahre mit bis zu 460 Beschäftigten ein Sechstel aller Industrie-Arbeitsplätze in Unterfranken.

Von 1824 bis 1846 gehörte er in Schweinfurt dem Kollegium der Gemeindebevollmächtigten an und war seit 1840 dessen Vorstand. Neben zahlreichen Ehrenämtern wie der Mitgliedschaft im Polytechnischen Verein sowie der Handelskammer gehörte er 1829 und 1842 dem Landrat an. Er bewirkte die Einführung der Briefmarke im bayerischen Postverkehr. Auf sein Engagement ging 1852 der Anschluss von Schweinfurt an das Eisenbahnnetz zurück, eine wesentliche Voraussetzung für das Aufblühen der Industriestadt. Obwohl er den Zielen der Revolution 1848/1849 zugetan war, nahm er keinen Einfluss auf das

Wilhelm Sattler, Gemälde von Georg F. A. Schöner, 1837

Geschehen und zog sich nach 1848 aus allen öffentlichen Ämtern zurück. Er starb am 15. Juni 1859.
Das nahe Schweinfurt gelegene Schloss Mainberg diente Sattler als Produktionsstätte und Wohnsitz; es wurde zum Sitz seiner Kunstsammlung. Sattler hatte Anteil an der Wiederentdeckung des über Jahrhunderte vergessenen Würzburger Bildschnitzers Tilman Riemenschneider.

Schauplätze

Neben den Schlössern Aschach und Mainberg erinnern in Schweinfurt das vormalige reichsstädtische Zeughaus als Produktionsstätte an Sattler. In Schonungen verweist der Ort der einstigen „Chemischen und Farben-Fabrik" auf ihn. 1861 schuf der Bildhauer G. M. Arnold auf dem Mainberger Friedhof eine denkmalartige Grabanlage mit den Bildnissen von Wilhelm und Katharina Sattler.

Literatur

Uwe Müller, Sattler, in: Neue Deutsche Biographie, Bd. 22, Berlin 2005.

Erich Schneider

Schloss Aschach, Steingutfabrik

Hintergrund

Schloss Aschach war bis zur Säkularisation Wohnsitz, Jagd- und Amtsschloss der Würzburger Fürstbischöfe. Seine Geschichte geht auf eine Burganlage aus dem 12. Jahrhundert zurück. Nach umfassenden Zerstörungen im 16. Jahrhundert ließen die Würzburger Fürstbischöfe ihren Amtssitz zu einer herrschaftlichen Schlossanlage ausbauen. Von 1829 bis 1861 wurde der Schlosskomplex als Steingutfabrik genutzt. Danach befand sich das Schloss im Besitz der Grafen von Luxburg. Die originale Einrichtung mit den Kunstsammlungen ist bis heute nahezu komplett im Graf-Luxburg-Museum erhalten. Im Frühjahr 2005 haben Archäologen bei einer Grabung im Gewölbekeller des Schlosses drei Brennöfen aus der Zeit der Steingutfabrik freigelegt. Die ehemalige Produktionsstätte soll zukünftig als Dokumentationsausstellung in das Museum eingebunden werden. Aschacher Steingut ist im Graf-Luxburg-Museum zu sehen.

Stichwort: Steingut

Tonwaren aus weißem und porösem Scherben bezeichnet man als Steingut. Es wurde zu Beginn des 18. Jahrhunderts in England entwickelt und besteht aus weiß brennenden Tonsorten, die mit Kalkstein, Kieselstein und Feldspat vermischt werden. Im Gegensatz zu Porzellan erreicht Steingut bereits beim ersten Brand seine endgültige Festigkeit. Zum Glasieren ist ein zweiter Brennvorgang notwendig. Als „Porzellan des kleinen Mannes" fand Steingutgeschirr im 19. Jahrhundert wegen seiner optischen Ähnlichkeit mit dem Luxusgut Porzellan weite Verbreitung.

Kaffeekanne mit Ansicht von Schloss Aschach, Aschacher Steingut nach 1838

Geschichte

Nach dem Vorbild der Steingutmanufaktur von Josiah Wedgwood (1730–1795) in Staffordshire entstanden im 19. Jahrhundert in Deutschland zahlreiche Steingutbetriebe. Wilhelm Sattler (1784–1859), ein Kunstsammler und Unternehmer aus Schweinfurt, gründete 1829 die Aschacher Steingutfabrik, um „weisses Steinguth im englischen Geschmack nach Art von Wedgwood" herzustellen. In einem Schreiben an die „Königlich Baierische Regierung des Unter Main Kreises", in dem er um die Genehmigung zum Fabrikbetrieb in Aschach bat, hatte er 1828 geschickt argumentiert: In der Steingutfabrik sollten Arbeitsplätze für die arme Rhönbevölkerung entstehen. Sattler erhielt von König Ludwig I. die Erlaubnis zur Firmengründung.

Entscheidend für die Wahl des Standorts waren Tonvorkommen in der Rhön und die zum Schlossensemble gehörende Mühle. Ein Plan von 1830 gibt über den Gebäudekomplex Auskunft. Im Schloss befanden sich die Brennöfen und die zentralen Produktionsräume (Drehsaal, Glasurzimmer, Laboratorium, Modellager). Im Gewölbekeller standen die Brennöfen. Technische Probleme waren der Grund für eine Studienreise von Sattlers Sohn Jens 1839/1840 nach England. Es war sein Ziel, die Aschacher Produktionstechnik nach englischem Vorbild zu verbessern. Sein Reisejournal enthält Rezepturen, Notizen zu Produktionsabläufen oder Skizzen von Werkzeugen.

1993 entdeckten Archäologen im Außenbereich der Schlossanlage die Fundamente von drei runden Brennöfen. Jens Sattler ließ diese Etagenöfen in der in England gesehenen Brennofentechnik aufmauern und gab die älteren Öfen im Schlosskeller auf. Die Scherbenfunde aus dem Brenngewölbe stammen aus der frühen Zeit der Produktion und stützen diese These.

Beschreibung

Die drei Brennöfen mit eckigen Grundrissen dokumentieren die Herstellung von Steingut in der Zeit von 1830/1840. Sie sind aus Bruchsteinen und Ziegeln in den abgetieften Kellerboden gesetzt. Der ehemals ebenerdig zugängliche Brennraum ist abgebrochen. Schürraum, Feuerung und Belüftungskanäle sind gut erhalten.

Literatur

Erich Schneider, Andrea Brandl, Aschacher Steingut, Ausstellungskatalog, Schweinfurt 1993.

Info

Museen Schloss Aschach, Schlossstr. 24, 97708 Bad Bocklet
Tel. 09708/6142 oder 358

Annette Späth

Hasloch, Eisenhammer

Geschichte

In Hasloch befindet sich der letzte Eisenhammer des Spessarts. Auf den Heiligenwiesen des Haselbachtals in der Grafschaft Wertheim begann 1779 dessen

Bau. Den Erbbestandsbrief zur Errichtung hatten die Grafen von Wertheim ausgestellt. Das Gebäude des Hammers errichtete man 3 km nördlich des Dorfes Hasloch und legte einen künstlichen Wassergraben an, um mit der Kraft des gestauten Haselbaches die Hämmer anzutreiben. Der Holzreichtum des Spessarts lieferte Rohstoffe für die Feuer der Esse. Bauherren waren die Brüder Tobias und Heinrich Wenzel aus Neulautern in der Grafschaft Löwenstein.

Im Jahr 1800 wechselte der Eisenhammer in den Besitz der Brüder Johann Georg und Johann Friedrich Kurtz aus Michelstadt, die schon lange im Hammergeschäft tätig waren und in Hasloch eine bis heute andauernde Familientradition begründeten. Sie produzierten vor allem landwirtschaftliche Geräte mit bis zu 16 Schmieden, die im Hammerwerk arbeiteten.

Beschreibung

Ursprünglich betrieben oberschlächtige Wasserräder vier Eisenhämmer, von denen heute noch zwei erhalten sind: ein Aufwerferhammer und ein Schwanzhammer; beide werden über ein Wasserrad und den eingekeilten Wellbaum direkt angetrieben. Unter dem Aufwerferhammer wurden schwere Eisenklumpen („Luppen“) geschmiedet. Mit dem leichteren Schwanzhammer fertigte man, vor allem in der ersten Hälfte des 19. Jahrhunderts, landwirtschaftliche Bedarfsartikel wie Radreifen oder Schlittensohlen. In der zweiten Hälfte des 19. Jahrhunderts verließen in Spitzenzeiten bis zu 50.000 Pflugscharen jährlich den Hammer.

Doch die Produktpalette änderte sich, denn es galt, sich gegen 14 weitere Eisenhämmer im Spessart durchzusetzen. Mitte des 19. Jahrhunderts wurde das Hammerwerk und das heute noch bewohnte Herrenhaus mit Arbeiterwohnungen und der Gießerei beträchtlich erweitert. Vor allem Eisenbahnschienen für den Bau der 1854 eröffneten Bahnlinie Aschaffenburg–Würzburg wurden gefertigt. Ab 1855 produzierte die Gießerei als erstes bayerisches Eisenwerk Achsen für die Eisenbahn.

Im ausgehenden 19. Jahrhundert war der Stahlbedarf im Deutschen Reich enorm. Zahlreiche neue Hochöfen entstanden, besonders im Ruhrgebiet. Stahl konnte dort viel billiger hergestellt und vor Ort weiterverarbeitet werden. Wegen dieser Konkurrenz rentierte sich in den Eisenhämmern der Spessarttäler die Produktion und Bearbeitung geringer Mengen nicht mehr. Fast alle Hämmer stellten den Betrieb ein. Der Eisenhammer Hasloch konnte jedoch wegen des weitsichtig angelegten Spezialbetriebs der benachbarten Gießerei und der angegliederten Maschinenfabrik überleben.

Stichwort: Stahl

Als Stahl wird Eisen mit einem Kohlenstoffgehalt von weniger als zwei Prozent bezeichnet. Um diesen Wert zu erreichen, muss Eisen erhitzt und Sauerstoff zur Oxidation zugeführt werden („Frischen“), wobei CO_2 entsteht. Um 1300 kam der mit Holzkohle befeuerte Hochofen auf. 1709 wurde in England der erste Steinkohle-Hochofen von Abraham Darby gebaut. 1794 erhielt Henry Cort das Patent für das Puddel-Verfahren, bei dem die Eisenschmelze mit Stangen gerührt wurde, um das Eisen mit Sauerstoff zu frischen. 1856 ließ der Engländer Henry Bessemer sein Verfahren patentieren, Sauerstoff von unten in einen mit Roheisen gefüllten Tiegel zu blasen, wodurch der Kohlenstoff fast vollständig verbrannte. Weiterentwicklungen sind das Siemens-Martin-Verfahren ab 1864 (Verwendung von Stahlschrott) und das Thomas-Verfahren ab 1878 (Entfernung von Phosphor).

Werner Kraus

Ein Glockenklöppel entsteht im Eisenhammer Hasloch

Stets modernisierten die Geschäftsführer ihren Betrieb und so ist der heute noch arbeitende Eisenhammer des Jahres 1779 die Keimzelle der weltweit agierenden Unternehmensgruppe Kurtz.

Literatur

Hanns Kreft, Der Eisenhammer im Haslochtal, Hasloch 1954.
Jörg Paczkowski, 1779–1979. 200 Jahre Eisenhammer im Haselbachtal, Hasloch 1979.

Info

Besichtigungen: Armin Hock, Tel. 09392/1852, oder Kurtz GmbH, 97907 Hasloch, Tel. 09342/8050
www.kurtz.info/de

Matthias Wagner

Hösbach, Ziegelei

Umnutzung zu einem Verkaufsraum und Museum

Die Ziegelherstellung in Hösbach reicht bis ins 17. Jahrhundert zurück. 1870 gab es sieben Feldbackstein-Brennereien und 1914 waren noch 16 Ziegler im Ort. Nach dem Eisenbahnanschluss 1881 wandelte sich Hösbach rasch von einem Bauern- in ein Arbeiterdorf. Die Industrialisierung erfasste auch das Ziegeleiwesen.
Um 1900 machte Ulrich Grün aus seiner Feldbacksteinbrennerei eine moderne Dampfziegelei, die er mit einem Ringofen und modernen Maschinen ausstattete. In dem riesigen Satteldachgebäude wurden die Ziegel vor dem Brennen auf mehreren Etagen getrocknet. In den 1930er Jahren beschäftigte er 45 Mitarbeiter und lieferte in eigenen Lastkraftwagen Back- und Schamottesteine bis nach Darmstadt und Kitzingen.
1941 brannte die Ziegelei ab. Erst als nach dem Krieg überall Baumaterial benötigt wurde, begann der Wiederaufbau. 1962 erhielt sie einen der ersten Tunnelöfen Deutschlands. Als Ende der 1970er Jahre eine weitere Modernisierung notwendig geworden wäre, entschloss sich der Enkel des Gründers, den Betrieb stillzulegen; der Kamin wurde beseitigt, das Gebäude verwahrloste. 1983 übernahm der heutige Besitzer die Ziegelei, um sie im Rahmen seines Betriebes zu nutzen. Heute befinden sich im Gebäude eine Verkaufsausstellung, ein Museum und ein Veranstaltungsraum.

Restaurierte Ziegelei in Hösbach

Info

Wenighösbacher Str. 38,
63768 Hösbach
Eigentümer: Michael Reinhard

Rembrant Fiedler

Homburg a. Main, Papiermühle

Hintergrund

Papier wurde vom 13. Jahrhundert bis zur Entwicklung der industriellen Fertigungsverfahren im 19. Jahrhundert in Papiermühlen aus textilen Abfällen wie Lumpen oder Hadern hergestellt. In Fabriano nutzten erstmals italienische Papiermacher die Kraft der Wasserräder zum Antrieb von Stampfwerken, in denen die Lumpen zerfasert und zu Papiermasse verarbeitet wurden. Damit gelang die Mechanisierung der Rohstoffaufbereitung. Die wasserkraftgetriebene Mühle wurde zur Produktionsstätte der europäischen Papierherstellung.

Geschichte

Von 1807 bis 1975 wurden in der Homburger Papiermühle Papier und Pappen hergestellt. Reines Wasser für die Produktion und ausreichend Energie zum Antrieb der oberschlächtigen Radanlage lieferte ein Quellbach. Diese günstigen Bedingungen hatten Leonhard Leinzinger 1807 veranlasst, seinen Papiermühlenbetrieb von Windheim nach Homburg zu verlegen. Welche Papiersorten in Homburg hergestellt wurden, ist erst von Leinzingers Nachfolger Georg Schön bekannt. Er fertigte ab 1832 feine Schreibpapiere und Konzept- sowie Kanzleipapiere von geringerer Qualität.

Johann Follmer kaufte den Betrieb 1853 günstig, da der – für viele Papiermühlen ruinöse – Wettbewerb mit den Papierfabriken bereits eingesetzt hatte. Die Lumpen wurden durch die Massenproduktion immer knapper. Die Konkurrenz beim Rohstoffeinkauf und die Preisreduzierung der Erzeugnisse aufgrund des erhöhten Angebots bedrohten die Papiermühlen. Der neu entdeckte Zellstoff war für kleinere Betriebe als alternativer Rohstoff noch zu teuer. Dass Altpapierrecycling nicht eine Erfindung des 20. Jahrhunderts ist, belegt das Rechnungsbuch von Johann Follmer. Der Papiermüller löste das Rohstoffproblem, indem er seit 1860 Altpapier in großen Mengen zu Pappen und Packpapier verarbeitete. Ab 1883 verlagerte er die Produktion von handgeschöpften Büttenpapieren auf die maschinelle Pappenfertigung. Zur Mühle gehörte ein ansehnlicher Landwirtschaftsbetrieb, der die Papiermacherfamilie finanziell absicherte.

Stichwort: Rundsiebmaschine

Am Ende des 19. Jahrhunderts war der Untergang von Papiermühlen vorprogrammiert, wenn sie nicht über ausreichend Kapital verfügten, um dem technischen Fortschritt zu folgen. Für einige Mühlen bot die maschinelle Pappenfertigung einen Ausweg. Dass sich diese rentierte, hing mit der Entwicklung der kleinen Rundsiebmaschine zusammen. Durch den Aufschwung der Holzschliffbranche, die einen billigen Papierfaserstoff anbot, wurde ein Markt für diese Maschinen geschaffen. Sie wurden nun preisgünstig angeboten. Ihre Aufstellung war unproblematisch möglich.

Beschreibung

Schon von außen ist die Nutzung des Gebäudes als Papiermühle an seinem mächtigen Mansarddach zu erkennen. In den Dachböden, die mit Lüftungsklappen versehen sind, wurden die Papiere und Pappen zum Trocknen aufgehängt.

Einzigartig in Bayern ist, dass die kom-

Blick auf die Papiermühle Homburg

plette technische Anlage in der Papiermühle erhalten ist. In der Werkstatt stehen Maschinen vom 18. bis zum 20. Jahrhundert. Auf einer Rundsiebmaschine stellte man von 1883 bis 1975 Pappen und Aktendeckel her, die bis nach Übersee exportiert wurden. Die heute im Papiermühlenmuseum authentisch erhaltenen Produktionsräume zeigen eindrucksvoll das Herstellungsverfahren und die Arbeitswelt der Papiermacherfamilie. Neben den Produktionsstätten sind auch die Wohnräume der Familie aus der Zeit der Betriebsstilllegung im Jahr 1975 erhalten. Maschinenvorführungen, eine Werkstatt zur Demonstration der Handpapierherstellung mit Schöpfsieb und Bütte sowie Workshops beleben das Museum. In einer modernen Papiermanufaktur, die dem Museum angegliedert ist, fertigt heute Johannes Follmer, der Sohn des letzten Homburger Papiermüllers, handgeschöpfte Papiere.

Literatur

Annette Späth, Museum Papiermühle Homburg, München 1999.

Info

Museum Papiermühle Homburg, Gartenstr. 11, 97855 Markt Triefenstein
Tel. 09395/99222
Homburger Papiermanufaktur
Tel. 09395/99389 (Johannes Follmer)

Annette Späth

Kitzingen, Kitzinger Bürgerbräu

Geschichte

Angst vor Konkurrenz für den Weinbau ließen das Hochstift Würzburg, aber auch den Kitzinger Stadtrat 300 Jahre jegliche Lizenz zum Bierbrauen versagen. Seit 1792 bewarb sich die Stadtgemeinde selbst um eine Konzession. Ihre Gründe: Man erwartete eine verstärkte Einquartierung von Truppen, aber aufgrund von Missernten herrschte bereits ein Mangel an „geringen" Weinen, zudem hatte man beobachtet, „dass die hier einquartierten Truppen fast insgesamt nach Sickershausen des Biers wegen sich verfüget und dort zum Nachteil hiesiger Bürgerschaft gezechet" hätten.

1793 gab der Würzburger Fürstbischof nach und Kitzingen gelangte in den Besitz der „Bierbrauereigerechtigkeit". 1794 übernahm Moritz Paul Nägelein die Braugerechtigkeit der Stadt. Sein Unterpächter war seit 1801 Valentin Ehemann, der 1807, nach Erhalt einer persönlichen Schankgerechtigkeit, eine Brauerei im vormaligen Oberamtmannshof begründete, welchen er vom neuen Stadtherrn, Erzherzog Ferdinand III., Großherzog von Toskana, erworben hatte. 1813 übernahm sein Sohn, Thomas Ehemann, den Betrieb und führte ihn zu einem beispiellosen Aufstieg.

Ein heute noch nicht gelüftetes technisches Geheimnis – wahrscheinlich erhitzte er das Bier – ermöglichte ihm ab 1820 den weltweiten Export. In der Firmenchronik zum 175-jährigen Geschäftsjubiläum wird berichtet, dass er „keinen Tropfen seines Bieres" in Kitzingen zum Ausschank brachte, sondern er brachte sein Bier in Doppelfässern zum Bahnhof in Seligenstadt. Von dort aus wurde es, ohne Eis, nach Hamburg und

Detail aus einem Glasplakat des Kitzinger Bürgerbräus um 1910

dann mit Segelschiffen in alle Welt transportiert. Zur Bewältigung der immer zahlreicheren Auslandsaufträge verpflichtete er zusätzliche Brauereien. Nach dem Tod Ehemanns übernahmen seine Schwiegersöhne die Brauerei und verkauften sie. Nach ihrer Umwandlung in eine Aktienbrauerei bewahrten die Bürger durch Übernahme der Aktien den in „Bürgerbräu Kitzingen" umbenannten Betrieb vor dem Untergang. 1909 übernahm Kommerzienrat Heinrich Rockstroh sämtliche Aktien und privatisierte das Unternehmen.

Nach Kriegszerstörungen baute sein Sohn den Betrieb wieder auf. Ab 1954 modernisierte er die Brauerei durch den Bau einer neuen Flaschenfüllerei, eines Sudhauses, Lagerkellers, Gärkellers und einer neuen Dampf- und Kälteversorgung. Im Zuge dieser Maßnahmen stellte er von Holzfässern auf Keg-Fässer um. 1970 übergab er das Unternehmen an seine Tochter Ingrid Fiebig. 1998 musste diese älteste Exportbier- und erste Kitzinger Traditionsbrauerei aufgrund von Erbauseinandersetzungen geschlossen werden.

Literatur

Karl-Heinz Fiebig, Bürgerbräu Kitzingen. Festschrift zum 175. Jubiläum, Kitzingen 1982.

Info

Jens Fiebig, Herrnstr. 11, 97318 Kitzingen
Tel. 09321/13800

Stephanie Nomayo

Kitzingen, Weingut Wilhelm Meuschel jr.

Geschichte

Schon seit dem frühen Mittelalter war der Weinhandel in Kitzingen ein gutes Geschäft gewesen. Er wurde erfolgreich, wenn auch nie als Spezialhandelszweig von Kitzinger Kaufleuten – im 18. Jahrhundert sogar bis nach Übersee – betrieben.

Die Säkularisation führte zu einem Tiefpunkt. Bargeldmangel in der Bevölkerung und vor allem der Wegfall der einstigen Großabnehmer, der Staatsdiener, Beamten, Klöster und deren auswärtige Ordensniederlassungen, waren dafür verantwortlich, dass die Weinbauern auf vollen Fässern sitzen blieben.

Um der anhaltenden Handelsflaute zu begegnen, ergriff 1826 der Buchbrunner Weinbauer Johann Wilhelm Meuschel die Initiative: Er charterte ein Kurierschiff, belud es mit einigen Fässern Wein und machte sich „aufs Geratewohl" Main aufwärts auf den Weg. Er verkaufte sämtliche Fässer nach kurzer Fahrt. Durch den Erfolg ermutigt, schickte er eine zweite Fuhre Weinfässer bis nach Gotha in Thüringen. Dort konnte er sogar noch Wagen und Gespann verkaufen. So wurde sein Handelsgeschäft bekannt.

Sein ältester Sohn gründete 1845 die Firma „Wilh. Meuschel jr.". 1872 wurde der Firmensitz von Buchbrunn nach Kitzingen verlegt. Carl Wilhelm Gottlob Meuschel hatte zuvor ein stattliches Geschäfts- und Wohnhaus auf dem Kitzinger Königsplatz erworben. Hauptgeschäft der Firma war der Handel mit Rhein- und Moselweinen, mit Weinen aus dem Bordeaux und zeitweilig sogar aus Italien. Aus der Firmenchronik, welche C. W. G. Meuschel 1895 herausgab, geht hervor, welch hohen Stellenwert er einer tadellosen Kellerwirtschaft beimaß. Neben seinen zwölf Versand-, Zoll- und Spezialkellern präsentiert er darin auch technische Neuerungen wie eine Flaschenspülanlage, eine „Anlage zum Fassdämpfen" und eine nach modernsten Maßstäben eingerichtete Kelterhalle.

Neben Weinhandel und Kellerwirtschaft behielt das Unternehmen aber den Weinanbau als Geschäftszweig bei. Darin unterschied sich die Firma von den um 1860 in Kitzingen zahlreich entstande-

Firmenchronik des Weingutes Wilhelm Meuschel jun. von 1895

nen jüdischen Weinhandelshäusern. Mit den Lagen in Buchbrunn und dem Erwerb des Repperndorfer Berges, der (später in Wilhelmsberg umbenannt) bis heute die Hauptmarke des Unternehmens darstellt, verfügte man über die ältesten und besten fränkischen Weinlagen. 1906 wurde die neue, heute noch bestehende Großkellerei im damaligen Gründerzentrum, neben dem Bahnhof, errichtet.

Beschreibung

Die Handelsmarke über dem Eingang des 1906 errichteten Hauptwirtschaftsgebäudes in der Bahnhofstraße zeigt über dem Schriftzug „labor omnia vincit" eine Spinne, die ihr Netz um die Erde spannt. Es ist dies ein Hinweis auf den Werdegang der Firma, die bereits 1909 von sich sagen konnte: „Der Absatz beschränkt sich nicht bloß auf Deutschland, sondern auch in Amerika, Russland, Schweden und Norwegen, ja auch in fernen Ländern Asiens und Afrikas sind regelmäßige Abnehmer".

Auffallend ist die harmonische Architektur dieses charmanten Ökonomiegebäudes, das im Prinzip des Goldenen Schnittes über einem komplexen, zweigeschossigen Kellersystem errichtet wurde. Entsprechend den geforderten Arbeitsabläufen beherbergte es in einem durchdachten Wegesystem zueinander gelegen den Kontortrakt, eine Flaschenpackhalle, eine großzügige Füllhalle sowie einen Gärkeller, Kelterraum und Lagerhallen. Der elektrische Aufzug war zusammen mit der Packhalle eine technische Neuheit. Heute werden hier immer noch die Sonderflaschen und Kleinpartien per Hand etikettiert und verpackt.

Eine moderne Abfüllanlage, im einstigen Gärkeller platzsparend untergebracht, ersetzt heute die Funktion der einstigen Füllhalle. Hier findet mittlerweile der Keltervorgang statt. In alter Zeit ein gefeierter Jahreshöhepunkt, beansprucht er heute weder einen eigenen Raum noch sonderlich viel Zeit. Mit faszinierender Schnelligkeit werden bei extrem verminderter Luftzufuhr die Trauben in einer Abbeermaschine von den „Rappen" befreit, um dann in der pneumatischen Tankpresse mit automatischer Tresterauflockerung leise rotierend zu einem hochwertigen, von Bitterstoffen nahezu freien Most verarbeitet zu werden, der den „jungen" Wein, der heute weltweit verlangt wird, erst garantiert. Der Gärkeller, einst eine moderne Möglichkeit, den Gärprozess in Gang zu bringen und vor der Einlagerung des Traubenmostes gefährliche Gärgase abzuleiten, wurde aufgegeben. Die neue Durchlüftung der Keller und ein Gärvorgang, der über ein Kühlaggregat und über in die Gärbehälter eingebaute Sensoren gesteuert wird, haben ihn ersetzt.

Info

Innere Sulzfelder Str. 14, 97318 Kitzingen
Tel. 09321/4378
www.weingut-meuschel.de

Stephanie Nomayo

Miltenberg, Brauerei Kaltloch

Hintergrund

Das Kaltloch-Bräu ist die älteste von ehemals sieben Brauereien der Stadt. Seit 1580 braut sie nachweislich Bier im „Schwarzviertel". Dieser Stadtteil heißt so, weil die Häuser direkt an den steil zum Main abfallenden Odenwaldhang gebaut sind und deshalb drei Viertel des Jahres im Schatten liegen. Auch der Name „Kaltloch" ist in Zusammenhang mit den tief in den Berg reichenden Kellern der Brauerei zu sehen. Einer der Kellereingänge trägt die Jahreszahl 1580, wohl das Gründungsdatum der Brauerei. Das Areal des Betriebes besteht aus Gebäuden vom 13. bis zum 20. Jahrhundert. Im ältesten Bauwerk befinden sich derzeit der Gärkeller sowie die Hopfen- und Malzlager. Fridolin Busch, ein Vorfahre der heutigen Brauerfamilie, kaufte es 1877 und setzte es in Stand.

Geschichte

In seiner ersten Bestimmung diente dieses Haus der jüdischen Gemeinde Miltenbergs als Synagoge. Es ist der älteste erhaltene Synagogenbau Deutschlands. Er entstand 1290 und ist nur unwesentlich jünger als die berühmte Prager Altneuschul. Das Bauwerk liegt an der Südseite des heutigen Schwarzviertels, direkt am Burgfelsen. Nach dem Kauf zogen die Brauer 1878 im Innenraum der Synagoge eine Zwischendecke ein, die den Raum in zwei Ebenen teilt. Im unteren Geschoss entstand so der Gärkeller mit fünf aufgemauerten Gärbottichen. Bis heute wird dort das Bier im offenen Verfahren handwerklich vergoren. Der obere Teil dient als Abstellraum. Welche Dachform dieser gotische Bau ursprünglich hatte, ist unbekannt. Das jetzige Dach stammt von 1878. Der Dachraum ist Lager für Hopfen und Malz.
Gleichzeitig mit der Dacherneuerung wurde der Raum zwischen Synagoge und Burgfelsen mit einer „Preußischen Kappendecke" geschlossen. Diesen künstlichen Eisweiher flutete man im Winter und gewann Kühleis. Durch eine Luke wurde es nach unten geworfen und in die Kellerstollen gebracht.

Stichwort: Eisweiher

Untergäriges Bier, das im 19. Jahrhundert zunehmend in Mode kam, braucht kühle Brautemperaturen. Deshalb wurde es zunächst nur im Winter hergestellt. Das Eis hackte man aus Seen oder sägte es aus gefluteten Wiesen. Gegen Ende des 19. Jahrhunderts bauten viele Brauereien künstliche Eisweiher bei ihren Braugebäuden. Bei den Brauereien im Schwarzviertel saßen diese Betonwannen meist direkt zwischen Dach und Hangfelsen. Der Eisweiher der Brauerei Kaltloch entstand um 1880.

Brauerei Kaltloch in Miltenberg

Ab 1903 leitete die Brauerfamilie Schohe das Unternehmen, das heute in der vierten Generation weitergeführt wird. Anfang des 20. Jahrhunderts baute Friedrich Schohe das Sudhaus um, das sich bis heute unverfälscht im Stil der damaligen Zeit präsentiert. Im Sudhaus herrscht noch die hohe Kunst des handwerklichen Brauens. Die übrigen Gebäude des Firmengeländes erstrecken sich zur Hauptstraße hin. Sie stammen in ihren ältesten Teilen aus dem späten 16. Jahrhundert und wurden im Lauf der Zeit mehrfach verändert. Zur Brauerei gehört eine Gaststätte, die ihre Innengestaltung 1936 erhielt.

Literatur

Gottfried Faust, Hopfen und Malz Gott erhalts. Die ehemaligen Brauereien und bestehenden Brauereien unserer Region, Miltenberg 2004.

Info

Museum der Stadt Miltenberg, Am Schnatterloch, 63897 Miltenberg
Tel. 09371/404153 (Synagogenbesichtigung für Gruppen über das Museum)

Hermann Neubert

Schweinfurt, Schrotturm

Hintergrund

Entstanden als stattliches Bürger- und Handelshaus nach dem „Stadtverderben" von 1554, avancierte der Schrotturm im zweiten Viertel des 19. Jahrhunderts zu einem Zeugen der Industrialisierung der vormaligen Reichsstadt Schweinfurt. Zwischen 1818 und 1911 wurde in dem Anwesen eine Schrotkugel-Fabrikation betrieben.

Geschichte

Zwischen 1611 und 1614 erbaute der Handelsmann Balthasar Rüffer III. (1569–1637) in der Petersgasse 3 für sich ein großes Wohnhaus mit einem markanten, von einer dreifachen Kuppelhaube bekrönten Treppenturm. Nach mancherlei Wechselfällen richtete Johann Christian Voit (1784–1841) in dem Anwesen eine Fabrik zur Herstellung von „feinen polirten oder so genannten engl. Patent-Schroten" ein, für die er 1818 vom Magistrat eine „Concession" erhalten hatte. Das für die Jagd besonders begehrte „Patent-Schrot" war vordem meist aus England eingeführt worden. Den Angaben der „Encyklopädie" von Krünitz von 1828 zufolge wurde es hergestellt, „indem man geschmolzenes Bley von einer Höhe von 150 Fuß herabfallen lässt, welches während des Falls eine vortreffliche runde Form bekommt, und im Wasser aufgefangen wird." Um die notwendige Fallhöhe zu erreichen, wurden dem Turm nicht nur vier weitere Geschosse aufgesetzt, sondern außerdem an der Südseite ein schachtartiger Schrotfang angebaut, in dessen Inneren das flüssige Blei herabtropfen konnte.

Voit war als Schrotfabrikant äußerst erfolgreich: Bereits 1826 wurde seine Firma vom Schweinfurter Handelsvorstand auf eine Stufe mit der ortsansässigen chemischen Industrie gestellt. Von

Schrotturm in Schweinfurt

1827 bis zu seinem Tod 1841 war er Mitglied im Kollegium der Gemeindebevollmächtigten. Die Schrotfabrik wurde unter weiteren Besitzern bis 1911 fortgeführt. 1912 kaufte der Architekt Hans Hofmann das Anwesen, um Wohnungen darin einzurichten. Er erhielt zwar 1913 die Erlaubnis zum Abriss des Schrotfanges, die 1818 auf den Treppenturm aufgesetzten Geschosse musste er jedoch erhalten. Sie künden bis heute von der Schrotfabrikation in Schweinfurt. Das im Zweiten Weltkrieg schwer getroffene Bauwerk konnte zwischen 1988 und 1990 im Rahmen der Altstadtsanierung renoviert und einer kulturellen Nutzung zugeführt werden.

Literatur

Altstadtsanierung in Schweinfurt – Der Schrotturm, Schweinfurt 1990.
Edgar Lösch, Die Schweinfurter Altstadt. Dokumentation zur Altstadtsanierung, Schweinfurt 2001.

Info

Petersgasse 3, 97421 Schweinfurt

Erich Schneider

Schweinfurt, Walzen- und Trommelwehr

Geschichte

Die Wasserkraft des Mains wurde bereits von der Reichsstadt Schweinfurt zur Anlage einer großen Mühle mit 14 Mahlgängen genutzt. 1902 baute hier das Münchner Ingenieurbüro Oskar von Miller das erste Elektrizitätswerk. In gleicher Höhe wurde bis Ende 1903 – als damals weltweit neuartige Ingenieurleistung durch MAN – zwischen zwei zum Saumain hin vorgelagerten Inseln ein Trommelwehr sowie im Hauptarm des Mains ein Walzenwehr errichtet.

Auslöser für diese Wasserbauten war ein schwerer Eisgang im Jahr 1897, der die früheren Anlagen beschädigt hatte. Als Baulastträger lobte der Bayerische Staat 1897 einen zunächst erfolglosen Wettbewerb für die Modernisierung der Stauvorrichtungen aus.

Erst 1901 war von MAN als Weltneuheit ein 18 m langes Trommelwehr als Verschluss zwischen den beiden Inseln entwickelt worden. Dieser ist als Walze ausgebildet und kann durch Stahlseile bzw. Ketten freitragend auf schrägen Wälzbahnen bewegt werden. An dieser Konstruktion war der aus Schweinfurt stammende Oberingenieur Ludwig Freytag maßgeblich beteiligt. Ursprünglich brauchte es zwölf Mann, um das 72 t schwere Wehr in drei Stunden 5 m hoch zu kurbeln.

Im Anschluss an den erfolgreichen Prototyp wurde ein 37 m langes zweites Walzenwehr für den Hauptarm des Mains in Auftrag gegeben, das 1903 fertig gestellt war. Das technisch bereits weiter entwickelte Wehr besaß eine 88 t schwere Walze mit einem Durchmesser von 2 m. Ausgerüstet mit einem 18-PS-Elektromotor konnte es binnen einer Viertelstunde etwa 4 m (einen halben Meter über dem höchsten Hochwasserstand) angehoben werden. Innerhalb weniger Jahre wurden überall in Europa Walzenwehre nach dem Schweinfurter Vorbild gebaut. Wegen des hohen Stahlbedarfs errichtete man später andere Lösungen in Gestalt von Sektor- oder Klappenwehren.

Im Zuge des Ausbaues der Großschifffahrtsstraße Rhein-Main-Donau nach dem Zweiten Weltkrieg wurden zwischen 1955 und 1963 alle Wasserbauanlagen bei Schweinfurt völlig umgestaltet und dazu auch eine Staustufe mit Kraftwerk und Kammerschleuse erbaut. Der Zahnradantrieb des demontierten Walzenwehres wurde denkmalartig an der Gutermann-Promenade am Main aufgestellt. Das als Grundablass dienende erste Trommelwehr ist dagegen als hochrangiges technisches Denkmal noch immer funktionsfähig.

Literatur

Rembrant Fiedler, Das erste Walzenwehr der Welt am Saumain in Schweinfurt, in: Bayerisches Landesamt für Denkmalpflege, Kalender „Erde", München 2003.

Info

Trommelwehr, Maininsel, 97421 Schweinfurt.
Zahnradantrieb des Walzenwehres, Gutermannpromenade, 97421 Schweinfurt

Erich Schneider

Schweinfurter Walzenwehr im Bau nach 1900

Sommerkahl, Kupfererzbergwerk Grube „Wilhelmine"

Hintergrund

Die Geschichte der Grube „Wilhelmine" beginnt vor ungefähr 420 Mio. Jahren, als unter dem heutigen Sommerkahl Granit erstarrte. Druck und Hitze sorgten dafür, dass vor circa 330 Mio. Jahren Granit zu Gneis wurde. Über Jahrmillionen, als der Spessart auf den Breitengraden der heutigen Sahara lag, entstanden wüstenähnliche Bedingungen, die zur Ablagerung von Buntsandstein führten. Die Erze, die in der „Wilhelmine" ausgebeutet wurden, entstanden vor 160 Mio. Jahren. Im Tertiär war es deutlich wärmer als heute und die Gesteine verwitterten. Vor etwa 1 Mio. Jahren begann der mehrfache Wechsel von Kalt- und Warmzeiten, der eine weitere mechanische Verwitterung mit sich brachte.

Geschichte

Der Abbau von Kupfererzen um Sommerkahl ist seit 1542 dokumentiert. Bis ins 17. Jahrhundert wurde weicher Kupferschiefer abgebaut und verhüttet. Aus dieser Epoche sind keine baulichen Überreste vorhanden, da der Bergbau 150 Jahre lang ruhte. Urkundlich belegt ist der Abbau von Kupfererzen in der Grube „Wilhelmine" seit 1704. Ende des 19. Jahrhunderts ist ein steinbruchähnlicher Tagebau und eine Vitriollaugerei erwähnt. Dort gab man das zerkleinerte Erz in Bottiche, setzte mit saurem Wasser die Lösung des Kupfers in Gang und fällte es anschließend mit Eisen aus. Später ging man zum Tiefbau über, teufte Schächte und sprengte Stollen. 1892 wurde der Betrieb eingestellt.

Der Beginn des Ersten Weltkrieges machte die Vorkommen wieder interessant, da der Rohstoffbedarf aus dem Inland gedeckt werden sollte. Der 1916 begonnene Betrieb wurde 1918 wieder eingestellt. 1919 erzwang die bayerische Staatsregierung die Wiederaufnahme der Förderung, weniger aus wirtschaftlichen Erwägungen als um Arbeitsplätze zu schaffen. Die heute sichtbaren Überreste der Grube gehen auf diese Zeit zurück.

Im Bergwerk und seinen Nebenbetrieben arbeiteten bis zu 100 Menschen aus Sommerkahl und den umliegenden Orten. Infolge der kurzen Betriebsperioden entwickelte sich keine Bergbautradition. Die Arbeitsplätze waren jedoch im Vorspessart begehrt. Die Infrastruktur des Bergwerkes belebte die Region. 1918 wurden elektrischer Strom und Telefonleitungen nach Sommerkahl verlegt.

Drei Gründe führten 1923 zur Einstellung des Betriebes: Mit zunehmender Tiefe gab es immer weniger Erz; die Aufbereitung konnte nur circa 50 Prozent abscheiden; im Winter fehlte Wasser für die Aufbereitung. Die sich abzeichnende Wirtschaftskrise gab den letzten Anstoß für die Schließung. Die Anlagen wurden verkauft. Das Stollensystem wurde während des Zweiten Weltkriegs als Luftschutzeinrichtung genutzt. Nach dem misslungenen Versuch, in der „Wilhelmine" Pilze zu züchten, wurde ein Großteil des Tagebaues in den 1960er Jahren verfüllt und der Zugang verschlossen. 2000 erwachte bei der Bevölkerung das Interesse am Bergwerk. Es wurde ein Bergwerksverein gegründet mit dem Ziel, die untertägigen Anlagen für Besucher zugänglich zu machen.

Beschreibung

Die „Wilhelmine" besteht aus Stollen, Schächten und Bauten im Umfeld. Gegenwärtig ist die 23 m-Sohle auf circa 450 m Länge begehbar. Die tieferen Anlagenteile stehen unter Wasser. Der Förderschacht ist dauerhaft mit Beton verschlossen, kann aber von der Sohle aus eingesehen werden. Von den Förder- und Tagesanlagen ist fast nichts erhalten. Am

Hang sind die Reste der Aufbereitung überwachsen. Innerhalb des Berges war keine Auszimmerung oder Abstützung nötig. Im Bereich des Tagebaues sind die primären Erze oft zu bunten Sekundärmineralien umgesetzt. Die sulfidischen Erze waren das Ziel des Bergbaues. Durch die Risse des Felsgesteins sickert calciumhaltiges Regenwasser in die Stollen ein. Dabei bildet sich eine weiße Kruste aus Calcit wie in einer Tropfsteinhöhle.

Weitere Schauplätze

Die europäischen Kulturwege des Archäologischen Spessartprojektes/Spessartbund erschließen den Braunkohlentagebau um Kahl, den Silber-, Kobalt- und Eisenerzbergbau in Bieber sowie den Schwerspatabbau bei Partenstein.

Literatur

Klaus Freymann, Der Metallerzbergbau im Spessart. Ein Beitrag zur Montangeschichte des Spessarts, Aschaffenburg 1991.

Info

Kupferbergwerk Grube Wilhelmine Sommerkahl e. V. 2000, W. Völker, Wilhelminenstr. 6, 63825 Sommerkahl
Tel. 06024/3785
www.spessartit.de
www.spessartprojekt.de
Besuche nur n. Voranmeldung

Gerrit Himmelsbach, Joachim A. Lorenz

Wörth am Main, Schifffahrts- und Schiffbaumuseum

Geschichte

Wörth war seit seiner Gründung im 13. Jahrhundert eine Schifferstadt. Seit 1652 ist das Schiffbau-Handwerk hier beheimatet und blieb über Generationen in einzelnen Familien; die bedeutendsten waren die Schellenberger und Zipprich,

Innenraum des Wörther Museums

deren Betriebe in der Mitte des 17. bzw. 18. Jahrhunderts gegründet wurden. Erst 1918 zogen die Werften ans gegenüberliegende Mainufer nach Erlenbach. An die Stelle der Familienbetriebe traten kapitalkräftige Gesellschaften, statt Holzschiffe wurden Eisen- und Stahlschiffe produziert.
Wörth war ein wichtiger Umschlagplatz für Holz; viele Schiffer hatten dafür das Frachtmonopol. Bis 1803 durchfloss der Main zwölf Herrschaftsbereiche, an deren Grenzen über 30 Zollstellen standen. Das Stapel- und Umschlagsrecht zwang alle Schiffer, ihre Fahrt für mindestens drei Tage zu unterbrechen und ihre Waren zum Verkauf anzubieten. Die Eingliederung Frankens in das bayerische Königreich 1806 veränderte die Schifffahrt auf dem Main grundlegend. 1828 wurden die Durchgangszölle aufgehoben, 1831 die Wasserzölle. Die Gewerbefreiheit 1868 garantierte die freie Ausübung des Schifferberufes. An die Stelle der Zunftsordnungen traten staatliche Schifffahrtsverträge. Da die Mittelgebirge auf beiden Seiten des Mains, der

Spessart und Odenwald, auf dem Landweg nur schwer zu passieren waren, hatte die Personenschifffahrt auf dem Fluss bis ins 19. Jahrhundert große Bedeutung. Die bayerische Regierung regte 1823 an, die Dampfschifffahrt einzuführen. Sie erwartete davon einen Aufschwung von Handel, Industrie und Gewerbe. Den Mainschiffern fehlten dazu jedoch die finanziellen und technischen Mittel.
Zur Finanzierung der kostenintensiven Dampfschiffe wurde 1841 die „Maindampf" gegründet, eine Aktiengesellschaft mit Sitz in Würzburg. Sie konzentrierte sich auf die Personenschifffahrt, erlag aber 1858 der Konkurrenz durch die Eisenbahn, deren Tarife günstiger waren und die eine schnellere Beförderung anbot. In Wörth beschränkte sich die Schifffahrt ab der Mitte des 19. Jahrhunderts ganz auf den Holzhandel. Die Zahl der Schiffer ging kontinuierlich zurück, viele wanderten in andere Berufe ab oder emigrierten nach Nordamerika.

Beschreibung

Um ihre Wirtschaftsgeschichte zu dokumentieren, gründete die Stadt Wörth 1980 ein Museum und eröffnete es 1991 in der 1903 profanierten St. Wolfgangskirche. Im spätbarocken Kirchenschiff und im Hof werden mit Bildern, Filmen, Dokumenten, Modellen und Schiffsteilen die Bedeutung des Mains als Verkehrsweg, die Mainschifffahrt mit Dampf-, Schlepp- und Motorschiffen sowie die Schiffbautechnologie dargestellt. Behandelt werden auch die drei Kanalprojekte zur Verbindung des Rheins über den Main mit der Donau: der Karlsgraben von 793, der Ludwig-Donau-Main-Kanal von 1836/1848 und der Main-Donau-Kanal, mit dessen Bau 1959 begonnen wurde. Ein eigener Ausstellungsteil zeigt die Lebens- und Arbeitswelt der Schiffer. Vor dem Museum liegt ein für Besucher zugänglicher Dieselmotorschlepper.

Literatur

Heidemarie Kirchner, Schiffahrts- und Schiffbaumuseum Wörth a. Main, München 1994

Info

Rathausstr. 46, 63939 Wörth a. Main
Tel. 09372/72970
Geöffnet: Sa., So. 14.00–17.00

Werner Kraus

Würzburg, Hafenspeicher

Umnutzung zu einem Museum und Kulturzentrum

1904 wurde für das Hauptzollamt am Würzburger Winterhafen das bedeutendste Lagerhaus in Bayern errichtet. Das 128 m lange und 17 m breite Gebäude bot eine Lagerfläche von 8.000 m². Der mit wuchtigen Natursteinen verkleidete Backsteinbau war mit seinen drei neubarocken Schweifgiebeln ein markantes Gebäude am Mainufer. Als sich der Güterverkehr seit den 1950er Jahren immer mehr von den Wasserwegen auf die Straße und Schiene verlagerte, verlor der Speicher, der den Bombenhagel 1945 unversehrt überstanden hatte, seine Funktion. Langsam verkam er zur Industriebrache und mit ihm das gesamte Areal am Flussufer.
Die Stadt schrieb 1996 einen Wettbewerb zur Umnutzung des Speichers aus. Das Konzept der Preisträger sah vor, das historische Erscheinungsbild zu bewahren und gleichzeitig die Nutzung durch einen modernen Museumsbetrieb und andere Kultureinrichtungen zu ermöglichen. Dazu wurde das Gebäude bis auf den mittleren Teil, in dem das hölzerne Stützensystem erhalten blieb, entkernt. In sein Inneres wurden zwei dreigeschossige Stahlbetonkuben eingeschoben. An den Enden des Lagerhauses wurden moderne Anbauten und an der Mainseite ein gläserner Vorbau hinzugefügt. Dadurch stehen insgesamt 3.500 m² Fläche für die

Das ehemalige Würzburger Lagerhaus als preisgekrönter moderner Museumsbau

„Sammlung Konkrete Kunst", die „Städtische Galerie" sowie für Wechselausstellungen zur Verfügung. Im Untergeschoss haben eine Kleinkunstbühne sowie Magazine ihren Platz gefunden, im nördlichen Kopfbau eine Studiobühne. Der Speicher beherbergt auch den Berufsverband Bildender Künstler und bietet Tagungsräume sowie ein Bistro.

Die Gesamtkosten für den Umbau zu einem florierenden Kunst- und Kulturzentrum Würzburgs beliefen sich auf 19 Mio. Euro. Ausgezeichnet wurde die Umnutzung mit dem Preis der Deutschen Bank und dem Balthasar-Neumann-Preis.

Info

Veitshöchheimer Str. 5, 97080 Würzburg
Eigentümer: Stadt Würzburg
Architekten: Peter und Christian Brückner, Tirschenreuth

Werner Kraus

Verzeichnis der Stichworte

Verzeichnis der Porträts

Verzeichnis der Schauplätze

Literaturempfehlungen

Bilder und Dokumente zur Sozialgeschichte, Ausstellungskatalog, Bundesministerium für Arbeit und Sozialordnung 1997.

Hans-Joachim Braun, Die 101 wichtigsten Erfindungen der Weltgeschichte, München 2005.

Bernward Deneke (Hrsg.), Geschichte Bayerns im Industriezeitalter in Texten und Bildern, Stuttgart 1987.

Die zweite Schöpfung. Bilder der industriellen Welt vom Ende des 18. Jahrhunderts bis zur Gegenwart, Ausstellungskatalog, Deutsches Historisches Museum Berlin, Wolfratshausen 2002.

Günter Drebusch, Industriearchitektur, München 1976.

Axel Föhl, Bauten der Industrie und Technik, Schriftenreihe des Deutschen Nationalkomitees für Denkmalschutz, Bd. 47, Bonn o. J.

Fremde auf dem Land, Hermann Heidrich u. a. (Hrsg.), Schriften Süddeutscher Freilandmuseen, Bd. 1, Neustadt a. d. Aisch 2000.

Hermann Glaser (Hrsg.), Industriekultur in Nürnberg – Eine deutsche Stadt im Maschinenzeitalter, München 1980.

Hermann Glaser, Industriekultur und Alltagsleben – Vom Biedermeier zur Postmoderne, Frankfurt a. M. 1994.

Hermann Glaser/Norbert Neudecker, Die deutsche Eisenbahn. Bilder aus ihrer Geschichte, München 1984.

Claus Grimm (Hrsg.), Aufbruch ins Industriezeitalter, 4 Bde., München 1985.

Großstadtmenschen. Die Welt der Angestellten, Ausstellungskatalog, Münchner Stadtmuseum, Frankfurt a. M. 1995.

Jan Gympel, Schrittmacher des Fortschritts – Opfer des Fortschritts? Bauten und Anlagen des Verkehrs, Schriftenreihe des Deutschen Nationalkomitees für Denkmalschutz, Bd. 60, Bonn 1999.

Friedrich-Wilhelm Henning, Die Industrialisierung in Deutschland 1800 bis 1914, Paderborn u. a. 1995.

Gottfried Hösel, Unser Abfall aller Zeiten. Eine Kulturgeschichte der Städtereinigung, München 1987.

Wolfgang König (Hrsg.), Propyläen Technikgeschichte, 5 Bde., Berlin 1997.

Leben und Arbeiten im Industriezeitalter, Ausstellung zur Wirtschafts- und Sozialgeschichte Bayerns seit 1850, Ausstellungskatalog, Germanisches Nationalmuseum Nürnberg, Stuttgart 1985.

Jeanne E. Rehnig, Süß! Unterfrankens süße Industriegeschichte, Schriftenreihe des Bezirks Unterfranken, Bd. 3, Würzburg 2005.

Volker Rödel, Reclams Führer zu den Denkmalen der Industrie und Technik in Deutschland, Bd. 1, Stuttgart 1992.

Wolfgang Ruppert, Die Fabrik. Geschichte von Arbeit und Industrialisierung in Deutschland, München 1993.

Wolfgang Ruppert (Hrsg.), Lebensgeschichten zur deutschen Sozialgeschichte 1850 bis 1950, Opladen 1980.

Ulrich Schefold, 150 Jahre Eisenbahn in Deutschland, München 1986.

Wolfgang Schivelbusch, Lichtblicke. Zur Geschichte der künstlichen Helligkeit im 19. Jahrhundert, Frankfurt a. M. 2004.

Eckart Schremmer, Die Wirtschaft Bayerns. Vom hohen Mittelalter bis zum Beginn der Industrialisierung, München 1976.

Rainer Slotta, Einführung in die Industriearchäologie, Darmstadt 1982.

Max Spindler (Hrsg.), Handbuch der bayerischen Geschichte, Bd. 4, Das neue Bayern: 1800–1970, 2 Teilbde., München 1975.

Weichenstellungen. Eisenbahnen in Bayern 1835–1920, Ausstellungskatalog, Bayerisches Hauptstaatsarchiv, München 2001.

Ulrich Wengenroth, Deutsche Wirtschafts- und Technikgeschichte seit dem 16. Jahrhundert, in: Deutsche Geschichte, Martin Voigt (Hrsg.), Frankfurt a. M. 2004.

Wolfgang Zorn, Bayerns Geschichte im 20. Jahrhundert, München 1986.

Wolfgang Zorn, Kleine Wirtschafts- und Sozialgeschichte Bayerns, 1806–1933, München 1962.

Zug der Zeit – Zeit der Züge: Deutsche Eisenbahn 1835–1985, Ausstellungskatalog, Berlin 1985.

Autorenverzeichnis

Hans Baur, Dr., 1921, ehem. Generalbevollmächtigter der Süd-Chemie AG

Margit Berwing-Wittl, Dr., 1956, Leiterin des Oberpfälzer Volkskundemuseums Burglengenfeld

Stefan Boes, 1959, Redakteur, Verleger

Susanne Büllesbach, M.A., 1967, Pressesprecherin des Bezirks Oberbayern

Jürgen Dillmann, 1945, Pressesprecher der Stadtwerke Augsburg

Günter Dippold, Prof. Dr., 1961, Bezirksheimatpfleger des Bezirks Oberfranken

Katharina Eisch-Angus, Dr., 1962, freiberufliche Kulturwissenschaftlerin

Thomas Erdmann, 1952, Unternehmenshistoriker der AUDI AG

Peter Fassl, Dr., 1955, Bezirksheimatpfleger des Bezirks Schwaben

Rembrant Fiedler, Dr., 1952, Oberkonservator am Bayerischen Landesamt für Denkmalpflege

Christian Finger, Dr., 1963, Leiter des Informationsmanagements der Wacker-Chemie AG

Konrad Fünfgelder, Bergassessor, 1938, ehem. Leiter des Bergamtes München

Silvia Glaser, Dr., 1958, Abteilungsleiterin am Germanischen Nationalmuseum Nürnberg

Holger Graf, 1968, ehrenamtlicher Pressewart

Eva Haupt, M.A., 1963, Leiterin des Isergebirgs-Museums Neugablonz

Franz Hebestreit, Dipl.-Ing. Dr., 1955, Ausstellungsleiter im SiemensForum München

Julia Hecht, M.A., 1968, Mitarbeiterin im Kulturreferat des Bezirks Mittelfranken

Dorothee Heinzelmann, Dr., 1967, Konservatorin am Bayerischen Landesamt für Denkmalpflege

Winfried Helm, Dr., 1961, Geschäftsführer des Granitzentrums Bayerischer Wald

Renate Hilsenbeck, Dr., 1956, Leiterin des Archivs Faber-Castell

Gerrit Himmelsbach, Dr., 1967, Projektleiter des Archäologischen Spessart-Projekts

Manfred Hölzlein, 1942, Staatsanwalt a. D., Präsident des Verbandes der bayerischen Bezirke und Bezirkstagspräsident von Niederbayern

Andreas Jakob, Dr., 1955, Leiter des Stadtarchivs Erlangen

Stefan Kley, Dr., 1961, Direktor des Museums für Kommunikation Nürnberg

Arnd Kluge, Dr., 1961, Leiter des Stadtarchivs Hof und des Museums Bayerisches Vogtland Hof

Detlef Knipping, Dr., 1963, Oberkonservator am Bayerischen Landesamt für Denkmalpflege

Werner Kraus, Assessor, 1955, Kulturreferent im Verband der bayerischen Bezirke

Sandra Kühberger, M.A., 1971, Referentin Presse und Öffentlichkeitsarbeit der Süd-Chemie AG

Michael Kühn, Dr., 1961, Bildredakteur, Archiv der Münchner Arbeiterbewegung

Anita Kuisle, Dipl.-Ing. (FH), M.A., 1958, Büro für Technikgeschichte München, Leiterin des Instituts für Technikgeschichte an der Fachhochschule Augsburg

Eva Maria Kutzer, M.A., 1966, Leiterin des Stadtmuseums Schwandorf

Richard Loibl, Dr., 1965, Leiter des Aufbaustabes des Bayerischen Textil- und Industriemuseums Augsburg

Christine Lorenz, M.A., 1977, wissenschaftliche Mitarbeiterin im Kulturreferat des Bezirks Niederbayern

Joachim A. Lorenz, 1956, Dipl.-Geologe

Herbert May, M.A., 1958, wissenschaftlicher Mitarbeiter im Fränkischen Freilandmuseum Bad Windsheim und Heimatpfleger der Stadt Nürnberg

Wilhelm Mehl, 1927, ehem. Leiter der Fachschule für Maschinenbau Roth

Rainer Mertens, Dr., 1961, Abteilungsleiter im DB Museum Nürnberg

Franz G. Meußdoerffer, Prof. Dr., 1949, Lehrstuhl für Mikrobiologie an der Universität Bayreuth

Eva Moser, Dr., 1957, Leiterin des Bayerischen Wirtschaftsarchivs

Jan Murken, Prof. Dr., 1934, em. Professor für Kinderheilkunde und Medizinische Genetik an der Universität München

Hermann Neubert, M.A., 1959, Leiter des Museums der Stadt Miltenberg

Stephanie Nomayo, M.A., 1964, Leiterin des Städtischen Museums Kitzingen

Barbara Ohm, 1944, Historikerin, ehem. Heimatpflegerin der Stadt Fürth

Werner Pichlmeier, Dipl.-Päd. (Univ.), 1961, Kulturamt Stadt Rosenheim

Johann-Georg Rettenbeck, M.A., 1954, Leiter des Stadtarchivs und des Museums Dingolfing

Udo Rieger, Dipl.-Ing. (Univ.), 1960, selbständiger Architekt

Karin Rothkegel, Dipl.-Geogr., 1966, Freiberufliche Geografin

Wilhelm Ruckdeschel, Prof. Dipl.-Ing. (TU), 1928, em. Professor im Fachbereich Maschinenbau der Fachhochschule Augsburg

Karin Rühl, M.A., 1962, Leiterin des Glasmuseums Frauenau

Michael Schaller, 1951, Leiter des Büros Unternehmenskommunikation der E.ON Bayern AG Regensburg

Christine Scharf, M.A., 1978, Mitarbeiterin im Museum historisches Glasschleif- und Polierwerk Münchshofen

Günther Scherbel, Dr., 1945, Leitender Apothekendirektor am Klinikum Nürnberg

Martin Schieber, M.A., 1966, Historiker beim Verein „Geschichte für alle e.V." Nürnberg

Erich Schneider, Dr., 1954, Leiter des Kulturamtes/Städtische Sammlungen Schweinfurt

Beatrix Schönewald, Dr., 1959, Leiterin des Stadtmuseums/Stadtarchivs/Stadtbibliothek Ingolstadt

Helmut Schwarz, Dr., 1952, Leiter des Spielzeugmuseums Nürnberg

Maximilian Seefelder, Dr. M.A., 1959, Bezirksheimatpfleger und Leiter des Kulturreferats beim Bezirk Niederbayern

Alexandra Siemen, 1978, Promotionsstudentin

Gerlinde Simon, 1959, Leiterin des Historischen Archivs MAN AG/MAN-Museums Augsburg

Andreas Sobeck, 1942, Künstler und Leiter des Ziegel- und Kalkmuseums Flintsbach

Annette Späth, M.A., 1964, Leiterin der Museen Schloss Aschach

Ludwig Spreitzer, 1940, Schulamtsdirektor a. D., Vizepräsident des Bezirks Oberpfalz

Doris Utzat, M.A., 1960, stellvertretende Museumsleiterin des Industrie Museums Lauf

Petra Vorsatz, Dipl.-Archivarin (FH), 1958, Leiterin der Abteilung für Stadtgeschichte und Tourismus der Stadt Weiden

Matthias Wagner, M.A., 1966, Leiter der Fachgruppe Kultur der Stadt Wertheim

Ulrich Wagner, Dr., 1948, Leitender Archivdirektor, Vorstand des Stadtarchivs Würzburg

Roland Warten, 1951, wissenschaftlicher Mitarbeiter im Museum Industriekultur Nürnberg

Ulrich Wirz, Dr., 1963, stellvertretender Heimatpfleger des Bezirks Oberfranken

Helmut Wolf, Dr., 1937, ehem. Leiter des Bergbau- und Industriemuseums Theuern

Sabine Zehentmeier, Dr., 1969, wissenschaftliche Mitarbeiterin im Europäischen Industriemuseum für Porzellan Selb-Plößberg

Edith Zimmermann, M.A., 1966, Leiterin des Stadtmuseums Sulzbach-Rosenberg

Bildnachweis

Archiv Karl-Heinz Gohla 190
Archiv Ländertalbahn 179
Aust, M. 274
Backes-Kraus, Stephanie 111, 132, rückwärtige Umschlagseite 1. Foto
Bauscher 223
Bayerisches Brauereimuseum Kulmbach 280 unten
Bayerisches Eisenbahnmuseum Nördlingen 238
Bayerisches Landesamt für Denkmalpflege 209, 53
Bayerisches Landesamt für Denkmalpflege, Fiedler 127, 278, 300 (unten), 313
Bayerisches Landesamt für Denkmalpflege, Lautz 284
Bayerisches Seminar für Politik 75, 114
Bayerisches Wirtschaftsarchiv 60, 67, 68, 69, 70, 77, rückwärtige Umschlagseite 3. Foto
Bergen, Maxhütte-Museum 152
Centralarchiv Faber-Castell 254, 256
DB-Museum Nürnberg 22, 120
Deutsches Hopfenmuseum Wolnzach 171
Deutsches Museum München 71, 139
Europäisches Industriemuseum für Porzellan Selb 273, 287, 288
FAG-Kugelfischer 290
Ferstl, Peter, Bilddokumentationsstelle der Stadt Regensburg 209
Fichtel und Sachs AG 295
Foto Seeburg 239
Fünfgelder, Konrad 166
Familie Dr. Georg Haindl (Privatbesitz) 37
Hannes, Alfons 175
Harnisch, Ralf 257
Heinzelmann, Dorothee Karte S. 144 (bearbeitet, Kartengrundlage: Atkis 500 Bayern LVG), 145, 146, 147, 255
Isergebirgsmuseum Kaufbeuren-Neugaslowz 234
Knorr Bremse AG 92
Koch, Christian 212, 213
Kraus, Werner 16, 19, 23, 29, 30, 31, 43, 44, 46, 51, 56 (beide Fotos), 57, 59, 64, 65, 66, 80, 81, 83, 84, 85, 86, 87, 88, 90, 91, 95, 97, 99, 100, 101, 107, 108, 109, 110, 112, 117, 123, 140, 141 (unten), 142, 151, 156, 158, 160 (beide Fotos), 162, 163 (oben), 164, 168, 170, 174, 178, 186, 195, 196, 198, 199, 200, 214, 220, 229, 230, 235, 236, 263, 275, rückwärtige Umschlagseite 1., 2., 3. Foto
Kristallglasmanufaktur Theresienthal GmbH 177
Koenig und Bauer 294
Kulmbacher Brauerei 267, 268
Kurtz GmbH 300
Lauf, Industriemuseum 248
Ledigenheim München 93, 94
Leidorf, Klaus, Luftbilddokumentation 188
Leusden 293
Historisches Archiv der MAN-AG Augsburg 15, 36, 41, 42
MAN B & W Diesel AG, Augsburg 39
Manev, Peter 20, rückwärtige Umschlagseite 7. Foto
Meußdoerffer, Franz G. 282
Moser, Lisa 176
Mühling, André, München 186
Murken, Jan 78
Museum Schloss Aschach 298
Neubert, Hermann 307
Nürnberg, Museum Industriekultur 131
Nürnberg, Museum für Kommunikation 128
Nürnberg, Spielzeugmuseum 136
Oberpfälzer Volkskundemuseum Burglengenfeld, Joachim Cerny vordere Umschlagseite
Ohm, Barbara 246, 247
Pinter, Britta 184
Psorofillias 208
REWAG 207
Rieger, Udo 163
Rosenheim, Veranstaltungs- und Kongress GmbH 169
Rosenthal AG 261, 264, 271, 272
Roth, Fabrikmuseum 251
Scherbel, Günther 125
Seefelder, Maximilian 187
Siemens-Archiv München 242
Spatenbräu, Historisches Archiv 63, 74
Späth, Annette 302
Stadt Hof 279, 280
Stadt Simbach 192
Stadtarchiv Nürnberg 105, 106, 113, 119, 134
Städtische Kunstsammlung Augsburg 227
Städtische Sammlungen Schweinfurt 297, 308, 309
Stadtmuseum Erlangen 244
Stadtmuseum Schwabach 252
Stadtwerke Augsburg 47, 49
Süd-Chemie AG 103
Südsalz 141
Sulzbach-Rosenberg, Stadtmuseum 216
TIM-Augsburg 25, 28, 33, 45
Wacker Chemie AG 150, 154
Wolf, Helmut 205, 217, 221
Zilker, Andreas 202

Sollten trotz aller Sorgfalt Bildrechte nicht korrekt widergegeben sein, bitten wir die Rechteinhaber, sich mit Herausgeber und Verlag in Verbindung zu setzen.